腐败犯罪治理暨国际追逃追赃研究系列丛书 5

反腐败国际合作与腐败的法律治理

王秀梅 主 编
张 磊 副主编

中国人民公安大学出版社
·北京·

图书在版编目（CIP）数据

反腐败国际合作与腐败的法律治理/王秀梅主编．--北京：中国人民公安大学出版社，2021.10
ISBN 978-7-5653-4383-4

Ⅰ.①反… Ⅱ.①王… Ⅲ.①反腐倡廉—国际刑法—国际合作—研究②反腐倡廉—研究—中国 Ⅳ.①D997.9②D630.9

中国版本图书馆CIP数据核字（2021）第208630号

反腐败国际合作与腐败的法律治理
王秀梅 主　编
张　磊 副主编

出版发行：	中国人民公安大学出版社
地　　址：	北京市西城区木樨地南里
邮政编码：	100038
经　　销：	新华书店
印　　刷：	北京市科星印刷有限责任公司
版　　次：	2021年10月第1版
印　　次：	2021年10月第1次
印　　张：	18.25
开　　本：	787毫米×1092毫米　1/16
字　　数：	385千字
书　　号：	ISBN 978-7-5653-4383-4
定　　价：	65.00元
网　　址：	www.cppsup.com.cn　www.porclub.com.cn
电子邮箱：	zbs@cppsup.com　zbs@cppsu.edu.cn

营销中心电话：010-83903991
读者服务部电话（门市）：010-83903257
警官读者俱乐部电话（网购、邮购）：010-83901775
法律图书分社电话：010-83905745

本社图书出现印装质量问题，由本社负责退换
版权所有　侵权必究

总　序

腐败是困扰当代全球各国经济发展和社会进步的重大现实问题。它严重侵害社会公平正义，损害政府威信与公信力，阻碍经济健康发展。反腐败是世界各国普遍关注的重大政治、法治和社会问题，我国也不例外。党的十八大以来，以习近平同志为核心的党中央以零容忍态度依法惩治腐败，坚持有腐必反、有贪必肃，"老虎""苍蝇"一起打，坚定不移把党风廉政建设和反腐败斗争引向深入，掀起了反腐败战略的新高潮。反腐败国际追逃追赃是反腐败国际司法合作的重要组成部分，是反腐败零容忍政策的重要体现。在当前腐败犯罪国际化趋势日益明显，腐败分子携款外逃现象频繁发生的背景下，国际社会只有联合开展国际追逃追赃司法合作，才能有效遏制腐败犯罪的发生和发展势头。

习近平总书记高度重视反腐败和国际追逃追赃工作，要求各有关部门加大交涉力度，不能让外国成为一些腐败分子的"避罪天堂"，强调腐败分子即使逃到天涯海角，也要把他们追回来绳之以法。2014年以来，我国开展了以"天网行动"等为代表的反腐败追逃追赃专项行动，取得了突出的成绩。也正是随着我国反腐败战略和国际追逃追赃工作的全面开展，我国在反腐败领域的国际声誉日益提升，反腐败法治话语权逐步扩大。

为了进一步推动国家反腐败战略和国际追逃追赃工作的全面开展，繁荣反腐败和国际追逃追赃理论研究，G20反腐败追逃追赃研究中心（以下简称"G20研究中心"）决定主编"腐败犯罪治理暨国际追逃追赃研究系列丛书"。本丛书以百年名校北京师范大学深厚的学术积累、悠久的历史传统和浓郁的文化氛围为积淀，以G20研究中心为主要学术依托，同时广泛吸纳中外刑事法学界的支持与帮助，主要编著出版腐败犯罪治理和国际追逃追赃领域有新意、有深度、有分量的著作与译作。成果形式可以是专题研究、综合研究，也可以是论文集、有价值的文献资料等。为了保证系列

反腐败国际合作与腐败的法律治理

丛书的质量，G20研究中心专门设立了编辑委员会，由黄风教授担任编委会顾问，王秀梅教授担任编委会主任暨总主编，张磊教授担任编委会副主任暨副总主编，并聘请相关方面的知名专家学者担任编委会成员。编委会负责丛书的审稿、鉴定工作。同时，为了保证编辑的效率，我们还成立了编辑部，负责日常编辑工作。

我们希望通过编辑本系列丛书，逐步积累我国国内外腐败犯罪治理和国际追逃追赃领域的优秀研究成果，繁荣、深化和开拓我国腐败犯罪治理和国际追逃追赃领域的学术研究，为我国反腐败战略的顺利开展以及国际追逃追赃的有效进行提供智力支持，从而提升我国在国际反腐败领域的影响力，进而为推动依法治国的顺利进行，乃至中华民族的伟大复兴贡献力量。

王秀梅教授
G20反腐败追逃追赃研究中心主任
北京师范大学刑事法律科学研究院副院长
国际刑法学协会副主席暨中国分会秘书长

前　言

在2017年10月举行的党的十九大上，习近平总书记代表第十八届中央委员会向大会作了题为《决胜全面建成小康社会 夺取新时代中国特色社会主义伟大胜利》的报告，报告从党和国家事业发展全局的高度，对于新时代中国特色社会主义发展作出了战略部署。在十九大报告中，习近平总书记强调："当前，反腐败斗争形势依然严峻复杂，巩固压倒性态势、夺取压倒性胜利的决心必须坚如磐石……不管腐败分子逃到哪里，都要缉拿归案、绳之以法"，凸显了以习近平同志为核心的党中央对于反腐败追逃追赃工作的高度重视，为我国的反腐败追逃追赃工作指明了方向。党的十八大以来，我国开展了以"天网行动"和"猎狐行动"为代表的反腐败追逃追赃专项行动，取得了丰硕的成果，赢得了国际社会的充分肯定。

为了推动反腐败追逃追赃的理论研究和实践发展，G20反腐败追逃追赃研究中心于2017年创办了"反腐败追逃追赃国际论坛"，该论坛原则上每年举办一届，选取每年度国际社会反腐败追逃追赃的前沿、热点问题进行研讨。2017年4月28日，首届反腐败追逃追赃国际论坛在北京召开，论坛的主题是"不经定罪的没收：立法与实践"。2018年4月27日，第二届反腐败追逃追赃国际论坛在北京师范大学举行，论坛的主题是"构建反腐败追逃追赃合作机制"，历届会议论坛均取得了较为丰硕的成果。

2019年3月28~29日，由G20反腐败追逃追赃研究中心、北京师范大学刑事法律科学研究院和北京师范大学法学院共同主办的第三届反腐败追逃追赃国际论坛暨第九届当代刑法国际论坛在北京召开，此次论坛的主题是"腐败与恐怖主义的全球治理"。来自联合国毒品与犯罪问题办公室、美国东北大学、德国马普外国刑法与国际刑法研究所、西班牙巴斯克大学、荷兰乌特勒支大学、意大利萨莱诺大学、匈牙利德布勒森大学、卢森堡大学、瑞士日内瓦大学、韩国刑事政策研究院、亚非法律协商组织等国际组织、国外法律院校和科研机构，中共中央纪委、国家监察委员会、最高人民法院、最高人民检察院、公安部、外交部、司法部、中国廉政法制研究会、重庆市高级人民法院、江苏省高级人民法院、北京大学、清华大学、中国人民大学、北京师范大学、中国社会科学院大学、中国政法大学、中南财经政法大学、吉林大学、华东政法大学、西北政法大学等国内政法机关、高等院校的专家学者和律师界的代表等共计150余人参加了本次研讨会。会议共计收到论文53篇，其中涉及反腐败国际合作与腐败的法律治理的论文31篇。

为了充分展示此次会议中关于反腐败国际合作与腐败的法律治理的相关问题的研讨成果，我们选取其中关于反腐败国际合作与腐败的法律治理的论文，分为"打击腐败犯罪的国际合作""腐败犯罪的法律治理"和"反洗钱犯罪及企业合规"三编进行编辑出版，并纳入由G20反腐败追逃追赃研究中心主持编辑的腐败犯罪治理暨国际追逃追赃研究系列丛书当中。与以往相同的是，为了准确呈现当时学者本人的学术观点，我们除了对个别论文的字句、段落进行调整外，绝大多数论文都保持了论文提交时的原貌。同时，由于翻译和校对的力量有限，部分学者所提交的外文论文，我们没有收录到本书当中，待以后有合适的时机再考虑出版事宜。

本书的出版得到了中国人民公安大学出版社的大力支持，他们为本书的编辑付出了辛勤的劳动，对此我们表示衷心的感谢！

王秀梅教授

G20反腐败追逃追赃研究中心主任

北京师范大学刑事法律科学研究院副院长

国际刑法学协会副主席暨中国分会秘书长

目　录

上编　打击腐败犯罪的国际合作

国际合作原则与我国反腐败立法完善 …………………… 童德华　王一冰（3）
腐败犯罪国际追逃的法律适用困境及有效应对 ……………………… 刘　霜（18）
预防腐败犯罪人员外逃国际合作机制研究 …………………………… 王君祥（32）
引渡案件中不判处死刑承诺相关问题研究 …………………………… 刘晓虎（45）
境外在逃人员自首制度司法适用研究：实质根据、成立条件与量刑规则
　…………………………………………… 李冠煜　舒　铭　秦长森（65）
"一带一路"语境下境外追逃合作机制的完善 ………………………… 刘传稿（81）

中编　腐败犯罪的法律治理

我国监察法与刑事诉讼法衔接问题 ……………………… 王秀梅　黄玲林（91）
《联合国反腐败公约》中的"影响力交易"与中国刑法的衔接
　………………………………………………………… 李卫红　许振宇（105）
许诺行贿研究 …………………………… 王志远　张笑天　陈　昊（114）
我国民营企业腐败的成因与治理路径 …………………… 贾济东　赵学敏（123）
我国反腐败国际追赃的难点及对策 …………………………………… 彭新林（136）
《联合国反腐败公约》与我国贿赂犯罪规定的立法衔接 …… 王燕玲　廖日美（150）
我国反贿赂刑法与《联合国反腐败公约》之协调 …………………… 闫　雨（162）
关于巨额财产来源不明罪客观要件的反思与重构 …………………… 于　冲（172）
论贪污受贿犯罪条件性免刑机制 ……………………………………… 商浩文（181）
论受贿罪量刑的价值平衡 ……………………………………………… 贾长森（193）
大陆法系与英美法系贿赂犯罪治理模式比较研究 …………………… 王晓雪（206）
国有企业私分国有资产罪与贪污罪的区分
　——以违规发放企业钱款为例 ……………………………………… 黄玲林（217）

— 1 —

缺席审判制度给刑事辩护律师带来的机遇和挑战
——以当前国际反腐形势为切入点 ……………… 杨秋兰 刘一凡（221）

下编 反洗钱犯罪及企业合规

中资企业境外经营的合规风险与刑事法体系应对 ……………… 贾济东（229）
论非金融企业反洗钱刑事合规风险及其防控 ………… 商浩文 叶 威（245）
反洗钱追赃的刑事困境与出路 …………………………………… 杨 猛（260）
论合规计划的概念和地位 ………………………………………… 何兰馨（273）

上编
打击腐败犯罪的国际合作

国际合作原则与我国反腐败立法完善*

童德华** 王一冰***

一、国际合作原则的概念、实践及其意义

(一) 国际合作原则的概念及其实践

国际合作原则不仅是国际刑法的重要原则,也是国内法发展的重要导向。国际合作原则是国家主权原则在国际刑事框架下的延展,是和普遍管辖原则协调形成的结果,也是国际司法协助的基础。当前,罪刑法定原则、国际刑事责任原则和国际刑事合作原则作为国际刑法的基本原则,其内容随着时代的发展在不断地丰富和深化。其中,国际刑事合作原则既是有效规范和惩处国际犯罪的必然要求,也是坚决贯彻上述原则的有力保证。① 笔者在这里使用"国际合作原则"而非"国际刑事合作原则",其原因在于当前在国际刑法领域中,国际合作的内容涉及范围十分广泛,因而使用"国际合作原则"可以体现更强的包容性。《联合国宪章》在其宗旨中对国际合作进行了强调,并规定了通过国际合作力求解决的问题和实现对人权和自由的尊重,体现了国际合作所能产生的巨大效应。② 当前,由于各国联系的逐渐加强和利益关系的日益紧密,国际合作原则在政治、经济、文化、生态等各个方面发挥的作用越来越突出,尤其是在反腐败领域的表现尤为显著。

反腐败需要国际社会的共同努力,积极贯彻国际合作原则,因此可以说反腐败的国际合作是反腐败问题的自然延伸。近年来,随着经济全球化的发展和国际交流的日益加强,腐败犯罪表现出了国际化、体系化的鲜明特征,腐败问题以及犯罪也

---

* 本文系 2018 年国家社科基金重点项目"中国刑法立法现代化的理论基础与路径选择研究"(项目批准号:18AFX013)的阶段性成果之一。
** 童德华,中南财经政法大学刑事司法学院教授,博士生导师,东盟刑事法研究中心主任。
*** 王一冰,中南财经政法大学刑事司法学院刑法学博士研究生。
① 参见姜娜:《国际刑法基本原则的新进展》,载赵秉志主编:《刑法论丛》(2009 年第 3 卷),法律出版社 2009 年版。
② 《联合国宪章》第 1 条第 3 款规定,促成国际合作,以解决国际间属于经济、社会、文化及人类福利性质之国际问题,且不分种族、性别、语言或宗教,增进并激励对于全体人类之人权及基本自由之尊重。

成为各个国家和地区都不得不正视的现实问题。鉴于腐败犯罪具有难以遏制的蔓延化趋势，国际社会对于腐败犯罪的应对方式进行了全面的探索与思考，并加强了国际合作。联合国先后通过了《公职人员国际行为守则》《联合国反对国际商务交易中的贪污贿赂行为宣言》《联合国打击跨国有组织犯罪公约》等文件，这些成绩为最终形成一个指导国际社会反腐败斗争具有普遍效力的法律文件打下了基础。①2003年联合国通过《联合国反腐败公约》（以下简称《公约》），标志着全球腐败治理迈上了新征程。《公约》一经通过，便得到了各个国家的高度评价和支持。② 我国作为第一批签署《公约》的国家，用行动展示了对《公约》的支持，并将《公约》作为我国国内反腐败立法的导向，对反腐败制度和相关贪污腐败犯罪进行了立法完善。2018年1月1日，习近平总书记在中国共产党第十九届中央纪律检查委员会第二次全体会议上也强调了国际合作对于反腐败的重要意义，指出要加强反腐败综合执法国际协作，强化对腐败犯罪分子的震慑。③

国际合作的实践范围极为广泛，除了反腐败问题外，其在环境、核能源安全、反恐等一些存在"全球问题"的领域也具有重大意义。例如，早在1992年《联合国气候变化框架公约》就根据国家的经济和技术水平的差异规定了不同的义务，加强了环境保护的国际合作。核能源安全可谓与环境息息相关，对其利用过程中使用价值和高风险是并存的，因此，不断加强核能源安全的国际合作是国际社会所有成员应遵循的基本路径。在"十二五"期间，我国积极履行《核安全公约》等国际公约条款所规定的义务，并与16个国家及国际组织开展了包括互派技术人员、学术研讨会等内容多样的合作交流。④ 当前，我国正在继续促进核能源安全方面的国际合作，坚决贯彻落实"一带一路"倡议，为核能源的国际合作作出了不懈努力。除了环境和能源问题外，近年来恐怖主义也体现出蔓延性特征，逐渐从国内及地区问题转变为国际问题。反恐作为非传统安全的重要内容，对于反恐的国际合作具有迫切的需求。自1963年以来，联合国制定并通过了19份有关遏制恐怖主义的公约和文件，为促进反恐的国际合作起到了巨大的推动作用。⑤ 2006年，联合国大会决议通

---

① 参见赵秉志、王志祥、郭理蓉编：《〈联合国反腐败公约〉暨相关重要文献资料》，中国人民公安大学出版社2004年版，第139、145、150页。

② 参见《联合国反腐败公约、联合国打击跨国有组织犯罪公约》，中国方正出版社2004年版，说明部分第1页。

③ 参见《习近平谈反腐国际合作：把惩治腐败的天罗地网撒向全球》，载中国共产党新闻网，http://cpc.people.com.cn/n1/2018/1207/c164113-30448361.html，最后访问时间：2019年3月17日。

④ 参见沈钢、孟岳、温玉姣、张庆华：《国际合作为核安全"十三五"规划实施做好支撑和服务》，载《核安全》2017年第2期。

⑤ 参见《联合国全球反恐战略及其重要意义》，载人民网，https://news.china.com/zw/news/13000776/20181015/34165330.html，最后访问时间：2019年3月17日。

过了《联合国全球反恐战略》①,标志着反恐的国际合作原则得到了进一步的贯彻和落实。

(二) 国际合作原则的意义

国际合作原则作为国际刑法的重要原则,具有广泛的包容性,其在以下三个方面具有重要意义:

第一,国际刑法规定是缔约国刑法的组成部分,应当在缔约国刑法立法中得到贯彻。但需要承认的是,每个国家都可谓是独立的利益主体,国际刑法的规定有时并不能兼顾各个国家的全部利益,不可避免地需要主权国家对自身的部分权利进行让渡。通过国际协商合作,可以更好地协调各个国家间的利益关系,使得国际刑法立法能够最大限度地兼顾各个主权国家的利益和整个国际社会的共同利益,从而有利于国际刑法在缔约国刑法中得到贯彻,促进国内刑法与国际刑法的协调互动。

第二,国际刑法规定是国际社会大多数成员国在协商合作下取得的智慧结晶,不仅对于缔约国的刑事立法具有积极的引导作用,并且可以作为非缔约国刑法立法的重要参考。非成员国在刑法立法时参考国际刑法规定并不鲜见。如早在2000年俄罗斯签署《罗马规约》之前,俄罗斯考虑到将来俄罗斯可能被批准加入《罗马规约》,进一步接受《维也纳条约法公约》相关规定的约束,所以有学者提出俄罗斯应在国内立法条款中增补相关的规定。② 因此可以说国际合作原则所发挥的积极作用不仅对缔约国具有重大影响,而且对于非缔约国的立法完善有重要意义。

第三,一个国家的国际声望明显依赖于其防止和处罚国际刑法所规定的犯罪的意愿和能力。③ 国际合作原则不仅对于刑法立法具有重要意义,对于刑法规定的贯彻执行的重要性更是不言而喻。通过国际合作和司法协助,主权国家可以增强对国际刑法所规定的犯罪的预防和惩治能力,更好地实现刑法的任务和功能,对于提高该国的国际声望和国际地位具有显著的积极作用。签署《公约》后,随着对反腐败问题的强调和国际合作的加强,我国对于腐败犯罪的预防和惩治能力也得到了一定程度的加强,对于我国国际声望和国际地位的提高具有显著的积极作用。

(三) 贯彻国际合作原则的模式应用及方式选择

随着科技的发展和各国联系的日益紧密,对于贯彻国际合作原则所应用的模式也呈现出多样化的趋势,作为国际实践的必然选择,20世纪以前国际合作的模式主要有两种:一是双边合作;二是区域性合作。第一次世界大战以后,各国逐渐意识

---

① 参见《联合国反恐战略》,http://www.un.org/zh/disarmament/other/counterterrorism.shtm,最后访问时间:2019年3月17日。

② 参见[俄]叶萨科夫·G. A:《俄罗斯刑法上的国际刑法规定》,钱福臣、王艳慧译,载《北方法学》2015年第6期。

③ 参见[俄]叶萨科夫·G. A:《俄罗斯刑法上的国际刑法规定》,钱福臣、王艳慧译,载《北方法学》2015年第6期。

到双边合作和区域性合作对于许多全球性问题来讲并不能有效地发挥各国的合力，对于国际合作的重要性有了更为清楚的感悟和认知，多边合作和全球性合作的重要性得到了国际社会的广泛认同，自此国际合作逐渐体现出了全球性的特征。但这并不意味着双边合作与区域性合作不再是贯彻国际合作原则的应用模式，它们与多边合作与全球性合作共同作为国际合作的必要模式广泛地应用于各国的国际交往与合作的进程中。

在国际刑法领域，国际合作与司法协助是在国际合作原则下，国际社会要求各个国家在国际刑事领域提供必要的协助与便利条件的措施。当前，国际上普遍采取的贯彻国际合作原则的方式主要有以下七种：(1) 国家间或整个国际社会为预防或打击犯罪行为所进行的立法活动，如《联合国反腐败公约》的制定。① (2) 双向司法互助，包括调查取证、送达文书等内容。(3) 追寻并扣押财产，这主要是针对流向海外的犯罪所得或与犯罪有关的财产追回所采取的国际合作方式。(4) 刑事诉讼程序转移，其是指一国向另一国转移对于刑事案件的管辖权。(5) 引渡，其是指被请求国依照相关法律依据或者协定将犯罪嫌疑人移交给请求国。(6) 外国判决的承认与执行，这里的判决包括其他国家的判决和国际刑事审判机构的判决。(7) 被判刑人的转移，其是指出于各种考虑将被判刑人转移到另一国家服刑。② 这些国际合作模式的应用和具体方式的选择，对于日渐国际化的腐败犯罪的预防、定罪量刑及刑罚的执行方面都具有重要作用。

二、中国反腐败奉行国际合作原则的基础

《公约》是经济、政治与法律全球化的必然产物。众所周知，腐败是人类政治文明的"毒瘤"，在全球化时代对政治、经济、社会的国际化发展具有巨大的危害。它破坏民主与法治，损害社会的公平正义，对市场经济的健康发展产生了巨大阻碍，甚至影响公民正常的社会生活秩序，对各个国家尤其是发展中国家的危害尤甚。因此，腐败是每个国家和地区必须通过国际合作全力消除的"毒瘤"。正如上文所提到的为了更好地实现对于腐败犯罪的预防和惩治，国际社会通过各种合作模式对腐败犯罪进行坚决打击，并通过了一系列公约和文件。《公约》作为国际社会对于惩治腐败犯罪内容的集大成者，对于腐败犯罪的罪名规定之全面，涉及范围之广泛，前所未见。尤其是对于反腐败国际合作的规定取得了突破性进展，其通过专章对反腐败国际合作的具体方式进行了细致规定。我国于2003年就作为第一批国家对《公约》进行了及时签署，《公约》的正式签署既是我国遵循国际合作的正式表态，也是展开反腐败国际合作的基础。

---

① 参见周露露：《当代国际刑法基本原则研究》，载赵秉志主编：《刑法论丛》（2008年第1卷），法律出版社2008年版。

② 参见黄风、凌岩、王秀梅：《国际刑法学》，中国人民大学出版社2007年版，第70-77页。

我国积极奉行国际合作原则，开展反腐败工作，作为《公约》的缔约国，《公约》的签署及其对我国的生效，对于我国反腐败的国际合作具有基础性的作用，主要表现为以下几方面的内容：

第一，签署《公约》在国际舞台上展示了我国关于反腐败犯罪的决心和勇气，向世界展示了我国负责任的大国形象。当前，由于腐败问题存在国际化的特点，反腐败工作引起了各个国家和地区的广泛关注，因而中国对《公约》的签署体现了其愿意遵照《公约》的规定对本国乃至各个国家和地区的反腐败工作作出不懈的努力，对腐败问题进行坚决打击，这对于中国树立良好的国际形象，提高中国的国际地位具有积极意义，促进了与他国反腐败的国际合作。

第二，《公约》的缔结对于我国反腐败制度的完善具有积极的促进作用。《公约》共分为八章，其中对于包括国际合作等在内的程序与实体内容都作了专章规定，在加入《公约》时，我国反腐败制度的相关规定还存在很多空白，加入《公约》可以更好地对《公约》中反腐败的具体规定与我国的反腐败制度进行对比与批判，并与其他缔约国进行交流和学习，加强国际合作，促进我国反腐败制度的完善。事实上，我国反腐败立法的完善也体现了《公约》的指导作用。1997 年刑法颁布后，我们多次对贪污贿赂犯罪的内容加以完善，无论是扩展犯罪对象的范围，还是扩大犯罪的主体范围，无不是为了进一步加强与《公约》的衔接。在《公约》实施后，我国认真遵循《公约》义务，积极参加缔约国会议，对于反腐败问题展开充分讨论，与其他缔约国交流反腐败经验教训，促进我国反腐败制度的完善。

第三，实施《公约》对于追逃追赃工作具有积极的促进作用。反腐败斗争最后的落脚点主要是腐败者能否归案、因腐败而形成的资产能否被国家追回。这两个问题也就是追逃和追赃决定着反腐败工作能否彻底实施。很多贪官外逃、大量腐败资金转移海外是不争的事实，央行曾在 2008 年的一篇课题报告中指出，从 20 世纪 90 年代中期以来，中国外逃贪腐人员高达 16000~18000 人，8000 亿元腐败资金通过八种途径向境外转移。① 习近平总书记于 2014 年 10 月在第十八届中央政治局常委会第七十八次会议上就曾指出："这些年，我们追回了一些重要外逃人员，但总体看，还是跑出去的多，抓回来的少，追逃工作还很艰巨。"② 事实上，追逃追赃工作是否顺利，在很大程度上依赖于与其他国家和地区展开富有成效的刑事司法协助，《公约》为我们提供了实践管道和途径。根据《公约》规定，返还资产是公约的一项基本原则，所以公约的缔约国理应对其他缔约国国家资产的追回尽可能地提供帮助并相互合作。此外，《公约》还对资产追回的具体措施和各国关于资产追回的权利与义务进行了较为详细的规定。当前，我国有大量的国家资产被腐败犯罪分子以各种

---

① 参见中国人民银行反洗钱监测分析中心课题组：《我国腐败分子向境外转移资产的途径及监测方法研究》，2008 年 6 月课题报告，第 7 页。
② 参见《在十八届中央政治局常委会第七十八次会议上关于加强反腐败国际追逃追赃工作的讲话》，2014 年 10 月 9 日。

非法手段转移至海外,导致我国经济遭受巨大损失,阻碍了市场经济的正常发展。因此,《公约》的签署实施给我国国家资产的顺利追回增添了巨大助力。

三、国际合作在中国反腐败的实践经验

"从严治吏"是我国从古至今的普遍态度,因而贪污腐败犯罪历来是我国刑法予以打击的重点。基于我国的现实国情,腐败犯罪在改革开放之前跨国现象尚不突出。随着1978年改革开放和经济流动性的增强,我国的腐败犯罪开始呈现出国际化的趋势。由于当时我国尚未与任何国家签署引渡条约,关于腐败犯罪的国内立法也存在许多不足,对于腐败犯罪分子的追逃追赃工作面临巨大阻力,处于"高投入低产出"的尴尬境地,自此我国开始逐渐意识到反腐败国际合作的重要意义。《公约》的签署及其在国内法上的贯彻就是我国对于贯彻反腐败国际合作原则的重要体现,由于我国在加入《公约》时对相关腐败犯罪的立法规定不能很好地与《公约》内容相协调,仍然存在许多缺陷和不足。为了更好地履行《公约》所规定的义务,发挥《公约》对于我国在反腐败国际合作方面的基础作用,加强与其他国家反腐败的国际合作,我国在签署《公约》后,根据我国反腐败的实践对《公约》相关内容进行了吸收和借鉴,同时总结经验教训,为我国刑法立法在反腐败国际合作的国内实践方面作出了不懈的努力,不断对我国腐败犯罪的刑法立法进行修改完善。

2006年2月12日《公约》对我国内地和香港地区正式生效后仅4个月,为更好地实现国内法与《公约》的协调,我国便及时对我国刑法进行修改,通过了《刑法修正案(六)》。根据《公约》第21条规定,"以任何身份领导私营部门实体或者为该实体工作的任何人"都可以成为受贿罪的主体。此外,考虑到扩大商业受贿罪的主体范围已成为当时刑法立法的发展趋势①,该修正案通过将刑法第163条"公司、企业人员受贿罪"的主体范围与"对公司、企业人员行贿罪"的对象范围均扩大至"其他单位的工作人员",因而最高法和最高检对相关罪名进行了重新命名和调整。根据《公约》第23条对洗钱行为的规定,其要求对洗钱行为规定广泛的上游犯罪。然而当时我国刑法对于洗钱罪仅规定了四种上游犯罪,不能适应现实需要的实际情况以及《公约》的具体要求。因此《刑法修正案(六)》将洗钱罪的上游犯罪增加至包括贪污贿赂罪等在内的七种上游犯罪。此外,《刑法修正案(六)》还对《公约》第24条关于窝赃的犯罪行为进行了回应,规定了掩饰、隐瞒犯罪所得、犯罪所得收益罪。

根据《公约》第26条的规定,要求各国在不违反本国法律原则的情况下根据本公约的相关规定确立法人应承担的责任。我国《刑法修正案(七)》在《刑法修正案(六)》对刑法第312条修改的基础上增加了一款,对单位犯罪进行了规定,以追究法人的责任。此外,《刑法修正案(七)》增设了利用影响力受贿罪,该罪

---

① 参见赵秉志主编:《反腐败犯罪的国际视野》,法律出版社2008年版,第218页。

名的增设是我国刑法立法对《公约》作出的强有力回应，具有重大意义。① 《刑法修正案（七）》所规定的利用影响力受贿罪的主体规定较为明确，尽管与《公约》相比范围较窄，但更适合于司法实践的应用。

我国在签署《公约》之时，我国刑法对于贿赂外国公职人员或者国际公共组织官员的行为尚没有与之相对应的规定，可谓存在相关的立法空白。为此，我国《刑法修正案（八）》增设了对外国公职人员、国际公共组织官员行贿罪，从此行贿罪的犯罪对象开始全面化。笔者认为，我国刑法对于该罪的增设不仅具有极强的宣示意义，而且也严密了我国关于行贿犯罪的法网，具有巨大的司法实践意义，展示了我国对于反腐败的信心和决心。

《刑法修正案（九）》的一大特色就是对贪污贿赂犯罪大量增设了罚金刑，对行贿罪的惩罚力度增加。由于贪污贿赂犯罪主要是贪利性的犯罪，因此对此类犯罪行为大量增设罚金刑可以很好地实现行为人"无利可图"之感，此外对于行贿人减轻或免除处罚的条件也增加了一定程度的限制，从而有利于实现更加高效且有力地预防和打击腐败，这与《公约》的宗旨相适应。贿赂犯罪是典型的对向型犯罪，必须同时存在受贿与行贿的行为，《刑法修正案（九）》增设了对有影响力的人行贿罪，这与《公约》第18条相呼应。除了对分则的完善以外，《刑法修正案（九）》对总则部分也进行了部分修正，增设了非刑罚性处置措施——禁止从事相关职业，防止犯罪人利用职业条件再次犯罪。这与《公约》第30条第7款规定的从业禁止有契合之处。但笔者认为，目前对于贪污贿赂犯罪的资格限制规定还并不能完全符合实际需要，尚不足以完全有效地防止其利用职业便利再次犯罪。

四、我国进一步深化国际合作的立法思考

正如前文所述，《公约》在我国生效后，对于国内法与《公约》不协调之处，我国及时对刑法进行了修改和完善，以弥补法律空白，实现罪刑相适应。此外，我国也通过司法解释的方式用以解决司法实践中出现的刑法适用问题，使理论更好地服务于实践。尽管当前我国不断对现有立法进行修改和解释，以更好地实现刑法的有效性，但由于刑法不可避免地具有滞后性，并不能与时代的发展完美契合，其罪刑体系仍存在不足。为了进一步深化反腐败的国际合作，构建一体化的腐败治理体系，需要对我国贪污贿赂犯罪进行进一步的立法思考。

（一）进一步完善贪污贿赂犯罪罪名

一是完善单位腐败的行为规制。我国在立法上对单位犯罪主要采取较为宽宥的态度，刑法对于单位犯罪的规定较为混乱，且有关单位腐败行为的罪名规定并不完备。如单位贪污行为、非国有单位的受贿行为以及单位利用影响力受贿的行为都尚

---

① 参见蔡雅奇：《晚近八个刑法修正案与相关国际公约关系论》，载《湖南警察学院学报》2012年第5期。

未通过刑法进行规制，未将其规定为犯罪行为。随着各国经济联系的日益紧密，中国在国际经济活动中发挥的作用越来越突出，公司、企业等单位在国际市场中从事更为广泛的经济活动，因此单位的腐败行为对国家廉政体系的影响也越来越大。正如上文所提到的，《公约》第 26 条要求对法人的相关犯罪进行责任追究，而我国由于立法技术不完善等原因尚未对相关罪名进行规定，存在刑法规制的疏漏问题。

二是完善外国公职人员和国际公共组织官员受贿犯罪的规制。根据《公约》第 16 条的规定，外国公职人员和国际公共组织官员可以作为受贿罪的主体，而我国 1997 年刑法却未将其受贿行为规定为犯罪，其罪名体系尚不完善。随着国际政治的发展变化和中国在国际政治生活中的影响力越来越大，我们不仅已经有条件、有能力将外国公职人员和国际公共组织官员的受贿行为作为犯罪规定下来，而且应根据国际外交战略方式的变化，将这种犯罪规定下来，为国家处理国际关系和特殊外交事务提供更全面的辅助，促进我国相关外交事务的顺利进行。

（二）进一步规范国家工作人员的身份

贪污贿赂犯罪作为传统职务犯罪的内容，要求行为主体具有特殊身份。根据我国刑法分则第八章的规定，贪污贿赂犯罪要求行为人具有国家工作人员的身份。然而怎样区分国家工作人员和非国家工作人员的身份仍然存在争论。

国家工作人员在我国不是一个法定概念，因此在实践中存在难以把握的问题。这导致理论上关于国家工作人员的实质特征存在不同的观点，有学者认为认定国家工作人员时应根据行为人是否具备国家工作人员的身份来确定，即所谓的"身份说"，① 当前占主导地位的是"公务说"。② 根据我国刑法第 93 条的规定可知，界定国家工作人员的实质性标准是"从事公务"。2003 年最高法出台司法解释对"从事公务"进行了界定③，然而，在我国实际的立法中并未严格将"从事公务"作为实质性标准。例如，从理论上讲，受委托经营、管理国有资产的，应属于公务活动。然而这些人并未被直接纳入国家工作人员的范围，而是仅作为贪污罪的主体。此外，根据我国相关司法解释的规定，在国有资本控股、参股的股份有限公司中从事管理工作的人员，除受国家机关、国有公司、企业、事业单位委派从事公务的以外，不属于国家工作人员。④

对于腐败犯罪主体，应根据其职能特征而不是组织特征进行认定，我国司法实

---

① 参见江礼华：《论国家工作人员范围的界定》，载《刑法问题与争鸣》编委会：《刑法问题与争鸣》（第 1 辑），中国方正出版社 1999 年版，第 308 页。

② 参见刘晓山、吴洪江：《关于受贿罪主体之重构》，载《武汉大学学报》（哲学社会科学版）2014 年第 3 期。

③ 参见 2003 年 11 月最高人民法院在《全国法院审理经济犯罪案件工作座谈会纪要》中关于"从事公务"的理解。

④ 参见 2001 年 5 月 22 日最高人民法院《关于在国有资本控股、参股的股份有限公司中从事管理工作的人员利用职务便利非法占有本公司财物如何定罪问题的批复》。

践的实际做法体现了这一规律。① 另外，在《公约》中，对于"公职人员"的界定极为宽泛，而我国关于国有公司及国家工作人员的认定与《公约》关于"公职人员"的认定是存在一定冲突的。此外，我国司法解释中只肯定国有全资公司的国有公司性质也不利于对我国国有资产给予充分的刑法保护，笔者认为我国司法解释将国有公司解释为国有全资公司既不符合我国国情，也与《公约》相抵触。由于人们的生活领域可分为公领域和私领域，因而与此相对应，权力就分为公权力和私权力。长期以来，人们将公权力等同于国家公权力，缩小了公权力的实际范围，在强调以公有制为主体的我国这种观念更是深入人心。② 然而，随着社会主义市场经济的迅速发展和政治体制改革的不断深入，非公有制经济快速发展，国家公权力难以包容一切，难以满足人们日益增长的多样化需求。基于此，政府将自身的部分职责通过合法的形式转让给社会组织，以实现更好地为公众提供服务，因而国家公权力并非唯一的公权力，社会公权力的地位也在不断提高。与此相对应，我国对于从事公务的国家工作人员的身份认定也应进一步扩大和规范。当前，我国监察法规定国家监察的对象是所有行使公权力的公职人员，采用了与《公约》相一致的称谓，尽管这并不能直接论证当前我国关于国家工作人员认定范围过窄和不规范的问题，但可从侧面说明国家工作人员认定范围的扩大以及从法律上进行规范的趋势。

（三）扩大贪污贿赂罪的犯罪对象范围

根据刑法的规定，在贪污贿赂罪中，受贿与行贿的内容被限定为财物。关于受贿罪的内容与范围，当前学界也存在较大争论，主要存在四种主张：（1）财物说。该观点认为贿赂仅指金钱和物品。③（2）财产性利益说。这是现在的通说，有学者主张应将"财物"进行扩大解释，即贿赂的内容涵盖了包括金钱和物品在内的所有的可用金钱进行价值衡量的财产性利益。④（3）利益说。有学者认为，如果仅将贿赂的范围理解为财物和财产性利益则不能很好地实现预防和打击贿赂犯罪的目的，应将其范围扩大至一切利益，以间接方式行受贿之实的，一律可视作贿赂。⑤（4）财产性利益和部分非财产性利益说。如有学者主张财产性利益和部分非财产性利益可作为贿赂的内容，当前对于价值的衡量存在两种途径：一是官方市场；二是民间市场。凡是以第二种途径即民间市场可进行价值衡量的非财产性利益也被包括

---

① 参见2010年11月最高人民法院、最高人民检察院《关于办理国家出资企业中职务犯罪案件具体应用法律若干问题的意见》第6条关于国家出资企业中国家工作人员的认定；2003年11月最高人民法院《关于印发〈全国法院审理经济犯罪案件工作座谈会纪要〉的通知》第1条关于贪污贿赂犯罪和渎职犯罪的主体的认定。

② 参见姜明安：《公法学研究的几个基本问题》，载《法商研究》2005年第3期。

③ 参见高铭暄主编：《中国刑法学》，中国人民大学出版社1989年版，第604页。

④ 参见高铭暄、马克昌主编：《刑法学》，北京大学出版社、高等教育出版社2007年版，第712页。

⑤ 参见齐文远主编：《刑法学》（第三版），北京大学出版社2016年版，第568页。

在贿赂的范围当中,如"女色"。① 当前,我国刑法关于公共财物、礼物以及财物的规定,建立在财物为有体物的基础之上。随着时代的发展,越来越多的能够给人们带来效用的无体物与财产性利益不断出现,仅仅将贪污和贿赂的内容认定为有体物是不符合现实需要的。当前,司法解释已将贿赂扩展至财产性利益,② 对贪污贿赂范围的理解和掌握已经有了一定程度的突破,但其范围仍然较窄,并不能适应现实生活中复杂的贿赂行为,存在不完善之处,致使各种"变相贿赂"行为不能有效得到刑法的规制。根据《公约》的规定,贿赂的范围为"不正当好处",而"不正当好处"的范围极广,其范围不但涵盖了财物、财产性利益,也包括尚未被我国刑法认定为贿赂内容的提供工作机会、性贿赂等非财产性利益。

(四)加强国际合作,完善追逃追赃的规定

从国际法的视角看,普遍管辖原则以保护国际社会的共同利益为标准,通过对国家关于普遍管辖权官方观点的整理,可以看出我国对于普遍管辖原则的态度是较为谨慎和务实的。③ "或引渡或起诉"原则作为国际公法的重要原则,与普遍管辖原则具有密切的联系。我国在追逃腐败犯罪的犯罪嫌疑人的过程中,引渡是重要的方式之一。截止到2019年3月,与我国签订引渡条约且条约正式生效的国家仅有36个。④ 虽然有些国家目前并不将引渡条约的签订作为引渡的前置条件,但许多未与我国签订引渡条约的欧美国家仍然采取"条约前置主义",将引渡条约的签订作为引渡的硬性标准。这对于追逃外逃至欧美的腐败分子的国际合作是极为不利的。以《公约》为例,尽管目前我国签署并加入了许多与引渡有关的国际公约,但签署与缔结有关引渡条约的数量对于引渡制度功能的发挥是远远不够的。因此我们应加强国际合作,加快引渡条约的缔结,完善相关法律规定,为引渡的实现提供充足的法律依据。此外,我国应考虑引入腐败资产共享机制,从而更好地促进我国对于腐败犯罪分子的追逃和国家资产的追回。当前,许多发达国家在进行腐败资产的追回过程中,都对被请求国采用一定的腐败资产的共享机制,以此激励被请求国积极提供司法协助,加强追赃工作的国际合作。腐败资产共享机制的引用可极大减少我国境外追逃追赃工作的阻力,有利于我国国家资产的追回以及对腐败犯罪分子的惩治。

从国内法的视角看,在境外追赃过程中,劝缴是值得重视的方式,尽管《公约》第5条对于境外追赃规定了许多具体的措施,但是劝缴的成功离不开国内追赃

---

① 参见高艳东:《"贿赂"范围的比较研究新探》,载《河北法学》2004年第2期。
② 参见2003年最高人民法院《全国法院审理经济犯罪案件工作座谈会纪要》;2007年最高人民法院、最高人民检察院《关于办理受贿刑事案件适用法律若干问题的意见》;2008年最高人民法院、最高人民检察院《关于办理商业贿赂刑事案件适用法律若干问题的意见》。
③ 参见郑锦墨:《普遍管辖权基本问题研究》,武汉大学2017年博士学位论文,第116页。
④ 数据来源于外交部网站公布的"中华人民共和国——条约数据库",http://treaty.mfa.gov.cn/Treaty/web/list.jsp? nPageIndex_ =1&keywords=%E5%BC%95%E6%B8%A1%E6%9D%A1%E7%BA%A6&chnltype_ c=all,最后访问时间:2019年3月17日。

制度的配合。然而,我国目前的退赃制度地位不明确,对于行为人的退赃行为,一般情况下作为酌定量刑情节,个别情况下作为法定量刑情节。此外,我国刑法第383条关于退赃的法定量刑情节与我国刑法第67条有关坦白的规定不协调,对退赃的从宽处罚条件在坦白的基础上进行了更多的限制。因此,实践中退赃制度的运行并不顺畅,存在不平衡、不协调的问题。① 这对于境外追赃的成功是较为不利的,因此笔者认为,应对刑法中的退赃制度进行重构,解决当前存在的不平衡与不协调的问题,提高犯罪嫌疑人退赃的积极性,以节约司法资源,更好地助力我国境外追赃实践。

(五)完善刑罚适用

一是完善资格刑。根据我国刑法关于贪污贿赂罪的规定,对于贪污贿赂罪的刑罚主要有自由刑和财产刑,只有因贪污贿赂犯罪行为情节极为严重而被判处无期徒刑或者死刑的犯罪分子才会被剥夺政治权利,而对于一些数额相对较小、情节较轻的犯罪分子并未被剥夺其成为国家工作人员的资格,其在刑罚结束后仍然可再次成为国家工作人员,这在一定程度上放纵了行为人的犯罪行为。可以说当前我国刑法对于贪污贿赂罪的规定是存在资格刑缺失的。从贪污贿赂罪的实质上看,贪污贿赂罪可谓是贪利性犯罪,犯罪分子利用自己的地位以权谋私、权钱交易,所以对于贪污贿赂罪这样的贪利性犯罪,刑法立法应当规定剥夺其相关资格,防止他们再次利用职权进行相关犯罪。此外,在司法实践中对于贪污贿赂犯罪这样的贪利性犯罪应尽量加大财产刑的适用,以更好地抑制贪污贿赂犯罪的发生。当前,尽管我国刑法第37条之一规定了非刑罚性处置措施——禁止从事相关职业,但也只是规定人民法院可以根据情况选择适用,且期限只有3-5年,笔者认为这对于贪污贿赂罪的资格限制是远远不够的,并不能对贪污贿赂犯罪进行有效限制。

二是废止死刑。当前,在我国刑法规定的贪污贿赂罪中有部分罪名仍旧将死刑作为最高刑罚,如贪污罪、受贿罪。随着科学技术的发展和全球化趋势的加强,交通日益便利,许多贪污腐败的犯罪分子为逃避法律的制裁常常潜逃至国外,这就涉及引渡和国际合作的问题。尽管根据《公约》规定,我们可将《公约》作为引渡的法律依据,对与我国没有签署引渡协议的其他签署国提出引渡请求,但由于《公约》仍然肯定"死刑犯不引渡"的国际惯例,因而当贪污贿赂犯罪的行为人有可能被判处死刑时,我们就可能难以将其引渡回国从而使潜逃至国外的犯罪分子逍遥法外。

---

① 参见童德华、陈梅:《刑法中退赃制度的重构——基于境外追赃实践的思考》,载《西部法学评论》2018年第4期。

五、完善我国反腐败刑法立法的建议

（一）增设贪污贿赂犯罪的相关罪名

正如上文所提到的，我国刑法对于单位犯罪的规定较为混乱，关于单位贪污贿赂犯罪的罪名规定不完备，并不能很好地达到《公约》对缔约国的法人犯罪规定的要求。笔者认为，我国刑法需要对以下罪名进行完善：

（1）增设单位贪污罪。长期以来，一些地方、部门和单位私自设立"单位内部资金"的现象较为严重。① 这不仅会导致我国国有资产和税收的流失，引发相关腐败行为，侵犯国家对于国有资产的所有权以及对税收的管理秩序，还会间接危害我国经济的健康发展。对于相关行为，我国刑法规定了私分国有资产罪，并对该罪名规定了至多不超过7年的有期徒刑。该罪名在本质上属于单位贪污的行为，然而其刑罚却远远轻于贪污罪。因此笔者认为，应取消私分国有资产罪，增设单位贪污罪，在我国刑法第382条中增加一款，规定国家机关、国有公司、企业、事业单位、人民团体有第1款行为的，对单位判处罚金，并对其直接负责的主管人员和其他直接责任人员依照贪污罪的规定处罚。

（2）增设非国有单位受贿罪。当前，我国刑法仅对国有单位受贿行为进行了刑法规制，规定了单位受贿罪。然而在司法实践中，非国有单位受贿的行为也时有发生，对于类似行为，我国刑法仅规定了非国家工作人员受贿罪，这对于打击非国有单位的受贿行为明显是不利的。因此，笔者认为我们应增设非国有单位受贿罪，在第163条非国家工作人员受贿罪后增加一条作为第163条之一，规定公司、企业或者其他单位非法收受他人财物，为他人谋取利益，情节严重的，对单位判处罚金，并对其直接负责的主管人员和其他直接责任人员处5年以下有期徒刑或者拘役。前款所列单位，在经济往来中，在账外暗中收受各种名义的回扣、手续费的，以受贿论，依照前款的规定处罚。

（3）增设单位利用影响力受贿罪。在实务中，经常有单位利用与某些国家工作人员之间具有密切关系等便利条件，通过国家工作人员为请托人谋取不正当利益并从中收取所谓的"介绍费"。对于此种行为，实质上与自然人利用影响力受贿行为的性质并无太大差异，由于我国刑法并未将其作为规制对象，因此对于此种行为并不能进行刑罚处罚。笔者认为，我国应增设单位利用影响力受贿罪，将其作为刑法

---

① 案例来源于中国裁判文书网，https://www.pkulaw.com/pfnl/a25051f3312b07f3169e469df01069b75a8ba5eab0c6f532bdfb.html?keyword=%E5%8C%97%E4%BA%AC%E5%B8%82%E7%AC%AC%E4%BA%8C%E4%B8%AD%E7%BA%A7%E4%BA%BA%E6%B0%91%E6%B3%95%E9%99%A2%EF%BC%882009%EF%BC%89%E4%BA%8C%E4%B8%AD%E5%88%91%E7%BB%88%E5%AD%97%E7%AC%AC1274%E5%8F%B7%E3%80%82，北京市第二中级人民法院（2009）二中刑终字第1274号，最后访问时间：2019年3月17日。

的规制对象。在我国刑法第388条之一中增加一款,规定与国家工作人员关系密切的单位实施第1款行为,对单位判处罚金,对其直接负责的主管人员和其他直接责任人员依照第1款的规定处罚。

(4)增设外国公职人员或国际公共组织官员受贿罪。笔者认为,可将该罪名在我国刑法第163条非国家工作人员受贿罪中予以补充规定,将外国公职人员或国际公共组织官员作为行为主体在该条文中增加即可。将外国公职人员或国际公共组织官员受贿的行为纳入我国刑法的规制范围,有利于严密我国关于贪污贿赂犯罪的刑事法网,便于实现对跨国受贿行为的惩治,加大对贿赂犯罪的打击力度。

(二)扩大国家工作人员的认定范围

国家工作人员的身份认定问题直接影响了贪污贿赂罪的认定,由我国刑法的规定可知,"从事公务"作为界定国家工作人员身份的实质标准,在我国立法中并没有得到完全的贯彻。笔者认为,受国家机关、国有公司、企业、事业单位、人民团体委托管理、经营国有财产的人员从事的也是公务活动,其实施公务活动时手中就不可避免地握有权力,因此这些人员在实施贪污贿赂行为时也具有和国家工作人员实施贪污贿赂行为相同的性质。基于此,笔者认为,这些受委托的人员也应被认定为国家工作人员,使其具有贪污贿赂犯罪中具体罪名的犯罪主体身份。

由于国有公司的范围只包括国有全资公司并不能适应实践需要,违反了罪责刑相一致原则。笔者认为,我国司法解释将国有公司解释为国有全资公司既不符合我国国情,也与《公约》相抵触。因此,我国相关司法解释应适当扩大国有公司的范围,将其扩大至国家控股比例相对较大的公司、企业,而非只将国有全资公司认定为国有公司。例如,可通过相关司法解释将国有公司的认定标准规定为国家控股比例为75%及以上,从而更有力地打击贪污贿赂犯罪行为和更好地实现对国有资产的保护。

(三)扩大贪污贿赂犯罪中"贿赂"的认定范围

当前在贪污贿赂罪中,受贿与行贿的内容被规定为财物。司法解释已将贿赂扩展至财产性利益,对贪污贿赂范围的理解和掌握已经有了一定程度的突破,但仍然存在不完善之处。① 笔者认可"利益说",对于贪污贿赂犯罪尤其是行贿罪中的财物应给予更广泛的界定,贿赂的范围并不仅仅包括有体财物或者财产性利益,还应该包括提供学习机会、工作职位、艺术表演以及性贿赂等内容。只要能够满足人的欲望或者希望的利益就可以成为贿赂的内容。综观各国刑法,瑞士刑法将贿赂内容规定为"非应得的利益",而德国刑法规定为"利益",日本刑法则仅规定为"贿

---

① 参见2016年最高人民法院、最高人民检察院《关于办理贪污贿赂刑事案件适用法律若干问题的解释》第12条。

赂"。总而言之，各国立法的规定都倾向于"利益说"。① 根据当前我国贪污贿赂犯罪的实际情况，我国刑法也应该对贿赂的内容进行扩大，将贿赂的范围扩展至利益，以适应现实需要。笔者认为，具体可采用两种方案对"贿赂"的范围进行扩张：一是采用《公约》中"不正当好处"这样概括性的描述方式，以代替当前我国刑法中"财物"的表达方式。二是通过司法解释的方式将"贿赂"的范围进行扩大，如可将"财物"扩大解释为能够满足人生理或心理需求的一切财产性利益和非财产性利益。

（四）重构退赃制度

正如上文所提到的，当前我国退赃制度的运行并不顺畅，存在不平衡、不协调的问题。为更好地解决这一问题，笔者认为需要对我国退赃制度进行重构。一方面，应将退赃制度由酌定从宽情节上升为法定从宽情节，这样可以进一步增强犯罪嫌疑人及其家属对于从宽处罚的确信，提高犯罪嫌疑人退赃的积极性，从而更好地发挥退赃制度的积极作用。另一方面，在将退赃作为法定从宽情节的基础上，将该情节在刑法总则中予以规定，对于犯罪嫌疑人退赃行为的情节认定进行统一性的规范。对于从轻、减轻以及免除处罚的三种情节，可遵循刑法第 383 条的思路，在刑法第 64 条"犯罪所得与犯罪所用之物的处理"中增设一款："犯罪分子积极退赃的，可以从轻或减轻处罚。其中主动全部退赃且犯罪较轻的，可以免除处罚"，作为第 64 条第 2 款。② 而关于退赃行为的具体细节，如退赃的主体、时间、主观方面以及退赃金额等要素可通过司法解释进行明确。

对于退赃的主体，笔者认为，除了犯罪嫌疑人本人以外，其亲属也可以代为退赃，但退赃行为必须与犯罪嫌疑人的主观方面相一致。关于退赃的时间，笔者认为不应给予过多限制，但退赃时间的不同对于刑罚的宣告及最终的执行应有所不同。至于犯罪嫌疑人在退赃时的主观方面，笔者认为应和自首相同，只要行为人对于退赃是主动的即可，对于犯罪嫌疑人的退赃目的则在所不问。此外，关于犯罪嫌疑人退赃的数额，可根据退赃的数额与涉案金额的比例确定最终的量刑标准。

（五）贪污贿赂罪资格刑的增设和死刑的废除

根据我国刑法关于贪污贿赂罪的规定，对于贪污贿赂罪的刑罚主要有自由刑和财产刑，缺乏资格刑的规定，而资格刑在遏制和预防犯罪方面具有巨大的作用。根据《公约》第 30 条的规定，要求各缔约国通过适当手段剥夺犯罪嫌疑人从事公职或国有单位职务的资格。笔者认为，作为《公约》的缔约国，我们应处理好我国刑事法律与《公约》的协调关系，在贪污贿赂犯罪中增设资格刑，可规定为剥夺从业

---

① 参见张明楷：《外国刑法纲要》（第二版），清华大学出版社 2007 年版，第 737 页。
② 参见童德华、陈梅：《刑法中退赃制度的重构——基于境外追赃实践的思考》，载《西部法学评论》2018 年第 4 期。

资格,将其作为附加刑的一种与罚金刑等其他附加刑并列,并根据其具体情节将期限最长规定为永久剥夺从业资格,对于具有严重情节的贪污贿赂犯罪可规定资格刑,永久剥夺其再次成为国家工作人员的资格。

正如上文提到的,我国刑法对于贪污贿赂犯罪仍然规定了死刑,这对于外逃的腐败犯罪分子的引渡十分不利。此外,并没有理论根据可以完全证明贪污贿赂犯罪死刑的存在能在遏制贪污贿赂犯罪方面发挥良好作用。从各国的实际情况看,对贪污贿赂犯罪废除死刑并不会导致贪污贿赂犯罪现象的增多。贪污贿赂犯罪的本质特征主要在于其贪利性,与杀人、放火等严重危害社会行为的社会危害性程度仍不能达到同一水平。因此,笔者认为在当前刑罚轻缓化的趋势下,我们应废除贪污贿赂犯罪的死刑。① 将刑法第383条第1款第3项中规定的贪污罪的最高刑规定为无期徒刑,并处没收财产。相对应地,将被判处死缓的犯罪分子终身监禁的条款更改为对于贪污贿赂犯罪情节极其严重被判处无期徒刑的犯罪分子可根据其具体情节判处终身监禁,不得减刑、假释。

六、结语

当今,法律全球化遭遇美式的、欧式的或者其他形式的单边主义的困扰,在这样的时代背景下,中国不仅应该在反腐败行动中遵循合作原则,而且应当积极推行这一原则,为中国经济和法律的发展创造引领时代的先机。在国际合作视角下,通过对我国刑法关于贪污贿赂犯罪立法规定进行分析,参考《公约》的规定,应肯定我国为腐败犯罪的立法完善所作出的不懈努力,严密了贪污贿赂犯罪的刑事法网。《公约》作为中国反腐败国际合作的基础,对完善我国反腐败刑法立法具有指引作用,只有不断完善腐败犯罪的相关立法,才能更好地实现社会的公平正义,创造公正廉明的社会环境。当前,我们仍需加强与各国的国际合作,不断提高预防和打击腐败犯罪的能力。可以说,我国关于腐败犯罪刑事立法的完善仍然任重而道远。

---

① 参见李希慧主编:《刑法修改研究》,武汉大学出版社2011年版,第219页。

反腐败国际合作与腐败的法律治理

腐败犯罪国际追逃的法律适用困境及有效应对[*]

刘 霜[**]

党的十八大以来，以习近平同志为核心的党中央就反腐败国际追逃追赃工作做出重大部署，开辟了全面从严治党和反腐败斗争的新战场。2019年1月，中央纪委三次全会对反腐败国际追逃工作做出部署，要保持惩治腐败高压态势，"打虎""拍蝇""猎狐"多管齐下。习近平指出："人民群众最痛恨腐败现象，腐败是我们党面临的最大威胁。不管腐败分子逃到哪里，都要缉拿归案、绳之以法。"当前，全面从严治党深入有效推进，政治生态逐步得到净化，反腐败斗争取得压倒性胜利，反腐败斗争形势发生巨大转变。自2015年3月启动"天网"行动以来，截止到2018年12月，我国已从120多个国家和地区追回外逃人员4833人，其中国家工作人员995人，追回资产103亿余元[①]。截至2018年12月28日，在中央反腐败协调小组国际追逃追赃工作办公室统筹协调下，经中央有关部门和山东省委、省纪委监委不懈努力，外逃13年的犯罪嫌疑人王清伟回国投案自首，这是第56名归案的"百名红通人员"。我国开展的追逃追赃各项专项行动取得了显著成绩。然而不可否认的是，在国际追逃追赃方面，我国相关立法和实践工作仍然存在很多不足，有待于进一步完善和改进。

一、问题的提出：几个典型案例引发的思考

笔者拟从最近几个颇具影响力的国际追逃案件入手，从实际案例中分析归纳我国在国际追逃方面存在的问题。

1. 黄海勇引渡案：引渡前提条件严苛，适用难度相当大

黄海勇引渡案是我国近年来境外追逃最为成功的案例之一，被誉为新中国成立以来最为复杂的引渡案件。[②] 该案不仅涉案金额巨大，犯罪嫌疑人滞留境外时间漫长，而且引渡程序异常繁复艰难，历经秘鲁地方法院、秘鲁最高法院、秘鲁宪法法

---

[*] 本文系作者主持的国家社科基金一般项目（16BFX056）、河南省高等学校哲学社会科学基础研究重大项目（2018-JCZD-003）和河南省社科规划项目（2015BFX017）的阶段性成果。

[**] 刘霜，天津大学法学院教授。

① 参见《人民日报》2018年12月7日，第4版。

② 赵秉志、张磊：《黄海勇引渡程序研究》（上），载《法学杂志》2018年第1期。

院,最后还被提交到美洲人权委员会和美洲人权法院。

具体案情:黄海勇,原深圳裕伟贸易实业有限公司法人代表、深圳市亨润国际实业有限公司董事及总经理、湖北裕伟贸易实业有限公司法人代表、武汉丰润油脂保税仓库有限公司董事长、香港宝润集团有限公司董事。1996年8月-1998年5月,黄海勇伙同他人共同走私进口保税毛豆油10.74万吨,案值12.15亿元,偷逃税款7.17亿元。案发后,黄海勇于1998年8月出逃。2001年6月,中国通过国际刑警组织的红色通缉令对于黄海勇进行全球通缉。2008年10月,黄海勇在秘鲁被秘鲁警方逮捕,随后我国外交部根据2003年生效的《中华人民共和国和秘鲁共和国引渡条约》向秘鲁政府提出引渡黄海勇的请求。该案分别经过秘鲁法院、秘鲁最高法院、秘鲁宪法法院、美洲人权委员会及美洲人权法院等多级法律程序。2015年6月,美洲人权法院判定由于引渡黄海勇回国不存在其被判处死刑和遭受酷刑的风险,所以秘鲁政府可以引渡黄海勇回国。① 至此,黄海勇引渡案获得实质性突破,黄海勇于2016年7月17日被引渡回中国。该案中,黄海勇虽然陆续穷尽了秘鲁国内法律救济程序,但仍被引渡回国,历时8年的黄海勇引渡案宣告结束。

黄海勇案带来的积极意义不言而喻。该案是美洲人权法院成立以来首次就引渡逃犯案件作出判决,是秘鲁首次同欧洲以外的国家进行的引渡合作,是我国专家证人首次到国际人权法院出庭作证,也是我国首次从拉美国家成功引渡犯罪嫌疑人。② 该案全面反映了近年来中国刑事法治发展的进程,对于我国今后开展国际追逃具有极其重要的借鉴意义。

黄海勇引渡案引发的问题是:引渡作为国际追逃最为常见的国际刑事司法合作形式,能否广泛适用?答案是否定的。我国虽然已经缔结了39项引渡条约(其中29项已经生效),已经签署52项刑事司法协助条约(其中46项已经生效)③,但是现实中以引渡方式实现的国际追逃案例却少之又少。究其原因,各国立法对于引渡规定了一些前提条件,我国难以逾越。例如,死刑不引渡、政治犯不引渡等,此外还有条约前置原则、互惠原则、双重犯罪原则等制约,因此在实践中能真正运用引渡的案例并不多。我国现在所签署的引渡条约多数是与发展中国家签订的,与发达国家签署的较少。而目前国内贪官潜逃最多的目的地大多集中于发达国家,其中以美国、加拿大、澳大利亚和新西兰为最多。遗憾的是,我国虽然与美国、加拿大以及澳大利亚签署了有双边引渡条约,但是要么是还没有生效(中加引渡条约尚未生效),要么是奉行条约前置主义原则④(美国奉行严格的条约前置主义),因此在实践中能够有效运用引渡措施只能在现有的已经签署双边引渡条约的国家范围内进行。黄海勇案之所以能够顺利实施,也是由于中国与秘鲁签署有双边引渡条约。但是由

---

① 赵秉志、张磊:《黄海勇引渡程序研究》(上),载《法学杂志》2018年第1期。
② 赵秉志、张磊:《黄海勇引渡案法理问题研究》,载《法律适用》2017年第4期。
③ 张磊:《腐败犯罪境外追逃追赃的反思与对策》,载《当代法学》2015年第3期。
④ 条约前置主义要求以双边引渡条约作为向外国引渡逃犯的前提条件。

于"红通人员"的潜逃目的地多在发达国家,因此以引渡方式追逃嫌疑人面临着不可逾越的法律障碍。

2. 杨秀珠案:综合采用各种追逃措施,引渡替代措施值得关注

杨秀珠案的典型意义在于以引渡替代措施为主导,成功劝返嫌疑人。在杨秀珠案件中,我国综合采用了非法移民遣返程序、异地追诉程序以及劝返等引渡替代措施,最终成功劝返"百名红通人员"头号嫌犯,使其回国投案自首。

具体案情:杨秀珠,原温州市市长助理、温州市副市长,福建省建设厅副厅长,涉嫌腐败犯罪,于2003年4月携家人出逃境外。2003年6月16日,浙江省人民检察院以涉嫌贪污受贿罪立案侦查,批捕杨秀珠,并于7月22日通过国际刑警组织发布红色通缉令。从2003年4月20日起,杨秀珠携女儿、女婿经由中国香港前往新加坡,后辗转逃往意大利、法国、荷兰、加拿大、美国等地。2016年11月16日,杨秀珠在外潜逃13年之后回国投案自首。

杨秀珠案的积极意义在于:杨秀珠是"百名红通人员"的头号嫌犯,我国积极与美国、荷兰等国开展国际刑事司法合作,最终促使其回国自首,其威慑效力和样本效应不容小觑。甚至有学者认为,杨秀珠案是我国国际追逃追赃工作的标志性实践,是党的十八大以来追逃追赃工作体制创新成果的范本。①

杨秀珠案引发的思考:其一,该案主要面临的法律障碍在于政治犯罪问题、死刑问题和酷刑问题。因此在我国逐步减少死刑适用,避免适用酷刑,提高我国国际法治形象刻不容缓。其二,引渡方式需要前提条件过于严苛,因此引渡替代措施的适用就显得尤为重要。杨秀珠案中综合采用各种引渡替代措施并成功将杨秀珠劝返回国的经验,值得借鉴。

3. 赖昌星案:遣返非法移民方式耗时过长,且不确定性因素较多

赖昌星是震惊中外的厦门特大走私案的主犯。从1996-1999年,他所领导的走私集团在厦门大肆走私进口成品油、植物油、汽车、香烟等货物,案值高达人民币530亿元,偷逃税款300亿元,是1949年以来中国最大的经济犯罪案件。② 1999年8月,赖昌星携家人出逃至加拿大。2000年3月,其旅游签证到期,加拿大边境服务局向其发出有条件的离境令到2011年7月23日,赖昌星在加拿大警察押送下遣返中国,厦门海关缉私局依法对其执行逮捕。历时11年,其潜逃时间长达12年。2012年5月18日,厦门市中级人民法院一审宣判赖昌星犯走私普通货物罪、行贿罪,数罪并罚,决定执行无期徒刑,剥夺政治权利终身,并处没收个人全部财产。赖昌星在一审宣判后没有提出上诉。

赖昌星案引发的思考:其一,应当继续加强与西方发达国家的国际刑事司法合

---

① 张磊:《境外追逃中的引渡替代措施及其适用》,载《法学评论》2017年第2期。
② 廉颖婷:《媒体披露赖昌星在加拿大12年诉讼历程》,载《法制日报》2011年7月27日。

作。赖昌星案是中加两国在国际刑事司法合作方面的成功范例①,中加双方都付出了极大努力,并成功使赖昌星顺利遣返。其二,我国应当开拓引渡合作新领域,可尝试适用个案协议或多边国际条约合作手段。如前所述,赖昌星潜逃国外长达12年之久,耗费大量人力物力财力,赖昌星穷尽一切救济手段,妄图逃脱中国法律的制裁。由于中国和加拿大引渡条约尚未真正实施,因此可尝试引渡合作新领域,个案协议适用更为灵活和便捷。

二、腐败犯罪国际追逃法律适用的困境

(一) 外逃人员主要目的地美国、澳大利亚、新加坡和加拿大适用条约引渡困难重重

目前腐败犯罪外逃人员主要目的地为美国、加拿大、澳大利亚和新加坡。② 此外新西兰、泰国等也是外逃人员相对比较集中的国家。目前,我国与美国、加拿大、澳大利亚、新西兰均无生效的双边引渡条约、协定。虽然2007年9月6日在澳大利亚悉尼签订了《中华人民共和国和澳大利亚引渡条约》,但该条约至今未得到澳大利亚议会通过,尚未生效。

引渡适用的首要条件就是我国应与对方国家签订有双边(多边)引渡条约或协定,方可适用引渡。根据各国引渡法的不同规定,启动条约引渡的方式分为三种:一是以互惠为基础的引渡,即开展引渡合作要求请求国提供或者承诺提供对等的引渡合作。我国《引渡法》第3条规定:"……在平等互惠的基础上进行引渡合作"。二是以引渡条约为基础的引渡,即开展引渡要求请求国与自己存在引渡条约关系。引渡条约为基础的引渡又分两类:一种是以存在双边引渡条约为基础(美国),被称为"条约前置主义";另一种是以存在双边、多边条约(公约)为基础(澳大利亚、新西兰、加拿大),③"多边条约"还可以扩大解释为含有引渡内容的其他多边条约(公约)。三是外交途径的个案协议引渡,即可以通过外交手段就个案进行协商后展开引渡,其往往是外交利益的交换。

1. 从美国进行条约引渡不现实

我国与美国没有签署双边引渡条约,虽然中美两国都是《联合国打击跨国有组织犯罪公约》和《联合国反腐败公约》的缔约国,但是《美国法典》第二百零九章第3181条规定:"本章与移交外国犯罪人有关的各条款,仅在与该国政府签订的任

---

① 张磊:《从高山案看我国境外追逃的法律问题——兼与赖昌星案比较》,载《吉林大学社会科学学报》2014年第1期。
② 参见中央纪委国家监委网站,最后访问时间:2018年7月8日。
③ 参见黄风、凌岩、王秀梅主编:《国际刑法学》,中国人民大学出版社2007年版,第177-181页。

何引渡条约存续期间有效。"① 此处的"引渡条约"应该做狭义的理解，仅仅指"双边引渡条约"。从理论和实践中看，我国目前都不存在从美国通过条约引渡犯罪嫌疑人回国的可能性。

2. 与加拿大进行条约引渡存在一定可能性

加拿大与我国在打击犯罪方面合作相对于美国来说更加密切。中加两国在北京签订《中华人民共和国和加拿大关于刑事司法协助的条约》，于1995年7月1日已经生效；1999年4月16日，中加两国在加拿大首都渥太华签订《中华人民共和国政府和加拿大政府关于打击犯罪的合作谅解备忘录》（有效期5年）；2010年6月24日，中加两国在加拿大首都渥太华签订《中华人民共和国公安部和加拿大皇家骑警关于打击犯罪的合作谅解备忘录》（有效期5年）（两个备忘录已经失效）。中加双方还签署了《中国政府和加拿大政府关于分享和返还被追缴资产的协定》，在《中华人民共和国和加拿大联合声明》（2016）中有提及。

我国与加拿大虽然没有签署双边引渡条约，但我国《引渡法》第一章规定，我国承认共同参加的"载有引渡条款的其他条约"可以作为引渡的依据。加拿大《1999年引渡法》第2条规定："涵盖多边公约"，第10条规定："不存在引渡协定的情况下，经征得司法部部长的同意，外交部部长可以与有关外国就个案达成'特定协议'，以便执行该国的引渡请求。"这说明加拿大从立法上允许将多边公约或者个案协议作为引渡合作的依据。由此看来，根据加拿大《1999年引渡法》，中加双方如果启动引渡程序，也是有法律依据的。② 中加双方在赖昌星案和高山案中均有较大范围的合作，因此双方通过条约引渡犯罪嫌疑人的可能性还是存在的，双方进行国际刑事司法协助也是有先例可循的。

3. 可以尝试与澳大利亚开展引渡合作

2007年9月6日，澳大利亚与我国签订了《中华人民共和国和澳大利亚引渡条约》，我国早在2008年4月24日第十一届全国人民代表大会常务委员会第二次会议上已经批准了条约，但该条约至今未被澳洲议会通过，导致条约至今尚未生效。但是澳大利亚《1988年引渡法》第5条对"引渡条约"作出解释，"有关外国和澳大利亚均为缔约国的、全部或者部分涉及移交因犯罪而受到指控人员或被定罪人员的条约"。为了强调这一概念不局限于双边条约，有关的解释条款特别在括号中注明，"无论是否其他任何国家也为该条约的缔约方"。可以看出，澳大利亚没有将引渡依据完全限制在双边条约，而是也包括了多边国际条约。③ 由于中国和澳大利亚都是《联合国反腐败公约》的缔约国，所以可以尝试根据该公约开展引渡合作。

---

① 参见黄风、凌岩、王秀梅主编：《国际刑法学》，中国人民大学出版社2007年版，第178页。

② 参见张磊：《从高山案看我国境外追逃的法律问题——兼与赖昌星案比较》，载《吉林大学社会科学学报》2014年第1期。

③ 参见张磊：《腐败犯罪境外追逃追赃的反思与对策》，载《当代法学》2015年第3期。

(二) 事实引渡适用灵活,但是程序繁杂,不确定因素太多

所谓事实引渡,是指一国通过遣返非法移民、驱逐出境等方式将外国人遣送至对其进行追诉的国家,无论作出遣返或者驱逐决定的国家具有怎样的意愿,这在客观上造成了与引渡相同的结果,因而被称为"事实引渡"。① 目前实践中适用的事实引渡方式主要包括遣返非法移民、异地追诉、劝返等。杨进军案②就是采用强制遣返方式回国的。

1. 遣返非法移民

所谓遣返非法移民,是指一国行政机关,由于入境者不具有入境资格,"秘密"入境、入境签证造假、签证到期后滞留境内等违反入境国相关移民法规定,通过一定程序将其遣送回国。在遣返非法移民的过程中,我国往往通过司法协助等手段向入境国提供犯罪嫌疑人在申请签证时资料造假、骗取签证、签证期限已过等证据,使其受到入境国的遣返,从而达到追逃目的。赖昌星案就是通过遣返非法移民方式使其成功回国的。

关于遣返非法移民的方式,以美国为例展开说明。美国法律对非法移民有明确的定义,即所谓"没有资格获得签证和没有资格入境的外国人"(aliens ineligible to receive visas and ineligible for admission)。根据美国《移民与国籍法》,假如在美国的外国人出现以下情况之一,就会成为"可被驱逐的外国人"(deportable aliens):在入境或变更"非移民身份"时,根据当时有效的移民法律,属于不得入境的外国人;入境后实施犯罪行为;没有依法登记或伪造文件;从事任何威胁美国国家安全或公共安全的活动;入境5年内沦为需接受美国政府救济的人;以违反美国宪法、各州宪法及其他法律的方式参与投票活动。上述情况都可能导致非法移民遭强制遣返。

对于是否要将某个外国人驱逐出境,美国存在行政审查和司法审查两个环节(在该环节需要对该外国人是否构成难民进行审查,若构成难民则不驱逐出境,被驱逐人往往会高薪聘请律师,在移民法庭的审查中证明自己是难民):其一,行政审查环节。行政审查主要由移民法庭和移民上诉委员会进行(两组织都隶属于美国司法部下的移民审查执行办公室,都是行政机关,审查行为属于美国行政法院的范畴)。在移民法庭决定予以驱逐之后,该外国人可以上诉至移民上诉委员会,如果移民上诉委员会的裁决仍然是驱逐出境,那么该外国人还可以在30天之内向联邦巡回上诉法院提出上诉。其二,司法审查环节。并不是所有的事项都可以接受司法审查。不接受司法审查的事项主要包括:(1)移民官员对抵达美国的外国人进行入境

---

① 参见黄风、凌岩、王秀梅主编:《国际刑法学》,中国人民大学出版社2007年版,第212页。
② 参见中共中央纪律委员会、中华人民共和国国家监察委员会官网:《"百名红通人员"杨进军被从美国强制遣返回国》,http://www.ccdi.gov.cn/toutiao/201509/t20150918_124259.html,最后访问时间:2016年6月12日。

资格的审查（没进国门）；（2）移民法庭不予以驱逐出境的赦免裁定（赦免了）；（3）暂缓驱逐出境的行政决定（暂时不准备遣返）；（4）对实施犯罪行为的外国人予以驱逐出境的决定等。

不仅如此，尽管外国人有将案件上诉至美国法院系统的权利，即要求司法审查的权利，但当驱逐出境的裁决通过行政审查之后，即在行政层面变为终局裁决之后，美国移民与海关执法局（Immigration and Customs Enforcement）就已经获得将该外国人驱逐出境的权力，即使司法审查此时尚未作出终局裁决。因此，当外国人向联邦巡回上诉法院进一步提出司法审查的请求时，他可以同时要求法院在作出裁决之前签发命令，暂缓执行驱逐出境（stay of deportation）。否则，美国移民与海关执法局就有权力立即采取驱逐措施。不过，仅仅向联邦巡回上诉法院或者最高法院提出上诉请求本身并不会自动导致暂缓执行驱逐。换言之，必须上诉的同时明确地附加暂缓执行的请求。值得注意的是，根据美国国土安全部在 2017 年 2 月 21 日公布的《落实边境安全和加强移民执法的政策》和《执行移民法律以服务国家利益》，凡是不能证明自己已在美国连续生活两年以上的非法移民可能被"快速遣返"。① 但是，美国《移民法》第 1253 条 h 款规定，如果司法部部长认为有关外国人的生命和自由可能因种族、宗教、国籍、从属于某一特殊社会群体或者政治见解等原因而在某一国受到威胁，则不应当向上述国家递解或者遣返该外国人。

在采取遣返非法移民方式实施追捕目的时，我国应该特别注意策略，不宜对外过分宣传或者强调欲对被遣返人实行刑事追诉的目的，以防事态出现反转。② 我国可以根据 2001 年生效的《中华人民共和国政府和美利坚合众国政府关于刑事司法协助的协定》向美国政府提供非法移民在入境前犯有严重罪行的证据资料，以证明其不符合美国移民法保护的条件，也可以提供入境人构成非法移民的证据、资料。值得注意的是，遣返非法移民往往程序烦琐且复杂，是一个相当漫长的过程。需要了解和掌握被追逃嫌疑人所在国的遣返非法移民程序，并且掌握确凿证据，在该国法律允许的范围内开展行动，方可能被所在国认可。

2. 驱逐出境

驱逐出境既可以和遣返非法移民一样适用行政程序，也可以作为刑事制裁的后果。中国银行广东开平支行行长"余振东案"就是采用的驱逐出境方式被遣送回国的。以美国为例，根据美国移民法的规定，如果外国人在入境后的 5 年内被判定犯有轻罪，或者被判定犯有可判处 1 年或 1 年以上监禁刑的罪行，将被驱逐出境；在任何情况下，如果被判定犯有严重罪行，将一律被驱逐出境。同时，美国法律赋予可能被驱逐出境人以某些法律手段进行救济，如申请避难的权利，但是犯有严重罪

---

① 参见张磊：《欧盟与美国对非法移民的治理比较——兼论对我国的启示》，载《华东政法大学学报》2017 年第 5 期。

② 参见黄风、凌岩、王秀梅主编：《国际刑法学》，中国人民大学出版社 2007 年版，第 213 页。

行的人可能会被剥夺这一权利。对于那些因在美国的严重罪行而被判处5年以上监禁刑的外国人，美国司法部长有权决定不再适用移民法在驱逐出境方面的保护条款。①

对被驱逐出境人的去向问题也是需要关注的。根据美国法律规定，被驱逐出境人有一次自由选择去向国的机会，如果其选择的去向国在3个月内答复美国愿意接纳其到该国，我国仍无法实现将其抓捕回国。此时，必须密切关注该被追捕人的活动，及时获取相关信息。若存在被追捕人选择他国作为接纳国情况，要及时通过外交途径与准备接纳国取得联系，避免追捕活动落空。例如，钱宏案。② 钱宏因诈骗罪被批捕，后潜逃至美国。2000年11月20日钱宏因涉嫌开办地下钱庄、非法敛财，被美国当局逮捕，在移民法庭接受审判。美国对其判处无期徒刑后因其持有巴拿马护照，遂将其驱逐出境至巴拿马。经过多方交涉，巴拿马政府于2001年5月将其驱逐出境至我国。由钱宏案得出的经验是，对被驱逐出境人的去向一定要及时关注，防止外方将其驱逐至其他国家，以致前期工作白费，一切推倒重来，妨碍追逃工作的顺利进行。

3. 劝返

所谓劝返，是指在确定犯罪嫌疑人已经潜逃国外，并锁定了其位置后，相关部门根据具体情况组织其原在单位领导、家属成员、好友等通过前往境外或者网络、电话、书信等形式与犯罪嫌疑人取得联系，通过摆政策、讲道理、说人情等手段做其思想工作，劝导其主动回国的措施。劝返在国际追逃工作中发挥着非常重要的作用。在2014年"猎狐行动"开展的前3个月里，各地劝返的境外经济犯罪嫌疑人76名，在180名被成功回国的犯罪嫌疑人中（截至2014年11月10日），劝返占了42%。③

劝返具有非常重要的积极意义，其不仅可以大大降低国际追逃的经济代价，提高追逃的效率，而且可以彰显刑罚的及时性和必然性，鼓励更多潜逃者主动接受劝返。对于被追捕人所在国来说，在劝返中只需要被动配合，即可将重大经济犯罪分子遣送出境，免去了在非法移民遣返程序中处于主导地位的诉累。对于被追捕人本

---

① 参见黄风、凌岩、王秀梅主编：《国际刑法学》，中国人民大学出版社2007年版，第214页。

② 1992年5月，时年34岁的钱宏在上海市衡山路一家高级饭店，挂出了"美国康泰财务投资有限公司""美国康泰企业集团有限公司"两块牌子，自封为"集团董事局主席"，开始了肆无忌惮的诈骗活动。1993年8月，上海市公安机关接到群众报案，迅速立案侦查。上海市检察机关很快批准以诈骗罪逮捕钱宏及数名"康泰集团"骨干分子，钱宏潜逃出境。2000年11月20日，钱宏因涉嫌开办地下钱庄、非法敛财，被当局逮捕，在美国移民法庭接受审判。美国对其判处无期徒刑后因其持有巴拿马护照，遂将其驱逐出境至巴拿马。经过交涉，巴拿马政府于2001年5月将其驱逐出境至我国。参见刘仁文主编：《贪污贿赂犯罪的刑法规制》，社会科学文献出版社2015年版，第219页。

③ 刘仁文主编：《贪污贿赂犯罪的刑法规制》，社会科学文献出版社2015年版，第229页。

人来说，可以尽快结束在异域忐忑的流亡生活，基于"自首"而减轻刑事责任，得到真正的实惠。①

劝返工作开展需要在法治轨道内进行。在劝返过程中和对被劝返犯罪嫌疑人的处理上要注意以下几点：

首先，劝返方案必须合法。我国 2014 年 10 月 11 日由最高人民法院、最高人民检察院、公安部、外交部联合印发《关于敦促在逃境外经济犯罪人员投案自首的通告》（以下简称《通告》）。实践中，虽然只要潜逃人接受劝返回国，在量刑时都被认定为"自首"，这是符合《通告》精神的。但是，应当注意在劝返过程中涉及的量刑承诺问题。如果嫌疑人不存在立功等量刑情节，必须严格遵守《通告》，不能为了实现"劝返"作出过分降低法定刑的承诺，必须把握好"减轻处罚"和"从轻处罚"之间的度。参与"劝返"的国家工作人员也要避免劝返人员"先斩后奏"，以防进退两难。如果作出过低的量刑承诺，会将司法机关逼进"进退维谷"的境地：一方面，如果按照过低的量刑承诺作出判决，对其他情节相同却没有出逃的犯罪人来说显失公平；另一方面，如果不按照量刑承诺作出判决，则会使"劝返"人员的"信用度"降低，将会影响以后劝返工作的顺利开展。

其次，劝返活动必须在所在国法律框架内开展工作。参加"劝返"的行动者如果需要到犯罪嫌疑人逃亡的目的国进行"劝返"活动，劝返人员特别是国家工作人员一定要严格遵守当地法律，要对当地法律进行了解，避免出现违反当地法律的情况。如果我国在当地设有驻外使领馆，可以在进行劝返活动之前和他们取得联系，求得必要的帮助（我国在一些地区使领馆派驻的有警务联络代表）。

再次，劝返活动涉及被缉捕人家属时，一定注意"施压"措施的合法性。近期曝光的罗山县"打击盗窃民航旅客财物犯罪专项治理行动办公室"针对当地 4 名在国外航班上偷盗财物的嫌疑人，发出了一则劝返告知书。这份劝返告知书中明确指出，若 7 日内不回国配合公安机关调查，将把其个人情况在县电视台曝光，必要时将其父母、兄弟姐妹、儿子儿媳、女儿女婿曝光；若 10 日内不回国，将其本人及父母、兄弟姐妹、子女全部纳入诚信系统，限制出行，株连三代人；若 20 日内仍不回国，将在其家门口、村口悬挂"飞天大盗之家"的牌子等。② 这种行为违反了我国刑法中"罪责自负"原则，甚至对被缉捕人家属构成民事上的侵权行为。

最后，劝返活动应当与财产冻结、扣押、"红色通缉令"等手段相结合。劝返活动成功的关键在于精神层面和现实层面两个方面的工作。精神层面，潜逃人员对国内家属的牵挂，对自己犯罪行为的负罪感，对自己可能会被遣送回国的担忧，对自己一个人生活存在的压力和风险的考虑都可以用来做潜逃人员的思想工作。现实

---

① 张磊：《从高山案看我国境外追逃的法律问题——兼与赖昌星案比较》，载《吉林大学社会科学学报》2014 年第 1 期。

② 参见新华网：《河南罗山就"株连三代"公告致歉：及时撤回，吸取教训》，http：//www.xinhuanet.com/2018-06/09/c_1122961749.htm，最后访问时间：2018 年 6 月 12 日。

层面，如果潜逃人员的财产被扣押、冻结、没收，就断绝了其经济来源，使其生活难以自立，劝返的成功性会大大提高。中国与美国、加拿大、澳大利亚、新西兰四国签署的《刑事司法协助协定》都有关于对涉案资产"查询、搜查、冻结和扣押"的规定，要求潜逃国给予司法协助，对被追捕人的非法财产进行查封、扣押、冻结，让其失去生活来源。此外，国际刑警组织发布的"红色通缉令"虽然在美国没有强制执行的效力，至少能让当地警察对潜逃人员持有"警惕心理"。如果潜逃人员存在非法移民、非法转移财产、洗钱、签证欺诈等违反美国国内法的犯罪行为，会受到当地执法机关的追诉。"红色通缉令"也会对被缉捕人的生活带来困扰，给其生活带来诸多不便，也在一定程度上促使劝返工作顺利进行。

4. 异地追诉

异地追诉，是指我国通过司法协助等手段向潜逃人所在地政府提交其在该国的犯罪证据，使其受到该国法律追诉。例如，杨秀珠案。我国对杨秀珠主要采用非法移民遣返程序，同时我国政府也在努力采取异地追诉措施对杨秀珠施加压力，促使其早日回国。杨秀珠除了涉嫌在中国实施腐败犯罪以外，在转移赃款到美国，以及入境美国过程中，都涉及洗钱犯罪，而这种罪行在美国也是严重的犯罪行为。因此，中方在努力推动非法移民遣返程序的同时，也将杨秀珠涉嫌跨境洗钱的证据提交给美国，促使美国方面以洗钱犯罪追究其刑事责任；迫使杨秀珠认识到，即使不回国，且非法移民遣返程序进展缓慢，其也可能因为刑事犯罪而受到美国的刑事制裁。① 异地追诉也是引渡的重要替代措施，杨秀珠最终能够回国自首，与我国成功适用异地追诉方式密不可分。

三、腐败犯罪国际追逃法律适用困境的有效应对

（一）严守国家主权原则，是追逃追赃行为的红线

国家主权原则是国际法的基本原则，要求各国在国际交往中尊重他国主权。一方面，腐败犯罪国际追逃的出发点和归宿是为了维护国家主权，即通过实现对外逃人员的刑事管辖权来维护追逃国的司法主权；另一方面，国际追逃主要在境外进行，很容易对被请求国的司法主权造成侵犯。国际追逃的过程，在某种意义上也是双方主权的博弈过程。② 所以，在国际追逃追赃过程中一定要注意尊重被请求国的国家主权。一旦侵犯该国主权，就很容易引起该国的反感、抵触和反击。不论出现哪种情况，首先会导致我国追逃行动的失败，甚至会给两国的外交关系带来不利影响。

---

① 参见张磊：《境外追逃中的引渡替代措施及其适用——以杨秀珠案为切入点》，载《法学评论》2017年第2期。

② 参见张磊：《境外追逃追赃良性循环理念的界定与论证》，载《当代法学》2018年第3期。

（二）依法、依约开展国际追逃工作

我国在劝返潜逃人员的过程中，为了把握机会，害怕错失良机，往往在锁定犯罪嫌疑人准确位置后迅速行动，持旅游、商务护照"秘密"入境请求国。境外追逃过程中有些机会稍纵即逝，为了提高追逃追赃行动的成功率，这是无可厚非的。但是，在时间允许、条件允许的情况下，劝返人员还是应该通过跨境警务合作和跨境司法协助来进行，尽量避免"秘密"入境。

2015年8月16日，一则发表在美国《纽约时报》上题为"奥巴马政府就在美行动的秘密工作人员警告北京"的文章引起了舆论的广泛关注。美国的所谓"警告"主要包括以下两方面的内容：其一，中国的追逃人员在不遵守美国法律的情况下在美国从事秘密工作。其二，中国没有向美国提供开展刑事司法合作的证据。美国司法部发言人马克·雷蒙迪说："美国不是任何国家逃犯的避风港。"但他也表示，如果中国想让美国协助追捕逃犯，中国政府必须向美国司法部提供证据，但是太多时候，"中国没有提供我们要求的证据"。① 我国认为既然美方一再承诺会配合中国开展反腐败行动，就应当在合作中表示出应有的诚意，采取合理的措施，切实推动中美双方刑事司法合作，而不是动辄提出所谓的"警告"。有人认为这是美国人的外交把戏，在"美国明知中国境外追逃经验不足，人才缺乏"且高度重视境外追逃追赃的情况下发出这样的"警告"存在其他外交企图。

澳大利亚也曾经就类似事件向我国政府发出照会。根据《墨尔本时代报》的报道，2014年12月，中国山东日照警方曾经派遣两名警察进入澳大利亚，到墨尔本劝说犯罪嫌疑人董锋回国投案，澳洲媒体称中国警方没有提前通知澳洲警方和外交部，而是以非正式的方式悄悄前往墨尔本与董锋直接谈判。据《悉尼先驱晨报》等澳洲媒体报道，中国政府就此事向澳洲保证以后这样的事情不会再发生。②

笔者认为，美国和澳大利亚提出的警告确实值得我们警醒，在国际追逃过程中一定要依法、依约进行。具体应对措施包括：（1）我国与美国、加拿大、澳大利亚、新西兰四国都签有《刑事司法协助协定》，可以依约申请司法协助，尽量避免出现"秘密"入境。（2）我国与美国、加拿大、澳大利亚、新西兰四国都是国际刑警组织的成员国，可以通过国际刑警组织国家中心局之间进行沟通，请求警务协助。（3）我们要对请求国政府和司法机关给予充足的信任，即使对方不给予协助也不会给追逃追赃行动添乱。至少能给予一定的法律建议，这也能避免我方人员因行动违反请求国法律而带来其他麻烦。

---

① 参见张磊：《美国的所谓"警告"及其对我国境外追逃的启示》，载《河南大学学报（社会科学版）》2016年第2期。

② 参见张磊：《美国的所谓"警告"及其对我国境外追逃的启示》，载《河南大学学报（社会科学版）》2016年第2期。

（三）充分利用我国已经签署或者参加的各种双边条约或加入的国际公约

我国与美国、加拿大、澳大利亚、新西兰四国都是《联合国反腐败公约》的缔约国，根据《公约》和各国《引渡法》的规定，我国和加拿大、澳大利亚之间都存在启动引渡程序的可能性（详见下表）。我们要尝试探索通过引渡追逃追赃的新途径，因为引渡相对于遣返非法移民、驱逐出境等手段来说更加经济、高效。

	引渡条约	刑事司法协助条约	国际刑警组织成员国	《联合国反腐败公约》	《联合国打击跨国有组织犯罪公约》	其他
美国	无	有	是	成员国	成员国	
加拿大	无	有	是	成员国	成员国	
澳大利亚	已签署未生效	有	是	成员国	成员国	关于移管被判刑人的条约
新西兰	无	有	是	成员国	成员国	

四、防患于未然，构建国内防逃工作机制

虽然近年来我国国际追逃工作取得了辉煌战绩，但防患于未然更为重要。应当构建国内防逃制度，将腐败分子和赃款赃物拦截在我国边境之内。实践中腐败犯罪的嫌疑人在携款外逃时一般会有严密筹划、准备证件、伪造身份、转移财产的过程。在此过程当中，很可能会有频繁的出国记录、账户资金异动等明显信号。我们可以建立防逃工作机制，监控可疑人员的一举一动，及早切断其外逃程序。

（一）严格执行《中纪委关于进一步加强党员干部出国（境）管理的通知》

目前关于党员干部出国的规定包括：《关于加强党政机关县（处）级以上领导干部出国（境）管理工作的意见》（中办发〔1999〕23号）；《中纪委关于进一步加强党员干部出国（境）管理的通知》（中纪发〔2004〕26号）；《关于进一步加强因公出国（境）管理的若干规定》（中办发〔2008〕9号）；《关于领导干部报告个人有关事项的规定》（中办发〔2010〕16号）；《因公出国人员审批管理规定》（中办发〔2012〕5号）；《中共中央组织部关于进一步加强领导干部出国（境）管理监督工作的通知》（组通字〔2014〕14号）等重要文件或规定。党员干部应当严格执行，将各项规定落到实处。

具体应做到几个方面：（1）加强对因公出国（境）人员的管理。例如，上海市卢江区原副区长于2008年10月中旬在法国考察期间擅自离团，后经劝返回国。

（2）对因私出国（境）党员干部进行严格审查。例如，原中国银行哈尔滨河松街支行行长高山就是因私出国到加拿大看望妻女时（其出国时购买有返程机票），得知案发滞留加拿大。（3）做好出国（境）证件的管理工作。相关证件（包括私人证件）必须及时上交有关部门管理。应当严格审核、定期不定期抽查，发现问题后严肃处理，防止该制度变成"一纸空文"，一定要严格执行，将该制度落到实处。

（二）建立监察部门、公安部门、金融部门信息共享机制

潜逃人员在准备出境前往往精心策划出逃路线，频繁出入国（境）进行财产转移、出国后生活安置等活动。各部门联合建立信息共享平台，建立防控模型。

银行系统应当建立大额资金转移监测制度，实施金融交易报告制度，以遏制资本外逃。到目前为止，中国人民银行已经先后颁布了《金融机构反洗钱规定》《人民币大额和可疑支付交易报告管理办法》和《金融机构大额和可疑外汇资金交易管理办法》，这些规定和办法在一定程度上发挥了金融机构在对外资金流动中的监督和管理作用，但仍然存在各自为政、监管不力等情况。笔者认为，我国应采取措施消除多头管理的现状，明确国家外汇管理局作为全国管理外汇资金的责任部门，对进口付汇的报关单位严格查验其真实性，对金额超过10万美元或20万美元的报关单位进行第二次甚至第三次核验，对弄虚作假的单位及利用单位账户外逃资金的腐败分子通知相关部门严肃查处。特别要注意监管具有一定行政级别（如正处级）领导干部及大中型国有企业负责人的对外支付行为，审查其转移收支的合法性、合理性，并建立完善的对外支付记录。

此外，还应完善外汇管理制度，对国内出境的外汇进行严格审查，对在国外的外汇必须加强监督和审计，对公职人员的境外财产进行监控或审查。国家外汇管理部门肩负着防止资金外逃的重担。

（三）着力打造一支强有力的追逃专业队伍

全球化背景下中国与其他国家开展反腐败国际刑事司法合作不仅是大势所趋，也是强势反腐的紧迫要求。打造一支强有力的追逃队伍是时代发展的要求，也是国际追逃工作能否顺利开展的关键。因此，应当做好如下几个方面的工作：

其一，应当加大资金投入，全力追逃追赃。国际追逃工作需要大量资金投入，这是我们必须付出的成本，也是每一个国家必须面临的挑战。他国在我国开展相应合作也同样需要必要的代价。既然代价不可避免，我们就坦然接受，加大资金投入，让追逃人员无后顾之忧，底气十足。

其二，提高追逃人员的专业外语应用能力。实践中，普通翻译不能满足瞬息万变的追逃追赃工作的需要，关键词语含义翻译的些许误差都可能造成不必要的损失。但是熟知法律知识（更别说追逃追赃规则）的高水平翻译人员数量太少。所以提高队伍自身的外语应用能力就成为当务之急。知己知彼，方能百战不殆。

其三，国际追逃人员应当熟悉精通各国追逃具体法律规则。结合各国外交政策，

提出符合对方法律、政策要求的刑事司法协助请求（包括所附的外文版本），防止因为程序上的错讹与疏漏影响追逃工作的开展。

其四，国际追逃相关部门应当密切配合，完善协调工作机制。国际追逃涉及最高人民法院（负责对嫌疑人的量刑承诺）、最高人民检察院（负责境外追逃追赃的取证程序规范性文件）、外交部（负责境外工作的外交配合）、公安部（负责境外侦查）、司法部（负责提出司法协助请求）、人民银行（负责反洗钱的调查和监管等）等多个部门，需要多部门统一协调，密切配合。为此，我国建立了中央反腐败协调小组国际追逃追赃工作办公室，致力于建立统一高效的协调工作机制。现在要做的是尽快将该机制投入运行，提高实践中运行的有效性、快捷性与灵活性。同时，还应强调国内办案机关与境外工作人员的配合。境内调查和搜集的犯罪证据及线索，是境外工作的先期条件和基础，没有扎实的国内调查工作为后盾，任何境外协助请求都可能被拒绝或者搁置。国际追逃各部门应密切配合，统一协调，齐心协力将国际追逃工作进行到底，将外逃人员一网打尽，维护和谐稳定的社会秩序，实现社会的公平正义。

预防腐败犯罪人员外逃国际合作机制研究

王君祥[*]

一、构建预防腐败犯罪人员外逃国际合作机制的必要性

(一) 预防腐败犯罪人员外逃国际合作内涵

一般说来,反腐败工作包含两个必要环节,即惩治腐败和预防腐败。惩治腐败强调从事后的角度,运用法律、经济和政治等手段对腐败行为进行惩罚,特别是对腐败分子个人财产或者自由、声誉进行贬损;而预防腐败则从事前的角度,侧重利用政治、经济、教育和法律等多种手段,阻止腐败行为的发生。惩治与预防是反腐败的两个基本要素,惩治腐败是开展预防的前提和基础,惩治腐败是社会、国家基于报应而产生的治标之策,能在一定时期内有效遏制腐败行为的发生;而预防腐败是在惩治腐败行为的基础上,进一步构筑起控制腐败行为再发生的堤坝。预防腐败更关注腐败治理之本,从发生机制上寻求遏制腐败产生的根源。

党的十八大以来,党中央强化了反腐败追逃追赃工作,通过开展"猎狐行动""百名红通"等措施,积极开展反腐败国际合作,大批外逃分子被缉拿归案,追缴大量腐败资金,有效遏制了腐败犯罪分子和资金外逃的趋势。当前,我国反腐败国际追逃追赃国际合作机制实质上还是侧重于惩治,是一种事后的补救措施。这也是国内学术研究的侧重点。但是,就完善我国反腐败国际追逃追赃的体系来说,现有的反腐败预防国际合作则是一个短板。本文从预防腐败国际合作角度,分析我国和有关国家、国际组织之间如何构建预防腐败犯罪分子外逃的合作制度。

从宽泛的角度理解,腐败犯罪人员外逃既是指从我国边境口岸的离境行为,也是指那些在境外国家工作的国家公职人员腐败犯罪后拒绝回国接受调查的行为。一般说来,第一种情况最为普遍。腐败人员外逃是指腐败犯罪发生后,犯罪嫌疑人为逃避惩罚而潜逃境外。犯罪嫌疑人外逃实际上是利用了出入境管理、证件管理、海关等制度的漏洞。预防腐败人员外逃的国际合作,实际需要我国和相关国家或者国际组织在腐败犯罪发生的重点领域对重点人物等情况有一个协作机制。这种情况下的预防国际合作既包括我们能有效地管得住人员离境,也包括当国内执法机构没有

---

[*] 王君祥,河南科技大学法学院教授,法学博士,G20反腐败追逃追赃研究中心兼职研究员。

及时阻止人员离境时,由入境国根据我国提供的情报有效阻止该人员入境的情形。第二种情况一般发生在境外国家在正常的执法、司法过程中,发现中国人可能涉嫌腐败或者相关犯罪线索,特别是当这些人员是国内重要公职人员的近亲属或者特定关系人的情况下,对于国内执法机构发现该国内公职人员腐败犯罪线索并采取防范其外逃和资金转移具有重要意义。

综合看来,预防腐败犯罪人员外逃国际合作包括在出入境管理层面建立成熟和有效的合作机制;在重点边境地区联合监控机制;境外国家执法机构向我国提供境内腐败人员犯罪线索信息制度等。

(二) 必要性

1. 国内反腐策略的转变

随着党的十八大以来高压反腐败态势的持续,全面从严治党进入新常态,党风廉政建设和反腐败斗争取得压倒性胜利,不敢腐、不能腐、不想腐的有效机制已经初步形成。不敢腐就是通过加大惩治力度,提高腐败成本;不能腐是对权力的约束;不想腐是行为自觉的自律机制。① 鉴于我国腐败犯罪携款潜逃境外情况,如何将这些潜逃的犯罪分子绳之以法成为长期以来困扰我国反腐的重要问题。近些年来,随着我们不断加大跨境追逃追赃的力度,其成效显著,一大批潜逃多年的腐败犯罪分子得到有效惩治,也追回了大批流失的腐败资产。当前,我国跨境追逃追赃工作取得的成绩也得到了全球众多国家的肯定。我们已经掌握反腐败国际合作的战略主动权和话语权,中国反腐败国际合作网络遍布全球。在惩治腐败国际合作网络扩散的同时,如何将公职人员和腐败资金不能逃的合作机制构建起来应当提上日程。海外反腐败战略同样需要转变。这一点可以从中央反腐败协调小组国际追逃追赃工作办公室启动的"天网"系列行动中看出。2018年"天网"专项行动明确提出,做到追逃追赃一起抓、追逃防逃一起抓。追逃追赃一起抓,对内对外同向发力。对内将防止资金外流作为防逃工作重点。这是一种反腐国际合作战略思维的转向开始。2019年的"天网"行动指出,盯紧重点国家、重点个案,加大挂牌督办力度,有力削减外逃存量、有效遏制外逃增量。明确提出了要深化司法协助和国际执法协作,扎实推进个人攻坚,完善防逃制度机制、斩断赃款跨境转移渠道,推进防逃追逃追赃一体化建设。② 这是近年来中央反腐败国际合作方面的一种新表述,开始建立追逃防逃以追赃工作为突破点做好防范资金外逃的国际合作。因此,我国应在继续加大跨境追逃追赃力度的同时,转变查案思维,将如何构建预防腐败国际合作问题提到日程上来,力求与重点国家从反腐败国际合作政治层面的交流,签署预防性的反腐败执法、司法合作条约,提升各国反腐败执法、司法能力建设等方面着手。

---

① 李雪勤:《扎实构建不敢腐不能腐不想腐的有效机制》,载《求是》2017年2月28日。
② 参见《"天网2019"行动正式启动紧盯重点国家、重点个案》,http://finance.sina.com.cn/roll/2019-01-28/doc-ihqfskcp1195199.shtml,最后访问时间:2019年3月7日。

2. 预防腐败也需要国际合作

从另一个角度来说，反腐败国际合作策略的转变除了通过加大跨境追逃追赃力度来实现，更应当将预防性内容作为反腐败国际合作的核心，就如何预防腐败犯罪人员和资金外逃构建国际合作机制应当成为首要关切。一般说来，预防腐败犯罪的发生是一个系统的工程，需要国家有既定的预防腐败的战略、政策和具体可操作性的法律规定。这项工作既是一个国内法律体系完善的过程，也需要与其他国家开展密切的执法、司法合作。随着全球经济一体化的发展，很多原本国内犯罪的危害效应外溢到境外，特别是对腐败犯罪资金的洗钱犯罪，对资金流出国和流入国来说都对本国经济和社会发展带来一定危害性，任何一个国家都不愿落下"犯罪天堂"的口实，因此，开展惩治和预防腐败犯罪的工作容易在全球各国达成共识。在我国跨境追逃追赃工作卓有成效之际，国家有必要就构筑预防腐败犯罪分子潜逃和资金转移国际合作网络制定战略，与有关国家签署合作的法律文件。

预防严重腐败犯罪人员和资金外逃是进一步深化反腐败斗争的需要。从一般道理上讲，预防犯罪的成本要远远小于惩治犯罪的成本。对于开展跨境追逃追赃国际合作来说，每个跨境追逃成功的案件所消耗的司法资源是非常巨大的。跨境追赃的难度更大，一方面，这是因为资金跨境流动在当前技术条件下变得更为容易，资金流动环节非常复杂，司法机关认定某笔资金是犯罪所得的证据链条容易被阻断；另一方面，由于某些资金流入国追缴和返还犯罪所得的法律制度差异巨大，有的国家对腐败资金的态度比较暧昧，不愿意向请求国提供没收和返还腐败资金的协助。这些因素使得世界各国在开展追赃的国际合作方面比起追逃来说更为艰难。相反，如果世界各国能在防范腐败犯罪分子外逃、防范腐败资金外逃方面构成有效的国际合作网络，就能大大降低打击腐败犯罪的司法成本。

反腐败应当是法治框架下的全球协同战略，惩治和预防是这一战略的两个层面。当惩治腐败国际合作网络构建基本成熟之后，预防腐败国际合作的问题需要提到日程上来。目前，专题研究预防腐败国际合作的话题并不是一个显性话题。对于国家来说，预防腐败国际合作能有效节约本国治理腐败的司法资源，特别是对于腐败犯罪分子和资金外逃严重的国家来说，构筑防范的国际合作网络，将腐败犯罪分子和腐败资金堵在国内，就不会耗费极大的资源开展跨境追逃追赃。预防腐败的国际合作除了需要国内法律和政策的调整之外，更多的工作应当是与腐败人员和资金外逃的重点国家签署执法、司法合作的条约、协议，严密惩治腐败犯罪的法网；参加有关预防和惩治腐败犯罪的各项国际条约，履行国际义务对国内相关法律进行完善；构建和完善各类国际反腐败平台的区域、国际合作机制，在该平台下开展国家间的预防腐败犯罪合作；通过外交和国际刑警组织等途径来强化预防腐败犯罪的执法和司法合作，制定预防合作计划和开展联合预防行动。

综上可知，建立国际合作机制预防腐败犯罪是可行和必要的。特别是对于我国来说，在跨境追逃追赃国际合作机制非常成熟的情况下，利用既有的成果，与其他国家和国际组织在防范腐败犯罪人员和资金外逃方面更具有紧迫性。

3. 国际公约框架对预防腐败国际合作有明确要求

国际组织和国际公约都将预防腐败国际合作作为重要内容加以对待。《联合国反腐败公约》在序言中所言："腐败已经不再是局部问题，而是一种影响所有社会和经济的跨国现象，因此，开展国际合作预防和控制腐败是至关重要的。"国际反贪局联合会要求会员国按照《联合国反腐败公约》要求缔约国根据本国法律制度的基本原则，制定、执行和坚持有效的预防性反腐败政策，以促进社会参与，体现法治、妥善管理公共事务和公共财产，促进廉正、透明度和问责制（acountability）。《公约》要求缔约国应确保建立一个或者酌情建立多个机构，并赋予其必要的独立性和专门的人力、财力资源，以对预防性反腐败法律、政策的实施进行监督和协调，并积累和传播预防腐败的知识。联合国大会通过的《联合国预防犯罪和刑事司法方案的原则声明和行动纲领》在序言中就指出，决心通过下述方面将我们的政治意愿转化为具体行动，（a）建立针对共同问题开展切实合作的必要机制；（b）为开展国家间合作和协调奠定基础，以应付新形式的、严重的、跨国性的、规模巨大的犯罪；（c）建立关于联合国预防犯罪和刑事司法准则与标准及其执行情况和有效性的情报交流机制；（d）为更有效地预防犯罪和更人道地提供司法援助手段，特别是向发展中国家提供此类手段；（e）为建立一个真正有效的联合国预防犯罪和刑事司法方案奠定充足的资源基础。就腐败犯罪来说，联合国大会的这一文件明确了各国开展预防腐败犯罪中的具体范围和行动方向。《联合国反腐败公约》在总则之后的第二章就规定"预防措施"，将预防腐败放在条约的前列，彰显了国际社会对待预防措施的重视程度。这部分明确了各国在预防腐败方面国内法律规定的内容，其中第5条第4款规定，缔约国应当根据本国法律制度的基本原则，酌情彼此协作并同有关国际组织和区域组织协作，以促进和制定本条所述措施。这种协作可以包括参与各种预防腐败的国际方案和项目。本条是有关预防性反腐败政策和做法的规定，内容包括社会参与、法治、妥善管理公共事务和公共财产、廉正、透明度和问责制；各国制定和促进各种预防腐败的做法；完善有效的法律文件和行政措施等。实际上，像《美洲国家组织反腐败公约》也有反腐败预防措施的规定；《欧洲理事会反腐败刑法公约》《欧洲联盟反腐败公约》等都有国家间合作的规定。这些内容均表明，预防腐败国际合作是履行国际义务的要求，而预防腐败犯罪人员和资金的外逃本身就是预防腐败国际合作的内容。

综上所述，在预防腐败犯罪人员和资金外逃国际合作中，应当特别重视联合国与地区各国家和各组织的重要作用，共享信息，要赋予国家在预防和惩治腐败犯罪方面的主要责任。联合国大会于1991年12月18日第46/152号决议通过《联合国预防犯罪和刑事司法方案的原则声明和行动纲领》，为通过国际组织开展预防犯罪提供了指导性方案。国际刑警组织、国家海关组织等国际组织在预防腐败犯罪人员外逃中发挥着重要作用。这些国际组织可以在腐败犯罪人员出入境过程中共享情报信息、提供犯罪线索开展合作。国际公约对预防腐败国际合作的倡导及规定为我国开展国际合作提供了法律基础和政策支持。

二、预防腐败犯罪人员和资金外逃的执法机构及其职能

按照《联合国反腐败公约》第 6 条规定，各缔约国应当根据本国法律制度的基本原则，确保设有预防性反腐败机构，对预防性反腐败政策和做法的实施进行监督和协调。因此，各国预防性反腐败机构也成为国家间彼此协作以及同有关国际组织协作反腐败的重要机构。为了履约，2007 年 9 月 6 日，中国成立国家预防腐败局，其主要负责全国防腐败工作的协调与策划，制定反腐政策，检查与指导社会企业、单位、团体的反腐工作的同时负责预防腐败的国际合作和国际援助。2018 年国家监察体制改革，随着监察部并入新组建的国家监察委员会，国家预防腐败局并入国家监察委员会，不再保留监察部、国家预防腐败局。这样，我国现有法律没有明确具体哪一个机构是专职的预防性反腐败机构。但是，这并不会妨碍我们从多个层面分析我国哪些机构承担了防范腐败犯罪人员和资金外逃的国际合作的职能。

（一）从国际条约中设定的开展刑事合作的联系机构分析

在刑事司法合作中，中央机关和主管机关是两个相互对应的概念，中央机关是负责对外联络的机关，即对外接收和提出刑事司法协助请求的机关；主管机关是负责具体执行协助请求的机关。2005 年 10 月，全国人大常委会在审议并批准加入《联合国反腐败公约》时，指定最高人民检察院为该公约的刑事司法协助中央机关；2003 年 8 月，在全国人大常委会审议并批准加入《联合国打击跨国有组织犯罪公约》时，决定指定司法部和公安机关作为该公约的中央机关。从我国和外国签署的双边刑事司法协助条约规定看，司法部往往被指定为中方的中央机关。

从预防腐败犯罪人员和资金外逃方面来讲，中央机关是国家间开展合作的中转机构，具体工作职责可以承担预防腐败犯罪人员和资金外逃情报的转递、联系和协调工作。而作为主管机关则往往是一些职能执法机构，这些机构在具体落实和执行预防腐败政策方面发挥着重要作用。另外，我国刑事司法合作指定的中央机关在促成国际反腐败共识、制定国际反腐败政策方面发挥着重要作用。如 2006 年成立的国际反贪局联合会，最高人民检察院代表中国政府，承担促进《联合国反腐败公约》有效实施的职责，也积极与各国反腐败机构开展国际合作。随着我国监察体制改革的完成，最高人民检察院内反腐职能转隶到国家监察委，国家监察委就接替了上述最高检的相关职能。

还需要注意的是，国际条约中指定的中央机关实际上还是开展预防反腐败国际合作的执法机关，可以采取具体的执法合作措施。司法部、国家监察委是我国重要的预防腐败人员和资金外逃的执法机关。

（二）国内立法就反腐败国际合作联络机构以及主管机构的规定

国际刑事司法协助法是反腐败国家立法的重要内容，我国《国际刑事司法协助法》对于开展反腐败国际合作的有关职能机构也有明确规定，该法第 6 条规定，国

上编 打击腐败犯罪的国际合作

家监察委员会、最高人民法院、最高人民检察院、公安部、国家安全部等部门是开展国际刑事司法协助的主管机关,按照职责分工,审核向外国提出的刑事司法协助请求,审查处理对外联系机关转递的外国提出的刑事司法协助请求,承担其他与国际刑事司法协助相关的工作。

上述内容涉及我国反腐败国际合作对外联络机关的职能,一般说来,在刑事司法合作中,对外联系机关通常是指涉及刑事司法协助的国际条约中规定的,由一国国内法或政府确定的有权代表该国国际刑事司法协助请求的机关。对外联系机关承担对外国请求的形式审查职责,包括提出、接收、审查和协调办理刑事司法协助请求,处理其他相关事务,且仅审查外国请求书的形式和内容;原则上规定主管机关依照刑事诉讼职能分工,审查办理对外联系机关转递的刑事司法协助请求,审查决定是否批准执行或者拒绝提供协助。

我国监察法第六章规定了"反腐败国际合作"的内容,明确了国家监察委是我国反腐败国际合作的领导机关,国家监察委员会统筹协调与其他国家、地区、国际组织开展的反腐败国际交流、合作,组织反腐败国际条约实施工作;加强对反腐败国际追逃追赃和防逃工作的组织协调,督促有关单位做好相关工作。

根据中央协调反腐败国际合作领导小组"天网行动"的安排,国家监察委员会牵头开展职务犯罪国际追逃追赃专项行动,最高人民法院牵头开展适用违法所得没收程序追赃专项行动,公安部牵头开展"猎狐"专项行动,中国人民银行会同公安部开展预防、打击利用离岸公司和地下钱庄向境外转移赃款专项行动,中央组织部会同公安部开展违规办理和持有因私出国(境)证照治理工作。

上述法律规定和工作安排明确了上述机构在防范腐败人员和资金外逃方面的国内职能划分,同时,我们也知道,国家监察委既是开展国际反腐败国际合作的领导机构,也是具体执法行动的机关,代表中国政府与外国有关机关开展预防腐败国际合作。就防范腐败资金跨境转移来说,除了国家监察委外,公安部、中国人民银行也是非常重要的国内职能机构。同时,这些机构的下级机构都是开展防逃国际合作的重要执法机构。从腐败犯罪分子潜逃的环节看,公安部门的海关及边境管理机构承担预防腐败犯罪人员外逃的重要职能。一般说来,腐败犯罪分子外逃无论是精心策划还是仓皇出逃,都会通过海关等出入境管理机关,利用合法身份出境、通过看似"合法"途径的"白道"、完全非法的"黑道"和变换移民手法的"灰道",进入目的地国家。① 也就是说,腐败犯罪人员外逃需要合法有效的身份证件,一是居民身份证,二是护照。这些证件的办理机构都是公安机关。从腐败犯罪人员外逃实际情况看,这些人员往往具有多重身份,办理多个身份证件和多本护照,而海关等边境口岸则是外逃人员出境的必经之地,也是查验出境手续和身份信息的重要机构。因此,要想开展防范腐败分子外逃的国际合作,实质上是国家间出入境管理机关的

---

① 参见李爱社:《红通效应与思维解放》,http://www.zaobao.com/forum/views/opinion/story20190214-931740.,访问时间:2019年3月7日。

执法合作，做到人证统一，坚守腐败犯罪人员外逃的最后一道关口。要做到能有效查验和通报腐败犯罪分子的身份信息，既要将腐败犯罪分子挡在境内，即使一旦侥幸出境，也应当在入境国家及时发现。国家间出入境管理机关的执法合作非常关键。

防范腐败犯罪分子潜逃国际合作的核心问题是国家间能够及时通报犯罪嫌疑人员的信息，出入境执法机关限制其出境或者入境。因此，及时和相关国家分享腐败犯罪分子涉嫌犯罪的情报信息，由出入境管理执法机关做好防控是预防腐败犯罪分子潜逃的重中之重。

三、预防腐败犯罪人员外逃的国际合作平台

（一）联合国反腐败国际公约

《联合国反腐败公约》是目前国际上反腐败条约中内容最为全面、参加国家最多的公约。《联合国反腐败公约》是唯一一份具有法律约束力的国际性反腐败法律文件。目前公约有140个签署国，172个缔约国。其倡导的全球治理腐败的先进理念和有效机制成为各国反腐败法律借鉴的圭臬，是国家间开展反腐败合作的法律指南和行动准则。

该公约一直将预防腐败作为腐败治理的第一要务，在第二章的预防措施中，就预防性反腐败政策和做法做了非常详细的规定。这些内容多是从一国内反腐法律制度层面来解析，对于预防性反腐败的国际合作有很大价值。该公约第48条也规定了预防性反腐败国际合作的内容，包括：各国反腐败主管机关、机构和部门之间的犯罪情报联系；就腐败犯罪嫌疑人的身份、行踪、活动、犯罪所得或者财产去向、国家间彼此交换腐败犯罪具体手段和方法的资料，包括利用虚假身份、经变造、伪造或者假冒的证件和其他旨在掩饰活动的手段的资料；其他交换涉嫌腐败犯罪的情报而开展的行政和其他措施方面的合作。该条还特别强调反腐败执法机构之间签订直接合作的双边或者多边协定或者安排，同时在缺乏执法合作法律依据的情况下，以联合国反腐败公约为基础开展执法合作。上述内容为国家间反腐败预防人员和资金外逃提供了具体制度、内容和法律依据。

（二）亚太经济合作组织反腐败执法合作网络

亚太经济合作组织反腐败执法合作网络（APEC Network of Anti-Corruption Authorities and Law Enforcement Agencies，ACT-NET）由中国监察部与印度尼西亚、美国等经济体的反腐机构共同倡导，其合作的基础是亚太经合组织反腐败执法合作网络（ACT-NET）职权范围文件。ACT-NET由APEC各经济体反腐败和执法机构人员组成，在反腐败工作组框架下设立，旨在加强以追逃追赃为重点的个案合作、经验分享和能力建设。ACT-NET第一次会议不仅交流了各经济体在腐败人员引渡、遣返、资产返还等国际合作方面的相关操作程序、方法和案例，还探讨了未来在执法合作网络框架下开展国际追逃追赃技术培训和能力建设等方面的具体项目。我国于

2014年担任亚太经合组织（APEC）反腐败工作组主席并主导通过《北京反腐败宣言》，呼吁APEC 21个经济体"竭力加强反腐败务实合作，拒绝国际腐败避风港，加大力度引渡和遣返外逃腐败官员"，其中"拒绝避风港"既包括将已外逃的腐败人员和外流腐败资产追缴回国，又要求各个国家和地区采取预防措施拒绝腐败人员和资产入境。ACT-NET旨在让执法机构之间实现跨境信息流动。

（三）G20反腐败执法合作网络

G20于2010年设立反腐败合作机制，近些年来在司法互助、追逃追赃、资产返还、拒绝为腐败官员提供"避罪天堂"等方面促进合作，制订反腐败行动计划，构建反腐败合作网络，推动国际反腐败国际合作。2016年，杭州峰会成功召开。G20各国领导人或代表一致批准通过《二十国集团反腐败追逃追赃高级原则》、在华设立G20反腐败追逃追赃研究中心、《二十国集团2017-2018年反腐败行动计划》等事项。《二十国集团反腐败追逃追赃高级原则》分三部分共10条，致力于打造一个"零容忍""零漏洞""零障碍"的反腐败国际追逃追赃合作体系，内容涉及拒绝腐败分子入境、建立个案协查机制、完善合作法律框架等多个方面，明确要求各国为追逃追赃工作创造有利条件。

G20领导人曾于2012年核准了反腐败工作组提交的《二十国集团拒绝避风港高级原则》，该文件确立了10条原则，要求各国依据《联合国反腐败公约》确定的腐败行为对相应人员实行拒绝入境政策，这类人员包括涉嫌腐败犯罪者及享受其腐败所得的家属和特定关系人，《二十国集团拒绝避风港高级原则》还要求各国设立专门针对腐败行为的拒绝入境政策，并鼓励G20成员国确定具体联络人，以期在拒绝入境方面开展有效合作。在中国的推动下，G20反腐败工作组在2015年建立了"拒绝腐败分子入境"执法合作网络，确定并不断更新各国"拒绝腐败人员入境"的联络人员，鼓励各成员建立双边信息沟通机制，便于对腐败分子出逃及时通报信息，迅速作出反应，阻止腐败分子入境。①

（四）国家间重要的反腐败执法合作平台

除了以上述国际组织为平台的反腐败国际执法合作，我国还和重点国家构建了反腐败执法合作网络。早在2005年6月，中美双方就在JLG框架内设立了反腐败工作组。反腐败工作组成立之初，双方就确定了以追逃追赃个案合作为重点的工作思路。2018年12月，中国和澳大利亚双方共同签署《中华人民共和国国家监察委员会与澳大利亚联邦警察反腐败执法合作谅解备忘录》，旨在推动和强化两国反腐败和追逃追赃合作，共同打击跨国腐败犯罪。这是国家监察委成立后首次同西方国家签署反腐败执法合作文件，对中澳完善反腐败合作法律框架、加强合作机制建设具

---

① 《G20取得哪些反腐败成果？看反腐败工作组共同主席怎么讲》，https://www.jfdaily.com/news/detail?id=29837，访问时间：2019年3月7日。

有重要意义。

四、预防腐败犯罪人员外逃的国际合作制度

预防腐败犯罪人员和资金外逃，可以从理论和制度层面展开研究。从预防腐败国际合作理论方面分析，这方面的内容涉及国际合作理念、合作原则、利益冲突解决机制、预防腐败文化交流合作等内容；研究我国国际反腐合作主导权和话语权的建立等。在制度层面，就预防腐败犯罪人员外逃来说，我国应当与腐败犯罪人员外逃地国家建立边境联合执法机制，对重点、可疑人员的出入境进行监控，建立腐败犯罪线索相互通报和共享机制，强化以重要犯罪嫌疑人生物技术身份的识别为核心的合作机制，在重要海关、口岸互派联络员及时监测可疑人员跨境活动，强化我国和相关国家移民部门的合作，及时掌握重要和可疑人员申请移民动态。具体地讲，建立边境执法合作机制就是要从惩治腐败犯罪人员潜逃出境转向预防腐败犯罪人员出境或者相关国家拒绝其入境，反腐败策略从事后惩治转向事前预防。

（一）跨境执法合作的一般含义

跨境执法合作不同于边境执法。后者以边界或者边界线为依托的特定区域。尽管有部分腐败犯罪人员确实从边境地区越境潜逃，但是我们还是应当看到，跨境潜逃的区域并不限于边境地区，也包含犯罪分子掩藏身份潜逃出发的内地海关，如机场的出境港口。从预防犯罪人员外逃的角度出发，跨境执法合作实质上是各国海关等出入境执法部门密切合作，从人和事两个方面进行查证，发现有可能潜逃的腐败人员，拒绝出境或者入境的情形。

（二）与相关国家建立出入境人员预警通报制度

开展跨境执法合作，能够成功预防腐败人员外逃最重要的保障是建立国家间人员出入境人员信息共享制度。我国需要在出境上设置严格程序，也需要在入境上有一套系统的甄别措施和程序。通过国家间开展有效的犯罪人员出入境信息共享，各国能够成功阻止犯罪人员的跨境流动，有效惩治各种跨国境犯罪。一些国家和地区在重要人员出入境信息预警信息通报方面有成功的经验。

建立在犯罪信息共享制度基础上的美国和加拿大统一跨境执法合作制度对于我国和外国开展国际合作预防腐败犯罪人员外逃有借鉴价值。由于两国自然原因，美国和加拿大有漫长的水路、陆路边界线，从"9·11"事件到2011年，两国政府陆续签署开展边境安全执法合作的协议，其中一个重要方面就是两国共享出入境人员的信息。美国国土安全部会把离开加拿大游客的情报传递给加方，而加拿大边境服务局也会把从陆路离开美国的游客信息传递给美国。协议也允许美国分享从加拿大出入境人员的有关情报信息。情报共享和协调、人员流动安全、货物流动安全和经济基础安全一起成为美国与加拿大边境执法安全合作的四个支柱。

欧盟申根情报系统（Schengen Information System，SIS）存储和传递的情报数据

分为两类：第一类是特定相关人员的数据信息。根据1990年《申根公约》第95条至第98条规定，这类人员主要包括：（1）为引渡目的而被通缉逮捕的人员；（2）已经发布警告被拒绝入境的外国人；（3）失踪人口或者根据签发警告成员国有权机构的请求，为得到保护或者免于威胁需要暂时置于警察保护之下的人员；（4）证人、刑事诉讼被告人、服刑人员或者是为服剥夺自由刑而传唤进行汇报的人员。第二类是普通大众的数据信息。第二代申根信息系统可以接入欧盟旅客出入境登记系统、签证信息系统等，存储了犯罪嫌疑人或者与犯罪行为有关的普通公民的数据（如案件证人），还包括一些与日常生活有关的数据。欧盟各级警察机构和边境执法人员在例行检查的时候可以看到每个人的个人材料，他们可以通过国家信息处理系统在最短时间内收到另一个申根国家发出的缉捕犯罪嫌疑人的预警信息。第二代申根信息系统成为欧盟维护境内自由及安全的新举措。

欧洲开展犯罪情报信息数据交流合作另一个典范则是普鲁姆条约下的跨境执法合作机制。2005年5月27日，在德国的小镇普鲁姆（Prüm）、比利时、德国、西班牙、法国、卢森堡、荷兰和奥地利七个国家代表签署了《关于开展跨境行动，尤其是打击恐怖主义、跨国犯罪和非法移民的公约》(on the Stepping up of Cross-border Cooperation, particularly in Combating Terrorism, Cross-border Crime and Illegal Migration, 以下简称普鲁姆条约)。为了从技术上执行普鲁姆条约的相关内容，在2006年12月5日，七个国家签署了《普鲁姆条约的行政和技术执行协议》。① 普鲁姆条约第1条第1款就明确指出，本条约目的是强化跨境合作，特别是相互情报交流方面。普鲁姆条约第二章主要是就国家情报数据库的建设和使用进行规定，内容主要涉及DNA图谱、指纹和其他数据的建设和使用、自动搜索车辆登记信息以及非个人信息和个人信息的提供等。

上述三种跨境执法合作情报交流机制为我国和有关国家建立跨境执法合作提供了充分的借鉴意义。我国可以和腐败犯罪潜逃地国家建立犯罪嫌疑人入境预警机制，诚然，我国和有关国家难以建立像美国加拿大、欧盟申根信息系统和普鲁姆情报数据交流，毕竟这些国家存在法律传统、跨境交流的历史、边境自然地理环境等因素，这些国家开展的情报交流合作是极为密切的，体现了彼此国家司法主权高度互信。我国和腐败犯罪分子潜逃地国家在法律传统、跨境执法合作历史、意识形态等方面不同，和有关国家在签证信息、DNA图谱、指纹和其他数据等方面无法实现完全分享。犯罪嫌疑人入境预警，是一种犯罪情报的有限合作，只要能达到甄别出犯罪嫌疑人身份即可。

具体操作可以是，当我国未能及时阻止犯罪嫌疑人出境，在知悉其潜逃的第一时间起，向其有可能逃往的目的地国家发出预警信息，将其身份通过执法合作途径发给对方。这需要事先签署相关协议，明确双方合作的机关，能保证在最短时间内

---

① Paul Luif: The Treaty of Prüm: A Replay of Schengen?, Annual policy paper on the interrelation between internal and external security of the future Europe (D38c/Team 23). pp. 8–10.

及时联系,及时采取阻止入境的措施。最终使得嫌疑人被原地遣返回国。

至于预警信息的内容,考虑到很多腐败犯罪人员的入境信息是通过虚假手段获得的,我国公安机关可以及时通报目的地国家入境管理部门,通报其身份涉嫌伪造的情形,发出其可能是犯罪分子的警告。典型的例子就是"胡星案"。胡星逃亡到新加坡和英国时,因为其虚假身份被识破,无法入境。犯罪分子一旦潜逃后,我国若能及时发现,可以向相关国家发出预警信息,请求该国海关延缓其入境,采取临时紧急措施。

(三) 与重要国家建立拒绝腐败犯罪分子入境合作制度

建立腐败犯罪人员出入境情报通告制度是拒绝入境的第一步。我们还应当明确在什么样的条件下,采取何种措施拒绝腐败犯罪人员入境,这是我国和有关国家开展预防腐败人员外逃国际合作的实质内容。

可以说,任何一个主权国家都没有允许外国人入境的一般义务,各国出于国际交往的需要,一般基于互惠基础允许外国人合法进入本国,同时规定外国人入境的条件和手续。一般说来,外国人入境要经过两个手续,一是申请取得要进入的国家的入境签证;二是在该国入境口岸接受安全、卫生和海关等方面的检查。对于入境后有可能危害本国安全、社会秩序和国民健康的外国人,该国有权拒绝其入境。这些人员就包括刑事罪犯。因此,一个国家完全可以基于维护本国公共安全、国家安全、公共政策等原因考虑拒绝腐败犯罪分子入境。例如,在美国,根据《移民与国籍法案》,如总统认为某些人入境将损害美国利益时,有权做出拒绝入境决定。根据申根国家约定,如当事人对于公共安全、国家安全、公共政策存在威胁,就必须被拒绝入境。

公共安全、国家安全、公共政策等原因是一个很宽泛的理由,至于哪些具体事由让入境国家感到国家安全、公共安全受到威胁,其中既可能是对申请入境人员有无一般违法行为,也可能是有无一定危险犯罪行为,还可能是基于入境申请人一般情况的综合考虑。具体地讲,有无犯罪情形,主要考虑到犯罪人及其犯罪的严重程度。申根国家约定"拒绝入境决定"需要满足以下3个条件之一:一是该人在某个欧盟国家受到1年以上监禁的处罚;二是该人非常可能在欧盟或者第三国犯下了重罪(不需要正式定罪);三是该人很可能在欧盟或者第三国犯下了重罪。有的国家没有对犯罪严重性做出规定。例如,加拿大在对那些曾经在加拿大本国犯了重罪的人员拒绝其入境外,还规定针对"存在某种行为",对于存在刑事犯罪行为且如在加拿大起诉可被定罪的人员,将被拒绝入境。也有的国家是从犯罪类型上进行明确。例如,在美国,以权谋私、行贿公职人员、侵吞公共资产或干预司法、选举、涉嫌政府合同和自然资源开采的腐败、贿赂等罪行。从诸多国家明确刑事犯罪人员拒绝入境看，腐败犯罪显然包括其中。①

在边境执法机构对有危险人员入境预警信息通报基础上，主权国家基于一定理由将腐败犯罪分子拒之门外，这是非常理想的预防腐败犯罪分子外逃的国际执法合作模式。我们需要认真研究腐败犯罪分子主要潜逃地国家的出入境管理法、移民法和相关政策，吃透各国拒绝入境的条件，建立重点人物出入境身份信息通报合作制度。一旦边境口岸执法部门发现和确认了腐败犯罪分子身份，就可以迅速向我国执法部门进行通报，双方密切合作，延缓该犯罪人员入境直至被就地遣返回国。我国相关执法部门应当建立对重要公职人员的动态监督制度，一旦发现了其潜逃出境，需要向有关国家通报，提供尽可能多的涉嫌犯罪的信息，阻止其入境。

（四）海关、边境口岸的联合监管制度

海关、边境口岸货物、人员进出境监管一直是预防和控制犯罪发生的重要制度。一般情况下，海关、边境口岸开放期间，执法人员根据本国法律规定对出入境人员、货物和运输工具进行检查和检验。联合执法安全合作则要求这种"各负其责"的监管制度符合一体化执法的标准。具体是：（1）边境地区海关、口岸的安全标准协调制度。可以考虑与腐败犯罪分子外逃重点国家建立就海关、边境口岸的货物、人员安检标准进行协调，统一严格的案件措施和程序，防范腐败犯罪分子利用各国安全标准差异性外逃。（2）进出境人员信息分享制度。海关、边境口岸的联合监管另一个制度就是对进出境人员信息、情报的分享。入境国家执法机构应当把进出境到本国人员的情报及时传递给该国执法机关。而且，入境国家还可以根据对方国家的请求，将进入本国某些人员的信息分享给请求国家。进出境人员信息传递或者分享对于执法机关及时掌握腐败犯罪线索，预防人员外逃或者拒绝入境有重要价值。

（五）建立防范腐败犯罪人潜逃线索通报的国际合作制度

腐败犯罪分子潜逃往往经过了精心策划，前期在国内大肆贪污受贿，捞取腐败资金，将妻女移民到境外，办理虚假移民身份，掩盖身份自己继续在国内捞钱，一旦听到国内风吹草动利用虚假身份潜逃。

预防腐败犯罪人潜逃最主要的工作是扎紧国内各项法律制度的篱笆，修补国内各项法律制度的漏洞，这些工作主要旨在防止腐败犯罪分子出境。防范其潜逃还包括在犯罪分子出境后，不能入境，被潜逃目的地国家就地遣返回国。如何防范腐败犯罪分子潜逃出境，国内法律制度的完善是最主要、最根本的。但同时，如何在实践中真正防范腐败犯罪分子潜逃，执法机构需要对一定的线索和情报进行判断。这些线索可以由国内执法机关和有关人员根据日常工作情况搜集。另外，鉴于腐败犯罪分子潜逃程序和环节上的特殊性，如果从境外国家腐败人员的特定关系人搜集有

---

① 上述各国国内法规定参见罗晨姿：《腐败人员主要外逃国拒绝入境情况分析》，载《中国纪检监察》2017年第23期。

关线索，对于判断国内腐败犯罪人员是否潜逃的线索具有一定作用。

我们需要从哪些方面来判断腐败犯罪人员特定关系人，从而预判其国内腐败人员可能潜逃的信息呢？实际上，腐败犯罪人员个人或者特定关系人财产状况的变化就是一个非常关键的信息。鉴于腐败犯罪人潜逃境外的流程，即使国内执法机构一时没有发现其财产变化情况，但是其转移到境外特定关系人名下的财产或者是其在境外金融监管存放的资金情况是我们执法工作的一个突破口。如果外国执法机构能向我们通报我国腐败人员和特定关系人在其境内的财产状况，就会为我国国内尽早发现其腐败线索，从而采取有效措施预防其潜逃。值得说明的是由经济合作组织倡导的国家间金融账户信息分享制度。这一制度的基础是经济合作与发展组织制定"共同申报准则"（Common Reporting Standard，CRS）或者"统一报告标准"，有100多个国家参加，该标准要求彼此交换在对方国家居住的本国人纳税账户人的信息，从而使国家可以掌握国内一些公职人员及关系人的境外财产收入情况。"共同申报准则"目的在于加强全球税收合作，提高税收透明度，打击利用海外账户跨国逃税和不合理避税的行为。通过对特定人群的收入进行监测，这些人员收入情况的变化可能是腐败犯罪行为发生的一个线索。这些线索应当由反腐败职能机构进行甄别，从而采取有效措施，可以防范腐败人员的外逃和腐败资金进一步转移境外。

2014年6月27日，中美两国就《美国海外账户税收合规法案》的实施达成一项初步协议，互换彼此海外公民的账户信息。即双方在互惠的条件下彼此提供本国境内的账户持有者的姓名、纳税识别号、账号、储蓄账户利息及其他收入总额。这项协议实际上为强化海外账户偷逃税行为进行监管而制定，但是该协议却对防范和打击贪腐、洗钱等犯罪有一定好处。各国通过所掌握和监管的海外公民、企业资金获取和转移的情况，能够从中发现某些犯罪线索，查清犯罪所得及其收益转移的情况，这对于防范和打击洗钱犯罪及其上游犯罪具有独特的功能。就联合执法安全合作区而言，根据区域内各国从区域执法一体化要求，非常有必要借鉴中美金融账户信息共享的办法，强化对区域内犯罪所得的流转情况。纳税金融账户信息交换，能了解公职人员以及关系人的收入变化，通过与合法收入比较，能基本判断这些人员是否存在腐败犯罪的线索，为进一步查清事实提供了思路，从而在国内尽早地采取防范外逃的措施。

引渡案件中不判处死刑承诺相关问题研究

刘晓虎[*]

随着全球治理和国际司法合作的全面推进，我国法治建设成果和制度文明在世界各个舞台得以全方位展现，越来越多的国家积极主动与我国加强司法交流合作。在看到上述良好前景的同时，又要清醒认识到，少数西方国家对我国法律制度一些先入为主的观念短期内难以根除。引渡在国际司法合作中占有重要席地，切实关系到反腐败国际追逃追赃的广度和深度。而作出不判处死刑承诺又往往是我国外逃人员集中国家引渡合作的必要条件。随着引渡理论和实践的发展，不判处死刑承诺依然是一个历久弥新的问题。据此，笔者结合最新研究成果，对不判处死刑承诺相关问题进行系统研究，以期对有关部门和广大司法工作者在起草相关规范性文件和办理案件过程中正确理解适用相关规定起到一定辅助作用。

一、不判处死刑承诺制度沿革简述

（一）早期引渡制度

引渡的历史可以追溯到三千多年前。据有关资料考证，公元前1280年埃及的拉莫塞斯二世与赫梯的皇太子哈特西利三世缔结的和约中就含有引渡的条款。[①] 在古代，引渡成为统治者之间维系其政权稳定、展示其威慑的重要手段，引渡对象往往是政治犯、军事犯和宗教犯和对统治者构成危险或威胁的人。一旦引渡对象被引渡回国，将面临极其严厉的刑罚。因为"统治者只希望把那些直接危害自己的政治统治和宗教的精神统治的犯罪人引渡回国，通过处以酷刑来消灭对立面并杀一儆百，维护其专制地位"。[②] 引渡成为统治者之间的政治交易手段，引渡的对象成为统治者手中的筹码。而对于境外普通犯罪逃犯，统治者往往没有引渡的迫切愿望。但早在1104年，英国和苏格兰签订的双边条约中第一次规定了有关政治犯的内容。虽然该条约没有明确提出政治犯不引渡，但反映出部分国家对引渡交易开始反思，并试图

---

[*] 刘晓虎，G20反腐败追逃追赃研究中心副主任、研究员。
[①] 参见［日］森下忠：《国际刑法入门》，阮齐林译，中国人民公安大学出版社2004年版，第132-133页；［韩］李万熙：《引渡与国际法》，马相哲译，法律出版社2002年版，第21页。
[②] 参见黄风：《引渡制度》，法律出版社1997年版，第2页。

作出改变。

(二) 现代引渡制度的形成和主要原则

17世纪后，国际法学创始人胡果·格劳秀斯在其巨著《战争与和平法》中提出了"或引渡或惩办"（aut dedere aut punier）原则，主张只要是违反自然法的犯罪，就可以引渡。这一观点对引渡制度的发展影响非常大。到了18世纪，普通犯罪逃犯逐渐成为引渡的主要对象。1789年法国大革命打破了旧的思想和制度，旧政权认为的政治犯可能成为新政权的英雄，而且一个国家的政治犯可能在另一个国家不构成犯罪。这种思想和制度逐渐演变为引渡制度中双重犯罪不引渡和政治犯不引渡两项重要原则。① 现代引渡制度形成的标志是比利时《1833年引渡法》的颁布。比利时《1833年引渡法》第6条规定："在缔结条约时将明文规定，外国人不得因引渡前的政治犯罪、与政治犯罪有关的行为而受到追诉或处罚，否则，任何形式的引渡或临时逮捕都将遭到拒绝。"② 但是如果政治犯同时实施恐怖犯罪或者严重普通犯罪，仍然有可能被引渡回国。比较有代表性的案件如1894年"默尼埃引渡案"。默尼埃是法国的无政府主义者。1892年3月，默尼埃在巴黎策划实施了两次爆炸事件后逃到英国。法国法院曾对其作出缺席审判，判处其死刑。并根据英法引渡条约，要求英国政府逮捕默尼埃，将其引渡至法国。后英国依照英法引渡条约，协助执行了法国的引渡请求，默尼埃被引渡回法国，最后被执行了死刑。③

死刑不引渡原则，源于近代人文主义思潮在西方的影响。自18世纪80年代奥地利统治者采纳贝卡利亚废除死刑的主张以来，截至2017年7月1日，全球有105个国家废除所有罪行的死刑，7个国家废除普通犯罪的死刑，29个国家在司法层面废除死刑，共计141个国家，仍有57国保留死刑。其中，蒙古国在反对声中废除死刑，成为世界上第105个废止死刑的国家。④ 从废除死刑国家的角度看，如果将在本国控制下的人引渡到存在死刑的国家，并且该人有被判处死刑的危险，则可能被认为是将人推向死亡的境地，违反了该国奉行的废除死刑的宗旨。随着废除死刑的国家越来越多，死刑不引渡原则逐渐成为现代引渡制度中的一项重要原则。需要注意的是，死刑不引渡原则必然受到国际政治因素的影响。死刑废除运动的反复必然带来死刑不引渡原则在实践中的运用。对于未废除死刑或者废除后恢复死刑的国家之间相互引渡，有可能坚持死刑不引渡原则也有可能不坚持死刑不引渡原则。20世纪20年代中期至50年代，由于发生了第二次世界大战，原来废除死刑的部分国家

---

① 参见杨宇冠：《死刑案件的程序控制若干问题——刑事司法国际准则角度》，载《比较法研究》2006年第5期。
② 参见郭亚军：《引渡新论——以国际法为视角》，吉林人民出版社2004年版，第2页。
③ 参见李佳昕：《人权保护下的现代引渡制度及我国引渡制度的构建》，南开大学2010年法律硕士学位论文。
④ 参见《蒙古国正式废除死刑，成全球第105个废死国家》，http://news.sina.com.cn/o/2017-07-11/doc-ifyhvyie0957042.shtml，访问时间：2019年3月19日。

（德国），恢复了死刑。① 南美洲废除死刑起步虽早，但也出现几次反复。如巴西分别于 1937 年和 1969 年因政治暴乱和军政统治两次恢复死刑；阿根廷于 1853 年在宪法上禁止对政治犯适用死刑，1921 年废除死刑后，1971 年和 1976 年曾经两次在法律上恢复了死刑。② 即使是到了 20 世纪末，不少国家依然是迫于国际交往的压力而废除死刑的。如欧洲理事会大会在 1994 年通过的 1044 号决议和 1246 号建议中，对希望成为理事会成员的国家提出了一个先决条件——同意立即暂停执行死刑。这种政策在 1999 年关于无死刑的欧洲的 1187 号决议中得到重申。俄罗斯 1999 年迫于压力而废除死刑就是这一现象的典型代表。死刑不引渡原则的形成过程也或多或少会打上这样的烙印。不过从总体上看，死刑不引渡原则越来越多地出现在引渡条约中，成为引渡合作中使用频率较高的拒绝理由或者限制性条件。正如有学者所言，死刑不引渡正在从特殊规则上升为普遍原则，它的伸缩性不断在降低，有时候坚硬得不容妥协或商量。③

不判处死刑承诺是死刑不引渡原则在实践中的变通。④ 在请求国保留死刑，但被请求国已废除死刑的情况下，被请求国为确保死刑不引渡原则在实践中得到贯彻执行，就可能要求请求国作出不判处死刑的承诺。但随着不判处死刑承诺制度的发展，双方都废除死刑的国家也可能在订立的条约中议定不判处死刑承诺条款，这种条款可能仅起到一种宣誓效应，有时也可能出于避免因国内死刑政策和立法的变化而造成死刑犯引渡的分歧。

二、不判处死刑承诺制度相关规范、实践及评述

随着全球范围内引渡等刑事司法合作越来越频繁深入，不少国家通过国内立法、订立双边协议以及参与多边条约等方式，确立了不判处死刑承诺规则，同时在个案中不断推进不判处死刑承诺的实践。

（一）不判处死刑承诺制度的相关规定及评述

1. 国内法关于不判处死刑承诺的规定及评述

在国内法这个层面，大部分国家都是以刑事司法协助法的方式对不判处死刑承诺进行了规定。如 1981 年《瑞士联邦国际刑事协助法》第 37 条第 2 款规定："如果请求国不承诺将不在请求国境内对被追究人处以死刑，或被追究人将会受到有损

---

① 参见苗延波：《20 世纪各国死刑废除运动的回顾及评述》，载《刑事法学》2006 年第 1 期。
② 参见刘晓虎：《中国废止死刑的条件尚不成熟——基于人道视角分析》，载《广州大学学报（社会科学版）》2010 年第 9 期。
③ 参见黄风：《引渡问题研究》，中国政法大学出版社 2006 年版，第 24 页。
④ 参见陈雷、薛振环：《论我国引渡制度的量刑承诺——兼论死刑不引渡原则的变通或例外适用》，载《法学杂志》2010 年第 1 期。

其人格尊严的待遇，则应拒绝引渡。"1982年《联邦德国国际刑事司法协助法》第8条规定："一行为按请求国的法律可被处以死刑，则只在该请求国保证不判死刑或不执行死刑的情况下，方准予引渡。"

我国关于量刑承诺最早的规定当属外交部、最高人民法院、最高人民检察院、公安部、司法部1992年4月联合出台的《关于办理引渡案件若干问题的规定》。该规定第26条第3款规定："我国请求引渡时已经就被要求引渡人的定罪、量刑或者执行刑罚等事项向被请求国作出承诺的，我国司法机关在对该人追究刑事责任或者执行刑罚时应当受该项承诺的约束。"我国2000年制定实施的《引渡法》基本援引了上述规定，只不过由第19条和第50条分别加以规定，并对作出承诺的主体、约束和例外规定得更为具体明确。《引渡法》并未规定死刑不引渡原则，但根据规定，如果被请求国以不判处死刑作为引渡的前提条件，根据案件的实际情况，我国一旦作出不判处死刑的承诺，则司法机关对被告人不应判处死刑。2018年颁布的《国际刑事司法协助法》第11条对承诺主体作了扩大规定，明确了如果被请求国明确表示对外联系机关作出的承诺充分有效的，也可以由对外联系机关作出承诺。同时，专款明确"在对涉案人员追究刑事责任时，有关机关应当受所作出的承诺的约束"。

2. 双边条约关于不判处死刑承诺的议定条款及评述

关于议定死刑不引渡和不判处死刑承诺的双边条约普遍存在。签订条约的双方最主要的是保留死刑的国家和废除死刑的国家，同时也包括部分均保留死刑的国家、部分均废除死刑的国家。这一现象充分表明，在签订引渡条约时，是否采纳死刑不引渡原则，已经不再完全取决于一国死刑存废现状。① 以《菲律宾和印度尼西亚引渡条约》为例，菲律宾先后经历了死刑废除、恢复、再废除和再恢复阶段，而印度尼西亚一直在立法上保留了死刑。两国签订的引渡条约第10条议定："如果引渡请求所针对的犯罪根据请求方的法律可判处死刑，并且针对这样的犯罪被请求方的法律未规定死刑或者通常不执行死刑，可以拒绝引渡，除非请求提供的保证足以使被请求方相信死刑将不被执行，否则可以拒绝引渡。"同样，同是废除死刑的国家之间在缔结引渡条约时也可能约定死刑不引渡原则和不判处死刑承诺条款。如澳大利亚与荷兰都已经在国内立法上废除了死刑，但这两个国家缔结的双边引渡条约第3条第2款（c）项议定："当被请求引渡人受到指控的犯罪涉及死刑时，可以拒绝引渡，除非请求国保证将不判处死刑，或者如果已判处，将不执行死刑。"②

美国订立引渡条约的做法与其他国家略有不同，一般采取回避不判处死刑承诺的做法。美国不但与保留死刑的国家订立引渡条约回避承诺，而且与废除死刑的国

---

① 参见黄风：《引渡问题研究》，中国政法大学出版社2006年版，第25页。
② 参见徐吉童：《我国引渡法应明确写入死刑不引渡原则》，载《三峡大学学报（人文社会科学版）》2007年第12期；黄风：《引渡问题研究》，中国政法大学出版社2006年版，第25页。

家之间订立引渡协议也回避承诺。泰国是保留死刑的国家，但近乎事实上废除死刑。①《泰美引渡条约》第 6 条议定："如果根据请求国的法律请求引渡所依据的犯罪可以判处死刑，而根据被请求国的法律此种犯罪不判处死刑，被请求国主管机关可以拒绝引渡。"美国部分州保留了死刑，而欧盟国家已经全面废除死刑。2003 年 6 月订立的《欧盟与美国引渡协议》第 13 条议定："当要求引渡的犯罪根据请求引渡的国家的法律可被适用死刑，而根据被请求国法律不会被适用死刑时，被请求国家在被引渡的人不适用死刑的条件下可以同意该引渡；或者基于程序上的原因，请求国不能满足这样的条件，如果该人被判死刑，则在死刑不被执行的条件下才可同意引渡。如果请求国根据本条款规定的条件接受引渡，则必须遵守该条件。如果请求国不接受该条件，则引渡的要求可能被拒绝。"

由于日本司法独立，政府无权向外国作出量刑承诺。引渡被指控犯有死刑罪的人时，政府无权向有关国家保证不判处或不执行死刑。在很多案件中，日本宁可放弃引渡也拒绝作出不判处死刑的承诺。② 我国台湾地区也坚持该种做法。

截至 2018 年 2 月，我国已经与 50 多个国家缔结引渡条约，其中 37 项已经生效。比较有代表性的有《中华人民共和国和西班牙王国引渡条约》（以下简称《中西引渡条约》）《中华人民共和国和法兰西共和国引渡条约》（以下简称《中法引渡条约》）。这两个条约均载明根据请求方法律，被请求引渡人可能因引渡请求所针对的犯罪被判处死刑的，可以拒绝引渡，除非请求方作出被请求方认为足够的保证不判处死刑，或者在判处死刑的情况下不执行死刑。《中西引渡条约》《中法引渡条约》是我国在与西方国家开展引渡国际合作领域的历史性突破，为通过缔结引渡条约引渡贪腐人员回国提供了成功的示范。

通过对以上不判处死刑承诺双边条约的考察，笔者认为，双边条约相比多边条约能够更加准确反映缔结条约国家的意愿和背景因素。死刑不引渡和不判处死刑承诺制度之所以超越一国死刑存废现状以及在不同国家条约中具有不同体现，主要原因如下：一是通过订立双边条约行为响应和遵循联合国相关文件的指引。对于均保留死刑的两国之间订不订立死刑不引渡和不判处死刑承诺条款，没有多大实际影响，因为双边条约是完全对等互惠的。既然联合国《引渡示范公约》已将死刑不引渡原则和不判处死刑承诺议定为示范规制，在双边引渡条约中订立相关条款，表明了响应和遵循联合国议定规则的鲜明态度和坚定立场。二是避免因国内死刑立法的变化导致将来引渡案件发生争议。对于均已废除死刑或均保留死刑的国家之间订立死刑不引渡和不判处死刑承诺条款，可能会考虑国内有关死刑政策和立法的变化因素。以菲律宾为例，死刑从存到废再到恢复，其在缔结双边引渡条约时必然要考虑死刑

---

① 2018 年 6 月 18 日，泰国时隔 9 年，对一名 26 岁的故意杀人罪犯提拉萨执行死刑。参见《泰国时隔 9 年执行死刑引争议，欧盟呼吁泰国废除死刑》，https://user.guancha.cn/main/content，访问时间：2019 年 3 月 15 日。

② 参见《增进和保护人权：国际人权两公约的现况死刑问题——秘书长的报告》，E/CN.4/2006/83。

存废的国内法变化。缔结双边条约比制定国内法在过程上更为复杂，在内容上更追求稳定，在双边引渡条约中订立死刑不引渡和不判处死刑承诺条款可以避免因国内死刑政策和立法的变化而导致引渡案件适用争议。三是有利于增进废除死刑的国家对保留死刑的国家作出不判处死刑承诺的信任。对于保留死刑的国家之间，订立死刑不引渡和不判处死刑承诺条款虽然会对其适用死刑造成限制影响，但是可以在一定程度上增进其他废除死刑的国家对其作出不判处死刑承诺的信任。目前，仍有少数国家以不判处死刑承诺不具有最终确定性、不可完全采信为由而拒绝引渡，保留死刑的国家之间订立条约主动控制和限制死刑，可在一定程度上起到增信效应。四是在引渡实践中，部分国家因政府无权作出不判处死刑承诺而在个案中放弃引渡。如严格推行权力分立制度的日本，宁可放弃引渡也不作出不判处死刑的承诺。这种以放弃引渡为代价而不作出不判处死刑的承诺并无不妥。但是如果以三权分立为由既不放弃引渡又不作出不判处死刑承诺，公然违反联合国《引渡示范公约》的做法，就难免有霸权主义思想作祟之嫌。毕竟三权分立的国家很多，绝大多数都会采取变通做法，如欧洲国家率先在《欧洲引渡公约》中主张引渡时作出不执行死刑的承诺。

3. 多边条约关于不判处死刑承诺的议定及评述

最早就死刑不引渡原则和不判处死刑承诺进行议定的国际公约，当属1957年《欧洲引渡公约》。该公约第11条议定："如果按照请求方法律，引渡请求所针对的犯罪可受到死刑处罚，并且就该项犯罪而言，被请求方法律未规定死刑或通常不执行死刑，则可拒绝引渡，除非请求方作出使被请求方认为足够的有关不执行死刑的保证。"以上条款内容被1990年联合国《引渡示范条约》基本援引。① 联合国《引渡示范条约》第4条在"关于拒绝引渡的任择性理由"d款中明确："按请求国的法律作为引渡原因的罪行应判处死刑，除非该国作出被请求国认为是充分的保证，表示不会判处死刑，或即使判处死刑，也不会予以执行。"

通过比较两个公约，笔者认为，《欧洲引渡公约》比《引渡示范公约》引渡条件更宽，对象范围更广，多出了判处死刑而承诺不执行死刑的情形。是否判处死刑关涉刑法能否得到遵守的问题，司法机关在具体案件中适用空间受限，而是否执行死刑需要考虑的政策和国情因素很多，司法机关具有很大裁量空间，具体把握时更加灵活。不过，从另一角度看，《引渡示范公约》比《欧洲引渡公约》晚了37年，更加融入了时代发展的元素，而且折中了欧洲以外其他国家的立场，因此更具有示范意义。正如联合国大会在相关决议中所评价的，它"是一个有用的纲领，对有关国家谈判和缔结双边协定以改进预防犯罪和刑事司法事项方面的合作可有所助

---

① 联合国《引渡示范条约》是第八届联合国预防犯罪和罪犯待遇大会制定的，并于1990年12月14日经联合国大会第68次全体会议以45/116号决议通过。

益"。①

(二) 不判处死刑承诺制度的实践及评述

为便于集中对照说明不判处死刑承诺在具体引渡个案中的影响,本文主要选取了一些美国和我国向其他国家引渡的经典案例。

1. 不判处死刑承诺制度在美国的实践及评述

(1) 美国从加拿大引渡案件。美加引渡条约议定,对于死刑案件,加拿大有权拒绝引渡,除非美国提供不判处死刑或者不执行死刑的承诺。但实践中加拿大并未严格执行条约,多次在美国未作出承诺的情况下将被判处死刑犯引渡至美国,从而被国际社会所诟病,也多次被当事人状告到联合国人权事务委员会。如金德勒诉加拿大案。金德勒是美国公民,在美国犯有一级谋杀罪,已经在美国审判并被陪审团建议判死刑。② 金德勒从羁押场所脱逃进入加拿大,美国向加拿大提出引渡请求。根据美加引渡条约,加拿大有权拒绝引渡,除非美国提供不判处死刑或者不执行死刑的承诺。经过多次磋商,加拿大司法部长在美国未作出不执行死刑承诺的情况下决定将金德勒引渡至美国。类似案件还有恩济诉加拿大案等。③ 此后,加拿大政府吸取教训,坚持如果美方不作出不判处死刑的承诺,加方拒绝引渡合作。如 2006 年发生的谢泼德引渡案。2006 年 6 月 15 日,一名美国青年谢泼德 (Shephard) 涉嫌在美国犯有一级谋杀罪。后谢泼德在加拿大蒙特利尔被逮捕,可能被遣返美国。谢泼德遂向加拿大申请避难,提出一旦其被遣返回美国,可能面临"残忍的、不正常的处罚"。加拿大坚持要求美国作出不判处死刑的承诺,否则拒绝引渡。

(2) 美国从荷兰引渡案件。如 1990 年发生的肖特诉荷兰政府案。荷兰司法部、上诉法院、最高法院在是否要求美国作出不判处死刑承诺的问题上存在不同态度。查尔斯·D. 肖特 (Charles Donald Short) 是一名在荷兰中部索斯特堡荷兰军事基地的美军驻地服役的士官生。1988 年 3 月,荷兰当局在阿姆斯特丹一条运河附近发现肖特妻子的尸体后,将其逮捕。美国提出将肖特引渡回国接受审判的请求。在美国,肖特一旦定罪可能被判处死刑。同年 5 月 9 日,海牙地区法院院长要求荷兰政府与美国进行谈判,以得到美国不判处死刑的保证,但美国拒绝放弃行使司法管辖权并拒绝作出不判处死刑的承诺。之后,荷兰司法部决定将肖特移交美国当局。在肖特的请求下,6 月 29 日,荷兰停止将肖特移交美方。10 月 27 日,荷兰上诉法院否决了肖特的请求。1990 年 3 月 4 日,荷兰最高法院援引《欧洲人权公约》关于废除死

---

① 参见联合国人权委员会增进和保护人权小组委员会第五十五届会议议程项目 3 文件,E/CN. 4/Sub. 2/2003/L. 35。转引自杨宇冠:《死刑案件的程序控制若干问题》,载《比较法研究》2006 年第 5 期。

② 参见《增进和保护人权:国际人权两公约的现况死刑问题——秘书长的报告》,E/CN. 4/2006/83。

③ 参见程味秋、杨诚、杨宇冠编:《联合国人权公约和刑事司法文献汇编》,中国法制出版社 2000 年版,第 405-412 页。

刑的第 6 号议定书撤销了荷兰上诉法院同意引渡的裁定，并签发命令，要求在美国作出不判处死刑书面承诺之前，不得将肖特引渡给美国。①

（3）美国请求法德协助调查穆萨维案（狭义刑事司法协助）。法籍摩洛哥人穆萨维因参加"9·11"恐怖袭击活动而在美国受审，为了确定穆萨维和参加"9·11"劫机者的组织联系，美国司法机关需要从法德等国家调取证据材料。法国政府对穆萨维被判处死刑的可能性非常敏感，根据其所承担的《欧洲人权公约》义务及国内宪法中废除死刑的规定，应当拒绝移交任何可能导致穆萨维被判处死刑的证据。法国司法部长玛丽利斯·勒布朗许 2002 年 3 月 28 日宣布："法国将不会向美国提供任何有助于（穆萨维）死刑判决的文件。"德国政府以同样的理由拒绝了美国的请求。后美国政府向德国政府提供了一份书面保证，承诺任何由德国提供的有关此案的文件不会被用作判处穆萨维死刑的依据。德国政府才协助美国调取相关证据。② 2006 年 5 月 3 日审理穆萨维案件的美国联邦陪审团在经过 7 天的讨论后最终没有判处穆萨维死刑，而只是判处其终身监禁。③

综合上述美国引渡案例，可以挖掘出以下几个特征：一是在美国作为请求国的引渡案件中被请求国政府部门比司法部门更易于屈从压力。当被请求国为美洲国家时这一倾向更加明显。如金德勒诉加拿大案、恩济诉加拿大案均反映出加拿大政府容易迫于美国政府压力，在美方未作出不判处死刑承诺的情况下将死刑犯引渡至美国。与此形成比较鲜明对比的是荷兰法院敢于顶住压力依照规定拒绝引渡。如在肖特诉荷兰政府一案中，荷兰政府迫于美国政府压力在美方未作出不判处死刑承诺的情况下同意将肖特引渡，但荷兰最高法院签发命令撤销政府决定和上诉法院裁定，要求美方必须作出承诺，否则拒绝引渡。二是欧洲国家普遍优先依照《欧洲人权公约》确定引渡条件。在肖特诉荷兰政府一案中，荷兰最高法院就是援引《欧洲人权公约》关于废除死刑的第 6 号议定书作出了裁定。在美国请求法德协助调查穆萨维案中，法德均是依照《欧洲人权公约》，在美方未作出承诺的情况下拒绝协助调查。三是不判处死刑或不用于作为判处死刑依据的承诺，对于欧洲国家引渡合作而言是刚性条件。即使强如美国，也要不折不扣地接受被请求国所提出的承诺条件。在国际社会共同致力于打击恐怖主义犯罪的形势下，美国反恐领域的紧密合作伙伴在穆萨维案取证过程中如此为死刑问题较真，不禁让人感到刑事司法协助对死刑的排斥已达到相当严肃的程度。④ 四是美国一般不作出不判处死刑承诺但也存在例外。美

---

① 参见徐吉童：《我国引渡法应明确写入死刑不引渡原则》，载《三峡大学学报（人文社会科学版）》2007 年第 12 期。

② 参见黄风、董书丽：《狭义刑事司法协助中"死刑限用"问题探析》，载《人民检察》2010 年第 23 期。

③ 参见《"9·11"主犯被判终身监禁》，载《解放日报》2006 年 5 月 5 日，http://news.sina.com.cn，访问时间：2019 年 3 月 17 日。

④ 参见黄风、董书丽：《狭义刑事司法协助中"死刑限用"问题探析》，载《人民检察》2010 年第 23 期。

国一般在引渡条约和个案司法合作中回避不判处死刑承诺,但在被请求国坚持要求下,美国在权衡之后也经常会作出让步。

2. 不判处死刑承诺制度在意大利的实践及评述

之所以选取意大利协助执行引渡案,主要考虑是印度与我国都是亚洲发展中国家中保留死刑的国家,而意大利是最早也是最坚决废除死刑的国家之一,同时还是对不判处死刑承诺条件审查最严格的国家之一。

(1) 意大利协助执行印度引渡案。如 2012 年发生的印度海军士兵引渡案。2012 年 2 月,两名意大利海军士兵在印度执行任务时枪杀两名当地渔民,印度警方随后将两人拘捕。当时赶上意大利大选,经意大利驻印度大使保证两名士兵会归案接受审判,该两名士兵被允许回意大利选举投票,但投票结束后未按承诺回印度受审,从而引起两国外交纠纷。经过交涉后,印方保证不会对涉案意大利士兵适用死刑,意大利政府遂于 2013 年 3 月 21 日决定将两名涉案士兵遣送到印度接受审判。①

(2) 意大利协助执行中国引渡案。如 2005 年发生的中国高某引渡案。高某在我国犯有严重的强奸罪和抢劫罪,按照我国法律均可以判处死刑。我国中央主管机关在向意大利提出引渡高某请求时,作出了不判处死刑的承诺。2005 年 5 月 11 日,意大利佛罗伦萨上诉法院以作出不判处死刑承诺不具有最终确定性,被请求引渡人在引渡后不能排除可能被判处死刑为由作出裁决,拒绝我国引渡请求,并决定将其立即释放。有观点认为,高某引渡案的失败说明对于严肃而又敏感的死刑问题,我国《引渡法》第 50 条已经表现出无能为力,据此作出的承诺已经不能够满足实践的需要。②

通过比较以上两个案例,笔者挖掘出以下四个问题需要进一步分析:一是意大利对不同国家作出的不判处死刑承诺为何存在截然不同的两种态度。有观点认为,欧美国家与我国意识形态不同,由此导致对我国刑事司法请求消极执行。笔者认为,意识形态更多体现在政府层面,对于具体司法机关,包括佛罗伦萨上诉法院,不能说完全没有,但更多可能是因为对我国法律制度的不了解所导致。另外,还有一些客观因素也不得不考虑。即我国判处和实际执行死刑的人数均远高于印度,这些客观情况容易导致外方法官先入为主,促使被请求国对我国作出的不判处死刑承诺审查更严格。印度虽然保留死刑,但据英国广播公司(BBC)称,印度在 2018 年过去的 10 年间仅有 3 名重罪犯被处死,③ 基本属于事实上废除死刑的国家,因此印度作出不判处死刑的承诺的确信度相对更高。二是意大利以不判处死刑承诺不具有最终确定性是否违反《欧洲引渡公约》《引渡示范公约》。作为南欧国家,应当在法律制

---

① 参见《印度承诺不对意大利士兵施极刑,并保证其人权》,载中国新闻网,www.fjnet.cn,访问时间:2019 年 3 月 17 日。

② 参见徐吉童:《我国引渡法应明确写入死刑不引渡原则》,载《三峡大学学报(人文社会科学版)》2007 年第 12 月。

③ 参见《强奸幼女,在印度终于入死刑》,http://news.ifeng.com,访问时间:2019 年 3 月 18 日。

度和实践中恪守《欧洲引渡公约》的议定规则和规则蕴藉的精神。然而，无论是从议定条款还是议定条款蕴藉的精神分析，以承诺不具有最终确定性否决国家作出的承诺未免过于牵强。虽然中国不是《欧洲引渡公约》成员国之一，但是如果中国按照《欧洲引渡公约》第11条作出了不执行死刑的承诺，被请求国又以何种法律依据拒绝引渡？三是如何评价被请求国认为足够的或者充分的确信保证。量刑承诺的决定主体、作出承诺的主体以及相关法律对承诺的定位都能够体现外交部代表中国政府所作出的承诺是足够的、充分的保证。我国《引渡法》第50条明文规定："……在对被引渡人追究刑事责任时，司法机关应当受所作出的承诺的约束。"《国际刑事司法协助法》第11条亦作了同样明确的规定。在缺乏反证的情况下，如果这样的承诺制度还未体现足够或充分，想象不出还有什么承诺是足够的、充分的。四是从反思的角度审视中意引渡条约内容是否完整。对于意大利拒绝我国引渡案件，要从引渡条款根源上找问题。《中华人民共和国政府和意大利共和国政府关于刑事司法协助的条约》第3条明确了本条约不适用引渡。《中华人民共和国和意大利共和国引渡条约》（2010年10月7日在罗马订立）第3条"应当拒绝引渡的理由"第7项明文列举了"被请求方法律禁止的刑罚种类的执行"。根据该议定条款，对于可能判处死刑的案件，意大利应当拒绝引渡，而不是可以拒绝引渡，即拒绝引渡是刚性规则。该条约并未参照《欧洲引渡公约》《引渡示范条约》订立相关条款。

3. 不判处死刑承诺制度在中国的实践及评述

（1）张振海引渡案。1990年7月18日，北京市中级人民法院对被引渡回国的张振海判处有期徒刑8年并剥夺政治权利2年，恪守之前向日本作出的不判处张振海死刑的承诺。张振海引渡案是我国首次在引渡合作中对外作出不判处死刑的承诺。①

（2）中国请求法国协助调查王某杀人案。2001年2月26日，留法学生王某涉嫌在法国巴黎杀害留法学生魏某后潜逃回国。根据法国警方通报，我国警方于同年3月21日将王某抓获。为了获取王某犯罪证据，我国司法机关赴法国请求协助调取证据。法方以我国《刑法》规定对故意杀人罪可以判处死刑为由要求我国承诺对王某不判处死刑。当时，我国中央主管机关经过慎重研究，未直接作出不判处死刑的承诺，而是客观表述我国故意杀人罪死刑适用原则。在得到这种"死刑模糊承诺"后，法方接受了我国主管机关提出协助调查取证的请求。②

（3）中国请求美国协助执行余振东引渡案。2004年4月16日，原中国银行广东开平支行行长余振东被美国司法人员移交给中国警方。在这之前美国政府要求中国政府书面保证："余先生不被判处死刑和12年以上的监禁刑。"③

---

① 参见黄风主编：《中国境外追逃追赃经验与反思》，中国政法大学出版社2016年版，第54—60页。

② 参见黄风、董书丽：《狭义刑事司法协助中"死刑限用"问题探析》，载《人民检察》2010年第23期。

③ 参见杨宇冠：《余振东案法律交易》，载《法律与生活》2004年第6期。

(4) 中国请求加拿大协助执行赖昌星引渡案。厦门"远华"走私案是1949年以来我国最大的经济犯罪案件。作为此案的主犯,赖昌星于1999年案发后举家逃往加拿大。为阻延引渡,赖昌星穷尽一切手段提出难民申请。因中加未签署引渡条约,按照条约前置主义原则,加方可以拒绝引渡。后经协调司法部部长同意,加方提出了不判处死刑承诺等引渡条件。我国政府遂作出不判处死刑承诺,包括不判处立即执行和缓期执行。虽然赖昌星及其律师在诉讼中声称,如果赖昌星被遣返回国,将会受到死刑以及其他不公正、非人道的待遇,中国的承诺不可信。但是中方承诺最后得到了加方的认可。① 加拿大司法部认为,根据所有出庭的专家证人的意见,中国政府的外交承诺历来都比较可信,赖的提法没有任何根据。2011年7月21日,加拿大联邦法院制作出的IMM4373-11号判决书,表达了对中国不判处赖昌星死刑承诺的认同。②

(5) 中国请求秘鲁协助执行黄海勇引渡案。黄海勇引渡案,历时8年之久。黄海勇在秘鲁期间,穷尽一切手段,先后向秘鲁宪法委员会、美洲人权法庭寻求人身保护。③ 2015年9月,美洲人权法庭做出裁决,在充分保障黄海勇穷尽秘鲁国内全部司法程序的基础上,由秘鲁政府决定是否引渡黄海勇。2016年5月23日,秘鲁国家宪法法院公布裁决结果,同意秘鲁政府向中国引渡黄海勇。同年7月14日,黄海勇被成功引渡回国。黄海勇案系首个中国在美洲人权法院胜诉的引渡案例。在黄海勇诉秘鲁案中,美洲人权法院认为,由于中国政府已向秘鲁政府承诺免除黄海勇死刑,"如果黄海勇被引渡回中国,其生命权并不存在现实的、可预见的威胁",秘鲁没有违反《美洲人权公约》有关保护公民生命权的义务。④

(6) 湄公河惨案缅甸主犯引渡案。2011年10月5日,两艘中国商船在湄公河"金三角"地区水域遭劫持,13名中国籍船员在湄公河泰国水域被枪杀。后经查明,"金三角"地区特大武装贩毒集团首犯糯康及其骨干成员与泰国个别不法军人勾结策划,分工实施了"10·5"案件。糯康犯罪集团骨干和"10·5"案件主要涉案人员缅甸公民翁篩28日在缅甸景栋被移交给中国警方。根据缅甸法律,他将被临时引渡到中国以协助中方调查湄公河惨案。2012年4月25日,在中老警方合作下,糯康在老挝被捕。同年5月10日糯康由老挝依法移交中方。最终糯康等主犯被执行死刑。⑤ 湄公河主犯引渡案打破了本国国民不引渡和死刑不引渡原则。

---

① 参见《最高法院:承诺不判处死刑是国际合作途径缉捕赖昌星的必要条件》,http://www.gov.cn/2007lh/content_550210.htm,访问时间:2019年3月20日。
② 参见赵秉志、张磊:《赖昌星案件法律问题研究》,载《政法论坛》2014年第4期。
③ 参见《潜逃十八年走私犯罪嫌疑人被成功引渡押解回国》,中央政府门户网,http://www.gov.cn,访问时间:2019年3月18日。
④ See Wong Ho Wing v Peru, Inter-American Court of Human Rights Resolution of 7 October 2015, p.1.
⑤ 参见《湄公河惨案缅甸主犯被引渡到中国》,载人民网,http://politics.people.com.cn,访问时间:2019年3月18日。

通过对上述案件考察，笔者挖掘和总结出以下几点信息：一是不判处死刑承诺通过个案实践逐渐制度化、法律化。如果对不判处死刑承诺实践过程进行划分，笔者认为，可以分为保守、务实和开放三个阶段。1992年《关于办理引渡案件若干问题的规定》出台之前属于保守阶段。我国政府对作出不判处死刑承诺整体持保守态度，但对于依照犯罪的事实、性质以及情节本来就不可能判处死刑的，有关部门可以根据情况决定对外是否作出不判处死刑的承诺。1992-2012年这20年间属于务实阶段。在该阶段，被请求国要求我国作出不判处死刑承诺的，能够回避的尽量回避。确有必要作出承诺的，有关部门参照国际惯例作出承诺。其中《引渡法》的出台标志着不判处死刑承诺已经制度化、法律化。2012年至今属于开放阶段。党的十八大以来，我国反腐败国际追逃追赃全面推进，"天网""猎狐""追赃"专项行动叠加发力，各办案部门为实现"（将犯罪分子）缉拿归案、绳之以法"这个目标，积极主动寻求通过作出不判处死刑承诺获取国外有关的引渡合作。二是要善于用活用好欧美国家引渡合作领域的条约前置主义。作为引渡的重要原则之一，条约前置主义要求引渡合作的开展以两国之间有引渡条约为前提。① 即一般情况下，没有签订双边引渡条约的，不提供引渡合作，除非经司法部部长同意。以加拿大为例。根据加拿大1877年引渡法的规定，加拿大只能向与加拿大签订有双边引渡条约的国家提供引渡合作。加拿大1999年通过的新引渡法作了一定修正：一是扩大了前置条件中"条约"的范围，将多边国际公约纳入条约范围；二是突破条约"前置"条件，规定"经司法部部长的同意，外交部部长可以与有关国家或者实体为引渡请求而就某个具体的案件达成'特定协议'"。中加虽然早就缔结了《中华人民共和国政府和加拿大政府关于刑事司法协助的条约》（1995年7月1日生效），但是该条约第2条规定的"司法协助的范围"只包括诉讼文书送达、协助调查取证、搜查和扣押、提供证据材料以及赃款赃物的返还措施，并未包括犯罪人的引渡或遣返的内容。② 中加至今尚未签署引渡条约，赖昌星案无法绕过引渡"条约前置主义"原则的阻碍，只能突破条约前置条件，经司法部部长特批达成特定协议。三是对于境外已经受过刑罚处罚的被引渡人可能涉及自由刑上限的承诺。依照我国《刑法》第10条规定："凡在中华人民共和国领域外犯罪，依照本法应当负刑事责任的，虽然经过外国审判，仍然可以依照本法追究，但是在外国已经受过刑罚处罚的，可以免除或者减轻处罚。"对于此类情形，在作出不判处死刑承诺后，必然涉及减轻处罚的问题，由此不可避免涉及对自由刑的上限作出承诺。四是在欧美国家被引渡人穷尽一切人权保护程序是常态。赖昌星案、黄海勇案以生动实践证明，被引渡人不会轻易就范，往往利用宪法委员会和《欧洲人权公约》《美洲人权公约》，穷尽一切手段阻延引渡。在欧美国家，引渡必然是一场艰苦的旷日持久战。五是我国外交部作出的量刑

---

① 参见黄风：《国际刑事司法合作的规则与实践》，北京大学出版社2008年版，第3-4页。
② 参见陈雷：《从高山携10亿元巨款外逃案透视——中国和加拿大刑事司法国际合作》，载《检察日报》2007年2月5日。

承诺越来越得到国际社会的认同。除了意大利等极少数国家，美国、加拿大、法国等欧美国家，对我国外交部作出的不判处死刑的承诺基本认同，有的还在判决书中阐明采纳理由。六是死刑不引渡原则是否写入《引渡法》值得进一步研究。随着"一带一路"建设的推进，我国海外企业员工人身、财产安全的保护问题被提到重要议程。对于糯康等以极其残暴手段在海外杀害我国公民的犯罪，保留死刑引渡可能更能发挥刑罚的张力和威慑。

三、不判处死刑承诺制度的理性追问

从国际视野分析，不判处死刑承诺具有深厚的理论理性基础，显然国际法产生和发展原理同样适用于引渡合作。然而，如果仅立足于一国国内法视野，笔者认为，不判处死刑承诺难以经得起理论理性的追问，其主要正当性根据（justification）在于实践理性。

（一）作出不判处死刑承诺的正当性根据

1. 国内法层面的实践理性

不判处死刑承诺是引渡的必要代价。坚持实事求是的思想路线最要紧的就是始终坚持一切从客观实际出发，坚决反对主观主义和本本主义。习近平同志曾经指出："本本是对实际事物研究、抽象的结果，不能成为研究问题和做决策的出发点，出发点只能是客观实际。"① 以赖昌星引渡案为例，当年我国向加拿大作出不判处死刑承诺的消息一经公开，国内舆论一片哗然，不少专家口诛笔伐。然而，我国政府和司法机关从客观实际出发作出了正确理性的选择。综合当时情况，我国从加拿大引渡赖昌星，要么作出承诺，成功引渡；要么拒绝承诺，放弃引渡。正如当时最高人民法院新闻发言人在新闻发布会上所言："与不作承诺、放弃遣返相比较，我们作出承诺以争取实现遣返，这是惩治犯罪，维护国家利益的唯一正确选择，也是世界上遣返嫌犯的通行做法。"②

2. 国际法层面的理论理性

不判处死刑承诺符合国际法规则和原理。引渡案件不能与没有国际因素的案件简单比较。有观点主张量刑承诺是人权与主权的博弈，损害了本国的司法主权。③然而，引渡并不仅仅涉及一个国家的司法主权。笔者认为，对于请求国而言，是属人管辖权；而对于被请求国而言，是属地管辖权。在两种司法主权冲突的情况下，

---

① 参见郭鲁江：《一切从实际出发是习近平关于干部学习问题重要思想的唯物论底蕴》，载中国共产党新闻网，http://theory.people.com.cn/n1/2017/1206/c40531-29689402.html，访问时间：2019年3月20日。
② 参见《最高法：承诺不判处赖昌星死刑是遣返必要条件》，载《法制日报》2007年3月14日。
③ 参见温耀原：《论引渡中的主权与人权》，载《法学杂志》2013年第5期。

应当适用国际法冲突规则。更何况，联合国《示范引渡公约》《引渡法》都有专门指引条款，被请求国提出作出承诺要求和请求国接受要求，既是履行公约和尊崇国内法行为，也是对等互惠的双边行为。因此，被请求国提出以不判处死刑为承诺作为引渡的条件，不应错误理解为对请求国主权的侵犯。人人追求（权利）自由就必须让渡一部分（权利）自由，这个最深层也是最基础的社会契约原理不但适用于人与人之间而且适用于国与国之间。

3. 关于量刑承诺法理依据相关观点的再探讨

有专家从理论角度概括出量刑承诺的两大法理依据，即刑罚的确定性和及时性。① 其中论据之一是贝卡利亚在其《论犯罪与刑罚》一书中所提到的刑罚的威慑力在于其确定性，而非严厉性。贝卡利亚的这个观点对刑法学的发展和刑罚的人道化具有极其重要的启迪意义，但随着刑事理论和实践的发展，也受到越来越多的质疑。刑罚的确定性能带来威慑不假，但威慑力的大小绝非仅确定性所能体现。从朴素的观念看，目前世界上绝大多数国家仅将不判处死刑承诺作为阻却拒绝引渡事由，实际反映了死刑的残酷性和威慑力是最大的。对外逃人员引渡一方面推进了刑罚的确定性，另一方面引渡条件中限制追诉原则（请求国不对被引渡人在引渡前实施的其他未准予引渡的犯罪追究刑事责任）反过来会增加罪罚关系的不确定性，意味着请求国即使后来发现被引渡人引渡前犯有更加严重的罪名也不得追究其刑事责任。同时，从社会效应分析，引渡带来的刑罚的确定性和威慑力都是双面的。对被引渡人判罚过轻，就必然会激发更多的潜在外逃人员逃匿，刑罚的一般威慑力由此也会大打折扣。

追求刑罚的及时性，可以在一定程度上增加刑罚的确定性，缓解未决犯、未执行犯因心理焦虑产生的痛苦，同时节约司法成本。然而，对正当性根据追问的焦点在于能否以作出不判处死刑承诺换取刑罚的及时性。显然，该问题仍然涉及双向功能的论证和选择，这就回到实践理性层面上，即不判处死刑承诺是引渡的必要代价。首先，刑罚的及时性虽然具有实体层面的影响，但更多的是程序和效率层面的影响。片面追求刑罚的及时性必然损害实体正义。其次，通过强化刑罚的及时性追求人道主义的观点也会陷入悖论。现在部分国家虽然在立法层面保留死刑，在司法层面判处死刑，但为追求刑罚的人道化，采取事实上不执行死刑（十年以上不执行死刑）的做法，即以放弃刑罚的及时性为代价追求刑罚的人道化。该做法在控制死刑上取得了一定成功，但让犯罪分子漫长地等待，不但淡化了刑罚的确定性，而且因死刑执行的不确定性大大增加了罪犯内心的恐惧和焦虑，实际产生了非人道的影响。综上所述，笔者认为，刑罚的确定性和及时性都可能分化出双重功能影响，将其作为不判处死刑承诺的正当性根据值得进一步研究。

---

① 参见张磊：《境外追逃中的量刑承诺制度研究》，载《中国法学》2017年第1期。

(二) 关于作出不判处死刑承诺相关质疑观点的剖析

1. 关于外交部不是作出量刑承诺适格主体的剖析

从各国家、各地区实践情况看，关于政府是否有权作出量刑承诺的做法，可以大致分为两类：一类是严格坚持政府无权作出量刑承诺的国家、地区。如日本、中国台湾地区，鲜有成功引渡案件。另一类是政府有权作出量刑承诺，包括三权分立的欧美国家，成功引渡案件不少。美国作为三权分立的国家，政府对外作出不判处死刑承诺的案件很多，没有遭受任何质疑。《美国法典》第十八编第二百零九章第3181~3196条是关于引渡的规定。其中，第3184条规定国务卿（Secretary of State）会出具相应承诺（Warrant），但该承诺是指向境外国条约方保证会被处以相应刑罚，而不是指量刑承诺。《美国联邦检察手册》第9-10.010条规定，司法部和联邦地方检察官根据联邦法律适用死刑时均应适用该规定。该手册第9-10.050条进一步规定，判处死刑的最终决定应由美国联邦总检察长（Attorney General）也即司法部长作出，因此美国联邦检察总长暨司法部长依照规定有权对外作出不判处死刑的承诺。① 英国《2003年引渡法》（*Extradition Act* 2003）第143条"有关服刑人员的承诺"规定："……（2）外交大臣（Secretary of State）可以就以下两项之一或全部向第一类法域的代表作出承诺（Undertaking）：（a）签发的逮捕令所涉之人在联合王国的待遇；（b）将该人遣送回第一类法域。"该条规定中的"在联合王国的待遇"是指该法第166~177条所规定的诉讼权利，虽然在是否包括不判处死刑的理解上存在争议，但至少表明英国外交大臣有权对外作出相关承诺。②

采取上述哪一种模式取决于对引渡的迫切程度。当前，我国反腐败国际追逃追赃已取得重要阶段性胜利，下一步还要继续全面深化推进，可以预见引渡的任务依然任重而道远。在此形势下，日本、中国台湾地区模式不可取，可以借鉴英美模式，同时兼顾我国量刑承诺的特殊性。笔者认为，在我国，外交部是否属于量刑承诺的适格主体是一个伪问题。依照《引渡法》等相关规定，作出承诺和决定承诺是密不可分的两个行为，作出承诺实质上是外交部代表国家将最高人民法院的决定提供给被请求国。决定承诺是根据法律作出的司法行为，而作出承诺是依照国际惯例作出的国家行为。外交部不是司法机关，无权依照法律作出司法决定，而最高人民法院不是对外事务的中央主管机关，无权代表国家实施外交行为。综上所述，由外交部对外作出承诺并无不妥。

---

① See U. S. Attorneys' Manual, Title9. §10.000, Capital Crimes, §10.010 Federal Prosecutions in Which the Death Penalty May be Sought, §10.050 Confidentiality of Process. 转引自徐文进、姚竞燕：《国际合作维度下量刑承诺制度的反思与完善——以死刑不引渡原则的司法应对为视角》，载《政法学刊》2016年第3期。

② See Extradition Act 2003, Part 4 Police Powers, Treatment following arrest, Section pp. 166-171.

2. 关于不判处死刑承诺决定以及拘束力违宪的剖析

有观点认为,《宪法》确定的法院系统上下级关系是监督指导关系,而非领导关系。虽然《引渡法》《国际刑事司法协助法》明确了决定的主体,但从法律位阶评价低于《宪法》的效力,由最高人民法院直接对被引渡人作出量刑承诺决定以及确定司法机关应当受所作出的承诺的约束违反了宪法关于法院审级的规定,有违宪之嫌。① 笔者认为,各部门法明文规定由最高司法机关行使决定权的情况比较多见,如死刑核准权、特殊减轻处罚决定权以及指定异地管辖决定权。此类规定属于司法权、审判权的具体分配,不可片面理解为对法院上下级之间监督指导关系的变更。尽管立法要受到宪法约束,但立法者仍然享有宪法作为"框架秩序"之下的"形成空间"或者"形成自由"。任何成文宪法的制定,都是期待在未来很长的时间内稳定地发挥规范效力,作为约束立法的规范,宪法也为立法预留了自行判断和创设的空间。②《引渡法》《国际刑事司法协助法》作为部门法,明确规定最高人民法院行使决定权属于《宪法》框架秩序下的权力分配规定,不存在违宪问题。同理,关于拘束力的规定也不存在违宪问题。此外,不判处死刑承诺的拘束力还涉及双边引渡条约的效力和国家诚信的维护。在宪法与条约的关系上,各国的规定不尽相同,如有的国家规定"条约高于宪法"。我国现行宪法文本没有规定宪法与条约的关系,但从近年来我国严格履行《联合国反腐败公约》履约审查义务看,对遵守宪法与遵守条约并不存在适用冲突。如果外交部对外作出承诺而司法机关不受承诺的约束,则承诺不但毫无意义,反而影响国家诚信。

3. 关于未经审判作出不判处死刑承诺超越司法程序的剖析

最高人民法院作出承诺决定的法律文书载体是决定而不是判决、裁定,因此承诺决定不是严格意义上的审判活动(但前期对引渡犯罪事实的审查除外),外交部对外作出不判处死刑承诺更不是审判活动。质言之,不判处死刑承诺是实现引渡合作的一个必要条件,与具体审判无关,无论罪行是否极其严重,无论是否真正应当宣告判处死刑,都应当满足这个条件。因此,主张未经审判作出量刑承诺超越司法程序的观点,偷换了量刑承诺和审判活动的概念。试想,如果每个引渡案件,都要求先经过缺席审判再作出量刑承诺,不但无法保证案件审判质量,而且审判的意义无法体现在量刑承诺内容上,其结果只能是浪费司法资源。

4. 关于作出不判处死刑承诺带来负面社会效应的剖析

在对赖昌星不判处死刑的承诺消息出现后,有不少专家学者和网民纷纷发表反对观点,认为承诺不但违反了法律面前人人平等原则,而且会激发大量犯罪分子外逃,社会效应十分不好。但当时理论界主流观点认为,加拿大是一个废除死刑的国家,对引渡罪犯坚持"死刑犯不引渡"原则。如果中国不在这方面作出承诺,结果

---

① 参见封利强:《量刑承诺:惩治外逃涉案人员的理性选择》,载北大法律信息网。
② 参见张翔:《宪法与部门法的三重关系》,载《中国法律评论》2019 年第 1 期。

就是赖昌星继续逍遥法外。① 通过比较可知，继续逍遥法外是不受刑事追究，而不判处死刑承诺仅是减轻处罚。如果外逃人员继续逍遥法外，被请求国成为"避罪的天堂"，可以预见将会激发更加大量的犯罪嫌疑人包括潜在犯罪嫌疑人潜逃。香港四季酒店和望北楼每天客满就有这方面的因素。可见，不能成功引渡的社会效应远比作出不判处死刑承诺要严重得多。

四、我国不判处死刑承诺制度完善相关建议

基于前文对不判处死刑承诺沿革、相关规定和实践以及理性追问的探讨，笔者对我国作出不判处死刑承诺制度的完善提出以下建议。

（一）建议就作出不判处死刑承诺的形式予以明确

世界各国作出不判处死刑承诺的形式不尽相同。在美国，司法部长可以通过书信的形式代表美国作出不判处死刑的承诺，无须通过正式文书。如在美国"棱镜门"事件揭秘者爱德华·斯诺登引渡一案中，斯诺登滞留莫斯科机场之初，美国已经向俄罗斯正式许诺，美国不会判处斯诺登死刑。2013年7月16日，斯诺登向俄罗斯联邦移民局提出临时避难申请，理由之一是他如果回到美国将遭受折磨甚至面临死刑。据美国媒体披露，美国司法部长埃里克·霍尔德于同月23日在一封写给俄罗斯司法部长亚历山大·科诺瓦洛夫的信中承诺，倘若斯诺登被遣送回国，不会遭受虐待，也不会面临死刑。霍尔德在信中说："斯诺登先生以回国将面临虐待和死刑为由向俄罗斯申请临时避难，上述理由完全缺乏法律依据。在美国，虐囚是违法的。如果斯诺登先生被遣送回美国，他会立即在民事法庭面临起诉。"② 在我国，根据《引渡法》第50条、《国际刑事司法协助法》第11条的规定，作出不判处死刑承诺的主体是外交部，但对不判处死刑的承诺由最高人民法院决定。即先由最高人民法院审查决定是否作出不判处死刑的承诺，然后由外交部代表国家向被请求国作出承诺。据此，建议不判处死刑等有关量刑承诺应当采用书面形式，而且由有关部门盖印代表单位发文，不应允许任何个人以书信形式对外作出承诺。

实践中，要注意将外交部对外作出的书面承诺与办案人员在劝返过程中个人作出的承诺区分开来。在有的案件中，外逃人员故意隐瞒或者虚构重要事实，办案人员在未全面查明事实的情况下作出口头承诺，此种承诺不具有约束力。如在某市审理的巴某受贿案件中，巴某虚构重大立功情节，导致办案人员对重要量刑情节误判而作出将来判处缓刑的口头承诺。巴某以办案人员承诺为由向法院提出量刑请求，

---

① 参见《西北政法大学校长贾宇谈"承诺不判处赖昌星死刑"，司法合作不存在干涉内政》，http://finance.ce.cn/law/home/scroll/200702/14/t20070214_10422638.shtml，访问时间：2019年3月20日。

② 参见《美承诺不判处斯诺登死刑，普京称俄美关系不会受损》，载北方网，http://news.enorth.com.cn/system/2013/07/28/011179582.shtml，访问时间：2019年3月21日。

法院最终认定巴某重大立功情节不构成，判处巴某实刑。虽然人民法院在审理外逃人员回国受审案件中不像引渡案件依法受到量刑承诺约束，但为了全面推进反腐败追逃追赃工作，维护办案单位和司法公信，办案人员确有必要作出劝返承诺的，应当依事实依法律依政策作出承诺。外逃人员回国受审后，人民法院经审查符合相关法律和从宽处罚政策的，应当考虑承诺因素。需要重点提示的是，办案部门关于外逃人员自首、立功等情节的认定，应当由办案部门以单位名义出具相关情况说明，防止外逃人员以钱财购买从宽处罚情节的情况发生，应将反腐败这张"天网"覆盖到海外劝返环节。

（二）建议对引渡犯罪事实的审查机制和程序予以明确

由于引渡承诺条件中包括限制追诉承诺，即请求国不得对被引渡人在引渡前实施的其他未准予引渡的犯罪追究刑事责任，所以对于准予引渡的犯罪事实要求全面准确。如果因疏忽遗漏而将来不能追诉，有可能造成不可挽回的经济损失，特别是对于一些贪利性犯罪。在当前引渡机制下，对于为了提起刑事诉讼而请求引渡的，建议引渡申请启动机关在审查引渡犯罪事实后将案件移送人民法院，由人民法院在审查犯罪事实后制作引渡意见书，逐级报请最高人民法院决定是否提出引渡申请。最高人民法院决定提出引渡申请的，通过外交部向外国提出请求。需要注意的是，鉴于引渡条件包含追诉限制，对查明的引渡犯罪事实不宜机械表述，对于被引渡人可能实施其他贪污、受贿以及巨额财产来源不明犯罪，因被引渡人未到案而证据不足，无法作出准确认定的，应当在犯罪事实的表述上留有余地。

关于建议将来逐步将引渡申请启动机关统一为法院的主要理由如下：

1. 从主体层面考虑

谁申请谁承诺更符合主体责任制。虽然目前是由外交部统一对外作出引渡量刑承诺，但承诺决定主体是最高人民法院。由其他部门申请引渡，而由法院作出承诺决定，似不符合谁主张谁负责的惯例。特别是在当前机制下，法院与引渡申请机关缺少引渡前期沟通，将来一旦承诺意见采取由下往上逐层报批机制，那么问题就更加突出。

2. 从防止遗漏重要罪行层面考虑

由法院对引渡犯罪事实进行审查更为全面、中立、准确。

根据《引渡法》第47条的规定，请求外国准予引渡或者引渡过境的，应当由负责办理有关案件的省、自治区或者直辖市的审判、检察、公安、国家安全或者监狱管理机关分别向最高人民法院、最高人民检察院、公安部、国家安全部、司法部提出意见书。可见，我国引渡申请采取的是由各部门向本系统最高上级机关报批模式，这样就难免出现"九龙治水"、信息不对称等问题。长期以来，人民法院在审查犯罪事实过程中积累了不少经验，立场上也更为中立，由人民法院作为引渡申请机关更为可靠有保障。

3. 由法院申请引渡，更易于被西方国家法院认同

在境外追逃追赃实践中，有的国家明确要求提出请求查封、扣押、冻结和没收的主体必须是法院，认为法院的限制措施和没收行为相对更加中立，对当事人和利害关系人的合法权益保护更加全面。如果由法院提出引渡申请，有利于建立国际间引渡合作诚信，有利于推进引渡合作进程。

（三）建议对不判处死刑承诺决定形成的机制和流程予以明确

针对外界质疑的不判处死刑承诺决定程序不公开不透明问题，笔者建议可通过《引渡法》或者其他司法解释性文件明确不判处死刑承诺决定形成的基本机制和程序。

1. 建议就不判处死刑承诺案件明确基本办理流程

对于请求外国引渡的案件，外交部在收到被请求国引渡承诺要求后，经核实认为有必要的，将该引渡承诺文件以公函形式转交给最高人民法院。由最高人民法院通知引渡申请启动所在地法院，就准予引渡犯罪事实是否承诺不判处死刑提出意见。引渡申请启动机关是法院的，一般由提出引渡申请的合议庭对是否承诺不判处死刑提出意见。引渡申请启动机关未移送引渡犯罪事实等相关材料的，应当及时向人民法院移送相关材料。

2. 建议就不判处死刑承诺案件明确合议制度

外事无小事。引渡案件涉及国际公约、双边条约、国外法律以及《引渡法》《国际刑事司法协助法》等规定的理解和适用，比普通刑事案件更复杂，对是否作出不判处死刑的承诺应当采取合议制，由合议庭研究提出相关意见。

3. 建议就不判处死刑承诺案件明确层报制度

为避免舆论以越权管辖发难不判处死刑承诺决定，建议明确不判处死刑承诺意见层报制度。有关法院在收到最高人民法院通知后加快研究，并向上级法院报送拟处理意见。最高人民法院收到下级法院报送的拟处理意见后，决定不判处死刑的，应当将决定以书面形式转递给外交部。外交部对外出具外交公函的，应当将最高人民法院的决定书正本一并作为公函附件。最高人民法院决定不同意不判处死刑的，亦应当将决定书转递给外交部。

（四）建议对有关不判处死刑承诺法律效力的表述进行调整

考虑到在欧美国家，司法部长、外交大臣的承诺被法院否决的情况比较普遍，而且法律为这种不确定性提供了明确依据。如在英国，外交大臣对其他国家作出的有关案件处理的承诺无须司法机关背书或确认，但其作为行政机关的承诺效力未必能够得到司法机关的认同。英国《2003年引渡法》第154条关于"在外交大臣作出承诺的情况下对保释的限制"规定充分表明，作为行政机关的外交大臣对外作出的待遇和应被羁押的承诺，可能被具体承办案件的司法机关推翻。在本文所引述的案件中，也存在司法部长承诺被法院否决的情况。

我国《引渡法》第50条没有直接明确作出不判处死刑承诺的效力，而是规定"在对被引渡人追究刑事责任时，司法机关应当受所作出的承诺的约束"。这一规定，基本体现了外交部作出量刑承诺的法律效力，与欧美国家司法部长、外交大臣作出的承诺效力本质不同。但因欧美国家司法部长、外交大臣作出的承诺不具有终极性，所以欧美极少数国家对我国外交部作出的量刑承诺可能不予采信。有的国家，如意大利甚至以不判处死刑的承诺毕竟是审判前的承诺，不具有最终确定性，而不采信认同我国外交部作出的不判处死刑的承诺。鉴于此，为增加国外对我国外交部作出的承诺的确信度，建议将我国《引渡法》第50条分段规定，在"由最高人民法院决定"后另起一段，规定："外交部代表中华人民共和国政府向被请求国递交书面承诺时，应当将最高人民法院、最高人民检察院的决定书作为附件一并递交。最高人民法院、最高人民检察院关于量刑承诺、限制追诉的决定具有法律效力，司法机关在被引渡人回国后对其追究刑事责任时不得违反决定内容，也不得通过抗诉、再审作出违反决定内容的判决。"

（五）建议在裁判文书中载明不判处死刑承诺事由并援引法律条文

对于外交部作出引渡承诺事由的案件，检察机关在起诉书中一般都未载明，人民法院在审理查明事实以及裁判说理部分亦避而不谈，导致社会公众，包括一些专家学者对判决结论不理解、不信服。作出不判处死刑承诺是依照《引渡法》《国际刑事司法协助法》实施的一种活动，系影响被引渡人的重要量刑情节，根据最高人民法院、最高人民检察院、公安部、国家安全部、司法部2010年9月联合出台的《关于规范量刑程序若干问题的意见（试行）》第16条规定，属于"人民法院的刑事裁判文书中应当说明量刑理由"，应当在裁判文书中载明不判处死刑承诺相关情况并援引相关法条。

境外在逃人员自首制度司法适用研究：
实质根据、成立条件与量刑规则

李冠煜* 舒 铭** 秦长森***

一、问题的提出

境外追逃的刑事司法合作涉及两国司法主权：一方面，境外在逃人员违反了请求国（地区）的刑事法律，应当承担相应的刑事责任；另一方面，请求国（地区）基于属地主义原则，在追捕境外在逃人员时，必须尊重被请求国（地区）的司法主权。由于上述原因，在适用引渡、异地起诉、遣返、劝返等追逃手段时，必然遭遇被请求国（地区）的诸多法律障碍。因此，在防止犯罪嫌疑人外逃的同时，要通过完善国内刑事政策和刑事法律规定，以鼓励境外在逃人员回国自首。

党的十九大以来，以习近平同志为核心的党中央保持永远在路上的冷静清醒和坚忍执着，一刻不停歇地推动全面从严治党向纵深发展。一系列动真碰硬的举措彰显了我们党"反腐败斗争不会变风转向"的坚定决心，让许多仍怀揣避罪幻想的违纪违法干部逐渐认清形势，回到相信组织、主动交代的正确道路上来。① 为贯彻落实宽严相济的刑事政策，给境外在逃人员以改过自新、争取宽大处理的机会，最高人民法院、最高人民检察院、公安部和司法部于 2014 年 10 月 10 日联合印发了《关于敦促在逃境外经济犯罪人员投案自首的通告》（以下简称《自首通告》），国家监察委员会、最高人民法院、最高人民检察院、公安部和外交部又于 2018 年 8 月 23 日联合下发了《关于敦促职务犯罪案件境外在逃人员投案自首的公告》（以下简称《自首公告》）。这些规定在督促境外在逃人员主动回国投案方面发挥了一定的积极作用，但由于可操作性有待进一步加强，并不能完全满足当前境外追逃工作的需要。而且，有的规定作为反腐败工作的政策性表达，不可避免地存在一些缺陷，无形中形成了对法定自首制度的冲击。笔者认为，有必要根据罪刑法定等原则，重新审视限期自首制度的实质根据，合理认定成立范围，慎重进行从宽处罚，以实现其与法

---

* 李冠煜，华中科技大学法学院副教授。
** 舒铭，华中师范大学中国城乡基层法治研究中心助理研究员。
*** 秦长森，华中师范大学中国城乡基层法治研究中心助理研究员。
① 王卓：《他们，为什么选择自首?》，载《中国纪检监察报》2018 年 10 月 13 日第 1 版。

定自首制度的衔接。

(一) 限期自首制度的实效性质疑

从形式上看,《自首通告》的法律效力低于刑事法律和司法解释;从内容上看,其中一些条文与刑事法律和司法解释的条文也有所不同。

首先,《自首通告》第1条明文规定,在逃境外经济犯罪人员自动投案,如实供述自己的罪行,自愿回国的,可以依法从轻或者减轻处罚。其中,积极挽回受害单位或受害人经济损失的,可以减轻处罚;犯罪较轻的,可以免除处罚。但是,该条强调,必须是在"2014年12月1日前"向"我公安机关、人民检察院、人民法院,或通过我驻外使领馆向我公安机关、人民检察院、人民法院"自动投案,而《刑法》第67条并没有关于自首期限的规定,且《关于办理职务犯罪案件认定自首、立功等量刑情节若干问题的意见》(以下简称《职务犯罪自首、立功意见》)仅仅规定"犯罪事实或者犯罪分子未被办案机关掌握,或者虽被掌握,但犯罪分子尚未受到调查谈话、讯问,或者未被宣布采取调查措施或者强制措施时"这一时间条件,《关于处理自首和立功具体应用法律若干问题的解释》(以下简称《自首立功解释》)和《关于处理自首和立功若干具体问题的意见》(以下简称《自首立功意见》)均无自首期限的要求。设置具体的自首期限,尽管可以对境外在逃人员形成一定的威慑力,敦促其早日投案,但有违《刑法》设立自首制度的初衷。从表1可以看出,因劝返而回国投案的人员主要集中在2016年和2017年,与《自首通告》规定的期限不相符合,但绝大多数人仍被认定为自首。

表1 54名"百名红通人员"归案方式分类

归案方式 归案年份	劝返或 主动投案	遣返	缉捕	死亡	总计
2015	7	2	7	2	18
2016	15	0	4	0	19
2017	13	0	1	0	14
2018	3	0	0	0	3
总计	38	2	12	2	54

注:本表系根据中共中央纪律检查委员会和中华人民共和国国家监察委员会官方网站(http://www.ccdi.gov.cn)公布的数据整理所得。2018年的数据截至2018年7月28日。

其次,《自首通告》第5条规定:"在规定期限内拒不投案自首的,司法机关将依法从严惩处"。依据这一规定,如果犯罪嫌疑人在期限届满之后才向有关机关投案,反而会被从严惩处。这不仅会促使更多人继续逃亡,也无助于实现自首制度的功能。此外,《自首通告》发布于2014年10月10日,而限定的自首截止时间是

2014年12月1日,期限过短。实际上,境外在逃人员对国内刑事政策调整以及刑事法律修正的信息获取能力因人而异。例如,有的人被他国司法机关采取了强制措施,恰好在该期限内丧失了行动自由,极有可能无法知晓通告内容;即便知道了,又可能因为行动受限而无法及时自首。但是,《自首通告》完全没有提及被当地执法机关或司法机关采取限制人身自由措施的在逃人员是否有可能争取投案自首的问题。①

必须指出的是,以上规定的不合理性源于没有科学认识自首制度的减免处罚根据,过于强调政策效应,在一定程度上忽视了罪行轻重程度和人身危险性大小对自首实效判断的影响。

(二) 限期自首措施的认定难题

实践中,许多出逃人员都将藏身地点选在与我国没有签订引渡条约的国家,因缺乏引渡条约,经常使我国的境外抓捕陷入困境。如果不能进行引渡,那么只能采取异地起诉、遣返或劝返等方式来代替。相对于异地起诉、遣返等方式,劝返可以最大限度地节约外交资源,通过充分宣扬政策优势,对外逃人员开展攻心战,说服其自愿回国投案,因而,它以其高效的特点在境外追逃实践中被广泛采用(见表1)。于是,境外在逃人员被劝返回国接受审判时就存在自首情节的认定问题。然而,劝返作为"我国检察机关在开展境外缉捕工作实践中摸索出的一种通过劝说方式动员外逃的犯罪嫌疑人自愿返回国内接受追诉的引渡替代措施",②并没有刑事法律对其予以直接确认,最高司法机关至今也没有出台相关司法解释规定对其自首情节如何认定。不过,境外在逃人员迫于物质、精神压力,基于利益衡量等原因而回国投案,并因此构成自首而被从宽处罚的做法已经普遍得到办案机关的肯定。这表明,法定自首的成立条件并未得到严格执行。

1. 投案自动性的判断标准模糊

我国《刑法》第67条第1款规定了一般自首,根据文义解释,行为人必须满足"自动投案"和"如实供述"的条件,才能被从宽处罚,司法机关对于自首的认定也是围绕这两个方面展开的。例如,"鉴于被告人初刚系主动投案,归案后能如实供述自己的主要犯罪事实,系自首"③"孙建强在民警电话通知后主动到案,到案后如实供述了犯罪事实,系自首"④"被告人陈跃奇主动向公安机关投案,并能如实供述自己的罪行,是自首"⑤等。尽管裁判文书并未对自首情节进行详述,但无论是主动投案,还是警方通知后主动到案,抑或是经亲友规劝、陪同投案,其共同点都是行为人主动将自己置于司法机关的控制之下,没有国家强制力介入其中。

---

① 参见黄风:《建立境外追逃追赃长效机制的几个法律问题》,载《法学》2015年第3期。
② 陈雷:《反腐败国际合作理论与实务》,中国检察出版社2012年版,第176页。
③ 参见吉林省白山市浑江区人民法院(2018)吉0602刑初94号刑事判决书。
④ 参见河南省罗山县人民法院(2018)豫1521刑初173号刑事判决书。
⑤ 参见湖北省宜昌市伍家岗区人民法院(2018)鄂0503刑初54号刑事判决书。

可是，境外追逃实践则有所不同。境外在逃人员的主要归案方式是劝返，而劝返通常由司法机关尤其是检察机关进行。在此过程中，办案人员与境外在逃人员沟通、谈判，有时甚至需要多个部门共同参与。例如，在劝返外逃贪腐人员杨湘洪时，由于他不愿与行政级别较低的劝返小组沟通，云南省委还专门调用了两个常委以协助劝返工作的开展。① 所以，劝返与亲友规劝存在本质区别。一方面，前者必须经过国家有关部门的授意或者许可，带有明显的国家意志，而后者仅是个人意愿的表现。另一方面，前者的有效实施是以国家权力为后盾的，而这既来自追逃国追逃追赃的高压态势，也来源于逃往国的国家强制力。② 我国反腐败国际合作范围的日益扩大、覆盖全球各大洲主要国家的追逃追赃法网体系的基本形成以及《监察法》对"反腐败国际合作"做出的专章规定，都对境外在逃人员释放出了"一追到底"的信号。此后，王顾、许超凡、赖明敏、张勇光等陆续回国投案。而且，境外在逃人员在发现地国也面临刑事指控和审判。例如，中国银行广东开平支行原行长余振东因贪污、挪用巨额公款而逃往美国，但是他在 2004 年因非法入境、非法移民以及洗钱三项罪名被美国拉斯维加斯联邦法院判处 144 个月监禁。根据余振东与美方达成的辩诉交易协议，2004 年 4 月 16 日，美方将余振东驱逐出境并押送至中国。③ 那么，当境外在逃人员通过蕴含国家意志且体现国家权力的劝返而回国投案并被认定为自首时，其行为是否属于"自动投案"，就值得进一步反思。

2. 投案接受主体的范围过小

《自首立功解释》第 1 条第 1 款规定，犯罪嫌疑人既可以向公安机关、人民检察院或人民法院，也可以向其所在单位、城乡基层组织或其他有关负责人员投案，而《自首通告》将其修正为"向我公安机关、人民检察院、人民法院，或通过我驻外使领馆向我公安机关、人民检察院、人民法院自动投案"，《自首公告》则继续扩大了接受投案主体机关的范围，即"向监察机关、公安机关、人民检察院、人民法院或者其所在单位、城乡基层组织等有关单位、组织自动投案，或者通过我国驻外使领馆向监察机关、公安机关、人民检察院、人民法院自动投案"。显而易见，发文机关意在拓宽境外在逃人员自首渠道，不过，犯罪嫌疑人有可能因为违反他国法律而被其司法机关采取强制措施，此时仍要求在逃人员只能向我国有关部门投案，未免强人所难。

3. 投案时间的法定要求缺少灵活性

根据《刑法》规定的自首投案时间，《自首立功解释》第 1 条第 1 款将其细化为要么是在"犯罪事实或者犯罪嫌疑人未被司法机关发觉"时，要么是在"犯罪事实或者犯罪嫌疑人虽被发觉，但犯罪嫌疑人尚未受到讯问、未被采取强制措施"

---

① 参见刘义军：《检察官谈劝返外逃贪官策略：确定罪名恩威并施》，载搜狐网，http://news.sohu.com/20130819/n384483451.shtml，访问时间：2018 年 12 月 23 日。

② 参见张磊：《从胡星案看劝返》，载《国家检察官学院学报》2010 年第 2 期。

③ 参见贺信、李静睿：《中行开平原支行长余振东受审》，载腾讯网，https://news.qq.com/a/20050817/000904.htm，访问时间：2018 年 12 月 24 日。

时。虽然《自首通告》第 2 条和《自首公告》第 2 条与上述规定的精神一致，没有附加新的限制，可一旦用于境外追逃，就会产生两个问题：其一，境外在逃人员已被外国司法机关讯问或被采取强制措施，又委托他人代为表达自动投案意思，或者以书信、电报、电话、邮件等方式表达自动投案意思的，能否视为自动投案？其二，对于通过引渡、遣返等方式归案的境外在逃人员，此前委托他人代为表达自动投案意思，或者以书信、电报、电话、邮件等方式表达自动投案意思的，能否视为自动投案？

（三）限期自首情节的量刑不够规范

在劝返过程中，办案人员的承诺对于推动境外在逃人员的心理变化，促使其主动回国接受审判，具有重要作用。例如，杨秀珠自 2003 年 4 月出逃新加坡，随后辗转多国直至逃往美国。在异地追诉、劝返等各方面的压力下，她由最初坚持"死也要死在美国"到"有回国念头"，变为最终"无条件回国接受法律惩处"，主动撤销"避难"申请，做出回国投案自首的决定，并于 2016 年 11 月 16 日正式回国投案自首，结束了长达 13 年 7 个月的海外逃亡生涯。① 而且，根据公布的已经归案并宣判的 15 名"百名红通人员"处置情况（见表 2），通过劝返归案所判处的刑罚要比以其他方式归案所判处的刑罚更轻，但司法机关很少给予充分的量刑说理。在量刑规范化改革逐步引向深入的背景下，劝返承诺②的效力、自首情节对量刑结果的影响大小无疑都是决定劝返工作成败的关键。

---

① 参见张磊：《境外追逃中的引渡替代措施及其适用——以杨秀珠案为切入点》，载《法学评论》2017 年第 2 期。

② 与劝返承诺相近的一个概念是量刑承诺，但二者存在较大区别。首先，在承诺的主体上，量刑承诺是在引渡、遣返等刑事司法合作中，请求国向被请求国作出的关于对被请求引渡人、被请求遣返人在回国受审后予以减轻处罚的承诺，其承诺内容主要包括不判处死刑或不执行死刑。这是国与国之间的承诺。而劝返承诺系在请求国的司法机关或行政机关与被劝返人之间进行，是国家与个人之间的承诺。其次，在承诺的事项上，量刑承诺的事项主要是不判处死刑或不执行死刑；而劝返承诺的事项较为多样，既包括限制追诉和限制量刑，还包括其他与劝返相关的内容，如能否与其家人见面通话，回国的时间、方式等。最后，在承诺的效力上，量刑承诺是有法律依据的，劝返承诺则有所不同。《引渡法》第 50 条就量刑承诺和追诉承诺做出了规定，并强调"在对被引渡人追究刑事责任时，司法机关应当受所作出的承诺的约束"。虽然境外在逃人员被劝返回国接受审判时，司法机关考虑到其主动回国投案的情节，可能给予某些方便条件或予以宽大处理，但量刑承诺和追诉承诺之外的劝返承诺并不属于该条的适用范围，无法在判决书中阐明。

表2　15名已宣判的"百名红通人员"处置情况

姓　名	归案方式	罪　名	判决结果
李华波	遣　返	挪用公款罪	无期徒刑
付耀波、张清曌	缉　捕	贪污罪、挪用公款罪	无期徒刑
赵汝恒	缉　捕	非法吸收公众存款罪	有期徒刑15年
孙　新	缉　捕	贪污罪、挪用公款罪	有期徒刑14年6个月
戴学民	缉　捕	挪用公款罪	有期徒刑6年
钱增德	缉　捕	受贿罪	有期徒刑3年
裴健强	缉　捕	贪污罪	有期徒刑3年
牛丽英	劝　返	虚开用于抵扣税款发票罪	有期徒刑3年，缓刑5年
杨立虎	劝　返	虚开增值税专用发票罪	有期徒刑3年，缓刑5年
陈祎娟	劝　返	受贿罪	有期徒刑3年，缓刑4年
曾凡奇（曾子恒）	劝　返	职务侵占罪	有期徒刑3年，缓刑4年
云　健	劝　返	受贿罪	有期徒刑3年，缓刑4年
闫永明	劝　返	职务侵占罪	有期徒刑3年，缓刑3年
张大伟	劝　返	职务侵占罪	免予刑事处罚

注：本表系根据中共中央纪律检查委员会和中华人民共和国国家监察委员会官方网站（http://www.ccdi.gov.cn/special/ztzz/ztzzjxs_ztzz/201705/t20170511_99033.html）公布的数据整理所得。

1. 劝返承诺缺少法律约束力

劝返承诺缺乏法律依据，是劝返方式屡遭诟病的主要原因之一。在劝返过程中，办案人员会通过认定境外在逃人员构成自首或以较轻犯罪提起公诉等方式进行承诺，希望督促其主动回国接受审判，但是，这种承诺在我国现有的法律框架下难以找到明确依据。

2. 自首情节的功能评价不统一

劝返承诺未能法定化，一方面会导致承诺事项难以落实，另一方面会产生不当的"辩诉交易"，即办案人员为防止境外在逃人员不满所承诺的事项而再度出逃，在协商过程中可能过于随意地认定自首情节。虽然这种承诺可以保证劝返工作的顺利进行，却有悖于罪刑法定原则。这不仅是对司法机关量刑裁量权的越位行使，而且容易造成"同案异判"。

二、限期自首的实质根据

尽管"限期自首"这一概念并未出现在《刑法》中，但是其很早就被广泛应用于司法实践。它并不是一个法律概念，而是涵盖了我国在特定时期贯彻某种具体刑事政策的各种措施。① 限期自首制度通过明确政策性后果督促有关人员自首,具有较短的时效性、对象的特定性、标准的灵活性和目的的功利性等特点。此时,刑事政策与刑法之间可能产生不协调之处。对此,应当理性看待二者之间的区别与联系,共同服务于刑事法治实践,防止出现不可逾越的"鸿沟"。②

(一) 刑事政策与刑法的应然关系

刑事政策的制定者是国家,具有国家主导性,但在实施过程中,市民社会也越来越多地参与进来。在法律体系中,刑法是最严厉的部门法,刑事立法权、司法权和执行权也专属于国家所有。所以,刑事政策与刑法具有相同的主体,均以公权力为基础。而且,刑事政策的目的是预防犯罪、保障人权和救济被害人的权利,刑法的目的也在于惩罚犯罪,保护人民。犯罪是侵犯法益的行为,为了保护法益并从预防犯罪,国家、社会必须科学、有效地组织应对犯罪的对策。所以,刑事政策与刑法在目的和内容上也相互重合。更重要的是,刑事政策以民主法治、公正与效率、自由与秩序为价值目标,③ 而这些价值目标也无不包含在刑法中,二者的内在精神具有一致性。尽管刑事政策和刑法在某些方面存在重大差别,④ 但二者以国家权力为媒介相互联系,在反犯罪的整体战役中协同配合。为了防控严重的危害社会行为,国家的本能是制定和实施刑法,而这又需要刑事政策的先在指导和动态补充。同时,将刑事政策转化为立法,作为对抗犯罪的政策工具,已成为法治国家解决社会基本矛盾的普遍做法。刑法离不开刑事政策,刑事政策必须尊重刑法;刑法是刑事政策的载体,刑事政策存在于刑法的框架内;刑法是刑事政策的界限,刑事政策是刑法的灵魂。如今,刑事政策的刑法化和刑法的刑事政策化已成为概括二者关系的基本公式。

刑事政策的刑法化是国家立法机关将应对犯罪行为的系统方略通过法定程序输

---

① 例如,反腐败刑事政策、经济犯罪刑事政策、有组织犯罪刑事政策等。

② 参见欧阳本祺:《刑事政策视野下的刑法教义学:探索中国刑法教义学与刑事政策的贯通构想》,北京大学出版社 2016 年版,第 257 页;车浩:《刑法教义的本土形塑》,法律出版社 2017 年版,第 1 页。

③ 参见王宏玉主编:《刑事政策学》,中国人民公安大学出版社 2011 年版,第 120-125 页。

④ 刑事政策与刑法的差别主要表现在以下几个方面:其一,在基本性质上,刑事政策毕竟只是社会政策的一种,属于政策的范畴,在这一点上它与作为法律规范的刑法有着质的差别。其二,在基本功能上,刑事政策不具有法律的规范性特征,而是用来指导(提示或引导)社会运用法律规范对一定行为作出评价(法律评价)。其三,在基本内容上,刑事政策用以指导和影响刑事立法和刑事司法活动,通过对各种刑罚方法适用的目的性、合理性、必要性的研究,着重于从整体上对刑罚制度的体系和具体刑罚的效果进行评价。其四,在内容范围上,刑法功能的实现要以现实生活中已经发生的犯罪行为为前提,而刑事政策除以既存的犯罪行为为对象外,还要着重研究对其他危害行为如何采用社会治安综合治理的方法预防犯罪。其五,在特征上,刑事政策还具有灵活性。从整体上说,相当程度的稳定性应当是法律规范的基本特征(参见马克昌主编:《中国刑事政策学》,武汉大学出版社 1992 年版,第 82-84 页)。

入刑事实体法中。这使刑事政策的价值目标和基本措施转化为刑事立法,从而获得了合法性、明确性、稳定性。"刑事政策法律化是刑事政策过程的终结,是刑事政策合法化的一种重要而又特殊的形式。"① 刑事政策转化为法律后,就失去了"政策"的外衣,必须遵守罪刑法定原则,而不能以"政策"的名义破坏法律的权威性。

刑法的刑事政策化同样无法避免。规范主义的刑法观和犯罪原因的复杂性制约了刑法在惩治犯罪浪潮中的效果,为此,形式、实证的刑法体系退居其次,实质、机能主义的刑法体系被推上前台。"所谓刑法的机能,就是刑法(而不是刑罚)本身作为规制社会的手段之一,应当具有什么样的作用,它是属于刑事政策学的研究范畴。"② 首先,刑事政策应当为制定刑法设定评价目标及引导标准,刑法目的与刑事政策目的应当保持一致。即使立于政策的视角,某种不法行为具有明显的处罚必要性,但基于处罚适当性的考量,不能逾越刑事立法的边界。"一个现代的刑法体系应当是有目的地组织的,也就是说,必须是建立在评价性目标设定基础之上的。……建立这个刑法体系的主导性目的设定,只能是刑事政策性的。刑事可罚性的条件自然必须以刑法的目的为导向。"③ 为了消除刑事政策和刑法之间的紧张关系,刑事立法要接受刑事政策的指导,即通过刑事立法的刑事政策化,选择有必要处罚和值得处罚的行为。其次,刑事政策还应当指导司法实践,为其导入价值理念和规范标准,填补法律漏洞或明确规范意义。"刑事政策给予我们评价现行法律的标准,它向我们阐明应当适用的法律;它也教导我们从它的目的出发来理解现行法律,并按照它的目的具体适用法律。"④ 在刑事政策指导下,刑法解释理念、原则和方法的选择直接影响着解释结论的妥当性。最后,刑事政策对刑法执行同样具有指引作用。

(二) 限期自首与法定自首的协调尝试

具体而言,刑事政策通过以下方式影响司法实践:(1) 填补法律漏洞。罪刑法定原则不允许最高人民法院主动创制公共政策,所以,它要么通过制定司法解释或发布指导性案例来创设规则、肯定既有的政策,要么通过废止司法解释去宣告规则失效、否定过时的政策。(2) 阐释刑法规范。罪刑法定原则拒绝公共政策全面覆盖法律漏洞,但并不排斥运用目的性限缩予以补充,所以,司法解释应该划清政治选择与法律判断、目的性扩张与扩大解释、目的性限缩与缩小解释的界限。(3) 明确适用标准。为解决具体应用法律的问题,司法解释还需统一定罪量刑标准。当然,

---

① 曲新久:《刑事政策的权力分析》,中国政法大学出版社2002年版,第230页。
② 黎宏:《论"刑法的刑事政策化"思想及其实现》,载《清华大学学报(哲学社会科学版)》2004年第5期。
③ [德] 克劳斯·罗克辛:《德国刑法学总论》(第一卷),王世洲译,法律出版社2005年版,第133页。
④ [德] 冯·李斯特:《德国刑法教科书》,徐久生译,法律出版社2000年版,第2页。

刑事政策的阶段性、复杂性和层次性能够决定法律适用标准的变化。(4) 解决规范冲突。刑法条文数量众多，难免产生不一致现象。其中，一般法和特别法之间、旧法和新法之间的矛盾尤为常见。对此，有时需要根据政策精神来选择处理原则。

其实，《自首通告》和《自首公告》的本意是贯彻宽严相济的基本刑事政策，在不违反《刑法》的前提下，弥补目前司法解释没有规定限期自首的缺憾。但是，关于限期自首的规定并未完全打通刑事政策与刑法之间的管道，反而导致法条阐释不足和适用标准混乱，必须运用刑事法治的思维予以完善。

一方面，应当科学认识自首制度减免处罚的根据。作为一种法定量刑情节，自首会影响行为人的量刑结果，因而必须符合刑罚的正当化根据。在判例和大多数学说中，采取的是兼采绝对刑罚理论和相对刑罚理论之长的综合理论。刑罚在根本上必须是有目的的，但是它也应受到报应理论之意义上的罪责原则的限制。① 一般认为，正确适用自首制度，既可以鼓励和引导犯罪人主动归案，改过自新，争取宽大处理，又可以尽可能地降低司法成本，提高破案效率，有效地实现刑罚目的。② 换言之，自首制度的主要根据是特殊预防目的和刑事政策理由。而且，这两方面的根据只要具备了前者，就"可以"对罪犯从宽处罚；倘若还满足后者，就"应当"对其从宽处罚。③ 如此理解，不仅符合法定自首的减免处罚原则，而且有利于自首与坦白、立功在从宽处罚功能上的协调。另外，在对有自首情节的犯罪分子量刑时，首先要根据不法与责任程度区分罪行轻重。如果犯罪较重，则应根据犯罪分子交代犯罪事实的完整性、稳定性以及悔罪表现等具体情节，决定从轻处罚还是减轻处罚。④ 即在适用自首情节时，也要考虑行为人的罪行严重性。总之，自首制度的实质根据在于：（1）特殊预防目的；（2）刑事政策理由；（3）罪行轻重。上述三者对量刑的影响力度依次递减，不能轻易将刑事政策因素置于比特殊预防因素、行为责任因素更加优先的地位。否则，就违反了罪刑法定原则和责任主义原则。

另一方面，应当着力加强限期自首制度与法定自首制度的调和。以《自首通告》为例，限期自首的起止时间分别为"2014 年 10 月 10 日"和"2014 年 12 月 1 日"，据此可划分为"期前自首""期内自首"和"期后自首"三个阶段：第一，境外在逃人员"期内自首"的，当然构成限期自首，同时又构成法定自首。第二，

---

① ［德］乌尔斯·金德霍伊泽尔：《刑法总论教科书》（第六版），蔡桂生译，北京大学出版社 2015 年版，第 27 页。

② 周光权：《刑法总论》（第三版），中国人民大学出版社 2016 年版，第 435 页。

③ 参见张明楷：《责任刑与预防刑》，北京大学出版社 2015 年版，第 350 页。

④ 张明楷：《刑法学（第五版）》（上），法律出版社 2016 年版，第 567 页。《自首立功意见》第 8 条规定："对具有自首、立功情节的被告人是否从宽处罚、从宽处罚的幅度，应当考虑其犯罪事实、犯罪性质、犯罪情节、危害后果、社会影响、被告人的主观恶性和人身危险性等。自首的还应考虑投案的主动性、供述的及时性和稳定性等。立功的还应考虑检举揭发罪行的轻重、被检举揭发的人可能或者已经被判处的刑罚、提供的线索对侦破案件或者协助抓捕其他犯罪嫌疑人所起作用的大小等"。

境外在逃人员"期前自首"的，不构成限期自首，但可以构成法定自首。第三，境外在逃人员"期后自首"的，对此不能一概而论，需要结合自首原因、是否知情等进行具体判断。假如境外在逃人员是在知悉《自首通告》的情况下，在限期内没有自首，而在期限届满后又选择自首的，只能成立法定自首，但又属于第5条规定的"在规定期限内拒不自首"，此时存在两个逆向竞合的情节。但是，如果境外在逃人员基于特殊情况而在期限届满后才得知《自首通告》的，由于期限利益已经丧失，即使去自首仍然同时构成《刑法》上的自首和"拒不自首"。① 表面上看，两种情况的认定结果相同，但在量刑时宜区别对待，赋予"法定自首"和"拒不自首"各自相应的影响权重。这就在衡量行为人罪行轻重的同时，实现了罪责刑相适应原则的要求。

三、限期自首的成立条件

（一）投案自动性的缓和认定

自首制度作为我国一项重要的刑罚裁量制度，包括一般自首、准自首和特别自首三种类型，前面两种属于总则规定模式，最后一种属于分则规定模式，② 但无论哪种自首，都要求投案行为的"自动性"。对法律制度的理解不能仅停留在字面文义上，社会生活的发展、法治观念的转变、刑事政策的调整等因素都会影响人们对事物的认识。严格来说，有些情形并不完全符合《刑法》对一般自首、准自首以及特别自首的规定，但是，司法实践基于某种利益考量或价值权衡仍将其认定为自首。这正说明了人们对自首的理解也不是一成不变的，也会随着社会发展而不断变化发展。因此，对自首的认识与适用，不能脱离其本质及价值追求。③

如前所述，自首制度的主要根据是特殊预防必要性减少和刑事政策的功利价值追求，次要根据是罪行轻重与预防目的的关联性。对于行为人是否自动投案的判断，也应当根据自首制度的本质根据来进行。简言之，只要投案事实能够反映出行为人悔罪、人身危险性减小或再犯可能性降低，就应认定为自动投案，无须过多考虑投案时的具体心情、原因和动机。在一些有关劝返成功的报道中，偶尔会出现"走投无路"和"迫于压力"等字眼，往往造成行为人是被动归案的误解。但是，所谓"走投无路"只是相对而言，对此不宜做形式化的理解。鉴于境外追逃工作的特殊性，追逃国司法管辖权会受到发现地国司法管辖权的限制，办案人员的劝说、承诺并不属于强制措施，主要是出于开展工作的需要。听从劝返、回应办案人员的承诺，

---

① 陈山：《论"限期自首"——以〈打黑通告〉第一条切入》，载《四川师范大学学报（社会科学版）》2018年第3期。

② 参见马克昌主编：《刑罚通论》（第二版），武汉大学出版社1999年版，第389-393页。

③ 参见邓晓霞：《自首制度的理论与实践反思》，中国政法大学出版社2016年版，第66-67页。

需要境外在逃人员自主作出选择，故当其主动从这种"自由"的状态下回到我国司法机关的控制范围内，是符合"自动投案"的要求的。① 例如，在追逃外逃至新加坡的原云南省交通厅副厅长胡星时，胡星并没有被新加坡的执法机关或司法机关采取强制措施，仍然可以选择继续逃匿，即使其不接受劝返，国内司法机关也无法在短时间内将其抓捕回来。② 在这种情况下，如果境外在逃人员表示愿意将自己置于我国司法机关的控制之下，就足以反映出投案的自动性。需要注意的是，劝返时应当规范掌握"自动性"要件，否则可能向其他尚在境内的在逃人员传达"只要潜逃国外并经劝返，就能被从宽处罚"的错误认知。

（二）投案接受主体的适度扩展

根据《职务犯罪自首、立功意见》等司法解释以及《自首通告》《自首公告》的规定，除公安机关、司法机关和监察机关以外的其他单位、组织都只是作为境外在逃人员自动投案信息的传达者，自首的裁量权还是由法院行使。自首制度的创设目的是鼓励行为人自动投案，所以，只有为其投案提供更多途径，才能促成其配合司法机关早日侦破案件。因此，在境外追逃实践中，不仅我国驻外使领馆可以作为接受投案主体，还可以包括所有能向我国办案机关传达消息的外国主管机关。只要境外在逃人员在被我国有关机关采取强制措施前，能够主动向这些外国主管机关告知犯罪事实，在外国主管机关向我国办案机关反映情况后，与办案机关"合作"如实供述的，就符合自首的构成要件。③

而且，即使境外在逃人员已被外国主管机关采取强制措施，但相比于我国驻外使领馆，其向外国主管机关主动投案更为便利。例如，广东省中山市实业发展总公司原总经理陈满雄和原法定代表人陈秋园挪用公款后潜逃至泰国，后于2000年11月被泰国清迈府法院以"非法入境、非法居留及非法持有和使用骗取的证件罪"判处刑罚，并根据《中华人民共和国和泰王国引渡条约》于2002年12月26日将二人引渡回中国接受审判，待中方审判完毕后将二人送回泰国继续服刑。2005年，广东省高级法院终审判处陈满雄、陈秋园无期徒刑和有期徒刑14年。然而，二人在保外就医半年多后，提出不愿再回泰国。由于必须履行双方引渡协议，二人被送回泰国继续服刑。2008年8月，泰国法院最终裁定将其引渡回中国。当时，陈满雄曾说，

---

① 朱玉光：《自首、立功、坦白认定指南：100个刑事疑难案例梳理剖析》，法律出版社2016年版，第135页。
② 参见殷红、雷成：《外逃贪官云南交通厅原副厅长胡星已归案已被双开》，载中国网，http://www.china.com.cn/news/txt/2007-04-28/content_8182760.htm，访问时间：2018年12月24日。
③ 参见邓晓霞：《自首制度的理论与实践反思》，中国政法大学出版社2016年版，第183页。

还是回祖国服刑好。① 可见，如果境外在逃人员也面临外国的刑事指控和审判，其主动归案的意愿反而更加强烈，此时就要尽量通过各种境外渠道将其意愿传达给我国有关部门。这既契合成立自首对特殊预防目的的重视，又适当考虑了提高追逃效率的政策导向。

（三）投案时间的具体判断

境外在逃人员自动投案的时间早晚，也会影响其自首的认定。这里主要涉及两个问题，也要结合自首的减免处罚根据进行分析。

问题一：境外在逃人员已被发现地国采取强制措施后投案的，能否认定为自首？

根据保障人权原则和国际合作原则等国际刑法的基本原则，② 发现地国对境外在逃人员采取的强制措施不同于追逃国的强制措施，因为不论在事实上还是在法律上，在逃人员均未处于追逃国司法机关的实际控制之下。即使追逃国与发现地国建立了刑事司法协助制度，在发现地国未将境外在逃人员移交给追逃国控制之前，都不能简单地将其认定为"被采取强制措施"，从而否定自首的成立。关键要看，此时犯罪嫌疑人是否自愿或积极地做出了投案的意思表示。例如，中国银行哈尔滨河松街支行原行长高山，在被加拿大皇家骑警拘捕和长期羁押后，自愿回国投案自首；因金融诈骗犯罪而逃往阿尔巴尼亚的沈磊，在被当地司法机关逮捕并提起引渡诉讼后，出具自愿接受引渡的书面声明，从而顺利过境意大利被引渡回国，③ 同样构成自首。假如对限期自首的投案时间进行严格解释，高山和沈磊的自首情节不仅无法得到认定，而且恐怕难以回国受审。

问题二：通过引渡、遣返等程序归案的境外在逃人员，能否认定为自首？

首先，在引渡、遣返等程序的决定做出之前，主动表示愿意通过相关法律程序回国接受审判的，一般应认定为自首。例如，李华波在新加坡服刑期间被剥夺永久拘留权，在遣返决定做出之前接受规劝，并写下自首书表示自愿回国。一审法院认为，对此"可以视为自首情节"。④ 这样处理，有利于鼓励犯罪嫌疑人早日投案和结束追逃工作。

其次，在引渡、遣返等程序终结前作出自愿接受引渡或遣返的表示，是否仍然认定为自动投案？一种观点认为，境外在逃人员在引渡、遣返后才接受之前规劝条件的，一般不应认定为自首。其原因在于引渡、遣返是两国司法合作的结果，处于

---

① 参见刘义军：《检察官谈劝返外逃贪官策略：确定罪名恩威并施》，载搜狐网，http://news.sohu.com/20130819/n384483451.shtml，访问时间：2018年12月26日。

② 参见黄风、凌岩、王秀梅：《国际刑法学》，中国人民大学出版社2007年版，第50页。

③ 黄风：《建立境外追逃追赃长效机制的几个法律问题》，载《法学》2015年第3期。

④ 肖中华：《宽严相济、区别对待政策在追逃追赃工作中的运用》，载《人民法院报》2017年1月25日第6版。

这些程序中的在逃人员事实上已经被我国司法机关控制。① 与此相反，另一种观点认为，如果处于引渡、遣返等程序中的在逃人员主动放弃发现地国的救济程序，并接受劝返、遣返等措施以加快回国接受审判进程，且如实供述其主要犯罪事实的，应被认定为自首。② 司法实践的态度也不一致，以"邓心志案"为例，一审法院认为，邓心志被加拿大遣返回国，没有主动回国接受处罚的意愿和行动，不符合法律规定的自动投案等自首条件，遂以合同诈骗罪判处其无期徒刑。但是，二审法院认为，邓心志主动放弃加拿大法律规定的救济权利，并自动接受移民局遣返回国的行为，应视为自首，据此将无期徒刑改为15年有期徒刑。③ 笔者认为，境外追逃往往涉及不同地域的法律适用，引渡、遣返作为国际刑事司法合作的产物，必然导致我国在境外适用上述程序时，会受到发现地国法制的约束。一旦发现地国提出附加条件，我国不接受的话，就会导致追逃行动推迟甚至失败。所以，不能轻易认为境外在逃人员进入引渡、遣返程序就是已被我国司法机关实际控制。只要在逃人员在引渡、遣返等程序终结前作出自愿接受引渡或遣返的表示，表明其再犯可能性显著降低，从而简化引渡、遣返程序并加快回国审判进程的，就应认定为自首。

最后，在引渡、遣返等程序终结后放弃程序救济的行为，不能认定为自首。例如，赖昌星在非法移民遣返程序终结后，经历与加拿大当局12年的博弈仍被强制遣返。虽然在此期间，他也曾经历思想转变而不再完全抵制遣返，但毕竟属于非自愿回国，④ 充其量只能作为一种酌定量刑情节。

四、限期自首的量刑规则

（一）劝返承诺的量刑限制路径

量刑中的责任和预防具有互动关系，量刑活动大体符合理论构想的量刑框架，即"以责任为基础，用预防对其修正"或者"责任大致轮廓的决定与根据预防的修正"。⑤ 一旦劝返承诺经过有关部门认定，具有量刑情节的功能，那么作为一种预防情节，会在某种程度上降低责任刑。根据我国现行的量刑原则、步骤和方法，需要

---

① 参见覃珠坚：《刑事外逃犯追缉方法之适用探析》，载《北京警察学院学报》2016年第4期。
② 参见李鑫源：《简析逃匿境外人员自动投案的不同形态》，载《法律适用》2017年第10期。
③ 参见佚名：《首个被遣返经济嫌犯邓心志归国受审》，载腾讯网，https://finance.qq.com/a/20091102/001656_1.htm，访问时间：2018年12月26日。
④ 参见张磊：《从高山案看我国境外追逃的法律问题——兼与赖昌星案比较》，载《吉林大学社会科学学报》2014年第1期。
⑤ [德] Wolfgang Frisch、[日] 浅田和茂、[日] 冈上雅美编：《量刑法的基本问题：量刑理论与量刑实务之间的对话》，成文堂2011年版，第109页；李冠煜：《量刑基准的研究——以责任和预防的关系为中心》，中国社会科学出版社2014年版，第170页。

规范判断劝返承诺的性质、效力和作用。

1. 劝返承诺主体的限制

正如笔者第一部分所述，劝返与引渡存在较大差异，所以，引渡中量刑承诺主体的适用规则不能完全用于劝返承诺主体的认定。

我国《引渡法》第50条规定，量刑承诺的主体是最高人民法院，同时"在对被引渡人追究刑事责任时，司法机关应当受所作出的承诺的约束"。作为引渡替代措施的劝返也可以参考这一规定，并比照其适用。即办案人员在对境外在逃人员作出有关量刑的承诺时，应当经过最高人民法院的批准，而且一旦作出，在审判过程中必须受其约束。换言之，只要是涉及对境外在逃人员量刑承诺的，一律不得由办案人员自行决定，必须经过法定程序，先行报请最高人民法院。

可是，劝返承诺毕竟不同于量刑承诺，量刑承诺只是劝返承诺的一部分。若将劝返承诺的决定权完全交由最高人民法院，既会加重最高人民法院的工作负担，也会过于限制办案人员的权力，导致办案人员不能适当作出比较有分量的从宽承诺和保证，不利于劝返工作的开展。① 所以，量刑承诺以外的劝返承诺就不必报请最高人民法院批准，办案人员只需向本单位或有关部门报告即可。

2. 劝返承诺效力的限制

境外在逃人员通过劝返主动回国接受审判的，可以被"从宽处罚"。可是，这并不意味着行为人在境内实施了违法犯罪行为，逃匿到境外借助劝返制度就可以具备从宽处罚的条件，更不是变相刺激更多的犯罪分子外逃。② 尽管有关劝返制度的规定有待完善，但是劝返承诺的实现往往有赖于实践中对从宽处罚原则的执行。况且，成立自首并不一定会被从宽处罚。我国《刑法》根据犯罪轻重对自首犯采取相对从宽处罚原则，即原则上予以从宽处理，但在个别情况下也可以不予从宽处理。③ 不能将自首是否成立的定性问题与自首能否从宽处罚的量刑问题混为一谈，否则会无视并消解自首制度本身的价值与自首可从宽处罚的理论根基。④ 对此，《自首立功意见》第8条也重申："虽然具有自首或者立功情节，但犯罪情节特别恶劣、犯罪后果特别严重、被告人主观恶性深、人身危险性大，或者在犯罪前即为规避法律、逃避处罚而准备自首、立功的，可以不从宽处罚"。

显然，劝返承诺效力在追逃实践中会受到双重限制：一是受到自首成立条件的限制。即使办案人员作出承诺，境外在逃人员主动回国接受审判的行为未必会被认定为自首。二是受到自首法律后果的限制。即使境外在逃人具备自首情节，也未必

---

① 陈雷：《境外追逃：应当重视劝返的法治化》，载《检察日报》2012年2月22日第3版。
② 参见李鑫源：《简析逃匿境外人员自动投案的不同形态》，载《法律适用》2017年第10期。
③ 参见张明楷、黎宏、周光权：《刑法新问题探究》，清华大学出版社2003年版，第135页。
④ 参见曹向博、聂晓昕：《自首不从宽处罚的适用——对牛某某故意杀人案的评析》，载《天津法学》2018年第2期。

会被从宽处罚。以上限制,就是源于自首的实质根据。

(二) 劝返承诺的量刑规则构建

尽管"期后自首"已经过了限期自首的期限,但并不一定就不构成自首。如本文第二部分认为,"期后自首"可能是境外在逃人员在限期内"拒不自首",也可能是其基于特殊情况而在期限届满后才自首,对此应在量刑上区别对待。

《最高人民法院关于常见犯罪的量刑指导意见》(以下简称《量刑指导意见》)规定了依法量刑原则、罪责刑相适应原则、宽严相济原则和量刑均衡原则四个量刑指导原则。这也是在评价自首情节时应当遵循的量刑原则。而且,《量刑指导意见》第2条将量刑步骤分为三步:(1) 确定量刑起点;(2) 确定基准刑;(3) 确定宣告刑。从宏观上看,现行的量刑过程基本符合"以'幅的理论'为起点,以'点的理论'为终点"的设计思路;但从微观上看,目前的量刑步骤未必能处理好责任刑和预防刑之间的关系。虽然"幅的理论"受到大陆法系国家(地区)刑法学者的广泛支持,但实用性不强,因为它既无法确定责任刑幅度的上下限,也无法将预防刑限制在责任刑的范围内。因此,应当采取一种更加彻底的量刑限制理论,在量刑的每个重要阶段,分别划定法定刑、起点刑、责任刑、预防刑和宣告刑的界限。详言之,第一步,根据具体犯罪构成,确定相应的法定刑幅度。选择法定刑幅度只考虑与犯罪构成要件的实现直接相关的情况,这种做法类似于确定起点刑的预备活动。第二步,根据基本犯罪构成事实并参考同类判例,在相应的法定刑幅度内确定起点刑。起点刑同时受到法定刑幅度和同类判例的约束,能够从源头上防止量刑失衡。第三步,根据责任情节,在起点刑的基础上增加刑罚量确定责任刑。第四步,根据预防情节并适度从严把握,确定预防刑。第五步,根据预防刑对责任刑的修正幅度,参照类似判例确定宣告刑。于是,自首情节的判断应该放在第四步。作为一种常见量刑情节,《量刑指导意见》明确了其适用方法:"对于自首情节,综合考虑自首的动机、时间、方式、罪行轻重、如实供述罪行的程度以及悔罪表现等情况,可以减少基准刑40%以下;犯罪较轻的,可以减少基准刑40%以上或者依法免除处罚。恶意利用自首规避法律制裁等不足以从宽处罚的除外。……对于当庭自愿认罪的,根据犯罪的性质、罪行的轻重、认罪程度以及悔罪表现等情况,可以减少基准刑10%以下。依法认定自首、坦白的除外。"这表明,在方法论上,既要充分评价自首情节,又不能重复评价这一情节。

综上所述,可以根据不同规则来评价"期后自首":

第一,境外在逃人员是在知悉《自首通告》的情况下,在限期内没有自首,而在期限届满后又选择自首的,属于"法定自首"和"拒不自首"的逆向竞合,即"宽中有严",应当从严把握减少基准刑的比例,必要时也可不对基准刑进行调整。

第二,境外在逃人员基于特殊情况而在期限届满后才得知《自首通告》的,同样构成"法定自首"和"拒不自首"的逆向竞合,但考虑到其人身危险性比第一种情形更小,所以在对减少基准刑比例的把握上可以宽松一些,一般应当对行为人从轻处罚。

第三，境外在逃人员既构成"法定自首"和"拒不自首"，又有"积极挽回受害单位或受害人经济损失"或"有效挽回被害单位、被害人经济损失，积极退赃"情节的，属于两个从宽处罚情节和一个从严处罚情节的逆向竞合。《自首通告》第1条规定，在逃境外经济犯罪人员自动投案，如实供述自己罪行，自愿回国的，可以依法从轻或减轻处罚。其中，积极挽回受害单位或受害人经济损失的，可以减轻处罚。而《自首公告》第1条的规定略有不同，即职务犯罪案件境外在逃人员自动投案，如实供述自己罪行，可以依法从轻或减轻处罚。其中，有效挽回被害单位、被害人经济损失，积极退赃的，可以减轻处罚。可见，只有在两个从轻处罚情节并存时，才有可能将其综合评价为一个减轻处罚情节，即"一个从轻处罚情节+一个从轻处罚情节≈一个减轻处罚情节"。可是，当行为人又多了一个"拒不自首"情节时，未必能够适用上述公式。这时，法官应当综合考虑自首的动机、时间、方式、罪行轻重、如实供述罪行的程度等因素，再决定对犯罪分子是从轻处罚还是减轻处罚。

第四，与"法定自首"相比，"期后自首"通过附加挽回损失情节和退赃情节，抬高了对境外在逃人员减轻处罚的门槛。事实上，法定自首与挽回损失、退赃情节都是相互独立的预防情节，不应被组合在一起而成为一种新的"自首"情节。在内容上，"积极挽回受害单位或受害人经济损失"或"有效挽回被害单位、被害人经济损失，积极退赃"无法为"如实供述自己罪行"所包容；在性质上，它们是犯罪嫌疑人自首后体现其非难可能性降低①而非回溯性地减少法益侵害程度的要素；在功能上，这些情节与法定自首并存时，可能累积释放更大的从宽处罚效应。例如，在逃人员被劝返后，自动投案，如实供述自己罪行，且有效挽回"所有"经济损失，"全部"积极退赃的，可以免除处罚，而非仅仅减轻处罚。② 如此评价上述量刑情节，才是对法定自首和限期自首实质根据的统一化理解。

---

① 这也可以作为对行为人的悔罪表现进行实质判断的资料。《职务犯罪自首、立功意见》第1条也规定，除了考察犯罪的事实、性质、情节和对于社会的危害程度，还要结合自动投案的动机、阶段、客观环境，交代犯罪事实的完整性、稳定性以及悔罪表现等具体情节，依法决定从宽处罚的幅度。显然，"自动投案""如实供述自己的罪行"和"悔罪表现"等属于不同的量刑情节。况且，就自首的实质根据而言，特殊预防目的是优先于刑事政策理由和罪行轻重的，所以，只要行为人自动投案并如实供述自己的罪行的，就足以表明其人身危险性减小，构成自首，无须考虑其是否有悔过之意。如果行为人自动投案后如实供述自己的罪行，并有悔罪表现的，不仅成立自首，还要给予更为缓和的处罚。

② 有别于"犯罪较轻的，免除处罚"的规定。简言之，当法定自首、挽回损失、退赃三个情节并存时，应当赋予其更大的从宽处罚幅度。更彻底地说，在立法论上，有必要将"可以减轻处罚"修改为"可以减轻或者免除处罚"，因为在通常情况下，对自首犯都"可以从轻或者减轻处罚"。

"一带一路"语境下境外追逃合作机制的完善

刘传稿*

"一带一路"建设是促进我国和沿线各国开放合作、共同繁荣的合作共赢之路，为我国乃至全球治理提供了新的路径与方向。同时，"一带一路"对国家治理体系和治理能力也提出了更高的要求，其中，反腐败是国家治理的重要内容之一，而境外追逃合作机制又是我国反腐败体系的重要组成部分。党的十八大以来，党中央把追逃追赃工作提升到前所未有的新高度，开辟了全面从严治党和反腐败斗争的新战场。境外追逃合作机制的完善有利于推进"一带一路"建设，提升我国政府在国际社会的廉洁形象。境外追逃是国家机关依法对因涉嫌贪污腐败犯罪逃亡境外的犯罪嫌疑人解押回境内的行为，其追捕对象为境外在逃的国家工作人员。贪腐犯罪是指与我国刑法规定的贪污贿赂罪和渎职罪相关的犯罪。追逃和追赃往往是一体的，鉴于篇幅所限，笔者仅就追逃这一主题展开论述。自党的十八大以来，我国明显加大了境外追逃的力度，同时在积极探索境外追逃的可行模式。目前，我国境外追逃行动已取得了阶段性的成绩，部分潜逃境外的犯罪分子已被解押回国接受法律审判，但我国当前的境外追逃制度仍然不够完善，在一定程度上制约了境外追逃工作的有效展开，因此，进一步完善境外追逃合作机制，对我国有效开展反腐败犯罪具有重要的意义。

一、境外追逃机制的现状和作用

为了有效治理贪污腐败犯罪，我国政府一直从多方面着手不断完善境外追逃机制。一是积极加入国际追逃组织和签订反腐败公约。1984年，我国加入国际刑警组织，2003年加入《联合国打击跨国有组织犯罪公约》，2005年加入《联合国反腐败公约》；2014年APEC部长级会议上通过了《北京反腐败宣言》，并成立APEC反腐执法合作网络，旨在与亚太各国加大追逃追赃等合作，携手打击跨境腐败行为。二是缔结引渡条约和相关协定。截至2018年2月，我国已与71个国家缔结司法协助条约、资产返还和分享协定、引渡条约和打击"三股势力"协定共138项（116项生效）。其中，引渡条约50项（37项生效），刑事司法协助条约41项（35项生

---

* 刘传稿，首都经济贸易大学法学院讲师。

效),资产返还和分享协定1项(尚未生效)。① 三是加强追逃机制建设,不断强化国际合作。我国公安部、最高人民检察院、中央纪委国家监委等都建立了相应的国际合作局、国际追逃追赃工作办公室等专门机构,专门负责境外追逃追赃工作。例如,截止到2017年9月24日,公安部已在全球31个国家的37个驻外使领馆设有驻外警务联络官编制64人。② 驻外警务联络机构不断提高打击跨国犯罪的合作水平,已成为境外追逃工作的一把"利剑"。2018年4月24日,中央反腐败协调小组国际追逃追赃工作办公室在北京举办"天网2018"行动启动仪式暨全国追逃追赃工作培训班开班式,加强党对追逃追赃工作的集中统一领导,把制度优势转化为治理效能。③ 6月6日,中央反腐败协调小组国际追逃追赃工作办公室发布关于部分外逃人员有关线索的公告。可以说,不论从国际合作的视角还是法律法规、组织机构设置层面,我国的境外追逃机制都已初步建立并且快速完善,在该机制下,我国政府强势开启了境外追逃大幕,据统计,自2015年3月启动"天网"行动以来截止到2018年12月10日,已从120多个国家和地区追回外逃人员4833人,其中国家工作人员995人,"百名红通人员"54人,追回资产103亿余元。④ 可见,我国的境外追逃机制已基本建立,并且在该机制下,我国境外追逃追赃工作已取得了阶段性的成绩。

二、境外追逃机制存在的问题

虽然我国的境外追逃机制发挥了相当的作用,但目前的境外追逃机制仍存在不完善之处,主要体现在以下几个方面。

(一)缺乏对外逃人员完整的数据信息统计

追逃的前提是对外逃人员的情况有完整、清晰的认识,包括目前潜逃境外的国家工作人员的数量,外逃人员的个人信息,外逃前所在的地方、单位、职务,转移到境外的赃款赃物的数额,给国家造成的损失,外逃的目的国及现在可能藏匿的具体地点,每一年潜逃境外的人员数量以及追回的潜逃人员的数量等。只有具备了完整详细的数据信息,才能确立可行性的追逃策略,选择更有效的追逃方式,制定有针对性的法律法规,进而提高成功追逃率。并且在当前可利用大数据的情形下,这

---

① 参见我国外交部网站,http://www.fmprc.gov.cn/web/ziliao_674904/tytj_674911/wgd-wdjdsfhzty_674917/t1215630.shtml,访问时间:2018年6月5日。

② 丁小溪:《我国已向全球31个国家派驻64名驻外警务联络官》,载新华网,http://www.xinhuanet.com/2017-09/24/c_1121716053.htm,访问时间:2018年6月5日。

③ 《"天网2018"行动启动仪式暨全国追逃追赃工作培训班开班式在京举办》,载中央纪委国家监委网站,http://www.ccdi.gov.cn/gzdt/gjhz/201805/t20180508_171497.html,访问时间:2018年6月5日。

④ 《"天网"行动已追回外逃人员4833人 追回资产103亿余元》,载《人民日报》2018年12月7日第4版。

些信息有相当一部分是不难获取的。但根据国家目前公布的信息情况来看，只公布了部分影响较大的外逃人员的信息，如"百名红通"人员的情况，中央反腐败协调小组国际追逃追赃工作办公室于 2018 年 6 月 6 日第二次向国内国际社会通报涉嫌职务犯罪和经济犯罪的部分外逃人员有关线索等，虽然这些信息非常有价值，但相对于所有外逃人员的情况分析，这些信息是局部的、不完整的，还不能完全满足有效开展追逃工作的需要。据中国社会科学院一份调研资料披露：从 20 世纪 90 年代中期以来，外逃境外的党政干部、公安、司法干部和国家事业单位、国有企业高层管理人员，以及驻外中资机构外逃、失踪人员数目高达 1.6 万至 1.8 万人，携带款项达 8000 亿元。① 从国家自境外追逃成功的人员数量与在逃人数相比，可以发现，从境外成功追逃回来的人员比例仅占境外潜逃人员总数的 3% 左右，成功追逃率非常低。大量潜逃到境外的人员仍然逍遥法外，尚未受到我国法律的制裁。

（二）双边引渡条约数量过少

目前，我国境外追逃的途径主要包括引渡、遣返、异地追诉和劝返。其中，引渡是指一国应外国的请求，把正处在自己领土范围内受到该外国通缉或判刑的人，移交给该外国审判或处罚的行为。引渡通常要求引渡请求国与被请求国之间签订引渡条约或引渡协议。遣返是指被请求国以犯罪嫌疑人违反移民法律为由，将犯罪嫌疑人作为非法移民遣返回请求国，举世震惊的"远华走私案"中的赖昌星就是被遣返回国的。异地追诉是指我国向犯罪嫌疑人逃匿国提供其违反逃匿国本国法律的犯罪证据，由逃匿国依据本国法律对其进行追诉。劝返是指办案机关的工作人员劝说外逃人员自愿回国自首，如"百名红通人员"张丽萍、储士林就是通过劝返的方式回国投案自首的。

在各种境外追逃方式中，引渡本应是最正当、最主要的追逃途径，但现阶段我国境外追逃却以遣返、劝返、异地追诉等方式为主，真正通过适用引渡条约予以引渡回国人数的并不多。其中，最主要的困难在于我国与其他国家签订的引渡条约签订数量少，目前仅虽已签订 50 项引渡条约，但生效的只有 37 项。而美国、加拿大、法国等发达国家，与其他国家签订引渡条约的数量均在 100 个左右。在与我国签订引渡条约的国家中，发达国家不足 10 个，多数为发展中国家。从地域分布上看，亚洲国家的数量接近一半，欧洲国家的数量其次，其中包括法国、意大利、西班牙等发达国家。从犯罪嫌疑人潜逃境外的去向分析，绝大部分逃往美国、加拿大、澳大利亚等移民国家，极少数逃往亚洲国家。因法国、意大利、西班牙的移民政策比较严格，潜逃到这几个国家的人数较少。在美国、加拿大、澳大利亚这三个外逃贪腐人员的首选藏匿地中，只有澳大利亚与我国签订了引渡条约但一直没有生效，美国、加拿大尚未与我国签订引渡条约。我国目前与其他国家签订的引渡条约较少，尤其是与作为逃匿目标地的主要发达国家签订的引渡条约较少，这就给境外追逃造成了

---

① 参见王春英：《反腐败的双动力机制》，载《人民论坛》2015 年第 7 期（上）。

巨大障碍，依靠引渡条约追逃的可能性比较低。

（三）国内监管机制不够完善

贪腐官员之所以能够外逃成功，一是我国对官员的财产监管不够严格细密，他们外逃后有在境外生活的经济基础；二是对官员的进出境控制有漏洞，为其外逃提供了可乘之机。在财产监管方面，尚未从法律层面建立官员个人信息公开和财产申报制度，国家对向境外转移财产的行为监督不够严格等。这些制度漏洞给贪腐官员留下可乘之机，有的腐败分子把自己的配偶和孩子先送到国外，然后通过他们以留学、贸易等合法形式转移财产；有的腐败分子通过某些代理机构如地下钱庄等，利用一些专门从事财产转移事务的"水客"向境外走私现金。资金偷运到境外后再在当地银行开设账户，以货币兑换的形式将转移赃款存入银行。在公务人员出入境方面，我国当前对个人护照的管理不够严格，缺乏完善的公务员个人信息数据库，部分官员通过各种方式持有多本护照或者化名护照，可以瞒着组织私下自由出境。例如，广东省国资委原党委书记刘富才未向组织报告擅自出国，长期滞留国外不归，在党内造成恶劣影响。在这种情形下，缺乏有力的监督出入境监督制度，很难有效地控制住贪腐官员的外逃行径。

三、境外追逃机制的完善

（一）加强双边引渡条约的缔结

境外追逃的主要依据就是国家之间签订的引渡条约，而我国现在与外国签订的引渡条约数量太少，且大部分是与发展中国家签订的，而贪腐官员大部分都逃往发达国家如美国、加拿大等，而我国与这些国家没有缔结双边引渡条约，这就导致我国开展对外引渡合作的法律依据十分有限，许多情况下只能避开引渡途径，通过其他方式在互惠互利的基础上进行合作。引渡关系是法律性因素占主导，不像政治性因素可以便宜行事。如果缺乏引渡条约，仅凭具体个案中的友好协商和国家间的政治关系作纽带，在实践中的效果并不理想。① 特别是对于美国、荷兰等在引渡问题上持"条约前置主义"态度的国家，引渡合作的可能性目前基本不存在，从而使得逃犯有空可钻。② 基于此，我国应该积极开展国际合作，有针对性、有选择地进行协商，特别是对于犯罪分子潜逃比较多的目的地国家，积极进行协商谈判，尽早签订双边引渡条约，扩大引渡条约的适用范围，为我国的引渡实践提供有力的法律支持。双边引渡条约是境外追逃最直接最有效的法律依据，与犯罪分子潜逃较多的所

---

① 参见黄震：《当前我国海外追逃追赃的法律障碍及解决途径》，载《中国党政干部论坛》2015年第2期。

② 参见黄风：《反腐败国际追逃合作：困难、问题与对策》，载《人民论坛》2015年第9期（上）。

在国签订引渡条约,是遏制以及境外追逃最有力的保障,也应当是境外追逃机制建设的重中之重。

(二)废止贪腐犯罪的死刑,为缔结引渡条约扫清障碍

我国缔结双边引渡条约的国家之所以少,一个重要原因是引渡条约坚持死刑不引渡原则,而我国刑法中对于贪污受贿犯罪还保留死刑,这是阻碍我国与发达国家签订双边引渡条约的主要因素。对已经废除死刑的国家,它没有任何约束力,因为对方国家已经不适用死刑了。但我国刑法对贪污贿赂及渎职等贪腐犯罪都设有死刑。所以,长时间以来,我们一直认为"死刑犯不引渡"原则是一种不平等条款。对此,我国政府心存顾虑,国外政府也保留警惕,如果把死刑犯不引渡这个条款写进国际条约,双边引渡条约将很难签订。因为潜逃境外的犯罪分子中,贪污贿赂等贪腐犯罪占相当大的比例。所以,加强双边引渡条约的缔结,就转化为我国对贪腐犯罪的死刑态度问题。自2011年《刑法修正案(八)》以来,我国废除了13个罪名的死刑,2015年8月29日通过的《刑法修正案(九)》,又废除了9个罪名的死刑。说明我国在逐步实现"逐步减少死刑,严格适用死刑"的承诺,已经踏上废除死刑的改革之路,但这条路是漫长而艰辛的,对于贪污受贿犯罪,因为社会反映强烈和增强威慑性,《刑法修正案(九)》仍然保留了死刑。不过,欣慰的是刑法第383条增设了终身监禁刑,对于被判处终身监禁的犯罪分子,不得减刑、假释。在我国当前贪腐犯罪仍然高发、群众反映强烈的现阶段,利用终身监禁刑替代死刑是具有可行性的立法模式。下一步,应当积极探索全面废止贪腐犯罪的死刑,将终身监禁作为贪腐犯罪死刑的替代刑种,为我国缔结双边引渡条约扫清法律障碍。因此,《刑法修正案(九)》虽未废除贪污受贿罪的死刑,但在向废除死刑的道路上迈进了有力的一步,为贪腐犯罪全面废除死刑做出了导向性的立法范式,为实现"死刑犯不引渡"这一原则扫清了前期障碍。

(三)拓宽其他追逃渠道

目前,我国境外追逃一般有四种方式:引渡、非法移民遣返、异地追诉和劝返。在增加缔结引渡条约国家的同时,我们还应当积极拓展多种渠道进行境外追逃,探索其他引渡的替代措施。毕竟双边引渡条约的签订费时较长,且这不仅仅是法律问题。因此,对于部分潜逃国外的犯罪分子,如果我国与逃犯发现地国家尚没有签订双边引渡条约或者因某些法律上的障碍尚无法开展正式的引渡合作,则可以考虑配合该国主管机关以洗钱犯罪、违反移民法犯罪等理由在当地对其进行拘捕、开展刑事追诉活动并且追缴被非法转移到当地的犯罪所得,从而改变其法律地位,剥夺其居留资格。这样,就为适用其他追逃方式提供了现实的可能性。此外,继续完善和扩大适用协助国分享被没收资产制度,也将境外追赃所得根据所在国在追赃过程中所起的作用,按一定比例返还给提供协助的国家,可以增强协助国在追逃工作中的积极性,截断潜逃人员的经济来源,营造迫使其接受遣返的环境,为将其递解回国

或是适用其他追逃方式创造有利条件。

（四）完善国内监管机制

1. 建设有效的腐败预防机制

境外追逃属于事后补救行为，减少境外追逃的根源还是在国内，即应当建立贪腐官员潜逃境外的预防机制。关键要建立一套科学、完整的廉政法律制度，堵塞腐败漏洞，为反腐败的刑法惩罚设置前置性的法律制度。① 一是建立国家工作人员数据信息库。重点包括国家工作人员的个人、家庭信息，与工作相关的数据信息，探索将"八小时以外"活动监督管理纳入考核机制，这些信息平常应严格保密。但对于外逃的国家工作人员，应及时公布相关的信息，平常建立的数据信息越详细，越有利于追逃。二是尽快建立针对公务人员的《反腐败法》。《反腐败法》与刑法、刑事诉讼法共同组成反腐败的规则体系，编织起更加严密的反腐法网。从内容上看，《反腐败法》至少应当包括以下内容：第一，公务人员财产申报制度。虽然我国对国家工作人员的财产申报有相应的规定，例如，1995 年公布的《关于党政机关县（处）级以上领导干部收入申报的规定》、2006 年实施的《关于党员领导干部报告个人有关事项的规定》等，但综观现有规定，内容比较模糊，使用主体较窄，财产申报范围有限，对于不申报或虚假申报的行为缺乏严厉的惩戒措施，致使财产申报制度没有发挥应有的作用。基于此，建议在《反腐败法》中明确财产申报的主体范围，公务人员本人、配偶、子女等近亲属，以及与公务员本人有经济依赖关系者，②都应纳入申报的主体范围；适当扩大申报财产的范围，不仅限于有形资产，无形资产和财产性利益都应予以申报；明确财产申报的时限，财产变动达到一定数额的，及时更新申报数据。对于不按规定申报或虚假申报的，处以相应的刑罚。第二，确定公务员法定收入的范围。对公务人员公职收入以外的其他收入进行不同方式的限定，例如，遗产、赠与所得需申报；规定接受礼品的范围以及限额；公务人员从事第二职业须经审批等。确定公务员法定收入的范围主要是使公务员的收入阳光化、法制化，通过公开透明的制度压缩隐性腐败空间，③ 这样既有利于保护公务员的合法权益，又能够对公务员的收入进行有效监督。第三，腐败行为举报制度。虽然对公务人员的检举属于宪法规定的权利，且在现实中也经常有群众对违法违纪现象进行举报。但国家对举报制度一直缺乏明确的定位，也没有规定详细的举报规则。应在《反腐败法》中将该制度予以规定，包括举报的方式，受理举报的机关，对举报信息的保密和对举报人人身安全的保护，对举报信息的反馈等内容，切实让人民对

---

① 参见赵秉志：《中国反腐败刑事法治领域中的国际合作》，载《国家检察官学院学报》2010 年第 5 期。

② 参见中国社会科学院"政治发展比较研究"课题组编著：《国外公职人员财产申报与公示制度》，中国社会科学出版社 2013 年版，第 4 页。

③ 参见邱忠霞、张英魁：《当前中国的隐性腐败问题及其治理》，载《中州学刊》2013 年第 8 期。

权力行使监督之权。在预防机制下,对涉案人员作出前瞻性、预测性评估安排,及时掌握有关人员的行踪,有针对性地制定防逃工作预案。同时,注意加强与边检部门的工作联系,对可能潜逃的犯罪嫌疑人,或者已经下落不明的重大嫌疑人,依法果断采取相应的限制出境、边控等防控措施,① 对嫌疑人进行有效防范,严格控制外逃途径。

2. 构建财产外流监控系统

贪腐官员外逃之前,几乎都事先将财产转移至境外,不可能只身潜逃境外。因此,如果能够有效控制赃款赃物流向境外,就等于遏制住了贪腐官员外逃的经济命脉。据贪腐官员转移财产的模式分析,大多是通过地下钱庄转移的。地下钱庄的运作模式是"境内结算人民币,境外结算外汇",无论是人民币还是外汇都不需要真正出境或入境,而是由钱庄的境外分部和境内分部,自己内部对冲结算即可。弄清这样一条资金链,对未来我国打击外逃贪官,切断其资金源头至关重要。因此,必须打击地下钱庄,斩断贪官外逃资金链,防止赃款向外转移,同时激活国际反洗钱工作机制,严格控制资金外流。② 财产外流监控系统的建立及运作,可以有效防范国内财产的非法外流,为犯罪分子潜逃境外构建前置性的防范制度。即便在一些还未与我国缔结双边引渡条约的国家,通过切断外逃官员资金链,断绝其资金转移路径,然后采取异地追诉和劝返等方式,吊销其在他国已经获得的合法身份,再对其进行刑事追诉,也是一条可行之路。

四、结语

境外追逃工作,是我国反腐系统工程的重要组成部分,境外追逃机制的完善是决定境外追逃成败的关键因素。境外追逃机制是一个综合性、多方位的系统工程,应当从多个层面进行完善、改进。就建设思路而言,应当从国外、国内两方面入手。在国外方面,在强化引渡条约缔结的同时,积极拓展多种追逃渠道,加强国际合作和司法协助,建立一套既与国际条约或国际惯例相符合又灵活多样的追逃机制。在国内方面,积极建立财产申报制度和财产外流监控系统,堵塞贪腐分子向境外转移财产的渠道。此外,进一步废除贪腐犯罪的死刑,彻底扫清双边引渡条约签订的障碍。通过全方位、多视角的反腐建设,杜绝贪腐分子逃脱法律制裁的侥幸心理和潜逃路径,使国外不再是他们避罪的安全港湾,进一步健全我国境外追逃机制,使之成为反腐的强有力屏障。

---

① 参见郑智:《跨国追逃:密织反腐天网》,载《检察日报》2015年3月6日第9版。
② 参见王春英:《反腐败的双动力机制》,载《人民论坛》2015年第7期(上)。

中编
腐败犯罪的法律治理

我国监察法与刑事诉讼法衔接问题[*]

王秀梅[**] 黄玲林[***]

国家监察体制改革的目标是整合反腐败资源力量,加强党对反腐败工作的集中统一领导,构建集中统一、权威高效的中国特色国家监察体制,实现对所有行使公权力的公职人员监察全覆盖。[①]国家监察体制改革是重大政治体制改革,其核心内容之一是将检察机关的职务犯罪侦查职能转隶至监察委员会,这种转隶并不是简单的转机构、转职能、转人员,而是一种完全的体制创新,体现为主体和程序的双重新设。一方面,监察委员会是全新设立的国家机构,与政府、法院、检察院共同形成了"一府一委两院"的国家权力新格局,并兼有党纪、政纪、职务犯罪调查三种功能,实现监察全覆盖,处于我国权力构造的核心位置。在这种情况下,如何实现监察委与检察院、法院的衔接,实现监察职能与法律监督职能、审判职能的衔接配合,将成为一个新的课题。另一方面,监察委的设立并不仅仅是主体的新设,更是程序的新设,监察法将监察委的犯罪调查程序设置为一种特殊程序,采用与刑事诉讼法并立的制度机制,即职务犯罪调查程序适用监察法,不再适用刑事诉讼法的规定,职务犯罪调查遵循监察程序,而不遵循刑事诉讼程序。这一点与过去将海关、监狱、军队保卫部门、国家安全机关增设为犯罪侦查主体不同,后者仅仅是主体增设,仍然适用刑事诉讼法的规定,而监察体制改革不仅新设了主体,而且新设了一套全新的调查程序,不适用刑事诉讼法,这就存在与刑事司法机关衔接的新问题。同时,这一点也不同于我国香港地区、新加坡等地的反腐败程序,我国香港地区、新加坡的廉政机构与其他司法机关一样,仍遵循刑事诉讼程序规定。主体和程序的双重新设,也意味着刑事诉讼法原来设定的侦查机关与检察审判机关的衔接机制不再适用于监察委,需要重新研究设置新的衔接机制。

---

[*] 本文系国家社科基金重大项目"构建中国特色境外追逃追赃国际合作法律机制研究"(17ZDA137)的阶段性研究成果。

[**] 王秀梅,北京师范大学刑事法律科学研究院教授,法学博士,博士生导师,G20反腐败追逃追赃研究中心主任,国际刑法学协会副主席暨中国分会秘书长。

[***] 黄玲林,北京师范大学刑事法律科学研究院刑法学博士,北京市人民检察院第四分院检察官。

[①] 李建国:《关于〈中华人民共和国监察法(草案)〉的说明》,《〈中华人民共和国监察法〉释义》,中国方正出版社2010年版,第28-29页。

监察委与司法机关衔接的核心问题是监察法与刑事诉讼法的衔接,作为两个基本法律,监察法调整的是监察机关及监察法律关系,刑事诉讼法调整的刑事司法机关及刑事诉讼法律关系,监察委与司法机关的衔接程序体现在制度层面就是监察法与刑事诉讼法之间的衔接关系,包括案件管辖、立案程序、调查措施、强制措施、证据适用等诸多方面的衔接。这些问题涉及职务犯罪从调查、起诉到审判的各个环节,涉及监察委与检察机关、审判机关的衔接配合。无论是监察法还是刑事诉讼法的修改细化,都应合理回答监察委与司法机关衔接的一系列问题。

一、监察管辖与刑事案件管辖的衔接

管辖是职务犯罪案件办理的基础,监察委办案,必须首先明确案件管辖。案件管辖的内容包括不同机关、地域、层级办案案件的权限和分工,对应职能管辖、地域管辖、级别管辖,另外还有互涉案件的关联案件管辖、指定管辖等。刑事案件管辖在刑事诉讼法及有关司法解释中有较为明确的规定,监察法制定后,职务犯罪由监察委调查办理,适用监察法的规定,这就涉及管辖的确定及监察法与刑事诉讼法的衔接问题。《监察法》第 11 条对监察委的职责权限进行了规定,第三章规定了"监察范围和管辖",第 15~17 条分别对监察范围、对象、指定管辖作了原则性规定,与刑事诉讼法相比,存在较大差异,需要在以下三个方面进行衔接。

(一)职能管辖的衔接

《监察法》第 11 条规定,监察委"对涉嫌贪污贿赂、滥用职权、玩忽职守、权力寻租、利益输送、徇私舞弊以及浪费国家资财等职务违法和职务犯罪进行调查"。这一职责规定,对监察机关与公安机关及其他犯罪侦查机关的案件管辖进行了分工,实际上是对职务犯罪案件职能管辖的规定。这一规定体现了纪法合一的特点,即将违反政纪和违反刑法的问题进行了统一规定,没有进行区分。该条既规定了"贪污贿赂、滥用职权、玩忽职守"等职务犯罪的管辖,也规定了"权力寻租、利益输送、徇私舞弊以及浪费国家资财"等职务违法管辖,但是这一规定存在逻辑上的混乱,因为贪污贿赂必然涉及权力寻租、利益输送,滥用职权、玩忽职守与徇私舞弊、浪费国家资财在内容上存在相互交叉,导致职能管辖并不清晰。刑法对职务犯罪有明确的规定,刑法第八章和第九章对贪污贿赂犯罪、渎职罪进行了详细规定,修订后的《刑事诉讼法》第 19 条规定:"刑事案件的侦查由公安机关进行,法律另有规定的除外。人民检察院在对诉讼活动实行法律监督中发现的司法工作人员利用职权实施的非法拘禁、刑讯逼供、非法搜查等侵犯公民权利、损害司法公正的犯罪,可以由人民检察院立案侦查"。在对监察法进行解释时,应当对《监察法》第 11 条进行拆分解释,将职务违法和职务犯罪进行区分,明确监察委管辖的职务犯罪情形,从而便于与公安机关、国家安全机关等刑事侦查机关的职能管辖进行区分。

职能管辖还涉及关联案件的管辖问题,对数罪、共同犯罪等存在关联关系的案件,可能涉及监察委、公安机关等多个不同办案机关均有管辖权,对这类关联案件存在管辖争议。《监察法》第 34 条第 2 款规定:"被调查人既涉嫌严重职务违法或者职务犯罪,又涉嫌其他违法犯罪的,一般应当由监察机关为主调查,其他机关予以协助。"根据该条规定,关联案件以监察委管辖为一般原则,这一规定体现了以监察为主的特点。但这条规定与相关规范相冲突,而且与办案规律和司法实践不相适应,可能在实践中会存在一些困难。例如,对一些黑社会性质犯罪,主要犯罪是故意杀人、抢劫、强奸等犯罪,部分实施了行贿犯罪,如果将案件交由监察机关为主调查,就可能涉及"力不从心"的问题,因为监察委对职务犯罪调查有经验,但对故意杀人、抢劫、强奸、黑社会性质犯罪等刑事犯罪的侦查缺乏经验,如果由监察委调查为主,不仅与监察委的职能相违背,而且也将影响办案质效。实际上,对关联案件的管辖,最高人民法院、最高人民检察院、公安部、国家安全部、司法部、全国人大常委会法制工作委员会曾于 2012 年出台了《关于实施刑事诉讼法若干问题的规定》,其中第 1 条第 1 项规定:"……如果涉嫌主罪属于公安机关管辖,由公安机关为主侦查,人民检察院予以配合;如果涉嫌主罪属于人民检察院管辖,由人民检察院为主侦查,公安机关予以配合。"该条司法解释确立了以主罪为主的管辖原则,即对于关联案件,由主罪的办案机关侦查为主,其他罪名的办案机关予以配合,这一规定遵循了司法办案规律,符合司法办案实践,具有合理性。当前,《监察法》第 34 条仅仅作了原则性规定,在后续的监察法解释中,可以参照主罪为主管辖的规定,对一些复杂的关联案件,可以在"一般"的原则规定之外,做出灵活的解释规定,促进执法办案。

(二) 级别管辖的衔接

级别管辖涉及不同案件归属不同层级的机关管辖,刑事诉讼法第 20 条至第 23 条规定了基层人民法院、中级人民法院、高级人民法院、最高人民法院四级法院的审判管辖,第 24 条规定了级别管辖的变通。《监察法》第 16 条规定:"各级监察机关按照管理权限管辖本辖区内本法第十五条规定的人员所涉监察事项"。《监察法》对"管理权限"没有明确规定,《监察法》第 16 条、第 17 条也仅规定了提级管辖、指定管辖、移送管辖及管辖争议的解决,并没有从法律上明确从基层到最高监察机关各自的管辖范围,导致级别管辖不清。那么监察委的级别管辖与刑事诉讼法规定的级别管辖是什么关系?监察委的级别管辖是否要受到刑事诉讼法级别管辖的约束?虽然刑事诉讼法规定的级别管辖是针对法院的审判管辖,不直接约束侦查管辖,但对侦查机关移送审查起诉和检察机关提起公诉,必然会产生影响。正因如此,《公安机关办理刑事案件程序规定》参照刑事诉讼法关于审判级别管辖的规定,对公安机关的侦查管辖进行了规定。因此,监察法在后续的解释中,也应参照借鉴刑事诉讼法级别管辖的规定,对各级监察委的级别管辖做出原则性规定,以法律的形式明确"管理权限"的内涵,实现监察委级别管辖与司法机关级别管辖的衔接。

(三) 地域管辖的衔接

《监察法》并没有对职务犯罪案件的地域管辖范围作出明确的规定,仅第 16 条笼统规定:"各级监察机关按照管理权限管辖本辖区内本法第十五条规定的人员所涉监察事项"。《刑事诉讼法》第 25 条明确规定了刑事案件地域管辖的原则,即以犯罪地法院管辖为主,被告人居住地管辖为辅的原则。《公安机关办理刑事案件程序规定》第 15 条参照《刑事诉讼法》的规定,也确立以犯罪地管辖为主、犯罪嫌疑人居住地管辖为辅的侦查地域管辖原则。监察法没有规定职务犯罪地域管辖的原则,那是否也应适用以犯罪地管辖为主、犯罪嫌疑人居住地管辖为辅的原则呢?我们认为,监察对象是公职人员,公职人员职务犯罪主要发生在公职人员所在单位,主要是利用所在单位的职务便利,往往与一般的犯罪行为地并不一致。例如,受贿犯罪中受贿地点作为犯罪行为地,往往并没有实质的意义,真正对职务犯罪产生影响的是所在的单位,如果从扩大解释的角度,所在单位实际上也是犯罪行为地,因为公职人员利用的往往就是所在单位的职务便利。正因如此,《人民检察院直接受理立案侦查职务犯罪案件管辖规定》第 4 条规定:"国家工作人员的职务犯罪案件,由犯罪嫌疑人工作单位所在地的人民检察院管辖;由其他人民检察院管辖更为适宜的,可以由其他人民检察院管辖。"该规定对犯罪地管辖为主的原则进行了补充,扩大解释为以工作单位所在地管辖为主。监察法的相关解释也可以借鉴这一规定精神,明确地域管辖以公职人员所在单位为主的管辖原则,对《监察法》第 16 条进行补充解释,刑事诉讼法修订过程中,也应考虑职务犯罪地域管辖的特殊性,设置较为灵活的地域管辖原则,从而实现监察法与刑事诉讼法的有效衔接。

二、监察立案与刑事立案的衔接

立案是正式启动刑事诉讼程序的节点,也是刑事诉讼的基本制度,刑事诉讼法专设一章规定立案,从第 109 条至第 114 条详细规定了刑事立案制度。监察法也规定了立案制度,《监察法》第 39 条规定:"经过初步核实,对监察对象涉嫌职务违法犯罪,需要追究法律责任的,监察机关应当按照规定的权限和程序办理立案手续"。从法条上看,监察法和刑事诉讼法对立案的条件规定并不一致,刑事诉讼法规定刑事立案必须以发现犯罪事实或犯罪嫌疑人为前提,而监察法规定监察立案以涉嫌职务违法犯罪为前提,这里的职务违法犯罪包括职务违法和职务犯罪两个方面,也就是说,职务违法也能监察立案。

立案是宣告案件正式启动的重要节点,其意义在于为强制侦查或调查措施提供合法的依据,一旦立案就意味着正式开启了调查或侦查程序。在普通刑事案件中,立案后就可以采取刑事拘留、搜查、扣押、冻结等对人、对物的刑事强制措施,在经过检察院批准后可以采取逮捕的强制措施。如果案件没有立案,公安机关就不能采取拘捕等强制侦查措施。从这个意义上讲,立案程序既是严厉打击刑事犯罪的措施,也是保障人权的措施,既有利于侦查机关行使侦查强制措施,也有利于防范侦查机关滥用侦查强制措施。现代各国犯罪调查制度,一般实行强制侦查行为的司法审查和令状主义,并无特别的立案程序,有犯罪发生即进入调查程序,但如果采取对人、对物的强制措施,如拘捕、搜查、扣押、监听等,除紧急情况外,需经司法审批并以司法令状形式实施,即采"随机性侦查发动及强制侦查的令状原则"。 监察法规定的立案,与刑事诉讼法上的刑事立案不同,不仅包括职务犯罪,也包括职务违法。也就是说,监察委调查程序的启动,不以构成犯罪为必要条件,只要构成职务违法就可以启动调查程序,这就会造成程序不协调的问题。一是监察法与刑事诉讼法相冲突,同样是立案后采取强制措施,刑事诉讼法要求以涉嫌犯罪为前提,监察法以职务违法犯罪为前提。监察立案之后,调查人员可以采取讯问、询问、留置、搜查、调取、查封、扣押、勘验检查等调查措施,这意味着这些措施既可以用于职务违法,也可以用于职务犯罪,与刑事诉讼法相冲突,导致法制的不统一。二是与法律面前人人平等的原则不相符,对于一般人犯罪,依照刑事诉讼法,必须涉嫌刑事犯罪,才可以立案侦查并启动强制措施,而对公职人员犯罪,依照监察法,只要涉嫌职务违法,就可以立案调查并启动一系列强制措施,立案门槛的不一致有违法律面前人人平等的法治原则,这个问题在关联案件中体现得更为明显。在公职人员与非公职人员共同行受贿的关联案件中,如果均适用监察法规定,那么意味着对关联案件中的非国家工作人员,只要达到违法程度,就可以立案并启动强制调查措施,显然"罪责刑"不相适应,因为即使涉及恐怖主义、故意杀人、放火等犯罪,也必须达到犯罪程度才能予以刑事立案,而对犯罪程度更轻的职务犯罪来说,只要达到违法就可以立案并适用强制措施,显然违背了适用法律人人平等的原则。三是与刑法的刑事追诉时效制度相冲突,《刑法》第88条第1款规定:"在人民检察院、公安机关、国家安全机关立案侦查或者在人民法院受理案件以后,逃避侦查或者审判,不受追诉期限的限制。"这条规定以刑事立案侦查作为延长刑事追诉时效的条件,由于监察立案与刑事立案的标准和条件不同,监察立案能否适用这一条规定,存在一定的法理障碍。四是不符合程序法定原则,监察法对监察立案的条件规定过于宽泛笼统,达到什么标准可以监察立案,缺乏明确客观的标准,对立案之后强制调查措施的适用条件,也缺乏明确具体的规定,赋予了办案人员较大的自由裁量权,容易导致权力的滥用,也不符合程序法定的原则。

因此,有必要从监察法和刑事诉讼法、刑法的角度进行完善,对监察立案与刑事立案的条件进行协调衔接。首先,对监察法规定的监察立案,应当区分为两种情形,即职务违法的监察立案和职务犯罪的监察立案。明确这两种监察立案可以采取的强制措施种类和程序,实现监察立案的二元分立。适当限制职务违法立案后的强制措施种类,对职务犯罪的立案,与刑事立案的效果对接,对职务犯罪立案后采取的强制措施和调取的相关证据,在刑事诉讼程序中可以适用。其次,修改刑事诉讼法的相关规定,对接职务犯罪监察立案,同时考虑到高效反腐的需要,对监察立案之后所依法取得的证据,应当予以认定。最后,修改刑法的相关规定。通过以上修改,实现监察与司法的衔接,既有利于查办职务违法犯罪,保障了高效反腐的需要,也可以防止权力滥用,保障人权。

---

① 龙宗智:《监察与司法协调衔接的法规范分析》,载《政治与法律》2018年第1期。

三、调查措施与侦查措施的衔接

《监察法》第41条规定:"调查人员采取讯问、询问、留置、搜查、调取、查封、扣押、勘验检查等调查措施……"明确了调查人员可以采取多种调查措施,这些调查措施与刑事诉讼法规定的侦查措施的内容基本一致。为了实现集中高效反腐败的目的,监察法将转隶的职务犯罪侦查改称职务犯罪调查,这样避开了刑事诉讼法关于侦查措施的相关规定,适用监察法而不适用刑事诉讼法。虽然调查与侦查两者的称谓不一样,但是监察法规定的调查措施内容方式与刑事诉讼法规定的侦查措施并没有实质区别。就如有学者指出的那样,监察案件的调查程序与刑事侦查程序在职务犯罪案件的审前阶段发挥着实质意义上的相同作用。对职务犯罪监察而言,监察调查与刑事侦查具有措施的强制性、调查目的的一致性,使其必然具有类似侦查之属性。① 但由于调查程序并非刑事诉讼程序,适用的法律并不一样,必然导致衔接上的一些问题,主要表现在以下几个方面:

（一）适用上的"分立"

监察法规定的调查措施非常简略,对每一项调查措施并没有进行详细规定,而刑事诉讼法对每一项侦查措施都进行了比较详细的规定,对侦查措施单设第二章十一节,从第115条到第168条,共计53个条款,对每一项侦查措施和侦查程序进行详细规定,再加上"两高"对刑事诉讼法的解释,可以说已经相当完备。目前,监察法对调查措施仅仅进行了原则性规定,对这些调查措施的适用并没有明确具体的规定,如果监察程序适用监察法而不适用刑事诉讼法,这意味着调查措施只能适用监察法,就会出现两难问题：如果不进行详细解释,调查措施的适用就缺乏明确具体的规定,影响调查措施的使用；如果通过监察法解释的形式对每一项调查措施进行详细规定,不仅会导致立法不经济,而且针对相同性质和内容的措施形成两套程序,形成"两制"分立,影响法制统一,而且监察法解释与刑事诉讼法基本法毕竟不在一个法律位阶上,容易引起适用上的冲突。

（二）对《监察法》第33条的理解

为了解决监察法与刑事诉讼法在调查取证措施上的冲突问题,《监察法》第33条第2款和第3款规定:"监察机关在收集、固定、审查、运用证据时,应当与刑事审判关于证据的要求和标准相一致。以非法方法收集的证据应当依法予以排除,不得作为案件处置的依据"。这条规定有三个方面的问题：第一个问题是"收集、固定证据"与调查措施的关系。从语义上分析,收集、固定证据主要就是依托调查,主要载体就是调查措施的使用,收集、固定证据的过程就是调查措施的使用过程,收集、固定证据与刑事审判的要求和标准相一致,也就意味着调查措施的使用也应

---

① 陈卫东:《职务犯罪监察调查程序若干问题研究》,载《政治与法律》2018年第1期。

与刑事审判的要求和标准相一致。第二个问题是对"刑事审判关于证据的要求和标准"的理解。由于刑事审判适用的程序是刑事诉讼法，因此，刑事审判关于证据的要求和标准也只能是刑事诉讼法关于证据的要求和标准。也就是说，监察机关收集、固定证据应当与刑事诉讼法关于证据的要求和标准相一致。第三个问题是对"相一致"的理解。从语义上分析，所谓一致，就是刑事诉讼法关于证据的要求和标准是怎么规定的，监察机关就应当与该规定一致，实际上就是应当遵循刑事诉讼法关于证据要求和标准的规定。那为何该条款规定"相一致"而不直接规定"应当遵循"，这主要受制于监察法与刑事诉讼法"两制分立"的影响，但这也给监察实践带了困境。也就是说，监察机关在采取调查措施过程中，是否应当遵循刑事诉讼法的相关规定？由于监察法没有明确的规定，那么在适用上就会产生问题。从法律解释来看，"相一致"应当理解为"应当遵循"，即监察机关采取调查措施，应当遵循刑事诉讼法关于侦查措施的规定，才能实现收集、固定证据与刑事审判的要求和标准相一致。否则，如果不遵循刑事刑事诉讼法的相关规定，必然导致收集、固定证据与刑事审判对证据的要求和标准不一致。因此，理解为"应当遵循"。一方面，避免立法不经济和重复立法，直接适用刑事诉讼法关于侦查措施的相关规定，而不用另行规定一套程序；另一方面，有利于避免与刑事诉讼法的冲突，实现监察法与刑事诉讼法的顺畅衔接。

（三）调查措施的协助执行问题

根据监察法规定，监察机关进行搜查时，可以根据工作需要提请公安机关配合。对于通缉，由监察机关决定，由公安机关发布通缉令，追捕归案。对于限制出境措施，经监察机关批准，由公安机关依法执行。对于留置措施，可以根据工作需要提请公安机关配合。也就是说，监察法明确规定搜查、通缉、限制出境、通缉、留置由监察机关决定，公安机关配合执行。目前问题在于，监察机关办案适用监察法的相关规定，公安机关刑事执法适用刑事诉讼法的相关规定，在执行过程中，公安机关应当遵循监察法还是刑事诉讼法？如果两法存在冲突的情况下，如何遵循？我们认为，监察机关的很多调查措施依靠公安机关协助执行，主要是因为公安机关侦查能力比较强，但并没有改变监察机关主导调查的地位，公安机关仅仅是配合协助监察机关办案，因此，仍主要适用监察法的相关规定，如果监察法没有相关规定，则公安机关应当适用刑事诉讼法及相关司法解释的规定，依法协助监察机关采取调查措施。

四、留置措施与刑事强制措施的衔接

监察法与刑事诉讼法衔接涉及的一个重要问题是人身强制措施的衔接问题，主要表现为留置措施与逮捕等刑事强制措施的衔接问题。根据《监察法》第22条的规定，被调查人涉嫌贪污贿赂、失职渎职等严重职务违法或者职务犯罪，监察机关已经掌握其部分违法犯罪事实及证据，仍有重要问题需要进一步调查，并具有法定特定情形的，经监察机关依法审批，可以将其留置在特定场所。对涉嫌行贿犯罪或者共同职务犯罪的涉案人员，监察机关可以依照前款规定采取留置措施。留置措施在强制性上基本等同于刑事强制措施中的拘留、逮捕，而强于指定居所监视居住。① 从制度设定的内容来看，此种留置与我国人民警察法中的"留置"颇为不同，其指向乃取代"双规""双指"的长时间羁押。② 以"留置"替代"双规"是一个法治进步，但监察法规定的留置措施与刑事诉讼法规定的刑事强制措施的衔接存在不少问题，主要表现在以下几个方面：

（一）人身强制措施衔接转换的标志

监察机关向检察机关移送案件，意味着监察程序向司法程序的转换，那么人身强制措施转换的标志和节点是何时？我们认为，衔接转换的标志和节点应当是移送审查起诉之时，根据修订后的《刑事诉讼法》第170条规定"对于监察机关移送起诉的已采取留置措施的案件，人民检察院应当对犯罪嫌疑人先行拘留，留置措施自动解除。人民检察院应当在拘留后的十日以内作出是否逮捕、取保候审或者监视居住的决定……"这意味着案件移送审查起诉时，检察机关要先行拘留，被调查人处于检察机关的拘留控制之下，程序上进入了刑事司法程序，此时被调查人已从留置变成了拘留，地点从留置地点变成了看守所，无论是法律程序上还是人身控制上早已完全进入了司法审查阶段，实际上已经完全转换到刑事诉讼程序。因此，从监察程序到司法程序，其人身强制措施转换的标志应当是监察机关移送起诉。

（二）逮捕的决定和执行问题

根据监察法的规定，留置由监察机关自行决定并执行，对于逮捕的决定和执行，由于属于刑事诉讼程序，监察法没有进行规定。从应然角度讲，对于逮捕的决定权，应当归属检察机关还是审判机关，学界有一定争议，但从实然角度讲，我国宪法规定检察机关是逮捕审查机关，对犯罪调查机关或侦查机关提请逮捕的案件进行审查，确定是否批准逮捕，是检察机关的基本职责之一。根据目前司法实践和刑事诉讼法的规定，逮捕仍应当由检察机关决定。但对于逮捕的执行，是应当归监察委执行还是公安机关执行，存在一定争议。赞同应当归监察委执行的认为，前期的留置是由监察委执行的，逮捕后仍然归监察委执行，有利于实现前后一致，推进职务犯罪侦查，实现高效反腐的目标，而且避免了转换到公安机关执行的程序，节约司法成本。我们认为，逮捕不应当由监察机关执行，而应当由公安机关执行。首先，我国《宪法》第37条规定："任何公民，非经人民检察院批准或者决定或者人民法院决定，并由公安机关执行，不受逮捕"。明确了逮捕应当由公安机关执行，在宪法没有修改的情况下，逮捕的执行权不能归属于监察委。其次，逮捕由公安机关执行，不仅

---

① 陈光中、邵俊：《我国监察体制改革若干问题思考》，载《中国法学》2017年第4期。
② 施鹏鹏：《国家监察委员会的侦查权及其限制》，载《中国法律评论》2017年第2期。

是实现权力监督制衡的必然要求,也是监察程序向司法程序转换的必然要求,因为检察机关做出逮捕决定之后,程序就完全从监察程序转换到了司法程序,应当适用刑事诉讼法的相关规定,如果仍由监察委执行逮捕,不符合法理要求。

(三) 留置程序的解除问题

案件移送检察机关审查起诉时,留置程序是否自动解除?我们认为,案件移送检察机关审查起诉时,案件已经进入司法程序,应当适用刑事诉讼法的规定,留置程序应自动解除。《刑事诉讼法》第170条规定:"……对于监察机关移送起诉的已采取留置措施的案件,人民检察院应当对犯罪嫌疑人先行拘留,留置措施自动解除"。因此,在做出逮捕决定之前,检察机关要先行采取拘留的强制措施,留置措施自然解除。如果检察机关做出逮捕决定,则被调查人自动转入被逮捕状态,由公安机关执行逮捕措施;如果检察机关做出不逮捕决定,监察机关应当在接到通知后立即释放,留置程序自然自动解除,对于需要继续侦查的,可以依法采取其他的强制措施。这里涉及其他强制措施的决定和执行问题,刑事诉讼法规定公安机关对于需要继续侦查的,可以依法取保候审或监视居住,《刑事诉讼法》第170条明确规定:"人民检察院应当在拘留后的十日以内作出是否逮捕、取保候审或者监视居住的决定"。对于监察机关需要继续调查的,由检察机关做出依法取保候审或者监视居住的决定,并交由公安机关执行。

(四) 留置期间的律师介入问题

律师介入有助于保障人权,关于律师介入的问题,刑事诉讼法有比较详细的规定,《刑事诉讼法》第34条规定:"犯罪嫌疑人自被侦查机关第一次讯问或者采取强制措施之日起,有权委托辩护人"。第39条规定:"辩护律师可以同在押的犯罪嫌疑人、被告人会见和通信"。对于留置期间的律师介入问题,由于职务违法犯罪的调查程序不适用刑事诉讼法,而适用监察法,而监察法对留置期间的律师介入没有规定。因此,留置期间的律师介入问题存在法律空白,导致留置的被调查人无法获得法律帮助。另外,刑事辩护只存在于犯罪辩护,对于职务违法行为,律师以辩护人身份介入,存在法理上的冲突。对一般的职务违法违纪行为,律师如何介入,以何种身份介入,行使何种权力,目前都没有相关规定。我们认为,对于已经构成职务犯罪的,被调查人有权委托辩护人,辩护人也可以会见被调查人。刑事诉讼法规定所有案件都可以委托辩护人,辩护律师原则上可以不经许可即可以会见当事人,只有"危害国家安全犯罪、恐怖活动犯罪、特别重大贿赂犯罪案件,在侦查期间辩护律师会见在押的犯罪嫌疑人,应当经侦查机关许可。"可见,即使像危害国家安全犯罪、恐怖活动犯罪、特别重大贿赂犯罪案件都可以委托辩护人,经过侦查许可就可以会见当事人。显然,从法益上讲,职务犯罪的危害程度低于前三类犯罪,如果一律排除被调查人委托辩护的权利,显然有违法律面前人人平等的原则。因此,我们认为,对于构成职务犯罪的,应当允许律师介入。即使从高效反腐的角度出发,也应当允许辩护律师在经过监察机关许可的情况下，会见被留置的被调查人。对于一般职务违法行为，也应当允许被调查人委托律师提供法律帮助，因为职务犯罪人都能获得律师的法律帮助，对于危害程度较轻的职务违法行为人，自然也应有权获得法律帮助。当然，律师在此期间提供的就不再是刑事辩护，而是法律上的帮助，在具体程序上，可以另行规定。

（五）退回补充调查的衔接转换问题

《监察法》第47条规定："人民检察院经审查，认为需要补充核实的，应当退回监察机关补充调查"。这里产生了一个强制措施程序上退回转换问题，对于检察机关已经批准逮捕的案件，在审查起诉期间退回监察机关补充调查，逮捕是否要退回留置，被调查人是否要从看守所转到留置场所，期限是否重新计算，这是需要解决的问题。我们认为，从留置到逮捕，是一个程序递进的关系，如果再退回留置，程序上倒退而且烦琐，同时留置与逮捕在内容上都是剥夺被调查人人身自由的强制措施，都能提供继续补充调查的隔离条件。因此，也没有必要将逮捕措施退回到留置措施，参照刑事诉讼法的规定，退回补充调查后，仍然处于逮捕状态，一次补充调查的期限为一个月。

（六）留置期限届满的问题

根据《监察法》第43条的规定，留置时间不得超过3个月。在特殊情况下，可以延长一次，延长时间不得超过3个月。也就是说，留置期限最长为6个月，如果6个月期限到了之后，证据仍然不足，不符合逮捕条件，但仍有继续调查之必要，该如何处理？在普通刑事案件中，如果侦查阶段的羁押届满但案件没有侦查完毕，可以变更为取保候审或监视居住。对于留置期限届满，如何处理，能否变更为取保候审或监视居住，目前监察法没有明确规定。我们认为，对于留置期限届满，不符合提请逮捕或移送起诉条件，但仍有继续调查必要的案件，可以参照刑事诉讼法的规定，变更为取保候审或者监视居住，这样一方面能够保障人权，另一方面也有助于继续推进调查。

（七）留置地点的问题

这个问题在监察法的立法过程中存在较大争议，从监察体制改革试点实践来看，有的试点地区将留置场所设定在看守所，有的试点地区则设定在纪委系统原有的办案基地，即"双规"基地。有学者认为，从便于监督和保障人权的角度出发，将留置场所确定在看守所较为合理。[①] 看守所的管理相对比较规范，有助于防范刑讯逼供，改善调查模式，提高办案质量，保障人权，而且设备也比较健全，各地均设有

---

① 陈光中、姜丹：《关于〈监察法（草案）〉的八点修改意见》，载《比较法研究》2017年第6期。

看守所，也有助于节约成本，如果另起炉灶设立专门的留置场所，则成本过大。当然，另外一些人认为，设立专门的留置场所，更容易突破案件，实现高效反腐的目标。同时，原来纪委也有固定的"双规"地点，将这些"双规"地点转换为留置地点，并不存在过大的司法成本。《监察法》第22条规定："留置场所的设置、管理和监督依照国家有关规定执行"。监察法对留置的地点尚未明确，也为进一步完善留置场所留下了空间。从试点情况看，留置有的在"双规点"或类似特定场所执行，"双规"的地点一般是在办公区内或者其他指定场所进行，也有的是在看守所执行，尤其是一些基层监察委，缺乏专门留置场所，因此决定将留置的人员由看守所代押。我们认为，看守所同样具有高度的隔离性，同样能够保障高效反腐的目标，同时看守所无论是管理还是设备，都相对比较规范，将被调查人员留置在看守所，便于管理，防止意外情况的发生，并能有效防范刑讯逼供，提高办案质量，保障被调查人员的合法权益，将会取得更好的法律效果和社会效果。因此，我们建议，对于留置场所，原则上应当设立在看守所，除非根据职务犯罪调查需要，对于重大复杂敏感的职务犯罪案件，可以设立在特定场所，但也应当明确予以规定，并设立较为规范完备的制度和设备，保障被调查人员的合法权益。

五、监察证据与刑事诉讼证据的衔接转换

证据是案件办理的核心，是刑事诉讼的基石。在证据适用方面，监察与司法应当进行有效衔接，主要体现在以下几个方面：

（一）证据适用的标准问题

证据的采纳与适用是刑事诉讼的重要内容，也是监察程序与刑事诉讼程序衔接的重要方面。检察机关和审判机关对证据的审查和运用，依据的是刑事诉讼法，刑事诉讼法确定的证据标准，不仅应当在司法审查中得到贯彻，在监察程序中也应当得到贯彻。《监察法》第33条第2款规定："监察机关在收集、固定、审查、运用证据时，应当与刑事审判关于证据的要求和标准相一致"。这一条规定明确了监察程序的证据适用标准应当与刑事审判标准相一致。刑事审判依据的是刑事诉讼法的相关规定，刑事审判关于证据的要求和标准实际上就是刑事诉讼法关于证据的要求和标准。因此，监察法规定"相一致"，意味着监察机关在证据的审查、运用过程中，不仅要符合证据的实质要件，也要符合证据的形式要件，遵循刑事诉讼法关于证据真实性、合法性、关联性的要求。

（二）证据转换问题

监察委员会与司法机关衔接的重要作用在于实现"监察案件"向"刑事案件"的转变，从而使得监察委收集的证据能够顺利地进入刑事诉讼程序。《监察法》第33条第1款规定："监察机关依照本法规定收集的物证、书证、证人证言、被调查人供述和辩解、视听资料、电子数据等证据材料，在刑事诉讼中可以作为证据使

用。"这条规定明确了监察机关依法收集的证据可以直接转化为刑事诉讼的证据，改变了过去纪检部门收集的证据尤其是犯罪嫌疑人的供述和证言，需要经过检察机关反贪部门转化后再成为刑事诉讼证据的情况。以往的职务犯罪案件处理程序一般是纪委查办案件后，交给检察机关刑事立案，检察机关要对纪委收集的证据进行司法转化。一般来说，对于实物证据可以直接作为证据使用，而对于言词证据则要进行转化，重新制作新的笔录。《监察法》第33条的规定，为监察机关收集的证据能够直接进入刑事诉讼程序提供了明确的法律依据，也解决了证据转化重复取证导致的效率降低的问题。但是，刑事证据问题毕竟属于刑事诉讼法规制的范畴，检察机关提起公诉以及审判机关作出判决所进行的证据采信活动，都应由刑事诉讼法来规定，并非国家监察法规定的范围。因此，仅有监察法的规定，而刑事诉讼法没有做出相应修改，就会引起冲突。从证据分类的角度看，证据可分为言词类证据和实物类证据，言词类证据具有主观性、反复性；实物类证据具有客观性、稳定性。正因为这两种证据的不同特点，《刑事诉讼法》第55条规定："对一切案件的判处都要重证据，重调查研究，不轻信口供。只有被告人供述，没有其他证据的，不能认定被告人有罪和处以刑罚；没有被告人供述，证据确实、充分的，可以认定被告人有罪和处以刑罚"。从而确立了"重证据不轻信口供原则"，并且于第54条规定："……行政机关在行政执法和查办案件过程中收集的物证、书证、视听资料、电子数据等证据材料，在刑事诉讼中可以作为证据使用"。明确行政机关收集的实物证据可以直接作为证据使用。在过去的贪污贿赂案件查办过程中，先由纪检机关进行查办，在证据转换方面，由于纪委和行政监察机关合署办公，纪检部门往往先进行"行政监察立案"和"行政证据移送"，以行政机关移送证据的形式，适用刑事诉讼法第54条的规定，从而解决实物证据的效力问题。监察体制改革后，监察机关不再是行政机关，也不是司法机关，那么对于监察机关移送的实物证据使用就不能适用刑事诉讼法第54条的规定了，导致实物证据的直接转化在刑事诉讼法中找不到相应的依据。同时，对于言词类证据，由于这类证据稳定性差，主观性强，容易反复，而且很容易受到办案主体执法不规范的影响。因此，刑事诉讼法规定其他机关收集的言词证据不能直接进入刑事诉讼程序，应当由司法机关再依法重新收集，制作新的笔录，从而进行证据转化。

综合以上分析发现，监察机关收集的证据转化适用问题，目前仅在《监察法》中有规定，但在刑事诉讼法中找不到依据。由于检察机关提起公诉和审判机关做出判决所依据的法律是《刑事诉讼法》而非《监察法》。因此，仅仅在《监察法》中规定证据转化规则显然不够，必须同时对我国刑事诉讼法中的相关条款也应进行修改调整，才能确保监察机关调取的证据顺利进入刑事诉讼程序，从而实现国家《监察法》与《刑事诉讼法》的衔接。

《监察法》第33条规定，监察机关收集的证据材料，在刑事诉讼中可以作为证据使用，但并不意味着监察机关在整个调查阶段收集的证据都可以直接作为证据使用。有学者指出，并非对所有贪腐人员最初都能准确定性，对于后来转入特别调查的贪腐人员，前期以一般调查对其取得的证据，许多无法直接作为刑事诉讼证据。[①] 监察机关的调查也分阶段，前期有初查，之后立案再调查。我们认为，对于实物类证据，由于具有客观性、稳定性的特点，从初查开始调取的所有证据，只要符合证据客观性、合法性、关联性的要求，都可以成为刑事诉讼的证据。对于言词证据，一方面，言词证据具有重要作用，就像有学者指出的那样，贪污贿赂案件证据体系中，言词证据因具有证实犯罪事实的直接性而具有重要价值；[②] 另一方面，言词证据存在不稳定性和主观性的特点，在监察机关监察立案之前的初查阶段，所收集的言词证据必须在监察立案之后进行转化，否则不能直接进入刑事诉讼程序作为证据使用。对于监察立案之后正式调查阶段收集的言词证据，可以依据《监察法》第33条的规定，直接进入刑事诉讼程序作为证据使用。

（三）非法证据排除规则的适用

非法证据排除是证据适用的重要内容，是规范司法行为、保障人权、维护司法公正的重要证据规则。2012年我国刑事诉讼法正式确立了非法证据排除规则，《刑事诉讼法》第56条规定："采用刑讯逼供等非法方法收集的犯罪嫌疑人、被告人供述和采用暴力、威胁等非法方法收集的证人证言、被害人陈述，应当予以排除。收集物证、书证不符合法定程序，可能严重影响司法公正的，应当予以补正或者作出合理解释；不能补正或者作出合理解释的，对该证据应当予以排除。在侦查、审查起诉、审判时发现有应当排除的证据的，应当依法予以排除，不得作为起诉意见、起诉决定和判决的依据。"2017年6月27日，最高人民法院、最高人民检察院、公安部、国家安全部、司法部联合发布了《关于办理刑事案件严格排除非法证据若干问题的规定》，进一步完善了非法证据排除规则，非法证据排除规则贯彻于侦查、审查起诉、审判刑事诉讼的全过程。《监察法》第33条第3款规定："以非法方法收集的证据应当依法予以排除，不得作为案件处置的依据。"该规定确定了监察程序中的非法证据排除规则，明确了监察机关的非法证据排除义务。《监察法》第40条规定："严禁以威胁、引诱、欺骗及其他非法方式收集证据，严禁侮辱、打骂、虐待、体罚或者变相体罚被调查人和涉案人员"。对监察程序的证据合法性要求作出了规定，该规定确定了与我国《刑事诉讼法》第52条规定的"严禁刑讯逼供和以威胁、引诱、欺骗以及其他非法方法收集证据"基本一致。

监察法虽然确立了非法证据排除规则并明确了收集证据的禁止性事项，但并没有明确非法证据排除的情形、种类和条件。相反，刑事诉讼法和相关司法解释对非法证据排除进行了比较明确和详细的规定，检察机关和审判机关对监察机关所收集

---

① 秦前红、石泽华：《监察委员会调查活动性质研究——以山西省第一案为研究对象》，载《学术界》2017年第6期。

② 王晓华、乔刚：《贪污贿赂案件言词证据的收集》，载《国家检察官学院学报》2009年第4期。

的证据依据刑事诉讼法的规定进行审查，依法适用非法证据排除规则，法理上没问题，问题在于，监察机关在具体适用非法证据排除规则时，是否应当遵循刑事诉讼法和司法解释的相关规定？我们认为，职务犯罪调查与其他刑事案件侦查一样，具有较强的隐秘性，而且办案机关对口供的依赖性更高，律师无法依据刑事诉讼法介入调查。因此，证据收集的客观性、合法性更受关注。《监察法》确立了非法证据排除规则，而且明确监察机关在收集、固定、审查、运用证据时，应当与刑事审判关于证据的要求和标准相一致，刑事审判对于证据的要求理应包括证据合法性的标准，审查证据合法性的重要内容就是非法证据排除规则。因此，监察程序和刑事诉讼程序应当适用相同的非法证据排除规则标准，才能实现两者的有效衔接。

在办理职务犯罪案件非法证据排除的过程中，还涉及三个问题：一是检察机关负有证明证据合法性的职责。案件移送检察机关后，检察机关承担指控证明犯罪的主体作用，对于职务犯罪案件调查程序中证据的合法性负举证责任，应当依照刑事诉讼法和相关司法解释的规定，对监察机关移送证据的合法性进行审查，对非法证据依法予以排除，体现司法机关依法独立行使职权。二是同步录音录像随案移送的问题。《监察法》第41条第2款规定："调查人员进行讯问以及搜查、查封、扣押等重要取证工作，应当对全过程进行录音录像，留存备查。"这条规定对保证口供获取过程合法性、保障被调查人人权具有重要意义，值得肯定。但是这一条规定还需要进一步完善，该条款规定同步录音录像资料"留存备查"，而不是"随案移送"，导致辩护律师无法查阅，甚至由于监察机关的特殊地位，将导致检察机关、审判机关查阅起来也存在困难，不利于对案件的全面审查，也无法落实非法证据排除规则。建议通过监察法解释的形式，以方便司法机关查阅为一般原则，并明确留存备查的情形，从而确保证据审查更为全面。三是证人出庭问题。证人出庭率比较低一直备受诟病，尤其是职务犯罪案件中，由于担心证人出庭后证言发生变化，证人出庭率更低，要实现监察机关调查取证与刑事审判关于证据的要求和标准相一致，落实非法证据排除规则，提高证人出庭率是一个重要举措。因此，应当参照刑事诉讼法，对证人出庭的责任作出更加明确的要求，尤其是对于调查人员出庭作证的情形作出规定，从而实现与刑事诉讼法的衔接，充分运用好为反腐败工作而制定的这部法律。

《联合国反腐败公约》中的"影响力交易"与中国刑法的衔接

李卫红* 许振宇**

一、问题的提出

2003年10月31日,《联合国反腐败公约》(以下简称《公约》)在第58届联合国代表大会上审议通过,这标志着世界上第一部反腐败专门规定的出台。自我国2005年批准加入《公约》后,我国已先后参加了七届缔约国大会,体现出我国对反腐败工作的高度重视,对反腐败国际合作的积极响应与为反腐败治理提供中国方案的积极响应。

《维也纳条约法公约》第26条规定:"凡有效之条约对当事国有拘束力,必须由各该国善意履行。"第27条规定:"一当事国不得援引其国内法规定为理由而不履行条约。"一个在国际上已生效的条约,其规定在各国国内得到执行,以得到各国国内法的接受为前提条件。①《公约》第18条规定的"影响力交易"条款在我国《刑法》中并没有完全对应的罪名,与《刑法》第388条规定的受贿罪,第388条之一规定的利用影响力受贿罪,第390条之一规定的对有影响力的人行贿罪,以及第392条规定的介绍贿赂罪均有异同。

《刑法》第388条规定的"斡旋受贿"是"受贿罪"的一种类型,与"影响力交易"相同之处在于:均利用的是本人的"影响"而非"利用职务上的便利"。但差异之处在于:在定罪上,我国《刑法》对请托人和受托人分别认定为行贿罪和受贿罪,而依《公约》请托人和受托人均应依第18条认定为"影响力交易";在受托人的身份上,"斡旋受贿"要求中间人须为"国家工作人员",而"影响力交易"的受托人是"公职人员或者其他任何人员";在行为方式上,"斡旋受贿"利用的是

---

* 李卫红,中国社会科学院大学法学院教授。
** 许振宇,中国社会科学院研究生院2017级刑法学研究生。
① 李浩培:《条约法概论》,法律出版社1987年版,第380页。

"本人职权或者地位形成的便利条件"，该"便利条件"存在制约关系①，"影响力交易"利用的是"实际影响力或者被认为具有的影响力"，"影响力"并不必然存在制约关系；在成立条件上，"斡旋受贿"要求"为请托人谋取不正当利益"是结果犯，《公约》第 18 条第 2 款规定的受贿行为，即"从缔约国的行政部门或者公共机关获得任何不正当好处的条件"是行为犯。斡旋受贿罪与影响力交易在适用上存在协调问题。《刑法》第 392 条"介绍贿赂罪"与"影响力交易"相同之处都在于运用了他人的职务之便或者权利。差异之处在于介绍贿赂罪的中间人仅是牵线搭桥，并不要求本人具有"影响力"，因此"介绍贿赂罪"与"影响力交易"并不存在协调、衔接问题。

《刑法》第 388 条之一规定的"利用影响力受贿罪"、第 390 条之一规定的"对有影响力的人行贿罪"均与《公约》规定的"影响力交易"在表述上相近，但该二条是否就是中国的"影响力交易"条款？当前我国《刑法》规定能否解决涉及影响力交易的问题？本文将从"影响力交易"规定出发，对其关键词进行释义，并探究关于"影响力交易"在《公约》中与我国《刑法》规定与适用上的异同。就我国《刑法》不能有效解决的问题，借鉴《公约》做法，提出相关建议。

二、"影响力交易"与中国《刑法》的相关规定

（一）"影响力交易"条款中的关键词释义

1. "公职人员或者其他任何人员"

《公约》第 2 条第 1 款将"公职人员"解释为"履行公共职能或者提供公共服务"的任何人员。对于"其他任何人员"的范围，笔者试图通过对"腐败"概念的理解，对"其他任何人员"的范围进行界定。

在腐败现象已成为全球热点的当下，由于各个国家对"腐败"的定义不同，导致了在法律上规定的差异性。在对"腐败"定义莫衷一是的情况下，笔者试图通过从不同角度对"腐败"应涵盖的范围进行讨论。在词义上，"腐败"一词在《辞海》中的释义为："腐烂；思想陈旧；行为堕落"；在《布莱克法律词典》中的释义为："国家工作人员或者受托人违反职责和损害他人权利，非法地运用其地位或声誉为自己或他人谋取利益的行为"。② 在实践中，当今世界反腐败体制大致可以分

---

① 2011 年 11 月 13 日最高人民法院《全国法院审理经济犯罪案件工作座谈会纪要》第 3 条规定："刑法第三百八十五条第一款规定的'利用职务上的便利'，既包括利用本人职务上主管、负责、承办某项公共事务的职权，也包括利用职务上有隶属、制约关系的其他国家工作人员的职权。"

② 在《布莱克法律词典》中对"corruption"进行检索，释义为："Illegality; a vicious and fraudulent intention to evade the prohibitions of the law. The act of an official or fiduciary person who unlawfully and wrongfully uses his station or character to procure some benefit for himself or for another person, contrary to duty and the rights of others."

为议会主导型和行政主导型两种基本类型，不论是以芬兰为代表的议会主导型国家还是以美国为代表的行政主导型国家，反腐败的对象都是国家机构和所有国家工作人员行为的合法性。① 与《公约》"影响力交易"规定类似，欧盟委员会于1999年通过的《反腐败刑法公约》第12条②所涉及的《反腐败刑法公约》第2条、第4条至第6条、第9条的规定亦未超出"公职人员""公共成员"的范围。在《公约》中，除对"公职人员""公共部门"进行规定外，也要求"防止涉及私营部门的腐败"，在规定上有"经济反腐败体制"③ 的色彩，但《公约》规定又不仅限于此，对"窝赃""妨害司法"的行为同样作了规定。因此，结合《公约》规定，通过以上角度对"腐败"的理解，笔者认为，"其他任何人员"是指可以作为"受托人"的任何人员。

2. "直接"和"间接"

"直接"，从字面意思看，请托人将"不正当好处"给予受托人，未经他人转手。从规范上理解，若请托人与受托人合意由请托人将不正当好处转移给受托人以外的第三方的，也属于"直接"范围之内，因为请托人与受托人之间并无第三方意志影响，该不正当好处的转移是由受托人的意志决定的。何谓"间接"？"间接"的范围又有多大？或许有观点认为，对于间接的理解应当结合"利益"是否确定来进行，即不确定利益，如交易机会、有奖证券等。但笔者认为，由于此处已将利益规定为"不正当好处"，对不确定利益进行了涵盖，因此以上解释是不妥当的。笔者认为，在行贿行为中，请托人未与受托人达成合意，即向受托人的配偶、子女、父母给予不正当好处的，可以认为是"间接"关系。若向受托人的其他关系人，如亲密的朋友、同乡等行贿的，是否属于间接关系？笔者认为，应当根据关系亲疏程度对接受不正当好处的关系人进行区分，若关系人为社会一般观念所认可的共同生活的父母、子女、配偶的，以默示为原则；若超出一般观念所认可的共同生活范围，须以受托人明示为补充。对于"间接"索贿，笔者认为，是受托人自己并未明确表示，而是通过默示或通过他人的明示或者暗示要求请托人给予不正当好处的行为。

3. "实际影响力或者被认为具有的影响力"

由于《公约》第15条规定了"贿赂本国公职人员"，因此在对此处"实际影响

---

① 参见李秋芳、孙壮志：《反腐败体制机制国际比较研究》，中国社会科学出版社2015年版，第4-12页。

② 《反腐败刑法公约》第12条规定："直接或间接地为自己或者其他任何人，故意地许诺、给予或者提供任何不正当的利益给任何断言或者确认能够对本公约第2条、第4条至第6条、第9条所提及的任何人的决策施加不合适的影响，以及索求、收受或者接受给予或者允诺不正当的利益时，考虑到该种权势，无论其行使与否，也不论假定的影响是否导致预期的后果，各当事国均应采取确定其国内法下的刑事犯罪所必需的立法措施和其他措施。"

③ 在北欧、尼日利亚和法国，为有效打击经济犯罪和公共官员腐败，应运而生的一种反腐败体制。参见李秋芳、孙壮志：《反腐败体制机制国际比较研究》，中国社会科学出版社2015年版，第10-11页。

力"进行释义时当然不应包括公职人员的职权。有学者认为,"本人的实际影响力"包括权力性影响力和非权力性影响力。① 笔者认为,"本人的实际影响力"可从"station"和"character"两方面来理解。"station"侧重因职位或地位带来的影响力,强调该影响力是由其所处的位置决定的,与人格无关;"character"侧重自然人因其身份如血缘、地缘、感情纠葛等带来的影响力。何谓"影响力"? 笔者认为,这是由其所处位置决定的或者自然人身份带来的足以对他人的职务行为、权利行为或者义务行为造成改变的能力。对于"被认为具有的影响力"的理解,有观点认为与"实际影响力"对应,即为不存在却被误认为具有的影响力。笔者反对此种解释,《公约》第18条成立"影响力交易"要求为请托人"从缔约国的行政部门或者公共机关获得不正当好处"为条件,若受托人不存在但被误认为具有影响力,此时并非腐败问题,而是可能构成"诈骗",因此该种解释是不合理的。笔者认为,"被认为具有的影响力"是通过其所处位置决定或者自然人身份无法直接确定而假定或者推定其具有的影响力。如受托人曾为某公职人员子女的家庭教师或邻居,受托人能否影响公职人员的职务行为无法通过二者关系直接反映,从而推定或假定其具有的影响力。

4."不正当好处"

《公约》第2条第4款将"财产"解释为"各种资产,不论是物质的还是非物质的、动产还是不动产、有形的还是无形的","好处"的范围明显大于"财产",包括"利"与"益",因此以上也应包含在内。笔者认为,此处的"不正当好处"既包括积极的好处的增加,如获得实际的利益或者交易机会,亦包括消极的债务的减少。

(二) 关于"影响力交易"的相同规制

《公约》第三章"定罪与执法"第15条至第25条,要求"各缔约国均应当采取必要的立法措施和其他措施",将该一系列故意实施的行为"规定为犯罪"。我国《刑法》第八章规定了"贪污贿赂罪",是我国关于腐败犯罪的规定。关于"影响力交易"所涉及的犯罪行为,我国《刑法》第八章可进行规制的,认为是两规范相同规制。关于"影响力交易"所涉及的犯罪行为,由我国《刑法》其他章节规定的或者未规定的,认为是两规范的不同规制。或许有质疑认为,《公约》仅要求将一系列行为规定为犯罪,并未要求规定为"腐败犯罪"甚至规定必须置于某一专门章节。笔者认为,将两规范相同规制与不同规制进行界分,在当下对惩罚犯罪问题的意义不大,但从国际反腐败交流与合作层面仍有必要,并对我国反腐败立法的完善和反腐败事业的发展有其独立的价值。

1. 关于请托人的行贿行为

请托人给予国家工作人员财物,利用国家工作人员"本人职权或者地位形成的

---

① 刘志伟、周国良:《〈联合国反腐败公约〉中影响力交易规定在我国刑法中的贯彻》,载《刑法论丛》2007年第2期。

便利条件，通过对其他国家工作人员职务上的行为"，而获取不正当好处的，依《公约》第 18 条"公职人员""滥用本人实际影响力"和我国《刑法》第 389 条行贿罪均可规制。"利用职务上有隶属、制约关系的其他国家工作人员的职权"，并非推定或假定的影响力，应当属于"本人实际影响力"。请托人给予"国家工作人员的近亲属或者其他与该国家工作人员关系密切的人""离职的国家工作人员""离职的国家工作人员的近亲属以及其他与其关系密切的人"，以财物利用其"实际影响力或者被认为具有的影响力""为谋取不正当好处的"，依《公约》第 18 条其他人员与我国《刑法》第 390 条之一"对有影响力的人行贿罪"均可规制。《公约》与我国《刑法》的规定，均要求以获得不正当好处或利益为条件，均为目的犯。

2. 关于受托人的行为

受托人是国家工作人员时，"滥用本人实际影响力"，"为该行为的造意人或者其他任何人从缔约国的行政部门或者公共机关获得不正当好处"，依照《公约》第 18 条第 2 款处罚；此种情况下，依据我国《刑法》第 388 条规定，"利用本人职权或地位形成的便利条件"，是"斡旋受贿"，构成受贿罪。受托人为我国《刑法》规定的三类人群时，可依《公约》第 18 条第 2 款与我国《刑法》第 388 条之一"利用影响力受贿罪"进行处罚。

3. 关于被利用的公职人员的行为

一是未依受托人请求为请托人办事；二是依受托人请求为请托人办事。在未依受托人请求为请托人办事的情况下，不论公职人员对受托人收受利益的情况是否知情以及知情后是否要求其退还，虽请托人与受托人可能受到处罚，但依两规范公职人员均不成立犯罪。即便依据 2016 年 4 月 18 日最高人民法院、最高人民检察院《关于办理贪污贿赂刑事案件适用法律若干问题的解释》（以下简称《贪污贿赂解释》）第 16 条第 2 款的规定，"特定关系人索取、收受他人财物，国家工作人员知道后未退还或者上交的，应当认定国家工作人员具有受贿故意"。由于公职人员缺乏不正当职务行为与也未承诺为他人谋取不正当利益，因此亦不成立犯罪。公职人员依受托人请求以职权之便作为或者不作为的行为，公职人员知情后未要求其退还或上交的，依《公约》第 15 条第 2 款"间接"收受不正当好处处罚。在我国，依照《贪污贿赂解释》第 16 条第 2 款规定具有受贿故意，同时存在为他人谋取不正当利益的故意和不正当职务行为，所以构成受贿罪。

（三）关于"影响力交易"的不同规制

1. 关于受托人的范围

《公约》规定的"影响力交易"中的受托人可以是"公职人员或者其他任何人员"，即为"履行公共职能或者提供公共服务"的任何人员以及具有实际影响力或者推定影响力的可以作为"受托人"的任何人员。而我国《刑法》通过"斡旋受贿"和"利用影响力受贿罪"将受托人的范围规定为"国家工作人员"和"国家工作人员的近亲属或者其他与该国家工作人员关系密切的人""离职的国家工作人员"以及"离职的国家工作人员的近亲属以及其他与其关系密切的人"。2007年7月8日最高人民法院、最高人民检察院发布的《关于办理受贿刑事案件适用法律若干问题的意见》第11条规定,"'特定关系人',是指与国家工作人员有近亲属、情妇(夫)以及其他共同利益关系的人"。我国《刑法》以"其他共同利益关系"这一模糊概念对该罪主体进行限定,其范围能否覆盖"可以作为受托人的任何人员"这一模糊概念,以及是否由于范围较小而形成法律漏洞,是值得我们讨论的问题。

司法解释中,将特定关系人的范围规定为"近亲属、情妇(夫)以及其他共同利益关系的人",近亲属、情妇(夫)是与国家工作人员具有亲密关系或者紧密的情感纠葛的人。"其他共同利益关系",从字面上理解是可以体现为共同经济利益的关系。因此,不具有共同经济利益关系的同学、同乡、战友等关系就无法归属在该范围之内。我国《刑法》规定的受托人范围,是小于《公约》规定的。若同学作为受托人请求国家工作人员利用其职权为请托人谋取利益,即便国家工作人员对作为受托人的同学收受好处知情,依2016年《贪污贿赂解释》规定,由于受托人与国家工作人员不属于特别关系,因此也无法认定国家工作人员具有受贿故意,在该滥用职权行为未"致使公共财产、国家和人民利益遭受重大损失"的情况下,国家工作人员与受托人均无法受到刑法处罚,《公约》规定的犯罪行为我国无法规制。

2. 影响力的范围

在上文中,两规范对国家工作人员利用本人实际影响力以及其他任何人员"滥用本人的实际影响力或者被认为具有的影响力"具有相同规制,但我国《刑法》对国家工作人员利用本人被认为具有的影响力未进行明确规定,而是被当作其他任何人员进行处理。笔者认为,对国家工作人员在职务犯罪方面应当具有更高要求,国家工作人员作为受托人利用其他国家工作人员的职务行为应当得到更重的处罚。

受托人对请托人"获得任何不正当好处"的承诺是否只能通过其他国家工作人员的职务行为来实现?

依《公约》规定,对于受托人所能造成的影响不应仅局限于国家工作人员"斡旋受贿"或者三类人群的行为,受托人本人的"影响力"也可使请托人或其他人从"行政部门或者公共机关获得任何不正当好处"。以伪证行为为例,若"证人、鉴定人、记录人、翻译人"索取或者收受不正当好处,以其"对与案件有重要关系的情节,故意作虚假证明、鉴定、记录、翻译"的权利或义务,从法庭审判时获得从轻、减轻、免除刑罚或者被判无罪的"不正当好处"为条件,该行为亦完全符合《公约》第18条的规定。依我国《刑法》仅能对上述行为以第305条"伪证罪"进行定罪处罚,对其收受不正当好处的行为未进行评价。在刑事诉讼中,"证人、鉴定人、记录人、翻译人"的行为会影响到法院审判,因此对其收受好处不正当行使权利、履行义务的行为应进行充分评价。

3. "给予"行为的范围

我国对"行贿"行为表述为"给予国家工作人员以财物",意味着给予国家工作人员以不正当的报酬,或者说,将财物作为国家工作人员已经、正在、将要或者许诺实施的职务行为的对价,使国家工作人员接受。① "给予"体现在其主动性,"收受"体现在其被动性,不论是行贿人的拉拢、收买、利用其职务上的便利为自己谋利益,或者是对于后者为自己谋利益的酬谢,都不影响行贿受贿的性质。② 因此,我国对于行贿中给予行为的理解应当是实际给予,而《公约》规定为"许诺给予、提议给予或者实际给予"。

4. 不正当好处的范围

关于不正当好处的表述,在《公约》中体现为请托人给予或者受托人索取或者收受"不正当好处",以及为他人"获得任何不正当好处"。我国相对应的表述为行贿人给予或者受贿人索取或者收受"财物",以及"谋取不正当利益"。依据2016年《贪污贿赂解释》第12条规定,"贿赂犯罪中的'财物',包括货币、物品和财产性利益"。我国对于贿赂犯罪对象的规定小于《公约》规定,严重限制着我国对腐败犯罪的打击。

5. 被利用的公职人员的处罚

关于"影响力交易",在受托人利用公职人员职权的情况下,除上述两规范规定一致的情况外,也有规定不一致的情形。若受托人利用了公职人员的职权为请托人谋取不正当利益,公职人员对受托人接受不正当好处不知情或者知情后要求其退还或上交的,依《公约》第19条"滥用职权"的规定处罚;但我国《刑法》第397条规定的"滥用职权罪"要求"国家机关工作人员滥用职权或者玩忽职守,致使公共财产、国家和人民利益遭受重大损失",即要求必须有实际损害而并非《公约》规定的"违反法律"。

我国"滥用职权罪"规定于《刑法》第九章"渎职罪"一章,虽2012年12月7日最高人民法院、最高人民检察院《关于办理渎职刑事案件适用法律若干问题的解释(一)》第3条规定,"国家工作人员实施渎职犯罪并收受贿赂,同时构成受贿罪的,除刑法另有规定外,以渎职犯罪和受贿罪数罪并罚",并未当作腐败犯罪处理。除滥用职权罪外,可能相关的还有《刑法》第九章"渎职罪"规定的,徇私枉法罪、枉法裁判罪、私放在押人员罪等。以上犯罪均符合《公约》第19条"滥用职权"的规定,但在我国《刑法》中并未在"贪污贿赂罪"一章规定。

三、立法完善

《公约》对于"影响力交易"行为的规定,不论从内涵上还是外延上都超出了我国《刑法》的规定,为了更好地规制我国的"影响力交易"问题,避免存在处罚漏洞以及更好地与国际反腐败交流衔接,应当对我国"影响力交易"立法进行完善。

---

① 张明楷:《刑法学》,法律出版社2016年版,第1228页。
② 王作富主编:《刑法分则实务研究》,中国方正出版社2007年版,第1799页。

(一)犯罪主体

我国《刑法》规定的受托人范围小于《公约》规定的,将除公职人员以外的受托人员限制在三类人群,而非具有实际影响力或者推定影响力的任何人并无合理依据。即便该三类人群较为容易影响其他公职人员的职务行为,但若其他任何人能够实际影响到公职人员或者行政部门或公共机关的行为致使他人获得任何不正当好处的,均应受到处罚。因此,应当将"影响力交易"行为的主体扩展到"具有实际影响力或者推定影响力的任何人"。

有学者认为,单位完全具备进行影响力交易的能力,而且现实中单位为谋取不正当好处从事影响力交易的情形也是大量存在的,如果不对其进行规范,则不利于对此类行为的有效遏制。① 笔者对2017年审计的行贿罪和单位行贿罪的数量进行检索发现,行贿罪8043件,其中单位行贿罪1999件,自然人行贿与单位行贿的比例约为4∶1。② 单位完全具备对有影响力的人行贿的动机,也具备利用本单位的影响力为他人或其他单位获得不正当好处的能力,并且依我国《刑法》第30条能够对其犯罪行为负刑事责任。所以,将单位规定为"影响力交易"犯罪的主体是应当的,也是必要的。

(二)"贿赂物"的范畴

我国当前的"贿赂物"仍被限制在"货币、物品和财产性利益",这在一定程度上限制着对腐败犯罪的打击。扩大贿赂范围并不会因为没有具体量化标准而不利于司法实践具体操作。一方面,世界上许多国家和地区的法律对贿赂范围的规定采取的就是"利益说";另一方面,我国刑法中的许多犯罪并没有规定数额标准,而司法机关照样惩处了这些罪行。③ 另外,将"贿赂物"的范围扩大到何种程度?我国关于"贿赂物"范围的界定,已突破"财物说",适用"财产性利益说",即包括财物和财产性利益。继续扩大"贿赂物"的范围则适用"利益说","只要是能让人的物质或精神得到充分满足,则不论利益是有形还是无形、物质还是非物质、财产还是非财产,都应视为贿赂"④。将"贿赂物"的范围扩大,符合人性需求,全面有效地打击腐败犯罪,是应然之举。

(三)"给予"行为与"收受"行为

我国行贿中的"给予"行为是"实际给予",而《公约》规定为"许诺给予、

---

① 参见刘志伟、周国良:《〈联合国反腐败公约〉中影响力交易规定在我国刑法中的贯彻》,载《刑法论丛》2007年第2期。

② 数据来源:元典智库。最后检索时间:2019年3月9日。

③ 卢建平、郭健:《商业贿赂犯罪及其刑事实体立法规制——以〈联合国反腐败公约〉为视角》,载《社会科学战线》2007年第1期。

④ 参见周振想:《公务犯罪研究综述》,法律出版社2005年版,第196页。

提议给予或者实际给予",将"给予"行为扩大到"许诺给予"和"提议给予",同时也能够提前"收受"行为的成立时间,将对贿赂犯罪的打击时间大大提前。

(四)犯罪客体

由《公约》第 18 条规定的"从缔约国的行政部门或者公共机关获得任何不正当好处的条件"可以得到该罪与公务活动或者公共权力相关。公务活动,即国家工作人员利用职权所作出的行为。我国《刑法》将"影响力交易"相关行为限制在受托人利用其他国家工作人员职务行为之内。但我国《刑法》并未规定受托人利用本人权利和义务影响"行政部门或者公共机关"的公共权力的行为,如证人伪证影响人民法院的审判权的行使等。为充分对"影响力交易"进行打击,该罪客体应为公共权力的廉洁性,即公共权力不可被收买,虽然有时它在被收买的情况下依然正常运行,但这破坏了公务活动的干净行使。

许诺行贿研究

王志远* 张笑天** 陈 昊***

我国现行《刑法》第389条将行贿罪的客观行为要件规定为，"给予国家工作人员以财物"，按照我国通说观点，"给予"是指财物的实际交付，即动产占有的转移和不动产的变更登记。有学者认为，通说观点在处理行贿犯罪预备、中止、未遂等特殊情形时稍显乏力，应当参照《联合国反腐败公约》和国外立法规定将行贿罪的行为方式修改为"提议给予、许诺给予和实际给予"，以有效打击和预防行贿犯罪的频发。① 也有学者认为，在现有法律框架内通过合理运用解释方法和技巧也能有效打击"双方达成合意但并未实际交付"的特殊情形，即行为人没有现实的交付贿赂，行为人与国家工作人员所达成的"权钱交易"的合意也已经侵害了职务行为的不可收买性，故其行为成立行贿罪。② 本文认为，在厘清许诺行贿的概念与范围的前提下，通过文义解释、体系解释和目的解释等刑法学解释方法可以得出，"给予"是指财物的实际交付或许诺交付，从而将许诺给予的行为犯罪化，以达到有效打击预防贿赂犯罪、维护公务行为的不可收买性的立法目的。

一、许诺行贿的概念与范围划定

《联合国反腐败公约》（以下简称为《公约》）第15条规定：各缔约国应当采取必要的立法措施和其他措施，将下列故意实施的行为规定为犯罪：（一）直接或间接向公职人员许诺给予、提议给予或者实际给予该公职人员本人或者其他人员或实体不正当好处，以使该公职人员在执行公务时作为或不作为……由此可以看出，《公约》将给予划分为三个阶段：提议给予，即行为人为使公职人员在执行公务时作为或不作为而单方面提出给予公职人员本人或者其他人员或实体不正当好处的要求；许诺给予，即行为人与公职人员就以不正当好处换取该公职人员在执行公务时

---

* 王志远，中国政法大学刑事司法学院副院长、教授、博士生导师，中国政法大学刑事司法学院副院长。

** 张笑天，中国政法大学2018级刑法专业研究生。

*** 陈昊，中国政法大学2018级刑法专业研究生。

① 刘仁文、黄云波：《行贿犯罪中的"给予"应改为"提议给予、许诺给予和实际给予"》，载《人民法院报》2014年6月18日第6版。

② 张明楷：《刑法学》，法律出版社2016年版，第1221页。

中编　腐败犯罪的法律治理

作为或不作为双方达成合意但贿赂并未实际交付；实际给予，即贿赂的实际交付。但由于《公约》并没有对"许诺给予"的概念和内容作出详细规定，各缔约国在将第 15 条第 1 款规定转化为国内立法过程中便出现了不同名称。例如，日本《刑法》第 197 条第 1 项规定：公务员或仲裁人因职务收受贿赂或要求或约定贿赂，处 5 年以下惩役。① 行贿罪与受贿罪是必要的共犯即对向犯，"给予"的含义应与"收受"相对应，所以日本《刑法》第 198 条规定行贿罪中"给予"的行为方式应包括"提供贿赂""提议给予"或"约定给予"。日本刑法学者松宫孝明对以上"给予"的三种行为方式作出过经典论述："约定"和"提议"都是对"提供"的补充，亦即不成立提供罪之时则成立约定罪，二者均不成立时，则成立提议罪。② 此外，德国《刑法典》也规定行贿罪的行为方式包括"表示给予、约定给予或者提供给予"；美国《刑法典》规定的行贿方式是"直接或间接地给予、提出给予或允诺给予"；意大利《刑法典》规定的行贿方式包括"给予""许诺给予"或"提议给予"。③ 由此可以看出，对行贿受贿双方就为谋取不正当利益给予和接受贿赂达成协议而未实际交付情形的概括至少有三种概念，其中各国使用最多的名称便是"约定给予"。

但笔者认为，将"约定给予"的概念直接引进我国并不合适，与我国现有司法解释规定和理论观点存在矛盾。我国学者认为"两高"《关于办理受贿刑事案件适用法律若干问题的意见》第 10 条规定的就是，"约定受贿"的情形即国家工作人员利用职务上的便利为请托人谋取利益之前或者之后，约定在其离职后收受请托人财物，并在离职后收受的。④ 因此，相对应地，"约定行贿"应是指行贿人在国家工作人员为其谋利前后，与受贿人约定在其离职后收受财物的情形，这里的"收受"也仅仅指实际交付财物。由此可以得出，我国学者理解下的"约定给予"的行为方式实际上只是日本等国事前或事后受贿罪中的一种行为方式而已，强调实际交付财物的时间点在国家工作人员离职后，与国际公约和其他国家立法规定中的"约定给予"内容并不一致。因此，本文拟将"行贿受贿双方就为谋取不正当利益给予和接受贿赂达成协议而未实际交付"的行为方式称作"许诺给予"，以便和我国现有"约定给予"的行为内容相区分，与《联合国反腐败公约》中的内容也保持一致。

在对"许诺给予"这种行贿罪的行贿方式作出说明之后，便可得到"许诺行贿"的概念与范围，即行为人以"许诺给予"这种行为方式所进行的贿赂国家工作人员以谋取不正当利益的情形。这里需要强调一点，行贿人与受贿人达成协议虽未实际交付财物，但财物的支配权和管理权已经发生转移，这种实践中常见的新型行贿方式并不属于本文所划定的"许诺行贿"范围之中。因为刑法具有独立性，行、

---

① 李洁：《日本受贿罪立法及对我国的借鉴价值》，载《北方法学》2007 年第 1 期。
② ［日］松宫孝明：《刑法各论讲义》（第四版），王昭武、张小宁译，中国人民大学出版社 2018 年版，第 423 页。
③ 吴大华、王飞：《论我国行贿犯罪立法的缺陷及完善——以〈联合国反腐败公约〉及部分外国刑法之规定为比较视角》，载《昆明理工大学学报（社会科学版）》2007 年第 3 期。
④ 魏东：《约定受贿定性处理的法理研讨》，载《河南社会科学》2017 年第 2 期。

受贿犯罪又具有隐蔽性，贿赂犯罪中的"交付"并不能完全依照《物权法》的规定理解，这种情形只是贿赂双方采取的一种规避刑法处罚的方式，本质上与"实际交付"并无区别，是对"实际交付"进行实质解释的必然结果。2007 年"两高"《关于办理受贿刑事案件适用法律若干问题的意见》第 8 条也对"实际交付"的理解作出了明确规定。

二、肯定许诺行贿的现实意义

不少刑法学者认为，当前我国刑法典所规定的行贿罪行为方式过于单一，不利于准确、及时地打击贿赂犯罪，应尽快对行贿罪行为方式作出修改。[①] 事实上，在党的十八大以来保持的反腐败高压态势下，尤其是在监察法出台之后，行为人为逃避法律制裁，新型的行贿受贿方式层出不穷。行、受贿双方往往不再采取"一手交钱，一手办事"的权钱交易方式，而是在事前或事后再进行贿赂，有的是形成了长期密切的往来却并不立即请求受贿人办事，还有的为了提高安全系数，约定在双方都认为安全的时空条件下再进行实质性给付。[②] 这不仅为贿赂案件的侦办制造了更多的阻碍，也对我国现有行贿罪的规制方式提出了有力挑战，也使得肯定许诺行贿具有了突出的现实意义。

姚某某受贿案[③]：姚某某在担任雅安市人民医院院长期间，利用职务上的便利，为药品、设备供应商和建筑商谋取利益，先后非法收受他人贿赂款共计人民币 403 万元。其中，有 160 万元系设备供应商向姚某某承诺待其不担任国家公职人员后或者在姚某某急需用钱时给付。于是辩护人提出，由于姚某某与行贿人虽然达成了权钱交易的协议但并未实际接受，因此这 160 万元许诺款项并不能计算在贿赂金额之内，二审法院尽管没有采纳其这一意见却给出了受贿罪未遂的处理决定，即依法从轻处罚。

王洪光受贿案[④]：被告人王洪光利用担任最高人民法院民二庭审判员的职权和便利条件，接受他人请托，介绍孙某担任某集团股份有限公司在最高人民法院进行二审案件的代理律师，并在案件审议过程中为孙某代理一方提供帮助。王洪光与孙某约定按比例分配代理费，相关款项暂由孙某保管控制。同时利用担任最高人民法院立案二庭审判长的职务便利，接受孙某的请托，为山东某有限公司在最高人民法院申请再审的案件提供帮助，欲收受孙某给予的人民币 10 万元，该款暂由孙某保管控制。法院经过审理认为，考虑到相应"代理费"确实在孙某实际控制下，并未最终全额交付，因此扣除证据中双方认可的由被告人王洪光提走的部分，其余应按犯罪未遂处理较为妥当。

---

① 持该观点的学者包括但不限于刘仁文教授、李洁教授、陈洪兵教授等。
② 肖洁：《行贿犯罪查出的困境与解决途径》，载《中国刑事法杂志》2010 年第 8 期。
③ 案件号：（2013）川刑终字第 391 号。
④ 案件号：（2018）京 02 刑终 87 号。

钟宇华受贿案①：被告人钟宇华任北海市人民医院院长期间，利用职务便利为相关单位和个人在住院大楼建设、医疗设备采购、医院机电设备维修保养等事项上提供帮助，非法收受李某某等人给予的好处费共计人民币982万元。良庆区人民法院认为，被告人钟宇华身为国家工作人员，利用职务上的便利，非法收受他人财物，为他人谋取利益，数额特别巨大，其行为已构成受贿罪。公诉机关指控罪名成立。鉴于被告人钟宇华的受贿数额中，300万元受贿款因意志以外的原因未实际获得，是犯罪未遂，在归案后如实供述自己的受贿罪行，并主动交代办案机关尚未掌握的同种犯罪事实，认罪悔罪，积极退出赃款，具有法定、酌情从轻处罚情节，依法可以从轻处罚。

上述三个案例都属于典型的许诺行贿，但司法实践中均以行贿罪未遂或受贿罪未遂对双方予以了处罚，这也正是很多学者否定许诺行贿的关键理由所在，即许诺行贿并不适宜单独定罪处罚，只是行贿罪未遂的一种情形，按照行贿罪未遂处理即可实现预防的目的。笔者对此并不赞同，单纯依靠行贿罪未遂处理这类案件既不符合刑法学原理，也无法有效实现预防贿赂犯罪频发的立法目的。

首先，自古以来我国便有重视惩治受贿犯罪、轻视行贿犯罪的传统，《刑法修正案（九）》提高了行贿罪的法定刑，加大了行贿罪的惩处力度，但考虑到行贿是贿赂犯罪发生的重要诱因，尤其是在行贿人长期与受贿人保持密切联系时，受贿人的心理防线逐渐溃败，促使其走向了违法犯罪的不归之路，因此只有严惩行贿犯罪才能从源头上防止受贿现象的发生，同时也会对受贿人形成震慑警示。此外，正如有学者指出，同样的涉案数额，按照《刑法修正案（九）》对贪污受贿罪法定刑的修改，此种情形下，受贿人通常会被处以10年以上有期徒刑的刑罚，而行贿人只要没有谋取不正当利益，仍然会在5年有期徒刑以下对其量刑，这种情形并不合理。②按照当前通说观点，行贿罪和受贿罪所侵犯的法益是相同的，这样的处罚结果并不符合罪刑相适应原则。

其次，根据《刑法》第390条第2款的规定：行贿人在被追诉前主动交待行贿行为的，可以从轻或者减轻处罚；犯罪较轻的，对侦破重大案件起到关键作用的，或者有重大立功表现的，可以减轻或者免除处罚。上述三个实例中的行贿人也因此均被判处缓刑。由此可以看出，尽管行贿罪的法定刑已经提高但行贿人比较容易满足以上减免处罚条件，导致司法实践中对行贿罪未遂案件常常是作出减轻处罚或免除处罚的决定。以笔者在北大法宝以"行贿罪"为标题进行的检索结果来看，共检索到相关案例1.6万余件，其中以"缓刑"对全文进行检索共有1.1万余件，行贿人被判处缓刑的比例高达70%，免除刑罚的案件共有20余件，再考虑到行贿案件立案和判决数量均远低于受贿案件的数量，未被追诉的行贿人将会占有很高比例。由

---

① 案件号：（2017）桂0108刑初265号。
② 于雪婷、于晓光：《职务犯罪视阈下行贿罪惩治问题研究》，载《社会科学战线》2016年第2期。

此可以反映出，司法实践中对行贿罪惩处力度仍为宽缓，这一点理论界和实务界早有反映。① 这会在一定程度上削减了刑罚原有的一般预防和特殊预防的功能，使得行贿犯罪成本大大降低，不利于从源头上治理贿赂犯罪。

最后，当前通说认为犯罪既遂与未遂的判断标准应当立足于法益侵害的立场，即行为对该罪保护的法益造成了实际侵害则成立既遂，如果行为人的行为只是对所保护法益存在一定威胁时则成立未遂。② 因此犯罪的完成形态所侵害的法益程度也是不同的，而行贿罪保护的法益是职务行为的不可收买性，无论财物是否实际交付，行贿人的行为都侵犯了职务行为的不可收买性或者公民对此所建立的信赖（本文第三部分将对此进行详细论述）。故本文认为，不宜将许诺行贿作为行贿罪未遂处理，应当将其解释至"给予"含义之内，使其成为行贿罪的一种行为方式。

三、许诺行贿的现实展开

依据前文的论述，许诺行贿行为在我国的法律体系和现实情形下具有被刑法调整、规制的实际意义。出于我国对《联合国反腐败公约》的履行义务，也有必要将许诺行贿的行为纳入我国的刑法调整领域之中。

在我国法学界，较为主流的观点是，许诺行贿的行为应当通过立法的方式纳入我国刑法的调整领域之中③。但笔者认为，许诺行贿之行为可以通过对我国现行刑法进行解释的方式纳入我国刑法调整领域之中，并且能够实现法律所追求的实质正义效果。

（一）将许诺行贿解释为行贿罪行为类型的可行性论证

1. 作为解释对象的行贿罪

在进行法律解释之时，确定正确的解释对象十分必要。诺依曼曾言，"法教义学要以对一国现行实在法秩序保持确定的信奉为基本前提，这也是所谓'教义'的核心要义所在"。④ 王泽鉴先生也说，法教义学是一门将现行实在法秩序作为坚定信奉而不加怀疑的前提，并以此为出发点开展体系化与解释工作的规范科学⑤。法教

---

① 李少平：《行贿犯罪执法困局及其对策》，载《中国法学》2015年第1期；转引自张建、俞小海：《行贿犯罪的司法实践反思与优化应对》，载《中国刑事法杂志》2015年第3期。

② 郭竹梅：《受贿罪司法适用研究》，法律出版社2018年版，第171页。

③ 参见黄云波：《行贿犯罪中的"给予"应改为"提议给予、许诺给予和实际给予"》，载《人民法院报》2014年6月18日第6版；樊իкилоп涛：《接轨与完善：贿赂犯罪立法问题研究》，南昌大学2007年硕士学位论文；陈洪兵：《我国贿赂犯罪体系的整体性反思与重构——基于法治反腐的使命》，载《法制研究》2014年第12期。

④ [德]乌尔弗里德·诺依曼：《法律教义学在德国法文化中的意义》，郑永流译，载《法哲学与法社会学论丛》（第五辑），中国政法大学出版社2002年版，第17页。

⑤ 参见王泽鉴：《人格权法——法释义学、比较法、案例研究》，北京大学出版社2013年版。

义学的方法核心就是法解释学。在刑法解释学的语境下,首先需要明晰刑法解释学所针对的对象,也就是"刑法"的外延是什么。在我国宪法的最高权威之下,刑法解释学的对象仅包括全国人大及其常委会依据宪法赋予的刑事立法权而颁布施行的刑事法律。之所以对这一基本问题进行明晰,就是为了说明刑事"司法解释"的性质以及规范地位。

法律解释基于解释主体的不同而被划分为不同类型。但无论解释主体为何,法律解释都是对法律含义的阐明;无论解释主体为何,法律解释都不能替代法律发生效力。依据人民主权原则,国民将国家立法权交给立法机关,让立法机关行使国民意志,并为立法机关的立法活动设置了一定的程序,要求只有立法机关严格依据法定程序创制的规范性法律文件才有约束全体国民的效力。由于法律解释的发布没有经过立法程序,若其可以因发布主体的权威地位而具有构建新的法律规则的效力,则会使立法程序虚置,"主权在民"便无法实现。因此,即使是国家最高司法机关颁布的解释,也不具有在法律规则之外构建新的法律规范的效力。

在我国的司法实践中,行贿罪的规定呈现于刑法典(《中华人民共和国刑法》)之中,也呈现于最高司法机关所作出的司法解释(最高人民法院、最高人民检察院《关于办理贪污贿赂刑事案件适用法律若干问题的解释》,以下简称《贪污贿赂解释》)之中。依据主权在民的原则,只有全国人大依据立法程序创立的法律才能够设定有关犯罪的内容,司法解释无权对刑法典的内容进行实质性变更,仅能作为实践中的办案指南发挥作用。故而,本节的解释对象为我国刑法。

此外,在我国,行贿罪在特指《刑法》第389条之外,还具有表明一类犯罪的作用。此类犯罪有一共性,即均具有"给予财物"的客观行为,在不讨论行为对象的情形下就是"给予"行为。基于本文讨论《联合国反腐败公约》的立场,在本文中所讨论的许诺行贿不仅仅指《刑法》第389条,而是指行贿类罪中的行贿行为。

因此,本节所解释的对象,系刑法中的行贿行为。

2. 文理解释的可行性

文理解释,是指通过刑法用语可能具有的含义来确定刑法规范的真实含义①的解释过程。在我国刑法中,行贿行为的共性是"给予财物"的举动。单从"给予"二字而言,其指向实际的交付、使他人得到的含义似乎无所争辩。但这只是"给予"一词的生活含义,在对刑法规范进行解释时,生活含义仅是解释结论的来源之一,用语在司法实务上的含义和在刑法学上的含义也是需要考虑的内容。《贪污贿赂解释》第15条第2款规定,"国家工作人员利用职务上的便利为请托人谋取利益前后多次收受请托人财物,受请托之前收受的财物数额在一万元以上的,应当一并计入受贿数额"。通过作为实务中办案指南的司法解释的用语,可见在司法实务之中,在国家工作人员受请托之前、后收受财物的也属于受贿,基于行贿罪与受贿罪

---

① 张明楷:《刑法分则的解释原理》(第二版)(上),中国人民大学出版社2011年版,第51页。

的对合犯性质，在提出请托之前、后给予财物的也被认为是行贿行为。"在提出请托之前、后给予财物"也是许诺行贿的固有性质，因此，其在司法实务中并不被排斥在行贿行为之外。

然而，文理解释本身也暗含着风险。罪刑法定原则体现着《刑法》对社会的宣示作用，如果文理解释的结论超出了文字用语的最大含义，使社会一般人在观念之中难以接受，这种文理解释的结论便不能作为刑法规范的含义。诚然，"在提出请托之前、后给予财物"的行为本身已经不再属于"给予"一词的一般文义，但社会一般人的观念会随着社会生活的变化而发生变化，在行贿行为被不断曝光的今天，社会一般人对行贿之含义的认识也不局限于将财物作为权力行使的对价的情形，甚至不局限于实际交付财物的情形。因此，许诺行贿本身并未超出社会一般人对行贿行为的认识。

3. 目的解释的可行性

规范含义是经由规范目的体现出来的，无论何种解释方法——历史解释、比较解释、体系解释，都是从不同的元素来探求规范的目的，从获得的规范目的出发对刑法规范的真实含义进行阐释的方法。从这一视角出发，历史解释、比较解释、体系解释实际上都是（广义的）目的解释，只是相对狭义的目的解释，其他解释方法的思维路径更为直接。需要说明的是，规范目的不必然是法律运行的直接结果，而是法律运行之后所期望达到的直接结果和间接结果的结合。

规范目的在刑法中的体现，便是刑法本身的目的，这也和犯罪的实体的含义有关。在法学界，对刑法的目的的认识大致有两个分野：规范违反说和法益保护说。规范违反说的基本立场，是认为刑法的目的是维护规范；法益保护说的基本立场，则认为刑法的目的是保护法益。我国刑法则倾向于法益保护说，《刑法》第13条所规定的犯罪概念中以社会危害性作为犯罪的本质特征之一，社会危害性则集中体现在犯罪四要件中的客体要件，即法益之中。

通说认为，法益是指法所保护的社会利益。从这一角度讲，一罪的法益就是设立该罪所要保护的社会利益。通说观点认为，行贿类犯罪的客体是被行贿方的职务廉洁性①。然而，"廉洁性"一词的含义究竟为何，目前仍不明确。有学者将"廉洁性"解释为不可收买性，认为职务行为本身就附带了作为报酬的经济利益，在报酬之外的经济利益便不再正当；也有学者将"廉洁性"解释为纯洁性、纯粹性，这是认为职务行为具有公正性，职务行为的公正行使对社会正常运转具有特别的意义而需要特别的保护。也有观点认为，行贿类犯罪的客体主要是被行贿方职务行为的廉洁性，还包括国家经济管理的正常活动②；或者认为，行贿类犯罪的法益是职务行

---

① 参见高铭暄、马克昌主编：《刑法学》（第八版），北京大学出版社、高等教育出版社2017年版，第641、644页。

② 阮齐林：《中国刑法各罪论》，中国政法大学出版社2016年版，第505页。

为的公正性和社会对公正性的信赖感[1]。

每一个履行自己职务的人均在社会运行中起着作用，只有依责履职，才能让社会正常、良性运转，而其工资、报酬正是依责履职所对应的经济利益，故不应在其他主体处再获取利益。正如张明楷教授所说，权力总是会被滥用，没有权力的人也会期待掌握权力的人为了自己而滥用权力；一旦滥用权力，权力与其他利益相交换就会带来其他利益；因此，防止权力滥用，保障公正行使权力最起码、最基本的措施就是防止权力与其他利益的交换[2]。此处的权力不仅仅指国家权力，商业领域的权力、社会交往领域的权力都对社会正常运转起着不可忽视的作用。因此，所有的权力都应当被禁止进行与其他利益的交换，这也是社会活动的基本要求，人们也只有在对正当职务行为存在信赖时才能安心地进行社会生活。故此，笔者认为行贿类罪保护的法益应当是被行贿人职务行为的不可收买性。

在认识了法益之后，法益便可以发挥其挖掘规范真实含义之作用。在对职务不可收买性的破坏上，实际给予被行贿方财物和许诺给予财物所起到的作用是相似的。通常认为，行贿的财物是职务行为的对价。这种认识不免有所偏颇。诚然，行贿在一些情形下具有"购买职务行为带来的利益"的效果，如在职务升迁时向领导行贿，或在某个工程招标时向招标方行贿，这种情形下，行贿受贿确是类似买卖的关系，财物与利益形成了大致的对价。但这种关系并不能完整地概括行贿的现实情形。现实中，行贿受贿可能不指向具体的某个事项，而是在行贿受贿人之间形成一种利益同盟，这种同盟关系也不必然以行贿方率先启动的财物交付为开始，许诺行贿就是其中一种常见情形，体现出了"对价"和"实际交付"的功能不足。许诺行贿，从形成利益同盟的角度看，对职务行为公正性的破坏较形成对价式的行贿更为长远；从打击难度看，比实际交付型的行贿更加隐秘。许诺行贿人或狐假虎威，有了靠山，或得利不公，飞黄腾达，这对于职务行为不可收买性的破坏都是显著的。

因此，从目的解释的角度看，将行贿行为扩展至许诺行贿，可以更好地保护法益。

（二）许诺行贿行为的实践处理方案

基于上文的讨论，行贿罪保护的法益是职务行为的不可收买性。从这一基础出发，行贿的数额直接影响到对职务行为不可收买性的侵害，行为人以价值越高的财物收买被行贿人，则对行贿罪的法益侵害越大。为了与我国《刑法》第13条相衔接统合，也为了给"情节显著轻微"留下空间，在我国的司法实践中，最高司法机关通过《贪污贿赂解释》确立了实务中对行贿罪法益的侵害程度的划定标准，以行贿的数额作为构成犯罪、构成犯罪情节的基础标准。同时，为了保证案件处理的公正性，也在一定程度上引入了法益的公正性说，建构了以国家的经济损失为标准的

---

[1] 周光权：《刑法各论》（第三版），中国人民大学出版社2016年版，第486页。
[2] 张明楷：《刑法学》（第五版）（下），法律出版社2016年版，第1203页。

情节划定标准。笔者认为，这一处理方式也同样适用于许诺行贿。

许诺交付由于欠缺实际交付数额的客观现实，在确定许诺行贿的法益侵害性时则更需要用实质判断的方式认定其法益侵害的程度。在认定许诺行贿的具体情节时，应当以事实上对国家、企事业单位、社会组织等机构的实际损害为主认定情节。在这一点上，《贪污受贿解释》给出了比较清晰的处理方案，即通过行贿针对的领域、行贿行为本身的特点等确定行贿行为的危害性。笔者认为，这样可以解决实际问题。

此外，从行为方式看，许诺行贿和实际交付的行贿一样，是对被行贿方的利诱，无论是意图作为职务行为的交换，还是意图作为利益同盟的联系手段，都与实际交付的行贿一样，只是在给付财物的时间上较实际交付的行贿更为延后，在给付财物的方式上较实际给付财物更为灵活（如分期给付）。因此，将实际交付的行贿的数额套用在许诺行贿的行为之上不存在法益侵害上的障碍。唯一的障碍是证据法上的障碍，实务部门在处理案件之时要对事实有更加翔实的论证，不仅要结合许诺行贿人的经济状况、请托或形成利益同盟的具体情形，还要结合足堪认定许诺的客观证据，审慎认定事实和裁量。

我国民营企业腐败的成因与治理路径

贾济东* 赵学敏**

一、导论

随着我国市场化改革进程的稳步推进,民营经济的市场贡献率有目共睹,其独特的创新性及市场活力是拉动经济发展的重要动力。但是,基于历史和社会原因,我国法律对民营经济尚未给予全面的平等保护,从而导致诸多困境,包括民营企业在经济活动中为争取平等待遇而滋生的种种腐败问题。因此,对民营经济予以平等的法律保护逐渐成为当前理论界与实务界的共识。近年来,我国全力推进反腐工作,强化反腐力度,旨在从源头上根治腐败违法犯罪行为。2018年年初通过的《宪法修正案》设立监察委员会作为独立的反腐败机关,从国家制度设计层面对反腐力量进行整合,实现了对所有行使公权力的公职人员监察全覆盖。然而,民营企业非公有单位,民营企业家非公职人员,尚不在其监督范围内。因此,在民营企业日益蓬勃发展之时,有必要反思和改革当前的政策和法律制度,为民营企业提供全面、平等的保护,有效避免腐败行为,在保护民营企业财产权的同时,实现全面反腐的目标。

二、问题的提出

随着"一带一路"建设的稳步推进,我国与世界各国的经济往来日益频繁,2013年到2017年,中国与"一带一路"国家贸易额增速超过中国对外贸易的整体增速①,其中不乏民营企业的作用。2019年2月28日,中共中央、国务院印发的《粤港澳大湾区发展规划纲要》明确提出推动经贸合作往来,优化营商环境,共同参与"一带一路"倡议。在大湾区建设中,民营企业也是重要的参与力量。而早在2018年11月1日,习近平总书记在民营企业座谈会上充分肯定民营经济的重要地位和作用,强调民营经济是推动社会主义市场经济发展的重要力量,深入分析民营

---

* 贾济东,北京师范大学刑事法律科学研究院教授,博士生导师,G20反腐败追逃追赃研究中心研究员。

** 赵学敏,北京师范大学刑事法律科学研究院硕士研究生。

① 参见林永亮:《"一带一路"建设的综合效益及前景展望》,载《当代世界》2019年第1期。

经济发展中所遇到和面临的障碍,提出支持民营企业发展壮大的政策及举措,其中包括着重打击侵害民营经济财产权利的职务侵占行为,依法保护民营企业财产权。

论及腐败,人们往往会联想到国家工作人员、国有企业等"公有"主体,国家机构及监察体制的改革也主要针对"公有"主体展开。但是实践中,腐败行为不仅局限于"公"领域,民营企业同样是腐败的高发地。腐败意味着权钱交易,民营企业正是"钱"的主要贡献者。通过检索裁判文书网中民营企业涉及的腐败案件,以及查阅《中国企业家犯罪报告》,可知在民营企业腐败类犯罪中,贿赂案件居多且基本成为民营企业家入狱的主要罪名①。在2014~2017年,民营企业家腐败罪名占其触犯罪名总数的比例为30.7%,民营企业家的高频罪名为职务侵占罪、单位行贿罪、挪用资金罪、非国家工作人员受贿罪、行贿罪。② 民营企业家腐败犯罪形态也呈现出多元化的特征,不仅行贿类犯罪居多,挪用资金罪、职务侵占罪等也成为民营企业犯罪的"重灾区"。

民营企业中管理层职务犯罪更是民营企业腐败犯罪中凸显的一大特点。《中国企业家刑事风险分析报告》显示,2016年,民营企业犯罪案件为1255件,其中民营企业管理层职务犯罪数量为442件,占民营企业犯罪案件总数比例为35.23%,涉案人数516人③。管理层掌握更多的资源,通常代表公司利益、主导各式交易,日常经营中需疏通融合之处较多,职务侵占、行贿等行为看似可以被理解,但此种"被理解"的思维和逻辑在一定程度上助长了民营企业的腐败行为。尽管民营企业为社会主义市场经济发展的贡献显著,在治理民营企业腐败问题时应当考虑民营企业公关的特殊性,但是管理层的特殊角色定位,具体地说,企业高管为企业的利益和发展所实施的必要的公关行为,并不代表着管理者涉嫌腐败的行为应当被理解和宽容。民营经济腐败发生的频率,不应当与民营经济的发展速度同步。

在严惩犯罪的同时,应当反思社会的制度和企业发展的环境。就民营企业家行贿犯罪而言,其主因与宏观的环境因素和微观的制度性歧视不无关系④。民营企业的腐败问题亦是如此,除了逐利的诱因外,刑事政策的区别对待、刑法理念的相对滞后和立法规定的不平等、不平衡也是重要的原因。

三、民营企业腐败的部分成因

对腐败的"零容忍"同样适用于民营经济,全面反腐目标的实现,需要分析导

---

① 参见 http://wuzhenhuab.cn/caijing/2018/08/17/864733.html,访问时间:2019年1月10日。

② 参见企业家刑事风险防控网,http://cecpc.bnu.edu.cn/newsshow-1-89-1.html,访问时间:2019年1月10日。

③ 参见齐兴利、刘何斌、沈红:《中国审计制度法治化研究》,载《黑龙江社会科学》2018年第5期。

④ 参见张远煌:《民营企业家腐败犯罪的现状、危害与治理立场》,载《河南大学学报(社会科学版)》2014年第6期。

中编 腐败犯罪的法律治理

致民营企业腐败的成因。

(一) 刑法理念重事后惩治轻事前预防，忽视了企业廉洁文化建设

受大陆法系刑法理念的影响，我国刑事立法之初并不承认单位犯罪，随着社会主义市场经济的发展，企业生产事故及其他犯罪的发生，使得立法者注意到单位的犯罪能力及其危害后果，单位作为刑事责任主体正式被刑法予以认可。我国传统的单位犯罪模式分为单罚制与双罚制，然而此种惩罚模式以危害结果作为处罚依据，依然保持着传统的"事后法"的特性，缺少预防性的理念。近年来，企业频频发生重大事故，传统单位犯罪责任模式仅发挥着事后的惩处作用，对于具有生产性质的企业整体并未起到根本性的警示作用。可见，该模式限制了刑法的机能。因此，不能坐等相关行为已经造成了客观危害才事后介入，进而延误提前介入的时机和预防的积极性。① 而应当顺应刑法的社会化发展动向，"树立刑法应当积极干预社会的治理思维，释放积极刑罚观的潜能"。②

民营企业腐败高发的现状同样昭示着传统的企业刑事责任模式有待改进，尤其是腐败犯罪绝大多数情况下仅惩罚单位中的自然人，仅靠以追逐利益为根本的企业自觉形成廉洁文化与反腐观念不具有现实性，清廉企业文化的形成需要适度的外力刺激，而企业刑事责任模式正是此种外力因素。详言之，我国单位刑事责任的认定仍然采取严格的结果认定模式，即使在单位腐败犯罪领域，也没有对企业文化等作出要求，尚未从预防腐败犯罪的角度加以规制。传统单位犯罪处罚规则中，对承担刑事责任的主管人员或者主要负责人规定了相较于独立的自然人犯罪更轻的刑罚责任。传统法人刑事责任模式立足于已然发生的结果，严重忽略企业的整体利益及对未然违法犯罪的预防，往往在危害结果发生后才开始惩治相关责任人员，单纯惩治而不顾企业廉洁文化的建设，丝毫无益于企业的可持续发展。

民营企业腐败的重要方式之一是谋求政治关联，通过官商勾结，获取便捷的融资渠道、优惠的政策和税收、快速的许可申请等利益③。企业中的管理层为了企业发展兴盛从而为企业谋利，认为通过行贿所建立的政治关联并不是仅为一己私益。在企业内部很容易形成行贿谋求政治关联进而促进企业利益的风气，不仅在管理层与政治关联这一层面腐败将大肆蔓延，更有甚者会造成企业内部上下层级之间建立起恶性腐败陋习。不断受此行为方式的熏陶，企业文化与企业精神终会被荼毒。在目前的企业刑事责任制度下，预防腐败犯罪的威慑力不足，只能等待危害结果发生之后予以规制。单纯的惩治结果不从企业文化的高度对企业严加要求，仍然是一种

---

① 参见高铭暄、孙道萃：《预防性刑法观及其教义学思考》，载《中国法学》2018年第1期。

② 参见高铭暄、孙道萃：《预防性刑法观及其教义学思考》，载《中国法学》2018年第1期。

③ 参见周建军：《中国民营企业犯罪治理的刑事政策研究》，载《政治与法律》2012年第7期。

滞后的、被动的刑罚反应。

(二) 刑法规定严重失衡导致对民企腐败的容忍度提升

不平等、不平衡的制度规定引发的差异性极易导致腐败,而且往往能够博得人们的同情、理解和容忍。要解决民企腐败问题,就必须找准不平等、不平衡的症结所在。那么,刑法对民营企业平等保护不足究竟体现在哪些方面呢?

讨论民营企业刑法平等保护问题,不可避免地要与国有企业予以对照。立足企业层面考虑刑法平等保护的问题,应当区分为两种维度:一种是就整体角度而言的罪名设置;另一种是就具体罪名的刑罚轻重程度而言的刑罚配置。详言之,第一维度即对比民营企业与国有企业及其内部工作人员所能够涉嫌的刑法罪名,即可以作为刑法各罪犯罪主体的数量;第二维度即对比民营企业与国有企业及其内部工作人员所涉嫌的对应罪名的刑罚强弱程度。

1. 罪名设置不平衡

针对民营企业与国有企业的不同性质,我国刑法基于犯罪构成中的"犯罪客体"对二者分别设置罪名。刑法对民营企业更多的是"防备"与惩治,对国有企业则为保护优先。

具体而言,一方面,以民营企业家涉及频次较高的罪名为例,在我国刑法各论罪名体系中,针对民营企业注册设立时规定有虚报注册资本罪、虚假出资、抽逃出资罪,欺诈发行股票、债券罪等;在民营企业经营过程中有提供虚假财会报告罪,公司、企业人员受贿罪,对公司、企业人员行贿罪,单位行贿罪,操纵上市公司罪,职务侵占罪,挪用资金罪,中介组织提供虚假证明文件罪,擅自发行股票、公司企业债券罪,滥用公司证券职权罪,非法经营罪等;在公司消亡,即进行清算时,有妨害清算罪的规定。随着经济交易形式多元化,司法解释对刑法罪名的规制范围进行扩充与填补,旨在严密对民营企业经营行为的惩治。如1997年《刑法》第225条设置"非法经营罪",至2015年《刑法修正案(九)》,非法经营罪的客观行为仅有四款,但是司法解释就第4款"其他严重扰乱市场秩序的非法经营行为"不断扩充,俨然成为典型的"口袋罪"。正如有学者所指出:"在大量的经济犯罪案件中,都会涉及具体罪名和非法经营罪的关系问题,而一旦案件涉及的具体罪名法定刑偏低,立即会转而选用非法经营罪。"① 非法经营罪成为限制民营企业发展的重要阻碍之一。

另一方面,在刑法中,特别针对国有企业财产犯罪行为设置罪名,对国有企业财产权予以特殊保护。如非法经营同类营业罪,为亲友非法牟利罪,签订、履行合同失职被骗罪,国有公司、企业、事业单位人员失职罪,滥用职权罪,徇私舞弊低价折股、出售国有资产罪,而在民营企业财产权保护方面的相关规定则严重不匹配。

---

① 参见于改之:《口袋罪的时代变迁、当前乱象与消减思路》,载《法学家》2013年第3期。

该区别待遇正是基于"犯罪客体"的差异,也即国有企业与民营企业不同的经济性质与成分。

我国刑法对国有企业与民营企业的保护完全是不平等、不平衡的状态,刑法罪名设置更多地体现出对民营企业严格的限制与管控,对民营企业利益保护则显得尤为不足。然而,市场的发展需要完善健全的法治环境,良法善治首先需要平等公允的法律条文。民营企业自产生以来,便是在夹缝中求生存,伴随市场化程度日益发展,平等保护的呼声日益高涨,刑法规定理应作出积极回应,但事实上仍严重滞后于社会发展的要求。例如,《公司法修正案(三)》早已取消公司最低注册资本额,而刑法中依然规定有虚报注册资本罪。作为部门法的保障,刑法应当顺应经济发展的趋势和要求,作出适当的调整。社会主义市场经济发展至今,经济成分的性质早已不应当成为企业发展的桎梏,国有企业财产权所面临的威胁在民营企业中同样存在,签订、履行合同失职被骗罪,徇私舞弊低价折股、出售"企业资产"的行为,对企业利益所造成损害并不会因为所有制性质不同而有所差异,这些都有待刑法从整体上进行体系应对。

2. 刑罚配置不平等

有学者对大陆与台湾地区企业犯罪整体量刑轻重进行对比后发现,大陆和台湾地区最低刑的差异不大,最高刑方面台湾有25%的罪名最高刑仅为一年,大陆刑罚性更明显,体现出重刑主义的色彩。① 从国有企业与民营企业的具体刑罚角度而言,针对不同的经济成分或者企业性质,我国刑法就相类似的违法犯罪行为分别作出不同规定,并设置了不同强度的刑罚。对侵犯民营企业财产权利的行为予以轻刑化处理,如此设置在刑法角度反映出对不同性质经济成分和企业的差别对待,一方面对民营企业发展产生障碍;另一方面轻刑化的处理也是对民营经济领域的腐败犯罪的纵容。

以挪用资金罪与挪用公款罪为例,同样是企业内部人员利用职务便利挪用企业资金(公款)自己使用、进行盈利活动或从事非法行为,行为方式与目的均相同,在具体的刑罚设计上根据企业所有制的不同而分别规定了轻重有别的刑罚措施。一般的挪用资金行为可判处三年以下有期徒刑,挪用数额巨大或者数额较大不退还的判处十年以下有期徒刑;一般挪用公款行为可判处五年以下有期徒刑,情节严重的五年以上,数额巨大不退还的可判处十年以上有期或无期徒刑。发生在民营企业中的挪用行为,不仅最高刑期限低,而且量刑档数也较挪用公款罪少一档,由此可见,刑罚规定更加侧重于保护国有企业财产权。事实上,小型私营企业的财产权更需要法律予以侧重保障。

法律制度的如此规定,在社会中可能逐步形成一种外部氛围,在一定程度上导致社会大众对民营企业腐败犯罪的容忍度提升,误导其对腐败犯罪社会危害性的认识,逐渐在行业内部形成隐性腐败的不正之风。此种现象正是学者所言的"外部情

---

① 参见李本灿:《企业犯罪预防中合规计划制度的借鉴》,载《中国法学》2015年第5期。

境对企业腐败犯罪生成的影响"。①

（四）民营企业内在的逐利性与内外部监督乏力导致腐败防控不足

追求经济效益无疑是民营企业的首要追求。这种逐利特性，如果缺乏内部监督和外部制约，走向腐败是必然的。在全面反腐浪潮下，国家监察体制顺势改革，监察委员会成为主要的外部监督机关。监察委员会的监察范围明显扩大，覆盖所有国家公职人员，也包括国有企业管理人员，但是监察委员会并没有职权监督管理民营企业的腐败问题。事实上，民营企业反腐方面同样应当积极响应"零容忍"的反腐政策，但相较于国有企业，对民营企业的监督在国家层面的制度设计上尚处于空白状态。当前主要依靠民营企业内部的监督体系承担自我监督的重任，其不足之处显而易见。

1. 监事监督无实权

民营企业管理规范程度不足，缺乏有效的机制制衡②。根据我国《公司法》第51条及第53条之规定，监事是企业中必不可少的机构，公司设监事会，不设监事会的公司监事行使职权，负责企业内部人员的监督管理，包括检查公司财务、对董事高级管理人员执行职务进行监督，对其损害公司利益的行为提起诉讼。为使得监事职权实质化，《最高人民法院关于适用〈中华人民共和国公司法〉若干问题的规定（四）》中明确规定，监事作为诉讼主体，在企业利益遭受损失时有权提出代位权之诉等具体措施。监事监督在法定层面较为完备。

然而现代公司企业制度在实践中并未全面贯彻，公司企业内部建制也未完全按照法定程序运行，使得监事在企业中形同虚设，并无实权。诸多民营企业为了经济利益，缩减企业成本，没有设置监事，造成企业结构失衡，公司内部监督系统薄弱甚至缺失。

2. 审计监督不充分

现代企业制度中，除监事这一主要监督机构外，审计部门同样也是重要的监督机构。审计作为专门的检查部门，负责进一步证实公司会计账目和报告准确性、合理性、可接受性，对公司账目及资金往来能够起到直接的监督效果。目前，我国多数民营企业内部审计部门隶属于企业财会部门或者由总经理负责管辖③，受限较多，尚无独立的地位。民营企业内部因审计体制不健全，审计程序不规范的现象广泛存在，审计人员能够审计的范围有限，加之内部审计的非独立地位，审计人员日常审计工作无法切实做到揭露、抵制企业内部的腐败问题，甚至成为企业管理层滥用职

---

① 参见操宏均：《民营企业家腐败犯罪生成中的情境分析》，载《净月学刊》2017年第5期。

② 参见张纵华：《民营企业高管行贿犯罪风险防范对策研究》，载《人民法治》2018年第18期。

③ 参见齐兴利、刘何斌、沈红：《中国审计制度法治化研究》，载《黑龙江社会科学》2018年第5期。

权的共犯或者工具，完全背离设立初衷。

此外，外部审计仅把财务报表的合法公允作为评价标准①，此种审计模式也很难起到监督公司财务的作用。

3. 法务监督欠保障

在法治社会大背景下，公司内部普遍设立法务部门对法律风险予以防控，同时能够监督公司行为的规范性。并且，法务部门本身应作为企业内部具有独立性和重要地位的组织。公司法务应当是企业领导层与决策层的法律参谋，为平行各职能部门提供法律咨询，并协调和干预全系统法律事务。② 公司以营利为目的，在逐利性驱动下以及受制于公司内部领导层的特定思维路径，企业法务部门长期难以发挥实际作用。从立法保障层面而言，公司法务制度缺乏法律保障，尚无统一的标准规范企业法务部门的职责，法务部门的重要性取决于公司管理层的意志；从实践角度而言，"法务管理部门在企业日常运作中不可替代的重要作用，并没有真正被认识，其专业作用还没有被充分地发掘和利用。"③ 法务部门并无实权干预单位或者管理层利用便利实施的腐败行为。

综上所述，由于民营企业自身的逐利特性和外部监督的不足，以及现代企业制度尚未全面实行导致企业内部结构设计模式存在缺陷，从而致使监事监督、审计监督、法务监督无法真正发挥应有的监督作用，甚至被迫沦为企业管理层腐败违法犯罪行为的助力工具。

四、民营企业腐败治理的路径

对于民营企业的腐败犯罪应当坚持"零容忍"，依法严惩。但是，惩罚不是目的，关键还是教育和预防。应当综合运用政策、理念、法律进行引导和教育，同时强化监督予以保障，只有多管齐下，综合治理，才能真正推进民营企业的廉洁建设。

（一）坚持平等保护的理念和惩防并举、预防为主的政策

习近平总书记在民营企业发展座谈会上强调：要"充分肯定我国民营经济的重要地位和作用""不断为民营经济营造更好的发展环境，帮助民营经济解决发展中的困难，支持民营企业改革发展"。④ 习近平总书记关于民营企业地位、作用和平等保护的论断是平等保护民营企业的政策依据，民营企业对我国社会主义市场经济的带动和贡献有目共睹。由于平等保护理念不强，在腐败行为的侵蚀下，民营企业财产权面临严重威胁。因此，惩治民营企业腐败行为，首要的任务是调整政策，不能

---

① 参见齐兴利、刘何斌、沈红：《中国审计制度法治化研究》，载《黑龙江社会科学》2018年第5期。
② 参见张永坚：《法务管理在企业中的地位》，载《中国远洋报》2012年12月21日B1版。
③ 参见张永坚：《法务管理在企业中的地位》，载《中国远洋报》2012年12月21日B1版。
④ 参见习近平：《在民营企业座谈会上的讲话》，载《人民日报》2018年11月2日第2版。

为了惩罚而惩罚,要更加注重预防,从政策指导上明确对不同经济成分的企业予以平等保护,营造良好的营商环境,杜绝腐败滋生的土壤。

李斯特通过对犯罪与刑罚的产生及变迁的实证考察,提出了"最好的社会政策,也就是最好的刑事政策"。① 因此,预防民营企业腐败犯罪,首先要放宽民营企业的融资限制和抵押条件。目前公开的数据资料中,中国人民银行规定在新增的公司类贷款中大型银行对民营企业的贷款不低于三分之一,中小型银行不低于三分之二,银行业对民营企业的贷款有望呈现出逐步递增的趋势②。2019 年 2 月 24 日,中共中央办公室、国务院办公厅发布《关于加强金融服务民营企业的若干意见》,旨在解决民营企业仍存在的融资难融资贵问题,提出"加大金融政策支持力度,着力提升对民营企业金融服务的针对性和有效性""提高金融机构服务实体经济能力"等具体举措。当然,政策性的调控需要法律作出积极回应,只有政策激励与法律保障双管齐下,才能共同解决民营企业融资难的问题,从源头上杜绝民营企业腐败犯罪。

其次是在司法实践中要强化保护理念,对民营企业涉嫌非法吸收公众存款、集资诈骗等行为慎用强制措施,慎重入刑。非法吸收公众存款罪、集资诈骗罪等是当前社会诟病较多的罪名。"以非法吸收或者变相吸收公众存款定性和处理非法集资行为,实际是以间接融资手段处理了所有直接融资问题""无法为民间融资的合法化预留空间"。③ 司法机关应当在全面、深入研究相关案例的基础上出台具体的司法政策和裁判规则,纠正目前过罪化的倾向。要做到形式正义与实质正义相统一,只有严重扰乱社会主义金融秩序的行为才应当作入罪化处理,不应继续采用唯结果论的立法和司法观念。2018 年 11 月 6 日,《最高人民法院关于认真学习贯彻习近平总书记在民营企业座谈会上重要讲话精神的通知》中强调,"合理和准确把握资金借贷的裁判尺度,立足司法职能解决民营企业融资问题",为民营企业发展提供公正公平的平台。2019 年 1 月 17 日,最高人民检察院副检察长孙谦就发布涉民企刑事案例答记者问时指出:"坚决贯彻罪刑法定、疑罪从无的原则,严格规范执法活动,保持执法标准的一致和统一,让企业家卸下思想包袱,轻装前行。"④ 只有在政策层面高度重视平等保护与法治原则,将宏观政策转化为具体的司法政策和裁判规则,明确执法的基本界限,驱除特定时期形成的司法痼疾,才能真正为民营企业的发展提供平等、公平、公正的政策环境,才能将民营企业领上廉洁建设之路。

---

① 参见吴宗宪:《西方犯罪学》,法律出版社 2009 年版,第 165 页。
② 参见中国人民银行官网,http://www.pbc.gov.cn/jinrongshichangsi/147160/147289/index.html,访问时间:2019 年 1 月 13 日。
③ 参见彭冰:《非法集资活动规制研究》,载《中国法学》2008 年第 4 期。
④ 参见 http://www.spp.gov.cn/xwfbh/wsfbt/201812/t20181219_405690.shtml?from=timeline&isappinstalled=0#3,访问时间:2019 年 1 月 20 日。

(二) 引入二元化法人刑事责任模式与企业合规计划

民营企业的终极目标是盈利,企业治理腐败行为需要以利益作为动力。管理层是民营企业腐败犯罪的主体,管理层腐败行为自上而下,会逐步侵蚀企业文化形成腐败贿赂的不正之风,最终蔓延至民营企业甚至整个行业领域。在改善民营企业经营发展的外部环境时,有必要针对企业内部的制度文化构建加以改良,将法人刑事责任模式与企业文化建设即企业合规计划有机结合,严防企业滋生违法犯罪企图。企业合规即强调企业整体文化与企业适法计划,相比于事后惩治,更强调事前预防的重要地位。

企业适法计划与二元化法人刑事责任模式在国际社会早有先例,英国、美国、澳大利亚、日本、意大利等国的法律或判例中已有体现①。我国亦有学者倡导企业适法计划,即企业合规计划,其概念通常可以认为是"企业为预防、发现违法行为而主动实施的内部机制。基本的构成要素包括正式的行为规则、负责官员以及检举制度",其基础理念之一就是注重企业自律。②与企业适法计划相关联的二元化的法人刑事责任模式,与二元化责任模式相关的"组织责任原则"③和"文化责任原则"④将视野转向企业组织模式或文化意识,并与刑事责任相关联,"能够分散企业犯罪的预防责任,降低企业犯罪制裁成本,促进企业内部的守法文化"⑤。传统认定企业刑事责任模式的角度并不包含企业本身的机制构建,二元化法人刑事责任模式强调在企业内部建立反腐败、反贿赂的企业文化,在企业或其员工涉嫌腐败时,若企业文化中含有鼓励企业实施腐败行为的因素时,直接推定企业具有腐败的主观意图;企业文化中若含有积极的反腐内容则可以作为辩护理由而不予起诉或减轻处罚。与此同时,运用企业合规计划与法人二元化刑事责任模式认定企业犯罪时,企业出于减轻处罚或者经济效益及企业声誉等因素考量,能够主动提供腐败犯罪的事实和证据,积极协助调查或完善企业守法文化作为辩护事由,如此既能够查明事实,更实现了预防犯罪的初衷。在传统一元责任模式下,司法机关办理单位腐败案件时,

---

① 参见周振杰:《企业适法计划与企业犯罪预防》,载《法治研究》2012 年第 4 期;李本灿:《企业犯罪预防中合规计划制度的借鉴》,载《中国法学》2015 年第 5 期。

② 参见 Philip A. Wellner (2005), Effective Compliance Programs and Corporate Criminal Prosecutions, Cardozo Law Review, Vol. 27, No. 1, p. 497; 转引自周振杰:《企业适法计划与企业犯罪预防》,载《法治研究》2012 年第 4 期。

③ 组织责任原则,即以企业内部的组织运用情况,尤其是违法行为的预测机制及其实施情况为判断企业刑事责任的主要依据。参见周振杰:《企业适法计划与企业犯罪预防》,载《法治研究》2012 年第 4 期。

④ 文化责任原则,判断企业是否存在犯罪故意或者过失的基础不是企业雇员个人的主观意识,也不是企业活动的具体组织方式,而是组织内部存在的企业文化,即为企业员工所共享并对之行为与选择产生影响的一系列价值观、信仰以及行为规则。参见周振杰:《企业适法计划与企业犯罪预防》,载《法治研究》2012 年第 4 期。

⑤ 参见周振杰:《企业刑事责任二元模式研究》,载《环球法律评论》2015 年第 6 期。

对于企业内部的财务文件等重要证据材料调查取证难度较高;采取举证责任倒置的二元化模式对于提高司法效率同样具有积极意义。

二元化的法人刑事责任模式强调企业主动预防腐败,建设反腐败企业文化,在当前全面彻底反腐败的形势下,引入企业合规计划是民营企业积极治理腐败的最佳选择。建设反腐败企业文化,企业内部构建腐败治理系统在我国已有先例,京东及阿里公司的企业文化已经开始尝试这一模式,具体举措如"京东反腐败公告""京东集团反腐败条例"等,京东内部设置的反腐合规部,负责腐败调查、腐败报告、公司审计、反腐宣传和培训等内容,一方面具有独立的反腐败机构建制,另一方面也是积极谋求建设反腐败企业文化①。

(三)推动刑法改革实现平等保护

在刑法各罪的设置方面,刑法应当与相关部门法保持体系的一致性,刑法作为最后法,应当坚持刑法的谦抑性原则。值得肯定的是,有关方面已积极行动起来。例如,《公司法》取消了最低注册资本额度,认缴制取代实缴制,只保留少部分的实缴制公司。随后,最高人民检察院和公安部在2014年5月20日出台《关于严格依法办理虚报注册资本和虚假出资抽逃出资刑事案件的通知》,要求严格区分罪与非罪的界限,对申请公司登记的单位和个人不得以虚报注册资本罪追究刑事责任等规定,这是刑事司法对公司法相关内容修改的积极回应。刑事立法的公正是刑法公正性的基础,刑事禁止规范应当随着时代的发展而不断修正和完善才能保证其合理性,其公正性也应适应形势发展之需。②据此,为了保证刑法的公正性,应当及时修改刑法,对国有企业与民营企业所"共通"的行为设置相同的规范,给予平等的立法待遇。

具体而言,首先,应当对旨在监管民营企业所规定的罪名予以彻底清理,对不适应民营经济发展现状的罪名作出相应调整。例如,对非法吸收公众存款罪、变相吸收公众存款罪、非法经营罪等与民营经济发展不相适宜的规定在立法层面进行修改,同时出台司法解释,严格遵循以行为的"社会危险性"作为判断准则,明确罪与非罪的界限,畅通出罪渠道。其次,对民营企业从注册、经营、注销各阶段所涉及的行为,应当与国有企业在相同阶段所可能实施的相同性质的行为一样,在立法层面予以一致性的入罪与出罪规定。在企业行贿、受贿、虚报财务等行为方面,改变以经济性质有别作为刑事立法差异的根据,而应一视同仁,平等保护。最后,对侵犯民营企业财产权的行为进行全面的刑法保护,财产权是各类企业的重要权利之一,民营企业特别是中小型民营企业的财产权在实际意义上更需要法律保障,对于

---

① 参见操宏均:《民营企业家腐败犯罪生成中的情境分析》,载《净月学刊》2017年第5期。

② 参见卢建平、陈宝友:《应加强刑法对非公有制经济的保护》,载《法学家》2005年第3期。

公司管理人员利用职务便利挪用公司资产或者侵占公司财产的行为，理应严肃惩治。因此，诸如为保护国有企业财产权而设的"为亲友非法牟利罪""签订、履行合同失职被骗罪"等不再区分经济性质，对民营企业同等适用。

在刑罚措施方面，对于侵犯民营企业财产权与侵犯国有企业财产权的行为应当平等对待，承担同等的刑事责任，设置相同的法定刑，禁止规定不同的刑期。社会主义市场经济环境下，民营企业对经济发展的带动作用并不逊色于国有企业，对民营企业与国有企业财产权应给予同等的法律保障。坚持公正反腐，应对不同身份的企业家腐败犯罪的罪刑配置实现均衡化，加大对民营企业中腐败贿赂的查处力度，提高犯罪风险，切实保障民营企业财产权。对目前刑法依据经济性质对性质相同的行为设置不同程度的刑事责任的状况予以调整，只有在刑事立法上实现了平等保护，在司法实践中才可能真正实现平等对待。

（四）完善外部监督和内部制约机制

自党的十八大以来，反腐败成为中国社会的主要热词，在"打老虎""拍苍蝇"的反腐风暴中，全社会对国家公职人员及国有企业内部的腐败犯罪深恶痛绝。然而，民营企业内部严重的腐败行为却成为立法上的漏网之鱼，接近于无人问津的状态，外部监督的缺位更是加剧了民营企业腐败的肆意蔓延。在全面反腐、监察全覆盖的今天，更应当将外部监督的力量适当配置到对民营企业的监督中，以客观的外力监督强化内部监督的有效贯彻。要拓展纪委监委的管辖范围，重新界定"监察全覆盖"，延伸到民营企业腐败的惩治和预防工作之中。

关于民营企业内部的监督制约机制，国际公约和国际组织的有关文件已有明确规定。如《联合国反腐败公约》第12条第2项规定：各缔约国应当根据本国法律的基本原则采取措施、加强私营部门的会计和审计标准。并提出具体的监督制约措施，包括对企业账目和必要的财务报表进行审计与核证程序等。其他国际组织的文件如《美洲国家组织反腐败公约》第3条第10项提出预防企业腐败措施之公司内部的财会控制机制；欧洲委员会《反腐败刑法公约》中第13条提出对于发票、会计资料等的监督和检查，《反腐败民法公约》中同样提到对公司账户予以审计的要求；《非洲联盟预防和打击腐败公约》提出企业内部会计、审计及后续检查机制。

公司内部预防腐败机构对打击腐败是重要且必要的。我国民营企业内部也不乏从事监督工作的部门和机构，但是囿于企业内控制度的缺陷以及对营利目的的狂热追求，使得无论是监事监督、审计监督还是法务监督大都沦为企业管理层利用职务便利从事腐败行为的工具。因此，必须深入贯彻现代企业制度，逐步完善企业内部结构，发挥监事会和监事的监督管理作用，对企业高管的不法行为严肃惩戒。公司内部的监督权力集中行使，发挥董事会与监事会对公司业务经营和会计实务的监察作用；为保障监督目的的实现，确保合法性监督与妥当性监督共存的原则；同时监督的范围应当涵盖事前、事中与事后。①

在企业审计制度中贯彻法务审计制度,即对经济组织的法律法规与内部控制系统有效审计和经营管理活动的舞弊审计一体化的审计模式。将审计重心放在揭露被审计组织在履行职务中的违法犯罪行为,而不仅是简单的财务报表公允性上。而且此种审计模式对于侦查人员查清腐败犯罪具有积极的作用,能够协助司法人员发现犯罪线索并且保存犯罪证据。目前会计师事务所法务会计服务内容中已经包含有法务审计,如德勤所法务会计服务中包含有"公司内部可疑行为与交易调查"、毕马威与安永均包括"欺诈调查与预防"的项目②。在民营企业内部监督机制中逐步加强法务会计审计的作用③。

五、结论与展望

充分发挥民营企业对经济发展的促进作用,需要市场环境及法治环境的保驾护航,如此方能推动民营企业的健康发展。当前民营企业在法律和政策的平等保护方面存在不足,民营企业承受着巨大的融资压力,游走在公关与腐败、合法经营与违法犯罪之间,寻求政治关联获得生存空间成为行业潜规则,腐败贿赂即将成为击垮民营企业的重要因素。因此,在政策上积极引导,在法律上平等保护,为民营企业发展提供外部良好的市场和法治环境是肃清民营企业腐败犯罪的第一要务。通过倡导民营企业二元化的刑事责任模式,在企业文化中融入预防腐败犯罪的精义,实现从"唯结果论"的被动责任模式向积极主动预防犯罪的责任模式转变。在强化外部监督的同时,完善内部监督制约机制,为民营企业腐败治理提供制度和机制保障。

同时,民营企业作为营利组织,在日常的经济贸易往来中需要必要的公共关系投入。"国际企业界把公共关系比作现代企业四大支柱之一,即资金、设备、人才与公共关系。"引用该学者的界定"任何社会组织都有一定数量的公共关系活动",其中便包括"专职公共关系人员开展的公关活动""日常的公关关系事务"等④。企业公共关系是客观存在,同时也是企业发展的重要和必要的部门之一。

美国学者近期对西非东南部大城市阿比让的公共腐败贿赂与中小企业财务表现之间的关系、贿赂与公司财务之间的关系进行了实证研究,研究结果表明,阿比让的贿赂行为与中小企业的财务业绩之间存在着积极的关系,同时对于科特迪瓦政府反腐败措施与在阿比让经营的中小企业的财务业绩之间也存在着积极关系。⑤ 腐败与反腐败如此截然对立的行为均与企业经营业绩间形成一定的正相关关系,对民营

---

① 参见江平、邓辉:《论公司内部监督机制的一元化》,载《中国法学》2003年第2期。
② 参见张苏彤:《美国法务会计简介及其启示》,载《会计研究》2004年第7期。
③ 参见何伟:《企业公关策划学》,甘肃人民出版社1997年版。
④ 参见何伟:《企业公关策划学》,甘肃人民出版社1997年版。
⑤ See Toure Boubacar, *Relationship between Bribery and the Financial Performance of Small and Medium-sized Businesses in the Metropolitan City of Abidjan in Ivory Coast West Africa*, Wilmington University (Delaware) 2018.

企业反腐败力度与着力点的考量显得尤为重要。在治理民营企业腐败问题时应当保持适度和理性，适当考虑民营企业的公关投入。必要的公关投入并不会导致腐败，"如果整体腐败程度严重的地区，政治关系对企业文化价值产生影响"①，从而有可能导致必要公关关系投入异常化，继而走向企业腐败犯罪深渊。因此，民营企业腐败治理过程中要充分考虑其特殊性，正确区分"必要的公关投入"与企业腐败之间的关系，厘清罪与非罪的界限。

当然，民营企业的腐败治理是一个漫长的过程，企业廉洁建设永远在路上。尤其是在"一带一路"倡议和粤港澳大湾区建设的背景下，民营企业如何防范刑事合规风险安全地"走出去"，如何有效地弘扬丝路精神、扮演好廉洁之路的形象大使，这是一个大课题，面临的诸多问题有待我们继续探索、不断解决。

---

① 参见谭力文、宋晟欣、曹文祥：《政治关系"力量"与民营企业价值研究：腐败的调节效应》，载《科技进步与对策》2016年第7期。

我国反腐败国际追赃的难点及对策

彭新林*

近年来,随着经济全球化的不断深化以及国家间交往的日益密切,腐败呈现出跨国化、国际化的趋势,腐败分子携款潜逃案件日趋增多,腐败资产(主要是腐败资金)转移境外现象相当突出,这已成为新时期我国腐败犯罪发展变化的一个新动向,也是刑事司法面临的一大难题。加强反腐败追赃国际合作工作,追回转移到境外的腐败资产,是我国反腐败工作的重要内容,也是新形势下深入开展反腐败斗争的现实需要。深入研究反腐败国际追赃问题,具有重要的理论价值和现实意义。

一、反腐败国际追赃的基础和意义

反腐败国际追赃工作政治性、政策性都很强,涉及国内国外方方面面,是一项系统工程。只有打牢基础工作,做到数字准、情况明、底数清,才能掌握主动,抓出成效。① 准确研判当前腐败资产转移境外的实际情况以及面临的形势,认真分析腐败资产外移的危害及原因,是做好反腐败国际追赃工作、提高追赃成效应当夯实的基础。

不可否认,在当前国内高压反腐的态势下,一些腐败分子犹如"惊弓之鸟",想方设法向境外转移腐败资产,如有的秘密取得国外永久居民身份,通过地下钱庄等渠道将腐败资产转移到境外;有的通过在境外购房、开公司、投资、炒股等方式将腐败资产"合法"转移到境外;有的将子女等近亲属送往国外学习、定居,里应外合,共同洗钱;还有的让行贿人直接将贿赂款存入在境外开设的账户。早在21世纪初,世界银行的一份报告就估算,全球每年约有2万亿美元涉及腐败的资金进行跨国流动,相当于全球33万亿美元生产总值的6%。② 全球金融诚信组织2012年底发布的一份报告也显示,2001~2010年,我国因腐败、逃税和犯罪而产生的非法资金外流达2.74万亿美元,占全球非法资金外流的近一半,连续十年以"巨大优势"

---

* 彭新林,北京师范大学国际反腐败教育与研究中心主任、研究员、博士生导师,中国刑法学研究会副秘书长。

① 参见《对象在国外 基础在国内》,载《中国纪检监察报》2016年6月20日。

② 参见张业遂:《让腐败分子无处藏身——解读〈联合国反腐败公约〉》,载《求是》2004年第8期。

中编 腐败犯罪的法律治理

成为全球非法资金流出最多的国家。① 可见,从全球范围看,我国腐败资金转移境外的情况也是很突出的,腐败资金连同逃税、经济犯罪外流的资金几近占全球非法资金外流总额的"半壁江山"。另外,从个案来看,腐败分子向境外转移腐败资产的数额,亦令人触目惊心。例如,2001年案发的中国银行广东开平支行原行长"余振东案",余振东等三人通过套取银行资金、占用企业正常还贷资金或假借企业名义直接转款等手段,将贪污、挪用所得的4.8亿余美元资金转移至境外。② 再如,2005年案发的中国银行哈尔滨分行河松街支行原行长"高山案",高山及相关涉案人员于2004年底外逃加拿大,向境外转移腐败资金也高达8亿余元。③ 又如,2012年4月案发的辽宁省凤城市委原书记"王国强案",王国强因涉供暖腐败,卷款2亿多元离境,辗转逃至美国。④ 这些个案涉案的数额以及转移到境外的腐败资产,在很大程度上印证了有关国际金融机构报告披露的情况,充分说明了我国腐败资产外移形势的严峻性和严重性。

大量腐败资产转移境外,对我国经济、政治、法治以及国家形象都具有严重的危害。概言之,其一,腐败分子非法获得并转移至境外的腐败资产,往往是来源于企事业单位的国有资产或者通过权钱交易所得,这一方面会直接给国家财产和人民利益造成巨大损失;另一方面也是以破坏公平竞争的市场秩序、消解或者降低资源配置效率、大大提高企业和市场的交易成本为代价,严重影响经济改革和经济建设。其二,无形中会形成负面激励和示范,势必刺激潜在的一些腐败分子铤而走险,妄想"捞了就跑,跑了就了",形成恶性循环,恶化政治生态,而且也会损害党和政府在人民群众中的威信。其三,腐败资产转移境外也严重影响腐败案件的查处,大大提高司法成本,降低司法威慑力,进而会直接削弱国家反腐倡廉建设和反腐败斗争的整体效果。其四,腐败资产大量外移,容易让人形成腐败资产流出国比较"腐败"的刻板印象,进而对中国政府的执政能力以及廉洁性产生疑虑,严重损害党和政府在境外的声誉,破坏国家的国际形象,影响国际合作和交往。《环球时报》2009年底所作的"您认为哪种行为最损害中国的国际形象"的一份民意调查显示,官员的贪污腐败连续三年位居对中国国际形象损害最大的榜首。⑤ 而大量腐败资产外流,显然更是直接、显著地加剧了对我国国际形象的损害程度。

积极采取措施,不断深化反腐败国际合作,最大限度地追回外流的腐败资产,不仅是我国深入开展反腐败斗争面临的重要任务,而且也具有多重法治、政治意义。择其要者:第一,有助于减少国家经济损失。若能及时追回转移到境外的腐败资产,可以最大限度地压缩腐败收益,让腐败分子在经济上占不到便宜,从而把国有资产

---

① 参见《美报告:非法资金外流 中国高居榜首》,载《参考消息》2012年12月19日。
② 参见刘茜:《除了朱明国,"超亿元"贪官还有谁?》,载《检察日报》2016年5月26日。
③ 参见《高山案涉案人员李东哲回国自首》,载《温州日报》2012年1月31日。
④ 参见刘茸:《辽宁凤城市委书记疑卷款2亿元离境》,载《新京报》2012年8月27日。
⑤ 参见《官员贪腐连续3年位列"最损国家形象榜"榜首》,载《环球时报》2010年1月4日。

和群众遭受的经济损失降到最低;同时,将腐败分子非法攫取的腐败资产追回,既可以直接充实国库资金,也可以统筹调度用于支援反腐败、改善民生等工作。第二,有助于挤压腐败分子在境外的生存空间。腐败资产是腐败分子在境外生活和梦想过"神仙般日子"的经济基础。若能及时追回腐败资产,相当于"釜底抽薪",切断腐败分子的生活来源及退路,可以有效限缩其活动能力和生存空间,从而迫使其在境外"走投无路",要么主动回国投案、争取宽大处理,要么被强制遣返回国。这也为境外追逃创造了有利的条件,从而为成功追逃打下坚实基础。第三,有助于遏制携款潜逃之风,取得反腐的综合效果。成功追回转移到境外的腐败资产,会对潜在的腐败分子以及试图潜逃者产生强大心理震慑,让其认识到:不论逃到天涯海角,其非法攫取的腐败资产都会被追缴回来,腐败没有"避风港",即使将腐败资产转移到境外也不安全,到头来可能是"竹篮打水一场空"。这样他们可能会在权衡利弊之后放弃贪腐的意念,从而起到遏制腐败行为发生的积极作用。

二、反腐败国际追赃的脉动和实践

国际社会对于追回转移到境外的腐败资产做了很多工作,也取得了显著的效果。20 世纪 90 年代末以来,以联合国为代表的国际社会开始全球性地宣布追回腐败所得是国际社会的目标,强调资产追回过程中的法律障碍必须通过国际和双边的相互合作予以更好的处理。① 早在 1999 年 12 月 17 日,联合国大会第 54/128 号决议中就要求会员国"酌情在国家一级审查本国国内法律制度在防范贪污和规定没收贪污收益方面是否充分,同时利用为此目的提供的国际援助"。2000 年 12 月 20 日,联合国大会第 55/188 号决议更是明确谴责贪污、贿赂、洗钱和非法转移资金等腐败行为,提出要加强国际合作,采取有效措施,防止贪污、贿赂、洗钱和非法转移资金,并将这些资金返还来源国。2001 年 7 月 24 日,联合国经社理事会通过了"加强国际合作,预防和打击转移腐败行为所得非法来源的资金,包括洗钱,并返还这类资金"的第 2001/13 号决议,② 该决议要求政府间专家组在其授权范围内考虑将"预防和打击非法来源资金的转移"列入将来反腐败法律文件的谈判工作范围草案。2002 年 1 月 31 日,联合国大会第 56/260 号决议要求特设委员会在拟定公约草案时采取一种全面的方式,要考虑相关指示性要素,其中就包括"预防和遏制转移贪污行为所得的非法来源资金,包括洗钱行为,并返还这类资金"这一指示性要素。2003 年 10 月 31 日,第 58 届联合国大会通过了《联合国反腐败公约》。该公约专门设置"资产的追回"一章,全面规定了"预防与监测犯罪所得转移""直接追回财产的措施""通过没收事宜的国际合作追回资产的机制""没收事宜的国际合作""特别合作""资产的返还和处分"等内容,强调"返还资产"是公约的一项基本

---

① 参见张士金:《对资产追回国际法律合作的现实考量》,载《政法论坛》2008 年第 1 期。
② 参见外交部条约法律司编译:《联合国反腐败公约及相关法律文件》,法律出版社 2004 年版,第 88 页。

中编 腐败犯罪的法律治理

原则,缔约国应当在这方面提供最广泛的合作和协助。可以说,《联合国反腐败公约》全面确立了腐败资产追回国际合作的制度框架。

除了《联合国反腐败公约》及相关决议高度重视资产的追回及其国际合作之外,其他区域性的反腐败法律文件中,也规定有各具特色的腐败资产追回的内容,亦强调加强腐败资产追回的国际合作。例如,《美洲国家组织反腐败公约》第15条规定:"……缔约国应当就对根据本公约确立的犯罪所获得、衍生或使用的财产或收益进行辨认、追查、冻结、扣押和没收,相互提供最广泛的、可能的协助。"再如,2003年7月11日通过的《非洲联盟预防和打击腐败公约》第16条第1款规定:"各缔约国应当采取适当的立法措施以确保:没收来自本公约所确立的犯罪所得或与该犯罪所得价值相当的财产;返还腐败犯罪所得。"又如,2001年由亚洲开发银行(ADB)与经济合作与发展组织(OECD)联合发起的《亚太地区反腐败行动计划》①也强调:"加强调查和其他法律程序方面的双边和多边合作,根据国内的立法,建立有关制度,以增强……(3)在搜寻和追查应与没收的财产时进行合作,包括迅速没收在海外的非法财产,并将这些非法财产调拨回国。"②

就国际社会对腐败资产追回所作的努力来说,联合国可谓功不可没。其中,《联合国反腐败公约》确立的腐败资产追回机制,是公约中最具有强制性、最核心的一个机制,其为腐败资产追回国际合作提供了坚实而宽广的法律基础,体现了国际社会在腐败资产追回问题上的协调一致性,规定了诸多具有创新性、务实性、有针对性的内容和制度,具有标志性的意义。尤为值得一提的闪光点,主要有以下两点:

首先,确立了腐败资产的直接追回途径和间接追回途径。所谓直接追回,是指在腐败资产被转移到他国,他国没有采取没收等法律措施的情况下,本国通过在他国提起民事诉讼,直接主张对该腐败资产的所有权。这种资产追回方式,也称为资产追回的民事途径。适用直接追回途径的前提是,本国(请求国)要证明自己是腐败资金的合法所有人或者腐败犯罪的被害人。所谓间接追回,是指通过没收事宜的国际合作追回腐败资产,主要是指一国依据本国法律或者执行另一缔约国法院发出的没收令,对转移到本国境内的腐败资产进行没收后,再将其返还给另一国。详言之,被请求国对流入其境内的腐败资产之没收,或者是根据本国的法律程序进行,或者是执行请求国法院发出的没收令。被请求国将流入本国的腐败资产没收后,要将该腐败资产返还给请求国。一言以蔽之,间接追回途径的基础在于没收程序的运用。

其次,明确了腐败资产的返还和处分程序。《联合国反腐败公约》第57条对资

---

① 迄今为止共有亚太地区的28个国家和地区加入该行动计划,行动计划的宗旨是结合亚太地区的实际,在行动计划指导下交流经验,组织培训,促进本地区反腐败工作的开展。我国于2005年4月19日在越南河内召开的行动计划第六次指导小组会议上正式宣布加入该行动计划。

② 参见赵秉志等编:《〈联合国反腐败公约〉暨相关重要文献资料》,中国人民公安大学出版社2004年版,第322页。

产的返还依据、方式、条件、原则等内容作了细致而明确的安排，为各缔约国对外移腐败资产的返还、处分搭建了制度框架。如该条第1款确立了根据公约和本国法律进行处分的法律依据和返还原合法所有人的基本法律原则；该条第2款强调在返还没收的资产时，应当考虑善意第三人的权利以保障其合法权益不受不正当的侵害；该条第3款规定了三种不同的资产返还方式①；该条第4款规定了费用补偿问题，即除非另有约定，被请求国可以在依照本条规定返还或者处分没收的财产之前，扣除为此进行侦查、起诉或者审判程序而发生的合理费用；该条第5款是对没收资产处分所作的特别安排，即在适当的情况下，缔约国可以特别考虑就所没收财产的最后处分逐案订立协定或者可以共同接受的安排。如可在特别安排中协商确定被追回资产的用途、被追回资产的分配次序、资产共享等内容。

腐败资产追回之所以引起国际社会的高度关注和重视，应当说是因应腐败犯罪国际化发展趋势以及腐败资产跨国流动的必然选择。可以乐观地估计，在公约搭建的资产追回制度框架下，只要各缔约国切实履行公约义务，强化资产追回的国际合作，增强资产追回的能力，应能最大限度地追回外移腐败资产，从而助力于国际反腐败法治事业。我国作为公约的缔约国，也是全球最大的腐败资产流出国，没有理由不充分利用好公约规定的资产追回机制，为我国反腐败国际追赃和反腐倡廉建设服务。

从反腐败国际追赃中国实践看，我国积极建立健全腐败资产追回机制，根据《联合国反腐败公约》以及相关司法协助条约和协定，综合运用直接追回、间接追回等途径，有效追回了大量腐败资产，取得了明显成效，充分展示了党和政府反腐败的坚强决心和信心。例如，在2018年，我国全年共从110多个国家和地区追回外逃人员1335人，追回赃款35.41亿元人民币，追回外逃人员总数和追赃金额分别比2017年增长3%和261%。② 可以说，反腐败国际追逃追赃工作尤其是追赃成效非常突出。这里值得一提的是，"红色通缉令"2号嫌犯"李华波案"，更是我国司法机关运用违法所得没收程序追缴潜逃境外腐败分子涉案赃款的第一起案例，被称为是新刑事诉讼法实施之后"海外追赃第一案"，③ 该案追回李华波贪污所得并转移到新

---

① 三种资产返还方式为：（1）对于本公约第17条和第23条所述的贪污公共资金或者对所贪污公共资金的洗钱行为，被请求缔约国应当在依照第55条实行没收后，基于请求缔约国的生效判决，将没收的财产返还请求缔约国，被请求缔约国也可以放弃对生效判决的要求。（2）对于本公约所涵盖的其他任何犯罪的所得，被请求缔约国应当在依照本公约第55条实行没收后，基于请求缔约国的生效判决，在请求缔约国向被请求缔约国合理证明其原对没收的财产拥有所有权时，或者当被请求缔约国承认请求缔约国受到的损害是返还所没收财产的依据时，将没收的财产返还请求缔约国，被请求缔约国也可以放弃对生效判决的要求。（3）在其他所有情况下，优先考虑将没收的财产返还请求缔约国、返还其原合法所有人或者赔偿犯罪被害人。

② 参见代江兵：《2018年从境外追回外逃人员1335人追回赃款逾35亿》，载《中国纪检监察报》2019年1月28日。

③ 参见刘武俊：《"海外追赃第一案"的范本意义》，载《学习时报》2015年5月18日。

中编　腐败犯罪的法律治理

加坡的腐败资金近3000万元。

当前，我国已形成了灵活、多元的反腐败国际追赃体系。

一是通过刑事司法协助途径单独提出追回资产请求。即根据双边条约或者互惠原则，我国司法机关可提出追缴境外腐败资产的请求，境外执法机构也可向我国司法机关提出该项请求。

二是在开展引渡、遣返合作时提出追回资产请求。此种方式，须签订有双边引渡协定或者遣返协议，在腐败分子被引渡或者遣返的同时，可以要求被请求国随案移交涉案的腐败资金。如一度引发社会广泛关注的"余振东案"，美国在将余振东遣返的同时，将其没收的350余万美元赃款一并转给我国。

三是由境外执法部门提起刑事诉讼。即由我国司法机关提出刑事司法协助请求，请求境外执法机关对有关的腐败资产先行查封、扣押或者冻结，然后由对方执法机构按照其本国法律以腐败分子触犯该国法律为由，对腐败分子提起刑事指控，我国协助提供有关证据材料，从而由对方法院判决将腐败资金退还我国。例如，2009年5月6日，美国联邦法院以洗钱、国际间转移赃款等罪名对中国银行广东开平支行原行长许超凡、许国俊等人判处刑罚，还作出了"退还中国银行4.82亿多美元"涉案赃款的判决。① 在该案中，我国采取的追回腐败资产的方式，就是由境外执法部门提起刑事诉讼，之后再由境外法院判决退还涉案腐败资金的。

四是被害人或其代理人在境外提起民事诉讼。这种方式是指被害人或其代理人通过向具有实际管辖权的境外法院提起确认之诉或侵权之诉，由该境外法院作出原告拥有外移腐败犯罪资产的合法所有权或者认定被告侵权成立并被判令赔偿或返还的判决，然后再申请外国司法机关执行该民事裁判，以此追回腐败资产。这种方式其实是《联合国反腐败公约》中腐败资产直接追回机制的运用。我国检察机关也不乏利用直接追回机制追回腐败资金的范例。例如，北京某集团副总经理李沿贪污、挪用公款、受贿一案，北京市检察机关就通过这一方式成功追回了2700余万元外流腐败资产。②

五是劝导腐败分子配合追回。如我国检察机关在办理某单位司长徐某某涉嫌受贿案中，徐某某承认其将12万美元受贿款存到了某公司总经理韩某在香港汇丰银行的账户内。为了将流失境外的12万美元尽快追缴，也考虑到韩某认罪态度较好，办案人员变更了对他限制人身自由的强制措施。韩某在取保候审后，在办案人员的陪同下一起到境外划拨赃款，将这12万美元划入了有关指定账号。③ 上述徐某某受贿案中涉案的腐败资产12万美元，就是在徐某某的配合下追回的。

以上就是实践中我国反腐败国际追赃所采用的主要方式。当然，我们还可以利用国际反贪局联合会的合作平台、国际刑警组织的警务合作平台，在追回外流腐败

---

① 参见汪文涛：《境外追赃中国经验》，载《方圆》2012年第13期。
② 参见汪文涛：《境外追赃中国经验》，载《方圆》2012年第13期。
③ 参见汪红：《四种途径追"裸官"境外赃款》，载《法制晚报》2015年6月10日。

资产方面做些工作。应当说,反腐败国际追赃仅靠完善国内相关立法、司法机关加大追赃力度是远远不够的,尚需加强对腐败资产转移的预防和监测。总之,只有综合施策、多措并举,才能最大限度地追回外流的腐败资产。

三、我国反腐败国际追赃面临的难点

在反腐败国际合作领域,长期存在追赃难于追逃的现象。自"天网"行动开始以来,目前"百名红通"人员已有三分之一归案,但从全球范围来看,转移至境外的腐败资产只有很小的比例最终返还给了我国。① 如中央纪委监察部在主办的新闻发布会上透露,2014年我国海外追逃500多人,而海外追赃才30多亿元。② 可以说,目前我国反腐败国际追赃工作还面临一定的难点,概言之,主要包括以下几个方面:

(一)对腐败资产之违法性的证明和认定难度较大

无论是要求返还是分享转移到境外的腐败财产,前提是要有证据能够证实该腐败资产系非法所得。而实践中,很多腐败分子往往采用复杂而隐秘的犯罪手段,如通过洗钱、虚假投资、利用离岸公司账户、非居民账户协助转移、在境外成立空壳公司、多账户资金跳转等手段将腐败犯罪所得及其收益转移至境外,有的甚至直接通过海外账户收受贿赂,这样转移至境外的腐败资产往往披着合法的外衣,隐蔽性强,查证比较困难。在腐败资产"漂白"后,我国办案机关很难查清涉案腐败资产的来源、去向和数额,难以区分哪些是合法资产哪些是腐败资产,更难向资产流入国证实涉案资产的违法性。如果我国办案机关不能准确判断、认定涉案资产就是从国内转移出去的腐败资产,不能提供充足的证据证实涉案资产的违法性,那么就无法得到资产流入国司法机构的支持,要将腐败资产追缴回来就非常困难。

(二)我国尚未确立域外刑事没收裁决的承认和执行制度

从历史上看,各国都把刑事裁决看作国家主权的行使,因此拒绝承认外国的刑事裁决。相互承认和执行刑事裁决,意味着一个主权国家完全执行另一成员国司法机关的判决。而其他成员国作出的裁决是建立在基于不同价值构建的不同法律秩序之上的,因此,一国没有义务执行体现不属于本国价值的裁决。③ 我国《刑事诉讼法》只规定了刑事司法协助的原则,即第18条"根据中华人民共和国缔结或者参

---

① 参见汪闽燕:《中加签订关于分享和返还被追缴资产的协定》,载《法制日报》2016年9月23日。

② 参见《中纪委去年追逃500多人追赃30多亿元》,载《南方日报》2015年3月19日。

③ 参见[西班牙]华金·冈萨雷斯·伊瓦涅斯:《作为一种新型引渡规则的欧洲逮捕令:欧盟对"禁止双重归罪原则"的政治学方法》,载陈光中主编:《刑事再审程序与人权保障》,北京大学出版社2005年版,第121页。

中编　腐败犯罪的法律治理

加的国际条约，或者按照互惠原则，我国司法机关和外国司法机关可以相互请求刑事司法协助"。至于开展刑事司法协助应遵循怎样的原则、条件、方式和程序等，则没有规定。正如著名国际刑法专家黄风教授所指出，我国现行的《民事诉讼法》在第二十九章"司法协助"中包含关于承认与执行外国民事裁决的条款，但是，在我国的刑事法律当中却找不到任何关于承认与执行外国刑事裁决的规范。因此，我国司法机关目前很难通过承认和执行外国法院"没收令"或者罚金判决的方式，协助外国主管机关追缴在中国境内发现的资产并且向请求方实行返还。① 值得注意的是，《人民检察院刑事诉讼规则（试行）》第 679 条对检察机关司法协助的范围进行了明确，即"人民检察院司法协助的范围主要包括刑事方面的调查取证，送达刑事诉讼文书，通报刑事诉讼结果，移交物证、书证和视听资料，扣押、移交赃款、赃物以及法律和国际条约规定的其他司法协助事宜"。可见，人民检察院司法协助的范围也不包括对刑事没收裁决的承认和执行。而在刑事没收裁定的认可问题上，各国间更多的是考虑维护自身司法主权和国家利益，秉持对等或者互惠的原则处理。既然我国不能承认与执行外国刑事没收裁决，那么该外国也自然不会认可我国刑事没收的裁决。

(三) 中外对没收财产对象的理解存在较大差异

我国刑法规定的没收财产是一种附加刑，是指司法机关依据刑法的有关规定，将犯罪分子个人所有财产的一部分或者全部强制无偿收归国家。至于对犯罪分子本人所有的财产是没收一部分还是全部，应当根据犯罪的性质、情节、社会的危害程度以及案件的具体情况来确定。但值得注意的是，在国外虽然也有国家将"没收财产"规定在刑罚之列，但其没收的财产仅限于与案件有关的特定财产，而不是犯罪分子个人所有的其他合法财产。从立法意图上看，国外设置没收财产刑的初衷主要是基于特殊预防的需要，而非作为惩罚性的刑罚手段。没收财产与其说是一种刑罚方法，毋宁说是带有保安处分性质的社会防卫措施，更多地类似于我国《刑法》第 64 条规定的"犯罪所得之物、所有之物的处理（特别没收）"，即"犯罪分子违法所得的一切财物，应当予以追缴或者责令退赔；对被害人的合法财产，应当及时返还；违禁品和供犯罪所用的本人财物，应当予以没收。没收的财物和罚金，一律上缴国库，不得挪用和自行处理"。正如有的学者指出，有些国家对个人财产权有不同的规定，这些国家的法律在冻结、扣押和没收自然人或法人资产问题上都有自己的条件、程序及证据标准，而现有的国际条约均强调有关国际合作须在资产流入国"法律允许的范围内"进行。② 正因如此，国外司法机关基本上不承认、不执行我国

---

① 参见黄风：《刑诉法应增加承认与执行外国判决的制度》，载《现代法学》2007 年第 2 期。

② 参见纪欣：《专家：中国"没收财产"判决不被外国承认 阻碍追赃》，载《法制晚报》2013 年 12 月 3 日。

没收财产的裁决，即便是没收个人部分财产，但如果该涉案财产与案件无关或者并非腐败犯罪所得，那么这种没收财产的裁决就会被搁置甚或拒绝。事实上，外逃的腐败分子也会想方设法，向该外国司法机关证明涉案财产不属违法所得，从而增大了追缴腐败资产的难度。

（四）我国尚未建立务实合理的资产分享机制

在实践中，对于转移到境外的腐败资产，在没有合法所有人的情况下，或者因证据链缺失而无法证明合法所有人的，如果没有分享的安排，通常是由资产所在地国予以没收后自行处置，大部分情况下是由其上交国库。① 这对我国国家利益的维护来说显然不利。诚然，若能全部追缴回转移到境外的腐败资产，则是最理想的结果。但在很多情形下，因追缴外流腐败资产及其收益，离不开资产流入国的积极配合和支持，并且需要遵循流入国相关法律规定和程序，会受到多方面条件和因素的制约，使得这一目标难以实现。这就需要确立腐败资产的分享机制，通过分享的制度安排，调动资产流入国配合和支持追赃的积极性，以最大限度地追回腐败资产。长期以来，我国虽然在有关反腐个案国际合作中与外国进行了资产分享，追回了大部分涉案的腐败资产，并且也签署或者加入了《联合国反腐败公约》等规定有资产分享机制的国际条约，但相关条约的内容多为原则性、概括性规定，对如何开展资产分享合作，并没有具体规定，实践中的典型案例也很少。可以说，我国腐败资产分享并未制度化、规范化，反腐国际追赃尚缺乏科学有效的腐败资产分享机制。当然，这种情况现正在发生改观。如2016年9月22日，中国政府和加拿大政府在加拿大签订了《中加关于分享和返还被追缴资产的协定》，该协定是我国在追缴犯罪所得领域对外缔结的首个协定，专门对被追缴资产的分享作出了制度性安排，具有重要的示范作用。诚如加拿大驻华大使赵朴先生（Guy Saint-Jacques）在接受《中国日报》专访时所言，中国与加拿大谈判完成的"分享和返还被追缴资产协定"涉及将逃往加拿大的尤其是涉嫌腐败活动的人士的非法所得及财产返还。该协议一旦签署，将会成为与其他国家商签类似协议的样板。②

（五）刑事诉讼法确立的"违法所得没收程序"尚不完善

在2012年《刑事诉讼法》修订之前，对腐败分子因死亡、失踪或潜逃等不能到案的情况，是不能对其腐败资产的处置进行判决的。《刑事诉讼法》修订以后才确立了犯罪嫌疑人、被告人逃匿、死亡案件违法所得的没收程序（"违法所得没收程序"）。确立违法所得没收程序，实现了与《联合国反腐败公约》确立的资产追

---

① 参见汪闽燕：《中加签订关于分享和返还被追缴资产的协定》，载《法制日报》2016年9月23日。
② 参见《独家：加拿大大使确认中加即将签署追赃协议》，载《中国日报》2014年12月15日。

回机制的衔接,同时也为我国追回外移的腐败资产提供了法律制度保障。新修订的刑事诉讼法对违法所得没收程序适用的案件范围、启动条件与申请程序、审判管辖及公告与审理程序、没收裁定的作出与救济、没收程序的终止审理与错误没收时的返还与赔偿等问题作了系统规定。因"违法所得没收程序"不以对腐败分子定罪为前提,主要解决在腐败分子逃匿、失踪、死亡情况下其违法所得的没收问题,其有助于排除我国境外追赃国际合作中的法律障碍,大大便利了反腐败国际追赃工作。当然,刑事诉讼法确立的"违法所得没收程序"也存在一些不足,有待进一步改进完善。首先,刑事诉讼法关于"违法所得没收程序"的有些规定,过于原则、概括,其明确性有所不足,可操作性不强。例如,《刑事诉讼法》第280条关于特别程序适用范围的"等重大犯罪"措辞,表述非常模糊,何谓重大犯罪并不清楚,很难界定其具体适用的案件范围,只能求诸司法实践中个案的具体判决,这无疑降低了法律的明确性,也有违刑法的谦抑性原则。再如,违法所得没收程序的可操作性有待进一步加强,如果犯罪嫌疑人处在审判阶段脱逃,要求人民检察院向法院提出没收违法所得的申请,具体如何操作等,这些问题都需要进一步明确细化。其次,违法所得没收程序的证明标准过高。《刑事诉讼法》第300条第1款规定:"人民法院经审理,对经查证属于违法所得及其他涉案财产,除依法返还被害人的以外,应当裁定予以没收……"据此,需要"经查证属于违法所得及其他涉案财产",才能做出没收违法所得的裁定。至于何谓"经查证属于违法所得及其他涉案财产",最高人民法院2013年1月1日施行的《关于适用〈中华人民共和国刑事诉讼法〉的解释》第516条进行了明确规定:"对申请没收违法所得的案件,人民法院审理后,应当按照下列情形分别处理:(1)案件事实清楚,证据确实、充分,申请没收的财产确属违法所得及其他涉案财产的,除依法返还被害人的以外,应当裁定没收;(2)不符合本解释第五百零七条规定的条件的,应当裁定驳回申请。"由上可知,"违法所得没收程序"采用的也是定罪证明标准,即要确保"案件事实清楚,证据确实、充分"。显而易见,在被追诉人逃匿或者死亡的情况下,所采用的证明标准与对被告人定罪一样严格,要求排除合理怀疑,这势必会给司法实务上操作该程序以及证明带来法律上的障碍,造成一些实践困境。

(六)追赃可能造成腐败资产流出国与流入国经济利益上的冲突

虽然我国与世界上绝大多数国家都签署了《联合国反腐败公约》,该公约作为联合国历史上通过的第一个用于指导全球反腐败斗争的法律文件,确立了返还资产的基本原则,搭建了资产直接追回与间接追回并重的核心法律机制,并且明确要求缔约国在资产追回方面相互提供最广泛的合作和协助,包括采取必要的措施,使其主管机关能够执行另一缔约国法院发出的没收令等。但不无遗憾的是,该公约有关资产追回的规定和要求,实际履行效果不尽如人意,在实践中遇到双重犯罪原则等各种各样的限制,影响了反腐败国际追赃的效果。我国也有学者指出,"核心国际公约应用率低""公约在全球生效已有10年,我国只有极少的案件依据该公约开展合作"。① 国际公约关于资产追回的规定和要求未能得到有效落实，归根结底，一个重要的原因便是资产返还及追缴牵扯资产流入国的经济利益。尽管任何国家都不愿意本国成为他国犯罪分子的天堂，但是任何国家也都几乎不排斥他国资金的流入。对于赃物流入国来说，不论性质如何，从他国流入的巨额资金往往已经在本国经济建设中发挥了重要作用。② 特别是在全球经济疲弱、经济增长持续放缓的国际背景下，资产流入国配合流出国追回资产的积极性和动力更加不足，往往"睁一只眼闭一只眼"，希望通过消极不作为留住这笔"不义之财"，甚至有相关国家的银行等金融机构为了谋取经济利益而不惜为腐败分子跨国洗钱提供转账、结算等便利服务。

此外，反腐败国际追赃成本高昂、境外追赃工作经验缺乏、境外追赃技术条件有限、追赃队伍专业化建设不足，以及对境外追赃法规制度了解不深也是我国反腐败国际追赃工作中遇到的一些客观障碍。

四、强化我国反腐败国际追赃的对策

近些年来，我国反腐败国际追赃工作总体成效是明显的，但由于境外追赃工作政治性、政策性、专业性、国际性都很强，加之我国反腐败国际追赃的能力尚有待提升、国际追赃的机制以及违法所得没收程序仍不完善，我国反腐败国际追赃工作与新时期党和政府的要求以及人民群众的期盼相比，还有较大差距，腐败资产外流巨大与腐败资产追回困难的矛盾依然突出。做好新形势下的反腐败国际追赃工作，需要从多方面努力。

（一）反腐败追赃与追逃双管齐下、相互配合

追赃与追逃都是反腐国际合作的重要组成部分，两者密切关联、相辅相成。一方面，要高度重视追逃工作，把追逃作为追回腐败资产的重要发力点。一旦腐败分子被缉捕归案，我们就可更好地掌握境外追赃的主动权，追赃就相对比较容易，既可在成功追逃的同时要求资金流入国返还腐败资产，也可在腐败分子的配合下将转移到的境外的赃款赃物转回。另一方面，要积极开展追缴腐败资产的国际合作。因为腐败资产是外逃腐败分子在境外生活和挥霍的物质基础，要发挥境外追逃的最大功效，必定离不开对境外腐败资产的追缴。通过追缴境外腐败资产，以此摧毁腐败分子生存生活的物质基础，挤压其生存空间，截断他们的退路，迫使其回国。总而言之，追赃与追逃应当并重，要协调解决好人员追逃和资产追回问题，形成境外反腐追逃追赃的强大合力。

---

① 参见黄震、龙曙光：《海外追赃之难及应对策略》，载《中国党政干部论坛》2006年第2期。
② 参见张磊：《海外追逃：追人难，追赃更难》，载《大众日报》2014年10月29日。

(二)完善"违法所得没收程序"

针对违法所得没收程序的不足,建议下次刑事诉讼法再修订时进一步完善违法所得没收程序,尤其是要增强该程序及其适用的可操作性,适当降低运用该程序确认违法所得的证明标准。因为违法所得的没收程序是一种对物的相对独立的特别程序,具有民事诉讼的确权性质,其证明标准适当低于"确实、充分"的刑事证明标准,才更科学、合理和现实。鉴于此,笔者建议采用"明显优势证据"的证明标准,这样有助于降低运用该程序追缴腐败资产的难度,充分激活该程序在资产追回中的功能。当然,值得指出的是,我国反腐败国际追赃实践,既要充分利用好这一特别程序,也要大力探索和丰富资产追回的其他方式。通过综合运用多种手段,对腐败资产、犯罪收益进行最大限度的追缴。毕竟,在资产追回问题上,刑事诉讼与民事诉讼等资产追回方式不存在实质上的冲突,可以有机衔接、相得益彰和共同发挥作用,从而形成具有中国特色的以"违法所得的没收程序"为主体,以其他资产追回方式为补充的多元化资产追回机制。

(三)确立承认、执行外国刑事罚没裁决的制度

目前,关于刑事司法协助问题,《刑事诉讼法》第18条作了规定,即"根据中华人民共和国缔结或者参加的国际条约,或者按照互惠原则,我国司法机关和外国司法机关可以相互请求刑事司法协助"。上述规定阐明了我国刑事司法协助的原则。除此之外,《人民检察院刑事诉讼规则(试行)》《最高人民法院关于适用〈中华人民共和国刑事诉讼法〉的解释》《公安机关办理刑事案件程序规定》等对刑事司法协助问题作了大量细化、补充规定。近年来,我国与外国签署的诸多司法协助类条约也都规定了对犯罪所得收益的没收等内容。在承担协助腐败资产追回的条约义务时,对于属于外国流入我国的腐败资产,不可避免会涉及承认和执行外国作出的刑事罚没裁决的问题。虽然立法中有涉及刑事司法协助的条款,但没有承认和执行外国刑事罚没裁决的明文规定。事实上,直至2001年月21日,我国与乌克兰缔结的《中乌移管被判刑人条约》才首次规定了我国与外国开展相互承认和执行刑事裁决的内容。笔者认为,我国有必要确立承认、执行外国刑事罚没裁决的制度,并应予制度化、规范化。如应当有完整的司法审查机制,要合理设置"刑事罚没裁决"的范围,科学设定承认、执行外国刑事罚没裁决的程序和条件等。应当说,确立承认、执行外国刑事罚没裁决的制度,不仅是我国贯彻落实《联合国反腐败公约》有关要求的体现,也方便域外国家追缴腐败资产。事实上,"与人方便就是与己方便",这样我国完全可以理直气壮地要求该外国按照互惠原则和对等原则,承认、执行我国刑事罚没的裁决。

(四)建立务实合理的资产分享机制

追回转移到境外的腐败资产,离不开资产流入国的配合和支持。从反腐国际合

作的现状看，尽管资产分享有一定不合理性，但它的确有助于调动资产流入国的积极性，最大限度地追回外流腐败资产。相比坚持全部追回但操作困难的原有政策，资产分享不失为是一个更务实、明智的选择。确立资产分享机制，不仅有利于更好地维护国家利益，而且能更加有效地开展反腐败国际司法执法合作，因而我国与有关国家开展资产分享合作、缔结专门的分享协定就显得十分必要和迫切。事实上，我国于2007年颁布的《禁毒法》第57条也规定，我国政府可以与有关国家分享查获的非法所得、由非法所得获得的收益以及供毒品犯罪使用的财物或者财物变卖所得的款项。而且对没收的腐败资产进行分享，近年来已日益成为一种趋势，既为《联合国反腐败公约》《联合国打击跨国有组织犯罪公约》《美洲国家组织反腐败公约》等其他全球性和区域性国际公约所确认和鼓励，也在许多国家的实践中得到广泛认可和运用，各国也纷纷立法或缔结双边协定开展此类合作。① 如美国、加拿大等西方发达国家基本上都建立了资产分享机制，根据资产流入国协助追缴赃款赃物工作的贡献大小，通过协议方式对相关犯罪所得予以分享。以美国为例，有关国家分享被追回腐败资产的比例主要取决于该国在相关司法合作中做出的"贡献"，实践中这种贡献一般分为三个档次：重大协助，分享50%~80%；较大协助，分享40%~50%；提供便利，分享40%以下。② 有关资料显示，截至2000年7月，为报答在没收行动上提供的援助，美国已向约30个国家汇拨了约1.69亿美元。③ 可见，资产分享机制作为一项境外追赃国际合作的激励措施，效果很好，我们完全可以采纳。其实，在资产追回问题上，采取务实办法，坚持原则性和灵活性相结合，建立资产分享机制，反而有助于最大限度地维护国家利益。当然，建立资产分享机制，要严格界定分享的条件和范围，不得损害国家主权。

（五）敦促资产流入国履行资产追回的公约义务，推进追赃务实合作

无论是《联合国反腐败公约》框架下的反腐合作机制，还是双边反腐司法执法合作，无论是G20峰会反腐败成果还是APEC搭建的反腐败执法合作网络，其核心都是要引领反腐败国际合作朝追逃追赃等务实合作方向发展。诚然，各国国情和发达程度不同，开展反腐败追赃合作的需求、重点和主张也不尽一致，难免会存在分歧甚至障碍。对此，国际社会应当树立合作共赢理念，在平等互利、求同存异、注重实效的原则下，尊重彼此在反腐败国际合作领域的核心利益，照顾成员国特别是发展中国家的关切，要以建设性的方式管控分歧。尤其要努力克服法律制度方面的差异，深入开展追逃追赃合作相关重点专题的研究，不断拓展合作的突破口，找到

---

① 参见汪闽燕：《中加签订关于分享和返还被追缴资产的协定》，载《法制日报》2016年9月23日。

② 参见黄风：《关于追缴犯罪所得的国际司法合作问题研究》，载《政治与法律》2002年第5期。

③ 参见吴高庆著：《惩治腐败犯罪之司法程序——〈联合国反腐败公约〉程序问题研究》，中国人民公安大学出版社2006年版，第337-338页。

合作的最大公约数，尽力提高合作效率。尤其是我国应充分发挥在反腐败国际追逃追赃领域的"领头羊"作用，积极推进我国与外国尤其是腐败资产流入较集中的国家开展分享与返回被追缴资产的合作，努力敦促腐败资产流入国切实履行公约义务和政治承诺，进一步明确、具体双方反腐败追赃合作的目标、措施和路径，探索开展分享和返还腐败资产的灵活框架，为反腐败追赃工作创造有利条件。

《联合国反腐败公约》与我国贿赂犯罪规定的立法衔接

王燕玲* 廖日美**

一、基于司法大数据的立法衔接之审视

自从 2005 年正式签署《联合国反腐败公约》（以下简称《公约》）后，我国刑法立法的衔接工作就箭在弦上。为此，先后通过刑法修正案的方式，不断落实《公约》的内容，也进一步完善了我国贿赂犯罪规定，但也存在不少问题。

（一）中国刑法贿赂犯罪规定与《公约》的契合

我国《刑法》中有关贿赂犯罪的内容，目前大体上与《公约》的相关规定吻合①。其具体表现为：《公约》第 15 条规定的贿赂本国公职人员罪，其与我国《刑法》中的行贿罪和受贿罪相对应，该罪中的公职人员即为我国的国家工作人员。《公约》第 16 条规定的贿赂外国公职人员或者国际公共组织官员罪，在我国《刑法》中对应第 164 条第 2 款对外国公职人员、国际公共组织官员行贿罪。《公约》第 18 条规定的影响力交易罪，在我国《刑法》中，单独作为一条，即第 388 条之一利用影响力受贿罪。我国《刑法》第 163 条非国家工作人员受贿罪和第 164 条对非国家工作人员行贿罪，可以对应《公约》第 21 条私营部门内的贿赂，反映出贿赂犯罪的打击范围扩展到经济、金融或者商业活动。同时，我国《刑法》可以囊括《公约》第 26 条法人责任，具体表现为：不但在《刑法》第 393 条单位行贿罪单独设立一条，也穿插在其他个别贿赂犯罪条款中，如第 164 条对非国家工作人员行贿罪、对外国公职人员、国际公共组织官员行贿罪。若单位同时构成上述两种犯罪的，对单位判处罚金，并对其直接负责的主管人员和其他直接责任人员处罚。

应该说，按照《公约》的精神，完善我国贿赂犯罪规定，具有非常积极的意义，不仅可以优化犯罪构成要件，客观上也有助于提高刑法治理的效果。图 1 为使

---

* 王燕玲，华南师范大学法学院副教授。
** 廖日美，华南师范大学法学院硕士研究生。
① 梁根林：《中国反贿赂刑法与〈联合国反腐败公约〉：一个比较分析》，载《中国法律评论》2017 年第 4 期。

用"小包公"① 系统收集的司法大数据库所分析后得出的结果：

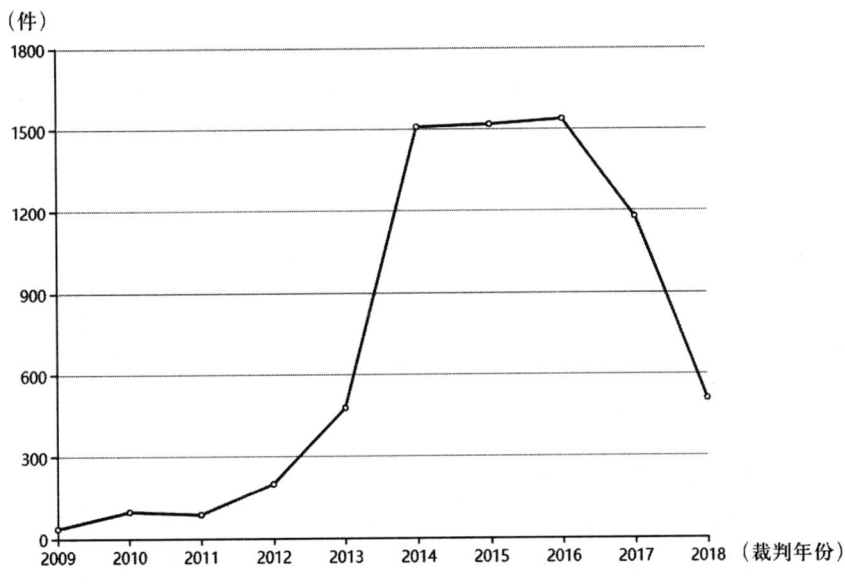

图 1 2009~2018 年我国非国家工作人员受贿罪案例数量

由图 1 得知，虽然 2017~2018 年案件数量有所下降，但 2009~2014 年案件数量剧增，2014~2016 年案件保持一定数量。2009~2018 年我国非国家工作人员受贿罪案例数量整体呈上升趋势。而其立法背景为：我国于 2005 年被批准加入《公约》，2006 年通过的《刑法修正案（六）》将"公司、企业人员受贿罪""对公司、企业人员行贿罪"修改为"非国家工作人员受贿罪""对非国家工作人员行贿罪"后，扩大了受贿、行贿的对象范围，案件数量亦随之增加。

（二）中国《刑法》贿赂犯罪规定与《公约》的差距

虽然经过多次刑法修正后，我国刑法中贿赂犯罪规定，基本上能与《公约》实现对接。但是，通过对"小包公"系统的司法大数据进行分析后，发现仍有许多不相适应的地方。这从一定程度上反映出我国贿赂犯罪规定仍有完善的空间。

1. 贿赂犯罪构成要件存在差距

首先，行贿行为存在差距。无论是对本国、外国公职人员还是私营部门内的贿赂，《公约》规定的贿赂行为均为"许诺给予、提议给予或者实际给予"。而我国《刑法》规定的贿赂行为仅限于"给予财物"。我国《刑法》缺乏"许诺给予、提议给予"的明文规定，只规范实际给予财物的行为，而不包括"许诺给予、提议给

---

① "小包公"系统（www.xiaobaogong.com）是一款由刑法学、刑诉法教授成功研发的产学研应用产品，其深度融合刑事法律知识与法律文书大数据的智能刑事法律服务平台。核心功能包括智能定罪量刑辅助系统、法律智能问答、文书案例检索、法条精细化检索、名家讲座等模块。

予"国家工作人员以财物。而且在实务中,一般也仅对实际给予国家工作人员以财物的行贿行为提起公诉。可见我国《刑法》规定的行贿罪行为要件,比《公约》的规定更严格,入罪门槛更高,造成对贿赂犯罪的打击力度减弱。此外,我国《刑法》要求无论是国家工作人员还是公司、企业或者其他单位的工作人员必须利用职务上的便利来实施犯罪,《公约》则无此要求。

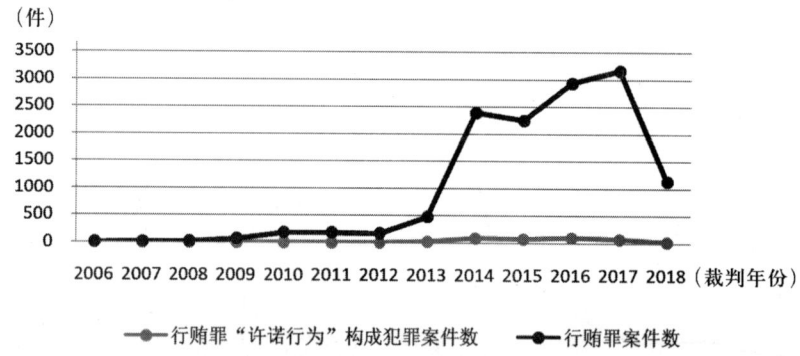

图2 2006~2018年我国行贿罪许诺行为构成犯罪案件数与行贿罪案件数对比

由图2可知,行贿罪"许诺行为"构成犯罪案件数极少,在行贿罪案件数占比极低。据此可以推断出,实践中构成行贿罪的行为方式主要为实际给予财物的行为。

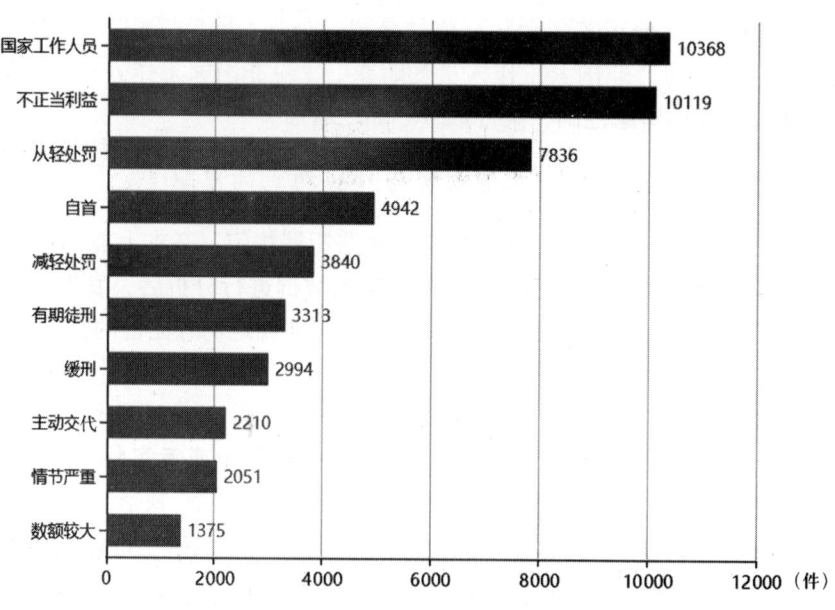

图3 我国行贿罪各关键词案件数量分布

其次,对贿赂犯罪的主观要件的要求存在差异。由图3可见,以行贿罪为例,在1.2万件行贿罪案件中,10119件案件存在"不正当利益"关键词。由此可以推断出"不正当利益"对行贿罪而言尤为重要。在实践中,不正当利益是构成行贿罪的必要条件。在我国的贿赂犯罪体系中,无论是行贿罪还是受贿罪,都要求犯罪主体必须出于谋取利益的目的,否则不构成犯罪。只有一个例外,也即《刑法》规定的索贿情形的,不要求有谋取利益目的。《公约》规定,在行贿罪中,只要行贿人实施的"许诺给予、提议给予或者实际给予"是为了使受贿人在执行公务时作为或者不作为、使受贿人违背职责作为或者不作为,即构成犯罪;只要受贿人"直接或间接索取或者收受不正当好处",无须有为他人谋取利益的意图,即构成犯罪。

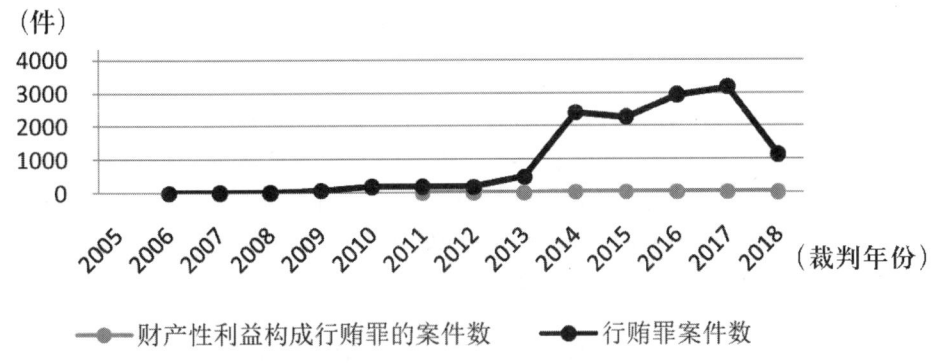

图4 我国2006~2018年财产性利益构成行贿罪案件数与行贿罪案件数对比

最后,贿赂犯罪的犯罪对象不同。由图4可见,财产性利益构成行贿罪案件数极少,其占行贿罪案件数比例极低。据此可推断出,实践中行贿罪的犯罪对象一般为财物。在《公约》中,贿赂犯罪的犯罪对象明确为"不正当好处",而我国《刑法》将贿赂犯罪的犯罪对象,仅限于"财物"。"财物"与"不正当好处"相比,前者的范围要窄得多。"不正当好处"是指一切能够满足人的欲望的利益和需求[①],其外延明显大于财物。虽然《最高人民法院、最高人民检察院关于办理贪污贿赂刑事案件适用法律若干问题的解释》(以下简称《贪污贿赂司法解释》)规定,"贿赂犯罪中的财物,包括货币、物品和财产性利益"。这虽然扩大了犯罪对象的范围,但与"不正当好处"相比,范围仍然过小。

---

① 卢建平、郭健:《中国贿赂犯罪立法之缺陷与完善——以适用〈联合国反腐败公约〉为视角》,载《河北法学》2006年第12期。

2. 贿赂犯罪的对称性存在差异

首先，贿赂犯罪罪名设置的对称性存在差异。《公约》第16条规定了贿赂外国公职人员或者国际公共组织官员。该条既规定了对外国公职人员或者国际公共组织官员行贿罪，也规定了外国公职人员或者国际公共组织官员受贿罪。而我国《刑法》只规定了对外国公职人员、国际公共组织官员行贿罪，未将外国公职人员、国际公共组织官员的受贿行为规定为犯罪。这虽然是有外交特权与豁免、管辖权等方面的考量，但是随着全球经济的不断发展，外国公职人员、国际公共组织官员受贿行为，已经侵犯我国利益的可能性越来越大。因而，将其规定为犯罪，有利于打击对外国公职人员和国际公共组织官员行贿的行为。而且，增设外国公职人员、国际公共组织官员受贿罪，有利于更好地与其他国家进行刑事司法合作，同时是履行国际条约义务的体现①。我国《刑法》规定了单位受贿罪、单位行贿罪和对单位行贿罪。单位受贿罪，是指单位索取、非法收受了他人财物。单位行贿罪，是指单位给予国家工作人员财物。对单位行贿罪，是指给予国家机关、国有公司、企业、事业单位、人民团体以财物。单位行贿罪和对单位行贿罪都是行贿，只是行贿的对象不同。虽然单位贿赂犯罪规定了受贿和行贿，但是与针对自然人的贿赂犯罪相比，仍缺乏非国有性质单位受贿罪、对非国有单位行贿罪；亦没有设立单位介绍贿赂罪、单位利用影响力受贿罪。而这些单位犯罪在现实中不仅常见，而且对人民利益有极大的侵害性。这是立法上的不足之表现。

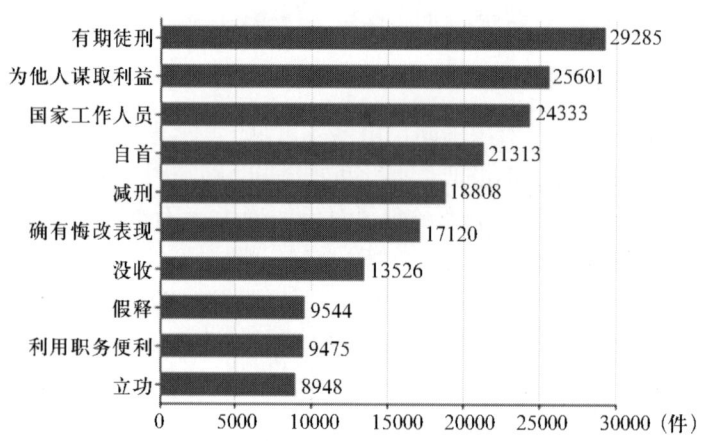

图5 行贿罪关键词案件数量分布

---

① 陈新言、陈结淼：《我国贿赂罪立法与〈联合国反腐败公约〉的衔接》，载《西安石油大学学报（社会科学版）》2017年第1期。

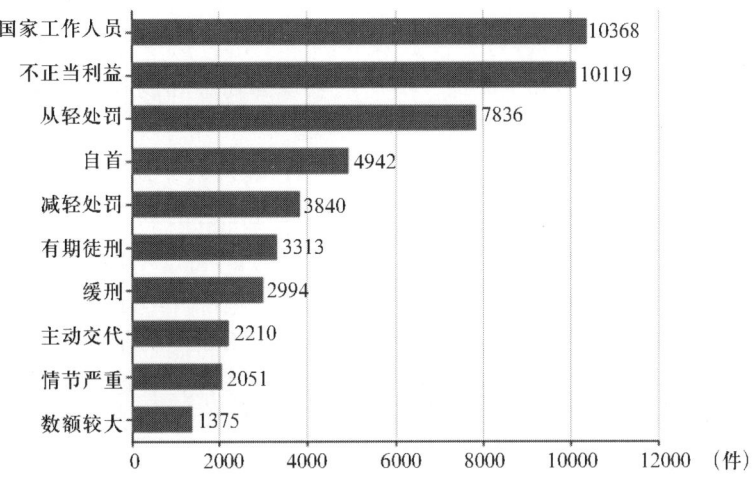

图 6 受贿罪关键词案件数量分布

其次,贿赂犯罪处罚的对称性存在差异。由图 5 和图 6 对比得知,行贿罪明显比受贿罪的刑罚要轻。例如,判处缓刑的行贿罪案件数,在行贿罪案件数中占一定比例。但在受贿罪中,没有被判处缓刑的案件。行贿和受贿是"一对一"的对合关系,对行贿和受贿的处罚应一致。但在我国《刑法》中,受贿罪的处罚规定,按照贪污罪的处罚规定进行,并分为四个档:3 年以下有期徒刑、3 年以上 10 年以下有期徒刑、10 年以上有期徒刑或无期徒刑、无期徒刑或死刑;而行贿罪的处罚规定分为三个档:5 年以下有期徒刑、5 年以上 10 年以下有期徒刑、10 年以上有期徒刑或无期徒刑。两者相比可以发现,受贿罪明显要重于行贿罪的刑罚处罚。此外,受贿罪最重的处罚是死刑,而行贿罪的最终处罚是无期徒刑,在处罚上存在生死的本质差别。但《公约》规定的贿赂犯罪则无此差别。

最后,贿赂犯罪起点的对称性存在差异。我国《刑法》第 163 条规定,非国家工作人员受贿的,要求数额较大,才构成犯罪;第 387 条规定,单位受贿的,达到情节严重的,才构成犯罪。第 385 条针对国家工作人员受贿罪,虽然没有数额及情节的规定,但按照《贪污贿赂司法解释》规定,若单纯只有数额,受贿罪、行贿罪构成犯罪的数额需达到 3 万元;若贿赂数额未达上述规定的,则分为以下两种情形:受贿不满 3 万元但在 1 万元以上并且有该司法解释第 1 条规定的八种情形之一,或者行贿数额不满 3 万元但在 1 万元以上且有该司法解释第 7 条规定的六种情形之一的,构成犯罪。而《公约》并未对贿赂犯罪设置数额起点或情节要求。显然,我国《刑法》为贿赂行为设置的犯罪门槛高于《公约》,也就缩小了贿赂犯罪的打击范围,进而不利于打击贿赂犯罪。

3. 贿赂犯罪刑罚的设置存在差异

首先,贿赂犯罪刑罚种类不同。《公约》第 30 条第 6 款、第 7 款规定:一是根据本公约确立的犯罪的公职人员酌情予以撤职、停职或者调职;二是取消被判定实施了根据本公约确立的犯罪的人,在本国法律确定的一段期限内担任下列职务的资格,也即公职与完全国有或者部分国有的企业中的职务。可见,《公约》对贿赂犯罪刑罚的规定,主要表现为资格刑①。反观我国《刑法》的规定,贿赂犯罪处罚以自由刑为主,辅之以财产刑和生命刑,财产刑表现为罚金和没收财产。这既反映了不同的治理理念,也影响了刑事制裁效果的实现。

其次,特别自首制度的设置不同。《公约》第37条第2款规定:"对于在根据本公约确立的任何犯罪的侦查或者起诉中提供实质性配合的被告人,各缔约国均应当考虑就适当情况下减轻处罚的可能性作出规定。"《公约》规定的"被告人"包括行贿人和受贿人。第3款还规定:"对于在根据本公约确立的犯罪的侦查或者起诉中提供实质性配合的人,各缔约国均应当考虑根据本国法律的基本原则就允许不予起诉的可能性作出规定。"只要是能"提供实质性配合的人",即可不予起诉。这里的"人",也包括受贿人。但在我国《刑法》中,贿赂犯罪的特别自首制度只被适用于行贿人,受贿人只可适用一般自首的规定。

最后,单位犯罪刑罚设置存在差异。《公约》第26条第3款规定:"法人责任不应当影响实施这种犯罪的自然人的刑事责任。"但是,在我国《刑法》中,第387条对单位受贿罪的规定是:"对直接负责的主管人员和其他直接责任人员,处五年以下有期徒刑或者拘役"。可见,单位受贿罪自然人最高刑罚为5年有期徒刑,但普通的受贿罪犯罪主体最高刑罚可以是死刑;第393条对单位行贿罪的刑罚规定为:"对其直接负责的主管人员和其他直接责任人员,处五年以下有期徒刑或者拘役,并处罚金"。单位行贿罪自然人最高刑为5年有期徒刑,而普通的行贿罪犯罪主体最高刑罚可以是无期徒刑。显然,是否属于单位犯罪,已经影响到实施贿赂犯罪的自然人的刑事责任。我国《刑法》单位犯罪的设置,与《公约》的相关规定无法衔接。

二、其他国家对《公约》贿赂犯罪规定的衔接

域外对《公约》的履行程度不尽相同,但从一些国家的积极衔接及其立法规定看,不仅很好地贯彻了《公约》的精神,也显著完善了贿赂犯罪的立法规定,对更好地治理贿赂犯罪具有积极的立法意义。这值得我国今后立法予以借鉴。

(一) 贿赂犯罪的对象范围及内容

根据日本判例的情况,贿赂的范围及内容规定与《公约》相当。日本《刑法》中虽然没有明确"贿赂"的具体内容,但是在法院的判例中规定了贿赂的范围和内容。首先,日本判例认为,是否构成贿赂的判断标准是能否满足人们的欲望②。可

---

① 皮婧靖:《浅谈我国贿赂犯罪相关规定与〈联合国反腐败公约〉的衔接》,载《企业导报》2016年第2期。

② 冯春萍:《中国刑法、日本刑法与〈联合国反腐败公约〉关于贿赂的内容和范围的比较》,载《社科纵横》2010年第5期。

中编　腐败犯罪的法律治理

见,其不限于《公约》的"不正当好处",更不限于我国《刑法》的"财物"。其次,公务员接受的财产性利益,没有数额上的最低限制。即使受贿的财物或财产性利益价值只为1日元,也构成犯罪。换句话说,只要实施了受贿行为,就构成受贿罪。可见,日本贿赂犯罪的内容和范围是以公务员职务的廉洁性、不可收买性这一犯罪客体来确定的。

英国《2010年反贿赂法》对贿赂罪的本质,采取了"不当行为模式"。该模式可解释为,无论形式上是否背离职务要求,只要收受财物就违背了正确履行该职务的内在要求,从而构成不当行为。因此,《2010年反贿赂法》在贿赂范围上不作限制,只要能将涉案利益评价为行为人实施不正当行为的诱因或报酬,即可肯定其为贿赂。同时,行贿和受贿所指向的利益,不要求为不正当利益①。

(二) 贿赂外国公职人员或国际公共组织官员罪

美国《反海外腐败法》于1977年制定,1988年修订。该法律主要由两部分组成,第一部分是关于财务会计制度的规定;第二部分是关于禁止对外国公务员提供贿赂的规定。第二部分具体是指在国际交往中,禁止美国企业向外国公务员进行贿赂。其主体既包括法人,也包括自然人;行为既包括受贿,也包括行贿。贿赂犯罪的对象是有价值的利益;处罚类型为罚金和自由刑。虽然有人批评美国《反海外腐败法》会导致企业成本增加。但是,随着世界上越来越多国家制定了禁止向外国公务人员提供贿赂的规则,证实了美国在《反海外腐败法》中确立贿赂外国公职人员或国际公共组织官员罪顺应了全球反腐趋势。对此,2003年通过的《公约》也规定了禁止贿赂外国公职人员或国际公共组织官员。②

英国《2010年反贿赂法》也规定了此罪,但与美国《反海外腐败法》有所不同,前者将给予疏通费的行为亦纳入了行贿罪。所谓疏通费,是指在跨国投资中,企业或其他组织向他国公职人员支付的以确保履行或加快履行应尽职责的小额费用。美国《反海外腐败法》认为这种行为不违法,并且可作为免责抗辩事由。

(三) 商业贿赂犯罪

在《公约》中,商业贿赂犯罪规定在第21条私营部门内的贿赂中,其与对本国公职人员及外国公职人员或国际公共组织官员的贿赂分别设置在不同法条中。我国对商业贿赂犯罪的法条设置,与《公约》相同。英国《2010年反贿赂法》被公认为最严厉的反贿赂法之一,其总共规定了四项罪名:行贿罪、受贿罪、贿赂外国公职人员罪以及商业组织预防贿赂失职罪。而且,删除了公私部门贿赂犯罪法律适用上的区分,将私营部门的贿赂行为与公职人员的贿赂行为规定在同一条文中,并

---

① 邓若迅:《英国贿赂罪改革研究》,载《中国刑事法杂志》2012年第3期。
② 黎宏:《国际商业活动与反腐败——从美国〈反海外腐败法〉中得到的启示》,载《人民检察》2005年第11期。

设置了同样的刑罚。这就避免了对公共领域和私营领域的贿赂犯罪不同等对待,对自然人和法人的贿赂行为评价不一致现象。① 为了预防企业犯罪,其创设了商业组织预防行贿失职罪。该罪是指关联商业组织人员为该组织获得或维持商业往来,或者为该组织获得或维持商业利益的目的而行贿他人,除非有证据证明该商业组织已履行足够的程序保障义务阻止个人从事上述行为,否则该商业组织犯罪就成立②。美国《反海外腐败法》也确立了商业贿赂犯罪,其规定亦与《公约》相吻合。在行为主体方面,不对行为人的身份或职务进行特殊限制;在行为方式方面,"给予、赠与或同意赠与"都可能构成商业贿赂行为;商业贿赂犯罪标的物是任何有价值的事物,没有数额上的要求。

三、我国进一步与《公约》衔接之管见

按照《公约》的基本要求,参照域外其他国家的有益做法,我们在与《公约》的立法衔接上,仍有继续作为的空间。应通过立法进一步完善贿赂犯罪规定。

(一) 调整贿赂犯罪构成要件

1. 拓展行贿罪的行为方式

我国《刑法》规定,构成行贿犯罪的,行为方式仅限于实际给予。然而,《公约》对行贿罪中行为方式的规定还包括"许诺给予、提议给予"。在我国,《公约》规定的情形,均不构成犯罪,极易导致法网疏漏现象。同时,《公约》规定的行贿有"许诺给予""提议给予"和"实际给予"三种方式,而受贿只有"索取"和"收受"两种。这说明行贿是贿赂犯罪的源头,对其加强遏制有助于高效打击贿赂犯罪,实现预防贿赂犯罪的目的。因此,我国《刑法》应拓展行贿罪的行为方式。

2. 取消贿赂犯罪中的谋取利益要件

我国《刑法》规定了贿赂犯罪应当具备谋取利益的要件。受贿罪规定为"为他人谋取利益",行贿罪规定为"为谋取不正当利益",而利用影响力受贿罪规定为"为请托人谋取不正当利益",对有影响力的人行贿罪规定为"为谋取不正当利益"。在这些规定中,既有谋取不正当利益的,也有谋取利益未说明正当性的。而在行贿罪中,其明确规定为不正当利益,那么倘若行贿人谋取的是正当利益,则不构成行贿罪。这明显与贿赂犯罪立法精神相违背。即使将贿赂犯罪中的谋取利益要件统一为"谋取利益",不再区分正当与否,也严重限缩了刑法的规制范围,同时未彻底履行《公约》义务。毕竟《公约》规定的贿赂犯罪的犯罪主体无须有为他人谋取利益的目的。而且,谋取利益作为主观要件,在司法实践中的认定极其困难。即使能够认定,认定的标准也不统一,影响了案件的查处。这皆导致刑法对犯罪的整体评

---

① 高铭暄、曹波:《中英受贿犯罪立法比较研究》,载《法学杂志》2016 年第 8 期。
② 魏昌东:《英国贿赂犯罪刑法治理:立法发展与制度创新》,载《学习与探索》2013 年第 2 期。

价能力下降,犯罪预防能力亦随之减弱①。因此,我国《刑法》应取消贿赂犯罪中的谋取利益要件。

3. 扩大贿赂犯罪标的范围

贿赂犯罪的对象范围,直接影响着打击贿赂犯罪的力度,决定受贿罪犯罪圈的大小及具体行为罪与非罪的界定②。在我国《刑法》中,贿赂犯罪的标的为"财物"。而在《公约》中,贿赂犯罪的标的为"不正当好处",其外延不单指"财物",而且涵盖了除财物之外的其他。同时,考虑到贿赂犯罪的本质是"违反国家公职行为的不可收买性",只要完成了"权钱交易"即构成犯罪,那么行贿人以什么方式满足了受贿人在所不问。因此,扩大贿赂犯罪的犯罪对象范围,不仅有利于严密我国贿赂犯罪的刑事法网,而且有利于打击我国的贿赂犯罪。

(二) 改善贿赂犯罪不对称性

1. 增设及完善相关罪名

首先,增设外国公职人员或国际公共组织官员受贿罪。《公约》规定了外国公职人员或国际公共组织官员受贿罪,而且明确要求"为其本人或者其他人员或实体索取或者收受不正当好处"。从该规定可以看出,外国公职人员或国际公共组织官员受贿罪未限定于商业活动。倘若我国《刑法》增设外国公职人员或国际公共组织官员受贿罪,也不应限定在商业活动中。此外,外国公职人员或国际公共组织官员受贿罪的对象,应当与《公约》的规定保持一致。"外国公职人员",是指外国无论是经任命还是经选举而担任立法、行政、行政管理或者司法职务的任何人员,以及为外国,包括为公共机构或者公营企业行使公共职能的任何人员;"国际公共组织官员",是指国际公务员或者经此种组织授权代表该组织行事的任何人员。该罪的主体虽未明确规定,但应包括自然人和单位,国籍则在所不问,只要是在我国刑事管辖范围内,即可作为本罪的主体。在此基础上,即可对外国公职人员或国际公共组织官员受贿罪作出相应的刑罚设置。在立法技术上,鉴于该罪与我国《刑法》中的对外国公职人员或国际公共组织官员行贿罪的对象,都是外国公职人员或国际公共组织官员,因此,可建议直接在《刑法》第164条后增加一款,刑罚处罚方式与对外国公职人员或国际公共组织官员行贿罪一致。③ 其次,为了防止单位贿赂犯罪与自然人贿赂犯罪罪名设置不一致,使贿赂犯罪体系更合理,我国单位贿赂犯罪应取消单独的单位贿赂罪名,在自然人贿赂犯罪后增加单位犯罪条款。

---

① 魏昌东:《贿赂犯罪"预防型"刑法规制策略构建研究》,载《政治与法律》2012年第12期。

② 卢建平、郭健:《中国贿赂犯罪立法之缺陷与完善——以适用〈联合国反腐败公约〉为视角》,载《河北法学》2006年第12期。

③ 赵秉志、杜邈:《论贿赂外国公职人员、国际公共组织官员罪》,载《中国刑事法杂志》2007年第1期。

2. 强化行贿罪的刑罚规制

行贿罪与受贿罪是对向犯,在定罪量刑方面不应厚此薄彼。按照《公约》的规定,行贿、受贿的,应当同罪同罚。但在我国《刑法》中却受到"不平等对待"。在司法实践中,鉴于行贿人向办案人员提供了证据去证实受贿事实,往往对行贿人从宽处罚。除此之外,《刑法》还明确规定了"因被勒索给予国家工作人员以财物,没有获得不正当利益的,不是行贿"。行贿人只要满足了"被勒索"和"没有获得不正当利益"即不构成犯罪。但是在这种情形下,法益受侵害的事实客观存在,该行为作为行贿的免责事由不合理。可见,我国《刑法》对行贿罪的处罚力度过轻,极易产生放纵行贿的后果,不利于对贿赂犯罪的源头进行治理。因此,应删除《刑法》中索贿不追责的规定,同时强化行贿罪刑罚规制,使行贿罪和受贿罪的法定刑保持一致。

3. 调整贿赂犯罪的起点规定

尽管贿赂犯罪往往表现为数额情节,然而数额不是决定贿赂犯罪是否追诉的唯一标准。首先,不能仅以数额判定行为的性质,不能因数额小而否定贿赂行为。其次,将行贿罪与受贿罪的定罪数额保持一致,缩小自然人贿赂犯罪与单位贿赂犯罪定罪的起点差距,也不利于有效发挥贿赂犯罪数额在定罪量刑中的作用。最后,在非国家工作人员受贿罪、对非国家工作人员行贿罪及对外国公职人员、国际公共组织官员行贿罪的定罪量刑规定上,只有数额标准,缺乏犯罪情节标准。因此,应取消具体数额标准,改为具有一定弹性的以数额或情形二选一的标准。

(三) 设置科学的法定刑

1. 完善贿赂犯罪的罚金刑,增设贿赂犯罪的资格刑

贿赂犯罪是贪利型犯罪,为其配置财产刑无可厚非。虽然我国《刑法》对贿赂犯罪都规定了罚金刑,个别还规定了没收财产,但关于罚金的规定过于抽象,以致在司法实践中频繁出现司法工作人员滥用自由裁量权肆意判处罚金数额现象。贿赂犯罪属于职权犯罪,其犯罪模式为权钱交易。这决定了最具有针对性的刑罚措施是禁止受贿者担任公职。《公约》对此有相应的规定。但是,在我国《刑法》中,只有在总则部分才有资格刑的规定。即《刑法》第57条规定:"对于被判处死刑和无期徒刑的犯罪分子,应剥夺政治权利终身"。这就使在贿赂犯罪中未被判处死刑、无期徒刑的腐败分子在刑罚执行完毕后,有再次获得公职的机会,这也意味着其利用公职再次犯罪的可能性极大。因此,我国《刑法》应在贿赂犯罪中增设资格刑。①

2. 修正贿赂犯罪的特别自首制度

我国《刑法》贿赂犯罪中的特别自首规定,只适用于行贿行为的情形。但这已经不适应当前"预防型"贿赂犯罪的治理趋势。一方面,这种单向性的规定,降低

---

① 王鹏祥、张彦奎:《当代中国贿赂犯罪的刑法治理——以〈联合国反腐败公约〉为观照》,载《河北法学》2014年第2期。

了行贿人的行贿成本,影响了对行贿人的威慑功能,进而无法实现立法对行贿行为的打击与预防目的;另一方面,该规定被滥用的风险增加。在实践中,可能会出现行贿人,基于特别自首制度的存在,而肆意行贿。更有甚者,实施的行贿行为,属于先诱使受贿人利用职务便利作为或不作为,事后以自首为要挟而进行索回行贿的财物。因此,应修正贿赂犯罪的特别自首制度,要么取消行贿罪的特别自首制度,要么为受贿罪也设置特别自首制度。此外,行贿人和受贿人的特别自首制度,适用的前提和结果应一致。

3. 完善单位贿赂犯罪的刑罚规定

目前,对单位的直接责任人员的刑事处罚,与自然人贿赂犯罪的刑事处罚相比明显要轻。而且,按照《公约》规定,"法人责任不应当影响实施这种犯罪的自然人的刑事责任"。因此,我国《刑法》应协调自然人与单位直接负责主管人员和其他直接责任人员的定罪量刑标准,处罚不能相差过大。在此基础上,还应完善罚金刑。由于抽象罚金刑,容易使法官自由裁量权过大,因此采用比例罚金刑,更能达到惩治贿赂犯罪的效果。①

---

① 陈新言、陈结淼:《我国贿赂罪立法与〈联合国反腐败公约〉的衔接》,载《西安石油大学学报(社会科学版)》2017年第1期。

我国反贿赂刑法与《联合国反腐败公约》之协调

闫 雨*

在全球化时代,腐败犯罪已然成为全球性的问题。各国在不遗余力预防和打击腐败犯罪的同时,更加注重通过加强国际合作打击腐败犯罪。在此时代背景下,2003 年《联合国反腐败公约》(以下简称《公约》)诞生,作为迄今为止国际社会预防和惩治腐败犯罪最为完善的法律,为各国反腐败刑事立法提供了蓝本。我国作为缔约国于 2005 年批准加入该《公约》,随之对反贿赂刑法进行了重大调整,初步实现了反贿赂刑法与《公约》的对接,不过在具体犯罪构成层面尤其是贪污罪、受贿罪这两个核心罪名的规定上仍然存在一定的错位。从建立健全反腐机制的角度出发,有必要对我国刑法与《公约》的衔接问题作进一步的研究与探讨。

一、我国贿赂犯罪刑法对《联合国反腐败公约》的回应

自 1979 年刑法典出台以来,我国关于贿赂犯罪的刑事立法历经多次修改,特别是 2005 年加入《公约》以后,对于贿赂犯罪所涉及的罪名从构成要件到法定刑均作出了大幅度的修改和调整。

2006 年 6 月通过的《刑法修正案(六)》,为打击和预防司法实践中日益猖獗的商业贿赂犯罪,扩大了原刑法第 163 条公司、企业人员受贿罪的主体范围,将公司、企业以外的其他单位诸如学校等事业单位中的非国家工作人员纳入本罪的主体,相应地,原刑法第 164 条对公司、企业人员行贿罪的对象范围亦作出了相应调整。主体增加以后,罪名也调整为"非国家工作人员受贿罪"。

2009 年 2 月通过的《刑法修正案(七)》,在原有贿赂犯罪罪名体系的基础上,增加规定了利用影响力受贿罪,将贿赂犯罪的惩治和预防范围扩大至国家工作人员的配偶、子女、兄弟姐妹等关系密切的人以及离职国家工作人员,以应对实践中受贿行为的新变化,回应《公约》打击利用影响力受贿行为的要求。

2011 年 2 月通过的《刑法修正案(八)》将对外国公职人员、国际公共组织官员行贿的行为纳入刑法规定范围,这是基于国内惩治此类犯罪的需要和与国际社会接轨的双重缘由。一方面,随着经济全球化趋势的加强,我国的公司、企业参与国际贸易活动也随之频繁,实践中有些公司、企业为了在国际贸易活动中获取更多

---

* 闫雨,法学博士,广东工业大学政法学院副教授,主要研究方向为中国刑法、犯罪学。

的利益而向外国公职人员、国际公共组织官员行贿,这些必然极大损害我国公司、企业在国际上的形象,破坏公平的国际贸易秩序,同时催生国际腐败现象的发生。另一方面,作为《公约》缔约国,对于《公约》中明确规定为犯罪的行为,应该尽可能在本国刑法中予以回应,外国公职人员、国际公共组织官员行贿的行为是《公约》中明确规定的犯罪行为。

2015年8月通过的《刑法修正案(九)》是迄今为止对于贿赂犯罪的刑事立法修改最多的一次,修改涉及贪污受贿犯罪定罪量刑标准、贿赂犯罪罪名体系等方面,也是迄今为止学界对于贿赂犯罪刑法修改争议最多的一次。

1. 修改了贪污受贿犯罪的定罪量刑标准

我国刑法关于贪污受贿犯罪的定罪量刑标准,经历了由定性无定量模式到定性加定量模式的转变。1979年刑法对于贪污受贿犯罪采取的是定性无定量这种被英美法系和多数大陆法系国家立法所采纳的模式,即仅规定行为性质,将数额、情节等定量因素的认定交给司法机关,对于贪污罪与受贿罪的法定刑也是分别予以规定。不过相比其他国家,我国司法机关并不擅长司法定量的判断,所以这种立法模式很快被定性+定量的模式所代替。1982年《关于严惩严重破坏经济犯罪的罪犯的决定》出台,贪污受贿犯罪的定罪量刑标准被统一,这种立法模式一直延续至今。随后1988年《关于惩治贪污贿赂犯罪的补充规定》对贪污受贿犯罪的数额予以明确。1997年刑法继承了上述规定对贪污受贿犯罪的定罪量刑模式至今。《刑法修正案(九)》并未改变上述立法模式,但是大幅度修改了贪污受贿犯罪的定罪量刑标准,由之前单纯依靠数额的一元定罪模式转变为"概括数额+情节"的定罪量刑模式,首次将数额与情节并重。随后"两高"通过司法解释的形式,对贪污受贿犯罪的数额标准和情节标准予以了明确。

2. 修改了行贿罪的特别减免条款,增加了罚金刑

《刑法修正案(九)》对行贿罪也作出了重要的调整,基于"立法因果论"[①],修改了行贿罪的特别减免条款,将原刑法中"行贿人在被追诉前主动交待的,减轻或者免除处罚"修改为"从轻或者减轻处罚";同时加大了对于行贿罪的处罚力度,针对行贿类犯罪"贪利性"的特点,增设了罚金刑的规定。《刑法修正案(九)》对行贿罪特别减免条款的修订,得到了刑法学界学者的普遍认可,认为该修改能够有效打击行贿犯罪,进而更有利于从源头打击受贿犯罪。对此,笔者存在不同观点,世界上多数国家如俄罗斯、克罗地亚等国从有效打击腐败犯罪的立场出发,均对行贿犯罪规定了较大幅度的刑罚优惠,这是出于打击受贿犯罪的需要。如果对于行贿犯罪处以较重的法定刑,势必导致受贿罪破案处罚率的下降,无数研究成果表明,针对贿赂犯罪严密的刑事法网比严厉的刑罚更具威慑力。另外,之前的特别减免条款符合刑法罪责刑相适应原则。行贿人在被追诉前主动交代的行为与单纯的自首相

---

① "立法因果论"的基本内容是:受贿的存在根源在于行贿的存在,即行贿是受贿产生的原因,受贿是行贿的结果。参见姜涛:《废除行贿罪之思考》,载《法商研究》2015年第3期。

比，行为人主观恶性、人身危险性均有所降低，并且对于法益的恢复起到了相当的作用，从罪责刑相适应原则出发，理应赋予宽于自首的刑罚优惠。①

3. 增设了对有影响力人的行贿罪

2009年《刑法修正案（七）》增设了利用影响力受贿罪以后，学界和实务界一直呼吁对利用影响力受贿罪的对向性行为，即向国家工作人员关系密切的人员行贿的行为入刑。行贿行为具有一定的诱发性，没有行贿行为自然没有受贿行为，单纯打击利用影响力受贿的行为，而不打击相对应的行贿行为，确实很难起到应有的预防和惩治效果。

4. 针对贪污受贿犯罪增设了终身监禁

《刑法修正案（九）》增加了对特定贪污受贿犯罪人可以适用终身监禁的规定。这意味着刑法设立了贪污受贿犯罪终身监禁的制度，终身监禁从2016年"白恩培案"①开始正式进入司法适用程序。学界和实务界普遍将终身监禁看作死刑的替代措施，提出今后要通过立法的形式逐步扩大终身监禁的适用范围，减少死刑立即执行的适用。②

总体而言，我国刑法对贿赂犯罪的规定基本回应了《公约》"零容忍"的刑事政策，我国刑法关于贿赂犯罪的刑事法网不断严密，通过修改刑法和出台一系列司法解释，不断完善刑法关于贿赂犯罪的体系，刑罚也随之严厉。这体现了我国在理念层面对腐败犯罪的态度，是对《公约》"零容忍"刑事政策的回应。不过，从刑法合理立法模式的角度审视，我国刑法关于贿赂犯罪的规定存在不合理之处。关于刑法合理的立法模式问题，学界普遍认同储槐植教授在1989年提出的"严而不厉"模式。"严"即法网严密；"厉"即刑罚严苛。③ 我国目前在打击腐败犯罪上的刑罚可谓十分严厉，对于贪污受贿犯罪设置了最高刑为死刑，这种过分依赖刑法的做法，极易导致社会治理的过度刑法化，难以从根本上杜绝腐败犯罪的发生。④

二、我国贿赂犯罪刑法对比《联合国反腐败公约》之错位

我国刑法贿赂犯罪几经修改，罪名体系更为细密，构成要件更为明确，部分犯罪法定刑设置也更为科学，为我国有效惩治和预防腐败犯罪提供了基本的法律依据。总体而言，我国关于贿赂犯罪的刑法规定已经基本实现了与《公约》的对接，履行了我国作为《公约》缔约国的义务。但是在犯罪构成层面与《公约》相比仍存在一定的错位。详言之，我国刑法在打击贿赂本国公职人员行为方面设置了受贿罪与行

---

① 参见闫雨：《行贿罪特别从宽减免条款存在之正当性》，载《河南司法警官职业学院学报》2016年第2期。
② 参见黄永维、袁登明：《〈刑法修正案（九）〉中的终身监禁研究》，载《法律适用》2016年第3期。
③ 参见储槐植：《刑事一体化》，法律出版社2004年版，第198页。
④ 参见刘霜、吕行：《论〈联合国反腐败公约〉与我国最新刑事立法的衔接》，载《河南社会科学》2017年第9期。

贿罪，并规定了相应的法定刑，在罪名设置上回应了《公约》对于贿赂本国公职人员规制的基本要求，不过在受贿罪与行贿罪的具体构成要件上的设置与《公约》相比存在错位。

1. 关于行贿罪的构成要件

关于行贿罪《公约》第15条规定，向公职人员直接或者间接给予（包括许诺、提议给予与实际给予）或者向其他人直接或者间接给予不正当好处，以换取公职人员公务行为的作为与不作为。我国刑法对行贿罪规定了较为严格的构成要件，即"为谋取不正当利益，给予国家工作人员以财物"。与《公约》相比，缺乏针对许诺、提议给予情况的规定。同时增加了"为谋取不正当利益"的目的规定，这"不正当"缩小了行贿罪的成立范围。根据《公约》精神，贿赂犯罪所侵犯的法益是国家工作人员职务行为的不可收买性，所以只要是不正当交易谋取的利益，无论利益本身属于何种性质、何种形式都应当纳入行贿罪的打击范围。

2. 关于受贿罪的构成要件

关于受贿罪《公约》第15条规定，公职人员本人或者为他人或实体直接或间接索取或者收受不正当好处，作为其职务行为的对价条件的行为。我国刑法针对受贿罪规定了索取型受贿和收受型受贿，这一点与《公约》一致，但是其中收受型受贿的成立需要存在"为他人谋取利益"的行为，这与《公约》的规定相比，明显缩小了受贿罪的成立范围。鉴于此，2003年《全国法院审理经济犯罪案件工作座谈会纪要》和2016年"两高"《关于办理贪污贿赂刑事案件适用法律若干问题的解释》对"为他人谋取利益"进行了扩张解释。"为他人谋取利益"包含承诺谋取、实施谋取和实现谋取，只要行为人实施了上述任何一个阶段的行为，均属于"为他人谋取利益"。上述司法解释虽然回应了《公约》的规定，但是作此种解释是否违反罪刑法定原则值得探讨。

3. 关于贿赂标的问题

关于贿赂标的，《公约》采取了"不正当好处"的表述，我国现行刑法将贿赂标的限定为财物。关于财物的范围通说认为，包括有价值的有体物、无体物以及财产刑利益，至于非财产性利益，则不属于财物。① 虽然从受贿罪的实质以及国外的刑事立法与司法实践上看，贿赂可能包括如性贿赂等非财产性利益，但是我国刑法关于贿赂犯罪标的的规定并不包含非财产刑利益，这样的范围界定远远小于《公约》的规定。

4. 关于贿赂犯罪起点的规定

《公约》对贿赂犯罪采取"零容忍"的刑事政策，并未对贿赂犯罪设置数额起点或者规定情节要求，当然对于具体个案司法定量必不可少，对于轻微的贿赂行为不会予以定罪。我国刑法对于贿赂犯罪则规定了相应的数额标准与情节要求，在《刑法修正案（九）》生效以后，相关司法解释对于贿赂犯罪的数额标准和情节标

---

① 参见张明楷：《刑法学（第五版）》，法律出版社2016年版，第1205页。

准予以调整,将原数额由5000元上调至3万元,同时将原数额不满5000元但是情节较重构成受贿的,调整为数额在1万元以上不满3万元并且具有特定情节的。与《公约》相比,我国对于贿赂犯罪构成的门槛设置较高,会使大量按照《公约》规定构成贿赂犯罪的行为在我国无法构成犯罪,并且具体数额的标准无法满足社会变革的需要。

5. 关于贿赂犯罪个别罪名的规定

我国在2011年增设了对外国公职人员、国际公共组织官员行贿罪,但是并未对其对象行为——外国公职人员、国际公共组织官员受贿予以规定,这一点与《公约》的规定存在差异。其立法考量应该是基于犯罪主体是外国公职人员、国际公共组织官员;其受贿行为理应由其所在国予以管辖,这一规定也符合我国刑法关于效力范围的界定。

三、我国贿赂犯罪刑事立法问题检视

我国贿赂犯罪刑事立法除构成要件本身与《公约》存在错位以外,在罪刑规范体系上与《公约》相比亦存在差距,并且主要集中在贪污罪与受贿罪这两个贿赂犯罪的核心罪名上。

(一) 贿赂犯罪刑事立法从"严而不厉"转变为"厉而不严"

1979年刑法将国家工作人员利用职务上的便利,收受贿赂的行为规定为受贿罪。对于受贿罪的成立没有规定具体的数额标准,而是采取了大多数国家和《公约》的定性无定量的立法模式,在法定刑的设置上以5年以下有期徒刑作为基本刑,以5年以上有期徒刑作为加重的法定刑。1997年刑法改变了1979年刑法关于受贿罪的规定,将"为他人谋取利益"规定为收受型受贿罪的构成要件;改变了1979年刑法关于受贿罪标的的规定;修改了1979年刑法定性无定量的立法模式,对受贿罪规定了确定的数额标准,在法定刑上加重了对受贿罪的处罚力度,将法定最高刑升格为死刑,同时针对贪污受贿犯罪还设置了终身监禁制度。上述立法的一系列变化固然彰显了党和国家在惩治腐败犯罪方面的决心,但是,这种刑事立法上由"严而不厉"向"厉而不严"的转变难以在现代刑事政策上得到合理解释。[①]

首先,1997年刑法将"为他人谋取利益"作为构成要件导致争议不断,为了尽可能扩大受贿罪的处罚范围,学界对"为他人谋取利益"的理解提出了不同的观点。传统观点认为,"为他人谋取利益"是客观构成要件要素;国家工作人员单纯收受财物并未为他人谋取利益的不成立受贿罪。为他人谋取利益的无论利益是否实现,均不影响受贿罪的定性。换言之,受贿罪的成立需要客观上为他人谋取利益的

---

① 参见梁根林:《中国反贿赂刑法与〈联合国反腐败公约〉:一个比较分析》,载《中国法律评论》2017年第4期。

行为存在，至于是否实际谋取到利益不需要考虑。① 但是这种学说存在诸多问题，比如，与受贿罪所保护的法益不符，与认定受贿罪的既遂标准不符，有违反罪刑相适应原则之嫌。鉴于此，有学者提出"为他人谋取利益"是主观要素。② 不过这种观点极易缩小受贿罪的处罚范围，按照该观点，行为人只有主观上具有"为他人谋取利益"的意图，才成立受贿罪。按照此观点，实践中有些受贿人并不具有这种意图但仍然收受贿赂的，就不能认定为受贿罪，这显然是不合适的。鉴于上述两种观点的不足，有学者提出"为他人谋取利益"仍为受贿罪的客观构成要件要素，其内容的最低要求是许诺为他人谋取利益。许诺是一种行为，包括明示也包括暗示。③ 这种观点确实解决了1997年刑法关于受贿罪法网不严密的问题，此后的司法解释亦采纳了此观点。不过，从实质上分析，这种观点实际上架空了"为他人谋取利益"这一构成要件要素。按照上述观点与司法解释，只要国家工作人员收受财物，就是一种暗示的许诺行为，许诺既可以真实，也可以虚假。从实际效果来看，只要是财物与职务行为之间具有对价关系，即构成受贿罪。这种观点虽然解决了受贿罪法网"厉而不严"的问题，却是以突破罪刑法定原则作为代价的扩张解释。其次，1997年刑法将受贿罪的标的由贿赂转变为财物，不当缩小了受贿罪的成立范围。贿赂包括财物、财产性利益与非财产性利益，而财物的表述则无法包含非财产性利益。这一修改直接导致实践中对于常见的性贿赂行为无法定罪处罚，放纵了犯罪。最后，相比1979年刑法，1997年刑法大幅度提高了受贿罪的法定刑，试图以严刑峻法遏制腐败犯罪，但是这样的立法不符合现代刑法"严而不厉"的发展趋势，在法理逻辑上存在明显不足。

（二）贿赂犯罪司法解释陷入"定罪扩张"与"量刑轻纵"两难境地

受贿罪目前"厉而不严"的立法现状直接导致贿赂犯罪的司法解释陷入了"定罪扩张"与"量刑轻纵"两难境地。按照现行刑法关于受贿罪的规定，如果严格按照文义解释的方法进行解释，必然放纵很大一部分受贿罪犯罪人，这与党和国家反腐"零容忍"的政策立场相违背。所以，从近年来的关于贿赂犯罪的司法解释看，司法机关大多采取实质解释和扩张解释的方式，突破现行刑法的规定，扩大贿赂犯罪的范围。不可否认，这对严密贿赂犯罪的刑事法网起到了积极的作用，但是解释刑法不能离开刑法用语、法条文字去追求"正义"，司法解释对于贿赂犯罪的"定罪扩张"始终有违罪刑法定原则。

如前所述，现行刑法对贪污受贿犯罪设置了极其严厉的法定刑。如果严格按照法律的规定，绝大部分贪污受贿犯罪的犯罪人必将面临严苛的刑罚。在《刑法修正案（九）》生效以前，数额10万元以上的，按照刑法规定就应当适用10年以上有

---

① 参见张明楷：《刑法学（第五版）》，法律出版社2016年版，第1207页。
② 参见陈兴良：《口授刑法学》，中国人民大学出版社2007年版，第725页。
③ 参见张明楷：《刑法学（第五版）》，法律出版社2016年版，第1208页。

期徒刑、无期徒刑；情节特别严重的，处死刑，显然这种立法早已与社会大转型时代的中国发展不符。司法实践中贪污受贿数额大多远远高于刑法设置的数额标准，如果全部按照刑法规定予以量刑，势必要对大多数犯罪人处以严厉的刑罚。而少杀、慎杀的死刑政策又绝对不允许司法机关大量适用死刑。这种矛盾使得司法实践中1997年刑法贪污受贿量刑规定的条款的适用陷入尴尬境地。《刑法修正案（九）》对于贪污受贿犯罪刑罚的修改不过是对多年司法实践中惯用做法给予法律上的依据。虽然这是司法中的无奈之举，但是这种定罪上的恣意扩张与量刑上的轻易放纵导致的后果是刑法权威性受损。

（三）贿赂犯罪司法实践陷入"司法教条"与"司法能动"两级分化

由于贿赂犯罪立法"厉而不严"的立法模式，直接导致了贿赂犯罪司法实践陷入"司法教条"与"司法能动"两级徘徊。《刑法修正案（九）》生效前，贪污罪、受贿罪均以数额作为主要的量刑依据，犯罪情节在司法实践中往往忽略不计。由于刑法确立的数额标准已经远远落后于司法实践的要求，司法机关在实践中要么严格按照刑法的规定进行处罚，无视通货膨胀等因素，对不同时期受贿数额相同的案件作出相同的处罚，从而陷入司法教条；要么忽略刑法的规定，突破数额标准，按照自己的理解作出裁决，导致不同地区相同受贿数额的案件判罚结果大相径庭。这种"司法教条"与"司法能动"，是"计赃论罪"模式的必然结果。《刑法修正案（九）》生效后，将情节提升至与数额同等的地位，确立了"数额+情节"的定罪量刑标准，后续的司法解释也对贪污受贿犯罪的数额和情节予以了明确。这样的立法设计看似能够解决《刑法修正案（九）》生效前贿赂犯罪司法实践中"司法教条"与"司法能动"两级化的问题，但在笔者看来，这种确定数额的立法模式，无法从根本上解决这一问题，当这一数额再一次不符合社会发展需要时，"司法教条"与"司法能动"两级化的问题会再次凸显。

四、我国贿赂犯罪刑事立法之完善

《刑法修正案（九）》并未解决我国贿赂犯罪刑法的结构缺陷，与《公约》不能完全对接，无法充分体现针对贿赂犯罪"零容忍"的刑事政策，从长远看亦不能摆脱司法实践中关于贿赂犯罪刑事立法适用的困境，贿赂犯罪的立法仍然面临定罪不足、量刑过剩的问题。鉴于此，在全面评估我国现行贿赂犯罪的刑事立法与司法现状的基础之上，笔者对于我国贿赂犯罪刑事立法的完善方案提出如下建议。

（一）分立贪污罪、受贿罪的定罪量刑标准

纵观我国刑法关于贪污受贿犯罪的规定，除1979年刑法对贪污罪、受贿罪采取独立的定罪量刑标准以外，立法和司法解释均采取贪贿同刑的一元定罪量刑模式，而《刑法修正案（九）》同样沿用了这种定罪量刑模式。笔者认为，贪贿同刑的一元定罪量刑模式不能充分区分贪污罪与受贿罪不同的不法与责任，不能反映贪污罪与受贿罪在社会危害性方面的不同,对当下受贿罪与贪污罪发展变迁没有充分考量。鉴于此,有必要在未来修改刑法时沿用1979年刑法的立法模式分立贪污罪与受贿罪。从社会危害性角度出发,鉴于受贿罪已然代替贪污罪成为最为突出最为严重的腐败犯罪,受贿罪的定罪量刑标准应严厉于贪污罪。

1. 受贿罪与贪污罪所侵犯法益不同

关于受贿罪所侵犯的法益,一直存在两种立场:一种起源于罗马法立场的职务行为的不可收买性。根据这一立场,不论公务人员实施的职务行为是否正当,只要公务员要求、约定、收受了与职务行为对价的不正当报酬,即构成受贿罪。另一种起源于日耳曼法的立场,受贿罪保护的法益是职务行为的纯洁性或者公正性。根据这一立场,只有公务员实施违法或者不正当职务行为,基于上述行为要求、约定、收受不正当报酬的,才构成受贿罪。① 我国刑法学界对于受贿罪侵犯何种法益的争议由来已久,主要有职务行为的不可收买性与职务行为的廉洁性两种观点。笔者倾向于不可收买性。廉洁性说本身是指职务行为的廉洁性还是公务人员本身的廉洁性无法判断,而这两种不同的界定会对受贿罪的构成要件产生不同的解释结论。采取不可收买性说不会对受贿罪的构成要件产生不同解释,并且能够准确反映受贿罪"权钱交易"的实质,与《公约》关于受贿犯罪的表述一致。与受贿罪不同,刑法设立贪污罪旨在保护公共财产,从这一层面上分析,贪污罪所保护的法益主要是财产法益,其次才是职务行为的廉洁性。这也是1979年刑法将贪污罪规定在侵犯财产犯罪一章中的原因。1997年刑法为突出对贪污贿赂犯罪的惩治,将其规定为独立的一类犯罪在刑法分则中加以规定。不过即便刑法作如此规定,贪污犯罪主要侵犯的法益是财产,并不属于对国家法益的犯罪,而贿赂犯罪侵犯的是职务行为的不可收买性,属于对国家法益的犯罪。

2. 数额标准在两罪的社会危害性评价方面所起的作用完全不同

如前所述,贪污罪所保护的法益主要是财产法益,其次才是职务行为的廉洁性,那么数额标准在贪污罪的社会危害性评价体系中就占有重要的比重,可以说,数额是贪污罪社会危害性的集中体现。对于受贿罪,其所侵犯的法益为职务行为的不可收买性,那么受贿所得数额仅能作为评价受贿罪社会危害性的部分指标,其犯罪情节以及不正当行使公权力所造成的后果才是评价其社会危害性的主要标准。从这一点分析,受贿罪的定罪量刑标准应严于贪污罪。详言之,从社会危害性角度分析,贪污罪起点数额应高于受贿罪,相同数额等级内的贪污罪的量刑档次应低于受贿罪。②

(二) 构建概括"数额+情节"的定罪量刑标准

我国刑法关于贿赂犯罪的立法自古以来多采取"计赃论罪"的模式。1997年刑

---

① 参见〔日〕大塚仁:《刑法各论(下卷)》,青林书院新社1968年版,第678页。
② 闫雨:《贪污受贿犯罪二元分立的定罪量刑标准研究》,载《江西社会科学》2015年第8期。

法同样采取了这种立法模式,绝对的数额标准对严厉打击贿赂犯罪,最大限度保证个案公平起到了积极的作用。不过绝对的数额标准往往在适用一段时间后就会不合时宜,导致司法教条与司法能动的司法逻辑思维出现两级化。《刑法修正案(九)》出台之时,对于贪污罪、受贿罪并未规定具体数额标准,而是采取了概括性数额的规定模式,即数额较大、数额巨大以及数额特别巨大并规定了与之相对应的情节。《刑法修正案(九)》出台后,法学界大多呼吁"两高"出台司法解释明确数额标准。2016年"两高"颁布司法解释,出台了明确的数额标准,提高了1997年刑法关于贪污受贿犯罪的数额,结束了贪污受贿犯罪长达半年之久无统一定罪量刑标准的局面。但是,这种提高数额标准的做法,不过是将过去贪污受贿犯罪定罪量刑标准过于显性的不合理标准予以隐性处理,随着社会的不断变化发展,2016年确立的数额标准也会慢慢地不合时宜。再者,由司法解释承担刑事立法职能,久之必然导致刑法被架空。

鉴于此,数额属于贪污受贿犯罪定罪量刑标准的重要内容,刑法应当对贪污受贿犯罪承担起这一立法职能,在刑法典中以法条的形式对于贪污罪、受贿罪的数额标准予以规定,从刑法确定性与适用性角度分析,数额宜采取概括数额的规定模式。从贪污罪、受贿罪所侵犯的法益考虑,概括数额的具体标准宜为犯罪时上年度全国城镇居民人均可支配收入,综合考虑货币购买力、居民消费指数、通货膨胀等因素确定相应的倍数。

(三)审慎适用死刑立即执行与终身监禁

我国刑法对于贪污受贿犯罪设置的最高刑为死刑立即执行。不过据笔者掌握的资料来看,自2007年"郑筱萸案"后,我国并未出现对重特大贪污受贿犯罪的省部级高官判处死刑立即执行的案例。作为非暴力犯罪,贪污受贿犯罪死刑的设置本来就一直被学界所诟病,不过现阶段综合民意等方面因素,无法立即废除贪污受贿犯罪的死刑,在司法实践中贪污受贿犯罪的死刑立即执行长期处于备而不用的状态,所以《刑法修正案(九)》对贪污受贿犯罪增加了终身监禁的规定。

对此,绝大多数学者认为针对两种贪污受贿的犯罪人:第一种是本应判处死刑立即执行的犯罪人;第二种是依法可以选择适量的原本应当单纯判处死刑缓期执行的犯罪人终身监禁。① 笔者认为,上述观点值得商榷。第一,从立法原意分析,终身监禁的设置旨在减少贪污受贿犯罪死刑立即执行的实际适用率,并未侵占普通死刑缓期执行的适用空间。第二,从法律性质上分析,终身监禁作为介于死缓与无期徒刑之间的特殊刑罚措施,并没有改变原来的死缓执行制度。第三,终身监禁制度本身存在着一定的缺陷,是否人道、是否违背刑罚教育的价值观等都值得探讨。在我国现阶段,废除贪污受贿犯罪的死刑国情条件与民众支持度都不成熟的情形下,终

---

① 黄京平:《终身监禁的法律定位与司法适用》,载《北京联合大学学报(人文社会科学版)》2015年第4期。

中编 腐败犯罪的法律治理

身监禁作为暂时的过渡措施,适用必须被控制在严格的范围内,应当仅限于极少数确实无法矫正的严重贪污受贿的犯罪人。笔者对于终身监禁的设立持保留意见,不主张扩大适用,不过在立法已经规定终身监禁的情况下,应从限制的角度考虑终身监禁的适用,即仅限于《刑法》第382条、第385条贪污受贿犯罪以及依照第382条、第385条规定处理的犯罪。

关于终身监禁,目前多数论者认为其应作为死刑替代的措施扩展至其他犯罪。笔者对此持保留态度,在现行刑法体系下终身监禁的规定确有其必要性,但即使再次修改刑事立法时,终身监禁也只能作为贪污受贿犯罪死刑立法废止前的过渡措施,因为终身监禁自身存在不可避免的缺陷。例如,片面强调报应和惩罚,不利于刑罚预防、矫正目的的实现,存在残酷性与侵犯人权等种种问题,所以适用范围仅限于极少数重特大贪污受贿犯罪的犯罪人,不宜扩展至更多犯罪。在贪污受贿犯罪死刑废止以后,终身监禁也就失去了存在的价值。

关于巨额财产来源不明罪客观要件的反思与重构

于 冲*

在中国目前的刑法分则体系研究中，巨额财产来源不明罪名条款一直受到实务界与理论界的广泛关注，围绕着本罪的立法正当性、证明对象、实行行为界定、证明责任承担、法定刑设置等问题产生了激烈的争论。在这些问题中，针对巨额财产来源不明罪究竟属于持有犯、不作为犯抑或是复合行为犯的争论尤为激烈，形成了针锋相对的局面。在对现有理论体系反思的基础上，可以发现，上述问题产生的根源均可归结为对本罪客观行为要件的认识上。鉴于此，笔者拟从立法推定型犯罪这一视角重新审视巨额财产来源不明罪客观要件的合理内涵，明确巨额财产来源不明罪既不是不作为犯，也不是持有犯，而是作为一种立法推定型犯罪，有着特殊的犯罪构成体系。

一、关于巨额财产来源不明罪客观要件定性的理论纷争

我国《刑法》第395条对巨额财产来源不明罪作了一般性规定："国家工作人员的财产、支出明显超过合法收入，差额巨大的，可以责令该国家工作人员说明来源，不能说明来源的，差额部分以非法所得论……。"这一规定明确了在我国的刑法当中，对于国家工作人员财产明显超过合法收入而又不能说明财产来源的，可以以巨额财产来源不明罪定罪量刑，体现了我国打击贪腐犯罪、纯洁国家工作人员队伍的决心。但不可否认的是，本罪作为一种立法推定型犯罪，作为一种兜底性、拦截性罪名，有过度侵犯嫌疑人权利之嫌。因此，理论界及实务部门对于该罪的认定都极为谨慎，尤其对于"不能说明来源"的性质认定应如何加以评判与追究，成为学者争议的焦点。

（一）刑法理论界的观点聚讼

综观理论界的研究观点，对于国家工作人员财产、支出明显超过合法收入，差额巨大的认定尚不存在重大争议，而对于本罪的客观行为究竟为何，则存在巨大理论争议和司法困惑。根据《刑法》第395条的规定，巨额财产来源不明罪在客观方面主要表现在，国家工作人员的财产、支出明显超过合法收入，差额巨大，本人又

---

* 于冲，中国政法大学刑事司法学院副教授、法学博士。

中编　腐败犯罪的法律治理

不能说明来源的行为。围绕着以上内容，学界在关于巨额财产来源不明罪实行行为的界定上产生了重大分歧，形成了持有说、不作为说、混合行为说。

1. 不作为说

典型的不作为说认为，巨额财产来源不明罪的成立源于行为人负有说明自己财产来源的义务，不论是行为人拒不说明财产来源的行为，还是虚假说明，都是一种不作为犯罪行为。① 另外有学者在分层次论述本罪构成前提的基础上亦得出上述结论，认为构成本罪的前提是行为人拥有的财产或支出明显超过合法收入，差额巨大，并且行为人对于财产差额不能说明来源合法性。② 为了论证不作为的正当性，持不作为立场的学者对于行为人作为义务的来源作了进一步的研究，并得出了诸多不同的意见。例如，有学者认为行为人说明差额财产来源的义务源于《刑法》第 395 条第 1 款规定③，也有学者认定是来源于司法人员的责令④，还有学者认为是行政法规所规定的公务人员申报财产的义务，如中共中央办公厅、国务院办公厅于 1995 年和 1997 年相继颁布的《党政机关县（处）级以上领导干部收入申报的规定》《关于领导干部报告个人重大事项的规定》就明确规定：公务人员负有向国家有关部门申报并说明财产来源的义务。从法条表述上看，关于巨额财产来源不明罪的罪状内容明显出现了行为人"不能说明"的语词，从语义学的理解上具备了不作为犯罪的形式内涵，同时由于不作为说继承了传统的不作为犯罪理论，目前受到的理论病诟相对较少。

2. 持有行为说

持有行为说的立场是，认为该罪属于一种持有型犯罪，实行行为表现为行为人持有超过合法收入且来源不明的巨额财产，而不是不能说明巨大差额财产来源的行为。⑤ 这种观点将本罪解释为一种持有型犯罪，将国家工作人员持有超过合法收入且来源不明的巨额财产界定为本罪的客观要件，而对于 1997 年《刑法》第 395 条规定的"可以责令说明来源。本人不能说明其来源是合法的"理解为一种司法办案程序，甚至认为这一内容在本质上看是没有任何法律意义的。⑥ 持有行为说的观点跳出了传统刑法学关于作为说与不作为说二元模式的束缚，将巨额财产来源不明罪解释为持有的行为方式。

3. 复合行为说

复合行为说的基本立场是，巨额财产来源不明罪的客观要件既包括对于巨额财

---

① 刘家琛：《新刑法案例解释》，人民法院出版社 1997 年版，第 1275 页。
② 王海军：《关于界定巨额财产来源不明罪实行行为的新思考》，载《湖北社会科学》2009 年第 9 期。
③ 周光权：《刑法各论讲义》，清华大学出版社 2003 年版，第 525 页。
④ 侯国云：《有关巨额财产来源不明罪的几个问题》，载《政法论坛》2003 年第 1 期。
⑤ 陈云正、钱舫：《国家工作人员职务经济犯罪的定罪与量刑》，人民法院出版社 2000 年版，第 229 页。
⑥ 储槐植：《三论第三犯罪行为形式"持有"》，载《中外法学》1994 年第 5 期。

产的持有行为，也包括不能说明巨额财产来源的不作为行为。① 还有学者持相似观点，但与持有和不作为复合的观点不同，而是主张本罪由表现为作为形式的非法获取巨额财产和表现为不作为形式的拒绝说明巨额财产来源的双重行为复合而成。② 据此不难发现，持复合行为说的学者对于本罪客观要件存有内部的分歧，即一种观点是持有与不作为的复合；另一种观点是作为与不作为的复合。

（二）三种观点的理论困境

应当说，在不作为说、持有行为说以及复合行为说中，不作为说虽然符合了传统刑法中犯罪客观行为要件的基本理论，但对于本罪"不能说明来源"的规定进行了错位的解读。而持有行为说和复合行为说也存在着明显的不合理之处，因而也无法令人接受。

笔者认为，不作为说和持有行为说都是不妥当的。首先，不作为说中的行为外延无法全面评价本罪的行为内容。根据《刑法》第395条第1款中"可以责令该国家工作人员说明来源，不能说明来源的，差额部分以非法所得论"的表述可以得出，构成本罪不仅包括行为人拒不说明、虚假说明的情形，也包括行为人想说明但没有"说明能力"的情形。但是，根据不作为犯罪理论，对于不具备作为能力的行为，并不构成不作为犯罪，这就导致这一理论对巨额财产来源不明罪评价的不周延性。其次，持有行为说关键的错误在于，将"拥有差额巨大财产"这一客观现状混淆为传统刑法中的"危害行为"，将构成巨额财产来源不明罪的前提条件和现象上的归属状态误解为行为内容，犯了本末倒置的逻辑错误。③ 这是因为，刑法所否定评价的并不是"国家工作人员的财产、支出明显超过合法收入，差额巨大"的静态事实，而是行为人无法说明财产来源。另外，目前刑法体系中的持有型犯罪，均具有法律明文的规定，持有对象和内容也均具有法律明确列举的范围，而巨额财产并不具备上述特征。复合行为说在否定不作为说与持有行为说的基础上，同时又吸纳了其部分观点，这就导致其最终也继承了不作为说与持有行为说的固有缺陷，属于"换汤不换药"的折中理论。

因此，笔者既不赞成不作为说、持有行为说的观点，也不赞成复合行为说的折中立场，而是源于对推定型犯罪及其正当化事由的重新解读，认为巨额财产来源不明罪并不存在具体的客观行为要件，该罪的认定具有其特殊的犯罪构成体系。

二、理论反思：《刑法》第395条第1款的法律实质与重新解读

客观地讲，目前理论界和实务部门对于巨额财产来源不明罪客观要件争议的根源，主要在于对《刑法》第395条第1款构成要素定位的混乱。笔者认为，巨额财

---

① 高铭暄、马克昌：《刑法学》，中国法制出版社1999年版，第1152页。
② 孟庆华：《巨额财产来源不明罪研究新动向》，北京大学出版社2002年版，第92页。
③ 冯亚东：《试论刑法中的持有型犯罪》，载《中国刑事法杂志》2002年第1期。

产来源不明罪中的"说明财产来源",应当视作阻遏本罪成立的正当化事由,如果能够说明,则阻却犯罪成立;在行为人无法说明巨额财产来源的情况下,不具有正当化事由,视为刑法推定其犯罪成立,在无法认定其他犯罪的情况下,直接以巨额财产来源不明罪定罪量刑。

(一)关于"说明来源"的悖谬认识及理论纠偏

关于说明巨额财产来源的认识,不作为论者认为它属于本罪构成要件中的实行行为,而持有论者则将之界定为客观的处罚条件。那么,究竟应如何理解"说明来源"在巨额财产来源不明罪认定中的地位?在相关问题的研究过程中,理论界主要存在两种不正确的认识:

1. 将"说明对象"潜意识地理解为非法所得

一般认为,在巨额财产来源不明罪认定过程中,巨额财产既可能是非法所得,也可能是犯罪所得,而犯罪所得又可能是一般犯罪所得,还可能是职务犯罪所得。因此,当前的理论研究中,对差额巨大的财产来源定性整体上偏重于非法所得。例如,有学者指出:行为人不能说明来源合法,就决定了巨额财产来源不明罪的行为的成立。① 难以否认,本罪设立的初衷确实是防止国家工作人员因贪污贿赂等非法手段获取巨额财产,而又拒不供述导致放纵行为人违法犯罪现象。但值得注意的是,如果根据这种解释路径,势必会减缩刑法对于此类犯罪行为的打击半径。对此,《刑法修正案(七)》已经给予了明确的答复,即"国家工作人员的财产、支出明显超过合法收入,差额巨大的,可以责令该国家工作人员说明来源,不能说明来源的,差额部分以非法所得论"。这种条文的修改明确表明巨额财产来源不明罪的成立并不是以巨额财产为非法获得为必要,只要行为人不能说明财产来源,不论其巨额财产是否属于非法所得,均不影响本罪的成立。

2. 将"说明来源"理解为行为人的强制性义务

对于《刑法》第 395 条第 1 款中"可以责令该国家工作人员说明来源"的理解,目前理论界普遍将之解读为行为人的证明义务。例如,有学者认为,说明来源是立法者为特定情况下的国家工作人员创设的一项一般的、实体性的行政义务。② 但是,问题在于,如果将"说明来源"理解为行为人的强制性义务,在司法机关确定行为人持有巨额财产的事实前提下,让行为人证明自己持有财产的合法性,本质上是让犯罪嫌疑人承担了自证无罪的义务。鉴于此,理论界将行为人"说明来源"的义务进行了一定的限制。根据理论界较为统一的认识,行为人对于巨额财产说明来源的义务,仅仅限于实体法上的说明义务,无须证明其说明内容的真实性,相关

---

① 喻建立、岳启杰:《对巨额财产来源不明罪客观方面内容的理解和认定》,载《中国检察官》2006 年第 7 期。
② 张曙光:《刑法第 395 条第 1 款中的"说明来源"性质》,载《四川警察学院学报》2010 年第 1 期。

的证明责任仍需由司法机关予以证明。这种理解具有一定的科学性,避免将证明责任和证明义务过度地转嫁给犯罪嫌疑人,避免司法机关的不作为。但是,此种理解仍然存在难以自圆其说的理论困惑,即究竟说明到何种程度才能认定为履行了说明义务,犯罪嫌疑人与司法机关的证明义务究竟如何分担,这些问题的混乱性认识给司法实践带来了操作困惑。

另外,与将"说明来源"理解为行为人的强制性义务不同,还有一种稍显极端的观点认为,巨额财产来源不明罪的本质特征和客观构成要件即在于对超出合法收入差额巨大且来源不明巨额财产的持有,满足这一条件本罪即告成立。行为人不能说明上述巨额财产的合法来源绝非本罪的基本要件,因而1997年《刑法》第395条规定的"可以责令说明来源。本人不能说明其来源是合法的"只是一种程序性条件,没有任何实际上的意义。① 这一观点将"责令说明来源"解释为一种司法工作程序,否认其属于巨额财产不明罪的犯罪构成要件,从这个层面来讲有着一定的合理性。但是,其本质缺陷在于完全否认了刑法条文内容的规范性价值和立法意义,有违背罪刑法定原则之嫌。

(二) 关于"不能说明"的理论检视

在厘清"说明来源"问题的基础上,需要进一步明确何为《刑法》所规定的"不能说明来源的,差额部分以非法所得论"的刑法含义。根据最高人民法院在《全国法院审理经济犯罪案件工作座谈会纪要》中所指出的,现行《刑法》第395条第1款规定的"不能说明"包括以下情况:(1) 行为人拒不说明财产来源;(2) 行为人无法说明财产的具体来源;(3) 行为人所说的财产来源经司法机关查证并不属实;(4) 行为人所说的财产来源因线索不具体等原因,司法机关无法查实,但能排除存在来源合法的可能性和合理性的。据此可以认为,《刑法》第395条第1款所规定的"不能说明来源"主要包括两种情形:一种是拒不说明来源的行为,即传统不作为理论者所称的行为人不作为;另一种是指行为说明了巨额财产的来源,但是无法说明具体来源、进行虚假说明、无法查实(说而不明)。对此,诚如有学者所指出的,"不能说明"是在行为人能够说明的情形下不说明,并非客观上真的不能说明,而是主观上不愿说明财产的真实来源,所以"不能说明"的本意应该包括完全拒绝说明以及向司法机关作虚假说明,即说而不明两种情况。②

需要明确的是,以上所讲的"不能说明"并非司法机关上的主观判断,而是司法机关所负的证明责任。具言之,在司法机关掌握行为人财产明显超过其合法收入,责令行为人说明其来源后,行为人只要说明相关财产来源即符合了法律规定,至于

---

① 李宝岳、吴光升:《巨额财产来源不明罪及其证明责任研究》,载《政法论坛》1999年第6期。

② 张曙光:《刑法第395条第1款中的"说明来源"性质》,载《四川警察学院学报》2010年第1期。

行为人是否满足了说明巨额财产来源的条件,需要司法机关根据客观事实进一步予以证明。只有在司法机关明确掌握相关证据证明行为人所作的说明属于"不能说明来源的"情形的,方可以将差额部分以非法所得论。当然,行为人所承担的不能说明的不利后果,并不是因为其不能说明巨额财产来源所导致的,而是因为司法机关证明了行为人不能说明来源而得出的实体性推论。① 从这一点来讲,先前所讲的持有说和不作为说均是站不住脚的,其本质缺陷在于无法解释行为人"不能说明来源"的性质。

概言之,巨额财产来源不明罪中的"不能说明"要素,需要由司法机关予以证明,行为人只需说明其财产具体来源即可。因此,责令行为人说明巨额财产来源的行为并没有违背无罪推定的基本原则,行为人作为国家工作人员,担负着国家和人民的重托,对于维护其自身的廉洁性有着义不容辞的责任。因此,在面对超出自己合法财产差额巨大的情况下,说明其来源的合法性是其特殊身份的要求。同时,这种说明只要求行为人能够说出来源即可,而不需要证明解释来源的真实性。从这一点来讲,行为人并没有承担对巨额财产来源不明的证明责任。但是,是否被认定为"不能说明"对于本罪的定性具有极为直接的影响意义,决定了罪与非罪的界限,因此司法机关在取证过程中更加需要谨慎认定。

三、理念重构:巨额财产来源不明罪是否存在客观行为要件

无论当前刑法理论界还是司法实践过程中,对于此罪争议的焦点主要集中在客观行为的定性和认定上。笔者认为,巨额财产来源不明罪作为一种刑事立法推定性罪名,与其他一般的犯罪类型具有差异性,主要体现为这一罪名设置在客观方面并无明确的行为要件。因此,为根本不存在具体客观要件的罪名,想当然地找寻客观行为要件,必然导致"百花齐放、百家争鸣"的"理论繁荣景象"。但是这种"理论繁荣"在充实理论研究的同时,却从根本上误导了巨额财产来源不明罪的科学定性。

(一) 巨额财产来源不明罪不存在客观行为要件

从现行刑法条文的表述来看,"财产、支出明显超过合法收入,差额巨大"和"不能说明来源",是巨额财产来源不明罪认定的关键所在,正是源于对上述问题的认识不清,才导致刑法理论界对本罪客观行为方式研究的混乱。笔者认为,巨额财产来源不明罪在立法上不存在客观行为要件。或许这一论断对于传统刑法理论的颠覆是结构性的,意味着对刑法理论犯罪构成要件体系的修正,但如果不进行创新性的尝试,相应的问题可能永远无法得到解决。

一方面,国家工作人员的财产、支出明显超过合法收入,差额巨大的,不是巨额财产来源不明罪的客观要件。"财产、支出明显超过合法收入,差额巨大"本质

---

① 郭洁:《反思与重构对巨额财产来源不明罪的再认识》,载《河北法学》2003年第5期。

上属于一种静止的事实状态，也是构成本罪的前提和基础，这与行为人在故意或者过失心理支配下客观行为明显不同，同时也不必然属于实施违法行为或者犯罪行为产生的必然结果。因为法律仅仅明确其属于一种"财产、支出明显超过合法收入，差额巨大"的客观状态，其行为原因是否为违法、犯罪行为不影响这一客观状态的性质。尽管国家工作人员明显超过合法收入的巨额财产，大都属于非法所得，但是此类非法手段并不是本罪的评价对象，如果其构成其他具体犯罪，则应以相关犯罪定罪量刑。因此，如果将该事实状态理解为本罪的客观行为要件，则违背了刑法理论中以行为为中心的定罪模式。

另一方面，不能说明也不是巨额财产来源不明罪的客观行为要件。如前所述，"不能说明"包括行为人拒绝说明和虚假说明（说而不明）两种情况，这是司法机关对行为人说明来源后的具体评价结果，是司法机关需要证明的对象，而不是行为人的行为。因此，巨额财产来源不明罪本质上作为一项拦截性、兜底性罪名，其意义便在于通过刑事立法的合理推定，对于国家工作人员财产、支出明显超过合法收入，差额巨大而又不能说明来源的情形予以入罪化处理，是对国家工作人员廉洁性的要求，是保持国家工作人员队伍纯洁性的要求。实际上，从全国近二十年查处的巨额财产来源不明的案件来看，很少出现对行为人单纯以本罪单独定性的案件，在以巨额财产来源不明罪定性的案件中，几乎所有的案件都是附属于被查处的贪污贿赂案件，而对行为人最终以巨额财产来源不明罪定性的原因几乎都在于其所持有的巨额财产为通过贪污受贿等犯罪所得。对此，曾有学者将本罪解释为一种防治贪污腐败犯罪的补充性罪名，认为"设立这一罪名的直接意义，就是不使任何以非法手段获取财物的行为，由于证据不足以证明构成其他犯罪而逃避法律制裁"。①

（二）"说明来源"的本质：阻却推定犯罪成立的正当化事由

"可以责令该国家工作人员说明来源"的本质，只是一个特殊的免责性条款。笔者认为，刑事立法对于国家工作人员因其财产、支出明显超过合法收入且差额巨大的情形，将差额部分推定为非法所得，行为人如果能够说明其具体来源，则阻遏刑事立法推定的成立，因而"说明来源"本身只是刑事立法为行为人所设置的一个免责性条款或者正当化事由。在行为人能够说明巨额财产具体来源的情况下，则不以本罪论处或者以其他罪名论处，抑或根本不构成犯罪。此时，"能够说明来源"就成为正当化事由；在行为人不能说明巨额财产具体来源的情况下，立法则将上述财产推定为非法所得，以本罪论处。也就是说，行为人能否说明巨额财产具体来源，决定着立法推定能否进一步展开。

应当注意的是，与刑事立法通常的"实施……（客观行为），处……（法律后果）"②的表述模式不同，在《刑法》第395条第1款规定中，立法者对该条采用

---

① 孙谦：《国家工作人员职务犯罪研究》，法律出版社1998年版，第148页。
② 本文在此为了表述的简单，仅以行为犯的一般立法表述模式为例。

了比较特殊的表述方式：具有……的（客观事实状态），且没有……（相应的正当性事由），以……论（立法推定），处……（法律后果）。[①] 这种立法表述模式的特点是，首先以某一客观事实状态为基础，然后再设置特定的正当化事由。如果行为人不具备上述正当化事由，刑事立法则将之推定为犯罪。认真思索这一规定模式，可以得出的一个结论：巨额财产来源不明罪的本质属于一种立法推定型犯罪，说明来源成为阻却立法推定成立（犯罪成立）的正当化事由。笔者认为，在明确巨额财产来源不明罪属于立法推定型犯罪的基础上，将"说明来源"视为阻遏推定犯罪成立的正当化事由，有助于解决当前理论界围绕"国家工作人员的财产、支出明显超过合法收入，差额巨大""说明来源"以及"不能说明"所产生的混乱性认识和研究困惑。

（三）实践印证：理论重构后的司法检验

正如前文所述，围绕巨额财产来源不明罪客观要件的认定，理论界和司法实践中均形成了诸多的争议和困惑。但与刑法理论界的争议难题相比，在司法实践过程中，一般对于"巨额财产来源不明"的事实认定并没有分歧，争议焦点主要集中在说明来源等"客观行为要件"的理解和适用上。

例如，随着《刑法修正案（七）》对巨额财产来源不明罪的修订，司法实践中对于巨额财产现状形成于《刑法修正案（七）》之前的案件应如何适用新旧刑法产生了困惑？对此，一种典型性观点认为，虽然财产的巨大差额形成于《刑法修正案（七）》之前，但构成巨额财产来源不明罪除存在巨大差额这一客观事实之外，还应具备未能对该差额说明来源的要件，如果行为人始终未能对差额部分说明来源，则导致其巨额财产来源不明的犯罪状态一直持续，故应适用修正后的法律。笔者认为，这一观点错误的关键在于将本罪理解为一种持续犯。在此需要强调，犯罪嫌疑人对其财产的说明是阻遏巨额财产来源不明罪成立的正当化事由，不是犯罪状态的持续。换言之，本罪持有来源不明的巨额财产即构成犯罪，说明来源是正当化事由，不能说明并没有导致犯罪状态的持续，仅导致行为人不具有正当化事由，无法阻遏本罪的成立。

四、结语

关于巨额财产来源不明罪客观行为要件的争议，自产生之日起就与之相伴相随，这不仅给刑事理论研究带来了障碍，也给司法实践带来了诸多困惑。对此需要明确的是，巨额财产来源不明罪既不是持有犯，也不是不作为犯，被责令说明巨额财产来源而不能说明并不是本罪的构成要件行为。从本质上讲，巨额财产来源不明罪不存在构成要件行为。进言之，巨额财产来源不明罪的本质特征在于，通过推定过去

---

① 劳东燕：《揭开巨额财产来源不明罪的面纱——兼论持有与推定的适用规制》，载《中国刑事法杂志》2005年第6期。

的行为（巨额财产的取得行为）构成犯罪，且极可能构成严重犯罪，进而以较轻刑罚的罪名作为兜底性罪名、拦截性罪名来解决问题。同时，立法机关鉴于此类事实现状不易查清，故而推定国家工作人员财产、支出明显超过合法收入，差额巨大而又不能说明来源的情形构成犯罪，除非行为人具备正当化事由，能够说明上述巨额财产的具体来源。但是，考虑到巨额财产来源不明罪作为一种推定型犯罪，立法对此种犯罪并没有设置过高的刑罚，这也成为理论界所诟病的症结之一。

在当下的刑事立法体系研究中，"中国有许多出色的刑法学者，但中国刑法理论却面临着观念上、方法上和内容上多方面的重建"。① 因此，跳出传统理论研究的某些束缚，尝试从不同的角度来理解与重新解读巨额财产来源不明罪的客观行为要件问题，对刑事法条文进行重构性、本质性的换位解读或许是解决本罪面临的现实司法尴尬的一种尝试性通道。②

---

① 李海东：《刑法原理入门》，法律出版社1998年版，第12页。
② 于志刚：《单位犯罪与自然人犯罪——法条竞合理论的一种解释》，载《政法论坛》2008年第6期。

中编 腐败犯罪的法律治理

论贪污受贿犯罪条件性免刑机制*

商浩文**

一、前言

刑法中的条件性免刑机制，是指行为人的先行为符合刑法分则中的具体犯罪构成要件，但行为人的事后行为抵消或消减了犯罪的社会危害性，进而依据犯罪情节对行为人定罪免刑。① 一般而言，条件性免刑机制的主要依据在于事后行为表明行为人悔过态度鲜明强烈，人身危险性较小，对其行为进行刑事处罚的必要性程度非常低，因而在定罪的基础上对行为人免除刑事处罚。条件性免刑机制的确立有利于鼓励犯罪人事后认罪悔罪、减少损失，使得法益侵害得到一定程度的恢复，对于集中有限的司法资源惩处严重犯罪也都具有重要意义。因而我国的刑法立法和司法解释对于相关犯罪均有所规定。尤其是随着我国认罪认罚从宽制度的逐步展开，条件性免刑机制的适用范围也将会不断扩大，尤其是 2018 年 10 月 26 日，第十三届全国人民代表大会常务委员会第六次会议修正通过的《刑事诉讼法》第一章中已经明确刑事案件认罪认罚可以依法从宽处理的原则。② 可见，在认罪认罚从宽制度进一步规范化和法治化的基础上，职务犯罪中适用认罪认罚从宽制度的空间将会逐步扩大。

实际上，2015 年 8 月 29 日全国人大常委会通过的《刑法修正案（九）》中就已坚持宽严相济的刑事政策，为科学防治腐败犯罪，对于一些情节相对较轻的贪污受贿犯罪确立了条件性免刑机制。《刑法修正案（九）》对《刑法》第 383 条贪污受贿罪的定罪量刑标准进行了修改，其中第 3 款规定："犯第一款罪，在提起公诉前如实供述自己罪行、真诚悔罪、积极退赃，避免、减少损害结果的发生，有第一

---

* 本文系司法部国家法治与法学理论研究项目《当代中国贪污贿赂犯罪死刑司法适用研究》以及中国法学会部级法学研究课题《行政执法与刑事司法衔接之实证研究》的阶段性研究成果。

** 商浩文，北京师范大学刑事法律科学研究院副教授暨 G20 反腐败追逃追赃研究中心研究员，法学博士、博士后。

① 参见储槐植、闫雨：《"赎罪"——既遂后不出罪存在例外》，载《检察日报》2014 年 8 月 12 日；庄绪龙：《论经济犯罪的"条件性出罪机制"——以犯罪的重新分类为视角》，载《政治与法律》2011 年第 1 期。

② 新《刑事诉讼法》第 15 条规定："犯罪嫌疑人、被告人自愿如实供述自己的罪行，承认指控的犯罪事实愿意接受处罚的，可以依法从宽处理。"

项规定情形的，可以从轻、减轻或者免除处罚；有第二项、第三项规定情形的，可以从轻处罚。"依据《刑法》第 386 条的规定，上述规定也同样适用于受贿罪。可见，《刑法修正案（九）》中确立的贪污受贿犯罪的条件性免刑机制，是指对于一些情节较轻的贪污受贿犯罪案件，行为人实施贪污受贿行为后，通过事后行为减轻行为的社会危害性，体现出行为人较轻的人身危险性，因而对其进行免刑化处理。贪污受贿犯罪的条件性免刑机制关乎防治贪污受贿犯罪的现实效果，对于该机制的理解和适用也关涉此类犯罪量刑的科学化和合理化，同时也有助于认罪认罚从宽制度在职务犯罪中的合理适用，因而有必要予以科学理解和适用。

二、贪污受贿犯罪条件性免刑机制之审视

在我国现行贪污受贿犯罪刑事司法实践中，贪污受贿犯罪行为人的事后行为（如认罪悔罪态度、退赃情况等）能够影响量刑当无疑义。但是，对于行为人的事后行为是否能够定罪免刑呢？这在我国当前的理论界存在一定的争论。因而有必要对贪污受贿事后行为影响定罪量刑的理论依据进行探讨。

（一）事后行为对于定罪量刑之影响：以相关司法解释的有关争论展开

2007 年 7 月 9 日最高人民法院、最高人民检察院联合发布的《关于办理受贿刑事案件适用法律若干问题的意见》（以下简称《意见》）第 9 条"关于收受财物后退还或者上交问题"部分中指出："国家工作人员收受请托人财物后及时退还或者上交的，不是受贿"。对此，理论上和实务中仍存在认识上的分歧。因而就如何准确适用上述规定，需要给予必要的深入研究。在《意见》起草的过程中，有的观点认为，及时退还的法律效果是基于《刑法》第 13 条"但书"之规定。① 对此有论者指出，虽然两者在处理结果上都是不构成犯罪，但是，贪污受贿罪中"情节显著轻微不认为是犯罪"所指涉的行为实质上就是一种贪污受贿行为，只不过立法者基于各种考虑将该行为不作为犯罪处理；收受请托人财物后及时退还或者上交的"不是受贿"的行为与受贿行为性质具有差异。如果将"不是受贿"理解为"情节显著轻微不认为是犯罪"，实际上是认为在及时退还的情形下行为人主观上仍然具有收受故意。② 还有论者认为，这种做法具有一定的实践合理性，但于法无据，社会效果如何也存在疑问，故司法解释未作规定，实践部门可以根据时间长短、次数大小等具体个案情况，依法作从宽或者无罪处理。③ 还有论者从刑事政策考虑，认为案发前自动退还或者如实说明情况上交的，一般都可不以受贿罪处罚，这有助于给想悔

---

① 参见陈国庆：《新型受贿犯罪的认定与处罚》，法律出版社 2007 年版，第 56 页。
② 参见于志刚：《关于收受请托人财物后"及时退还"的内涵解读》，载《山东警察学院学报》2008 年第 2 期。
③ 参见刘为波：《〈关于办理受贿刑事案件适用法律若干问题的意见〉的理解与适用》，载《法律适用》2007 年第 15 期。

改的国家工作人员铺设回归之路。但是，如果行为人收受他人财物后为他人谋取利益，使公共财产、国家和人民利益遭受重大损失，其行为构成滥用职权等其他犯罪的，依照刑法的相关规定定罪处罚。①

可见，上述观点争论的焦点在于，对国家工作人员收受请托人财物后及时退还或者上交后对其进行出罪化的理论依据为何？在什么情形下贪污受贿行为人及时退还或者上交财物能够依据该司法解释的规定进行出罪处理？这是我国刑法理论界和实务界争论的关键所在。

（二）贪污受贿犯罪事后行为影响定罪量刑的理论视域

贪污受贿行为人在贪污受贿后退还或者上交赃款赃物，虽然属于贪污受贿人在事后的行为表现，但也表明了其对贪污受贿的态度，即贪污受贿人是否对其罪有悔过的态度和改过自新的认识。不过，在刑法理论上，行为人在犯罪后的行为表现，一般都被认为是酌定的量刑情节。② 关于积极退赃对量刑的影响，《刑法修正案（九）》第44条对《刑法》第383条贪污受贿罪的处罚标准进行修改，其中第3款对此就有明确规定。该规定同样适用于受贿罪。这一规定总体上比1997年《刑法》第383条第1款第3项规定的从宽处罚条件更为细化、更加具体情况具体分析，其前提都是贪污、受贿犯罪后积极退赃的，只影响量刑，不影响定罪。但是，《意见》规定，国家工作人员收受请托人财物后及时退还或者上交的，不属于受贿罪。该情节在此起到了区分罪与非罪的作用，因而该意见中所规定的退赃交赃情节属于酌定的定罪情节。

那么，受贿后及时退赃的行为能否影响定罪？这里涉及刑法中的事后行为对定罪量刑的影响。事后行为影响量刑当无疑义，但是能否影响定罪存有争议。按照传统的犯罪成立理论，对于处于停止形态和完成形态的犯罪，刑法都要对其进行否定性评价，尤其处于既遂形态的犯罪，刑法对其更为严厉惩治。"既遂之后无中止"是刑法学界的通说，更有人依据传统理论"既遂之后无中止"引申出"既遂之后不出罪"。③ 但是，现在刑法理论界对于事后行为影响定罪的知识增量逐步沉积。如储槐植教授就提出了"赎罪"概念。所谓赎罪，是指行为人的事后行为对先前罪行自动消弭危害，从而祛除罪孽（消除犯罪）的状态，其出罪的实质是消除前行为的实质违法性。④ 闫雨博士提出"事后自动恢复"的概念，是指行为人在实施犯罪之后，

---

① 参见陈国庆、韩耀元、邱利军：《〈关于办理受贿刑事案件适用法律若干问题的意见〉的解读》，载《人民检察》2007年第14期。
② 参见高铭暄、马克昌主编：《刑法学》（第六版），北京大学出版社、高等教育出版社2014年版，第289页。
③ 参见储槐植、闫雨：《"赎罪"——既遂后不出罪存在例外》，载《检察日报》2014年8月12日。
④ 参见储槐植、闫雨：《"赎罪"——既遂后不出罪存在例外》，载《检察日报》2014年8月12日。

在被追诉之前，自愿采取有效的手段和措施，挽回和补救其先行的犯罪行为所造成的法益损害的行为。① 还有庄绪龙博士提出的"条件性出罪机制"，也即对于财产犯罪、经济犯罪，如果通过事后行为人的补救能够完全恢复被侵害的社会关系并弥补被侵犯的法益的，此时可以进行轻罪化、有罪无刑化乃至无罪化的处理。② 无论以上论者所给出的含义界定怎样，但是其核心观点在于事后行为在一定的条件下能够出罪，这也给了笔者关于贪污受贿犯罪能否在该理论视域下得以成立的有益思考，也即在符合相关条件下，贪污受贿犯罪能否进行出罪化处理。笔者认为，这需要结合贪污受贿犯罪的罪质特点和反腐败司法实现的现实需要来加以合理认识。

三、贪污受贿犯罪条件性免刑机制之法理依据与实践依据

在贪污受贿犯罪中，行为人的行为能否依据上述学者所提倡的出罪理论进行出罪呢？条件性免刑机制的本质是什么，其他犯罪的条件性免刑机制能否适用于贪污受贿犯罪呢？笔者认为，关于条件性免刑机制，在我国之前的刑事立法和司法实践中已经有所体现。从刑法理论上来讲，贪污受贿犯罪的法益部分可恢复性决定了事后行为只能影响量刑，不能影响定罪。而且，在当前的反腐败形势下，依据宽严相济的刑事政策也有必要对符合条件的贪污受贿犯罪进行免刑处理。

（一）贪污受贿犯罪条件性免刑机制之法理依据

1. 法益的可恢复性

自刑事古典学派以来，关于犯罪本质的论争，经历了权利侵害说、法益侵害说、义务违反说等相关阶段，其中"法益侵害说"是当今刑法理论界认可度较高的一种学说。在"法益侵害说"看来，犯罪是对法律所保护的生活利益造成侵害或者引起危险。法益是指法律所保护的利益，包括个人利益和社会共同利益。一般说来，一些法益在被犯罪行为侵犯后就不可能被实际恢复，如故意杀人行为既遂后，被害人的生命权益不可能得到恢复；而另外一些法益被犯罪行为侵犯后，经过事后某种行为的及时补救，法益可以得到恢复。③ 可恢复性法益是指法益被侵害后，通过一定的行为可以使法益得到一定程度的弥补或是补救的法益，如财产权、名誉权等；反之，则是不可以恢复性法益，如生命权等。事后自动恢复适用的范围只能是可恢复性的法益，而对于不可以恢复的法益事后自动恢复没有存在的空间。④ 这些观点更多的是从犯罪本质上加以考虑，既然犯罪的本质是侵害法益，如果行为人的事后行

---

① 参见闫雨：《刑法事后自动恢复制度构建》，载《社会科学家》2015年第7期。
② 参见庄绪龙：《论经济犯罪的"条件性出罪机制"——以犯罪的重新分类为视角》，载《政治与法律》2011年第1期。
③ 参见庄绪龙：《论经济犯罪的"条件性出罪机制"——以犯罪的重新分类为视角》，载《政治与法律》2011年第1期。
④ 参见闫雨：《刑法事后自动恢复制度构建》，载《社会科学家》2015年第7期。

为能够消弭或减少法益侵害，那么就可以将相关行为进行出罪化或免刑化处理。

2. 刑事政策的相关考量

自从 2005 年 12 月时任中央政法委员会书记罗干在全国政法工作会议上提出"宽严相济"的刑事政策后，"宽严相济"刑事政策得到了进一步的阐述。2008 年《最高人民法院工作报告》中谈道："严格执行宽严相济的刑事政策，做到'该宽则宽，当严则严，宽严相济，罚当其罪'。"2008 年《最高人民检察院工作报告》中说："认真贯彻宽严相济的刑事政策，坚持该严则严、当宽则宽，区别对待……"① 近几年来，理论界和司法实务界对于宽严相济刑事政策基本上取得了共识，刑事司法中也在积极践行宽严相济的刑事政策。在刑事司法中，对于一些性质恶劣的重大犯罪应当从严惩治；对于某些性质轻微的犯罪则要从宽处理。在我国当下社会转型期下贯彻宽严相济的刑事政策，需要将有限的司法资源集中在严重侵犯法益的犯罪上。

刑事政策是国家为防控犯罪而对刑事资源进行的合理配置，需要使刑事资源的效益发挥到最大化、最优化。因而，如果不动用刑罚就能达到教育和预防目的，就没有必要运用刑罚手段。适用条件性免刑机制，对于事后行为自动恢复法益安宁的犯罪行为人不适用刑罚或者少用刑罚，有助于避免刑法资源的不适当使用和提高刑罚资源适用的效用。②"条件性免刑机制"给予了实施法益可以恢复犯罪行为人弃恶从善的机会，同时也能够使得被侵害的法益得以部分恢复。即使是对于那些法益不能完全恢复的犯罪类型，行为人的事后积极行为也可以作为从宽处罚的量刑情节，因而"条件性免刑机制"可以说是行为人的"自救行为"。通过对自我救赎的犯罪进行从宽处理，有助于在具体案件中合理贯彻宽严相济刑事政策。③

3. 贪污受贿犯罪定罪免刑之法理依据

正如上所述，适用于条件性出罪机制的犯罪应为法益可以恢复的犯罪。那么贪污受贿犯罪是否属于法益可以恢复的犯罪范围呢？一般认为，贪污罪的法益为公共财产的所有权和国家工作人员职务的廉洁性，受贿罪所保护的法益是国家工作人员职务行为的不可出卖性，而职务行为的不可出卖性具体包含职务行为本身的不可出卖性以及国民对于职务行为不可出卖性的信赖。在贪污案件中，贪污行为是对公共财物的侵吞、窃取和骗取，其犯罪的核心仍然是对财产权利的侵害。随着社会主义市场经济的发展，对不同性质的财产给予平等保护已成为刑法发展的趋势，在此理念之下，贪污罪的侵财行为与盗窃、诈骗等犯罪危害性将会趋于相同。如果行为人贪污之后能够及时退还贪污款项，可以很大程度上减少和避免公共财产的损失。而对于受贿罪，司法实践中受贿情况多种多样，非常复杂，特别是受贿案件中，绝大

---

① 参见马克昌：《宽严相济刑事政策的演进》，载《法学家》2008 年第 5 期。
② 参见闫雨：《贿赂犯罪中事后自动恢复条款初探》，载《河南师范大学学报（哲学社会科学版）》2015 年第 3 期。
③ 参见庄绪龙：《论经济犯罪的"条件性出罪机制"——以犯罪的重新分类为视角》，载《政治与法律》2011 年第 1 期。

多数受贿是"一对一"发生的,若没有受贿人事后的积极行为,司法机关有时即便是耗费很高的司法成本也很难侦破和惩治此类犯罪。将那些收受财物但及时积极退赃或者交赃的犯罪人给予从宽处罚,有助于鼓励受贿人自我检举与悔过自新。因而贪污受贿犯罪中的行为人在被追诉前,主动交代贪污受贿事实的行为有利于侦破贪污受贿案件,有助于部分恢复法益。不过,贪污受贿犯罪作为侵犯国家权益的犯罪,能恢复的部分仅限于先前的非法占有和收买行为,其职务廉洁性很难恢复,这也是贪污受贿罪等犯罪即使在被追诉前主动交代也可能受到刑罚处罚的原因,这也就决定了贪污受贿犯罪不能依据事后行为进行出罪。但是,在此种情形下,贪污受贿犯罪可以依据事后行为进行从宽处理,这就包括了定罪免刑处理。

在笔者看来,贪污受贿犯罪中的事后行为从宽处理的理论依据主要是法益的一定程度上的恢复和当前反腐形势和惩治贪污贿赂的刑事政策的考虑。但由于贪污受贿犯罪行为并不能使造成的法益侵害完全恢复,故而一般不予非罪化处理。更何况在当前严峻的反腐形势下,我们注重对腐败犯罪进行严密化处理,如果将事后行为导入出罪机制,将不利于腐败犯罪的防治和民众对于反腐的认知。然而行为人的事后行为表明其悔过态度很鲜明、强烈,人身危险性很小,说明对其行为进行刑事处罚的必要性(刑事可罚性)程度非常低,对于量刑有重要影响,因此可以在定罪基础上进行免除处罚。也就是说,对于行为人情节较轻的贪污受贿行为法律上是进行否定评价的,但由于其事后行为能够使法益侵害得到一定程度的恢复,同时基于教育、改造贪污受贿犯罪分子之刑事政策考量,鼓励行为人事后认罪悔罪、减少损失等,有助于集中有限的司法资源惩处罪行严重的贪污受贿犯罪。

(二)贪污受贿犯罪条件性免刑机制之实践依据

事实上,在我国长期的司法实践中,相关刑法立法和多部司法解释中早已有所规定,对行为人因事后行为减少行为的社会危害性而对行为人免于刑事处罚。如1997年《刑法》第390条第2款规定:"行贿人在被追诉前主动交待行贿行为的,可以减轻或者免除处罚。"2009年12月16日最高人民法院、最高人民检察院联合发布的《关于办理妨害信用卡管理刑事案件具体运用法律若干问题的解释》第6条第5款规定,恶意透支后偿还全部透支款息的,可以从轻处罚,情节轻微的,可以免除处罚。①2011年4月8日起施行的最高人民法院和最高人民检察院《关于办理

---

① 该款规定:"恶意透支应当追究刑事责任,但在公安机关立案后人民法院判决宣告前已偿还全部透支款息的,可以从轻处罚,情节轻微的,可以免除处罚。恶意透支数额较大,在公安机关立案前已偿还全部透支款息,情节显著轻微的,可以依法不追究刑事责任。"

诈骗刑事案件具体应用法律若干问题的解释》第3条①、2013年4月4日起施行的最高人民法院、最高人民检察院《关于办理盗窃刑事案件适用法律若干问题的解释》第7条②也都有类似的规定。

从这些相关的刑法立法和刑事司法解释的有关规定来看，事后行为的出罪事由一般主要限定在盗窃、诈骗、贿赂犯罪等经济犯罪案件中，在认定罪与非罪的相关规定中，并未有适用于一般犯罪的普遍性规定。而且这些出罪的具体事由规定得较为详细，大多数的出罪条件都是综合性要件，如2013年"两高"关于盗窃罪的司法解释中就规定，盗窃罪出罪不仅要符合行为人认罪、悔罪，退赃、退赔的条件，而且还需具备法定的从宽条件等。另外，条件性免刑机制的最终的法律后果不是绝对出罪，而是相对出罪，其法律后果一般被表述为可以"免于（不予）追究刑事责任""不起诉""免于刑事处罚"等。虽然原则上确立了不构成犯罪，但是仍为入罪留下了空间。这体现了司法解释对待罪与非罪的谨慎态度，不会笼统和轻易地将某一情形"一刀切"地规定为犯罪或者出罪，而是留有余地可以更好地体现具体问题具体分析，舒缓刑法法条规定的僵硬呆板的局面。③

在贪污受贿犯罪刑事司法实践中，也出现了大量的贪污受贿案件，虽然其贪污受贿的数额已经达到了定罪的标准，但是由于行为人的事后行为表明其悔过态度也很鲜明、强烈，人身危险性很小，对其行为进行刑事处罚的必要性也较低，司法机关也会考虑进行免于刑事处罚。例如，在马某受贿案中，被告人马某自2007年以来在开封市人民政府重点项目管理办公室工作，某公司负责人杨某某为了便于承揽监理工程，两次向被告人马某送现金共计2.3万元。2013年5月，被告人马某将2.3万元上缴。2013年12月19日，一审法院认定马某构成受贿罪，判处有期徒刑2年，缓刑2年6个月。2014年1月27日，二审法院虽然认定马某的行为构成受贿罪，但是认定马某犯罪情节轻微，且案发后积极退赃，有悔罪表现，对其免于刑事处罚。④甚至在一些严重的贪污受贿犯罪中，相关的司法机关也会考虑依据案件具体情况对犯罪人进行免于刑事处罚。如潘某受贿一案中，2007年时任村党支部书记的原审被告人潘某受请托人潘某辉之托，使潘某辉从中获利，收受了潘某辉贿赂人民币10万

---

① 该条规定："诈骗公私财物虽已达到本解释第一条规定的'数额较大'的标准，但具有下列情形之一，且行为人认罪、悔罪的，可以根据刑法第三十七条、刑事诉讼法第一百四十二条的规定不起诉或者免予刑事处罚：（一）具有法定从宽处罚情节的；（二）一审宣判前全部退赃、退赔的；（三）没有参与分赃或者获赃较少且不是主犯的；（四）被害人谅解的；（五）其他情节轻微、危害不大的。"

② 该条规定："盗窃公私财物数额较大，行为人认罪、悔罪，退赃、退赔，且具有下列情形之一，情节轻微的，可以不起诉或者免予刑事处罚；必要时，由有关部门予以行政处罚：（一）具有法定从宽处罚情节的；（二）没有参与分赃或者获赃较少且不是主犯的；（三）被害人谅解的；（四）其他情节轻微、危害不大的。"

③ 参见方鹏：《出罪事由的体系和理论》，中国人民公安大学出版社2011年版，第64页。

④ 参见《马某受贿案二审判决书》，河南省开封市中级人民法院刑事判决书（2014）汴刑终字第13号。

元，后因害怕收受财物的事情暴露，即于同年 6 月把 10 万元归还给潘某辉。2015 年 3 月 30 日，浙江省高级人民法院在再审中认定，原审被告人潘某的行为已构成受贿罪。其受贿数额达人民币 10 万元，依法本应处 10 年以上有期徒刑，但其具有自首情节，且在本案案发前一年已将该贿赂款退还给行贿人，其行为也没有导致国家、集体利益遭受重大损失；归案后认罪悔罪态度较好，犯罪情节轻微，依法可对其免予刑事处罚。① 《刑法修正案（九）》通过后各地法院在认定的贪污受贿 "数额巨大" 的案件中，许多案件也是依据犯罪情况进行条件性免刑处理的，如广东（2015）揭惠法刑初字第 318 号判决书中，被告人受贿 4 万元，由于认罪态度较好，罪后免予刑事处罚，再如福建（2015）泰刑初字第 25 号判决书中，被告人受贿 4.5 万元，但存在自首退赃行为，罪后被免予刑事处罚。②

四、贪污受贿犯罪条件性免刑机制之司法适用

《刑法修正案（九）》第 44 条第 3 款规定了贪污受贿犯罪定罪免刑的处罚规定，将贪污受贿犯罪案件量刑产生重大影响的量刑情节在立法上予以明确规定，有利于规范贪污受贿犯罪的量刑，避免量刑情节适用的随意性。③ 但是，依据《刑法修正案（九）》的相关规定，对于贪污受贿犯罪可以 "免除处罚" 必须符合相应的条件才能予以适用。经《刑法修正案（九）》修改后的《刑法》第 383 条第 3 款规定："犯第一款罪，在提起公诉前如实供述自己罪行、真诚悔罪、积极退赃，避免、减少损害结果的发生，有第一项规定情形的，可以从轻、减轻或者免除处罚……" 据此，适用贪污受贿犯罪条件性免刑机制时，需符合相关条件才能适用。

（一）条件性免刑的实体条件

司法实践中，贪污受贿犯罪量刑的影响因素主要包括积极退赃、真诚悔罪等酌定量刑情节，相关量刑情节不仅能够衡量犯罪的社会危害性，也可以反映出行为人的人身危险性大小，故而对于贪污受贿罪的量刑产生的影响比较明显。

既往司法实践中对上述相关情节都是予以分别考量的，然而《刑法修正案（九）》将贪污受贿罪中如实供述、积极退赃、认罪悔罪作为条件性免刑的实体条件予以综合考量。行为人若想得到定罪免刑的处罚，必须在提起公诉前同时具备如实供述自己的罪行、真诚悔罪、积极退赃三个条件。（1）如实供述自己的罪行，指犯罪分子对自己所犯的罪行，无论司法机关是否已经掌握，都要如实、全部、无保留地向司法机关供述。需要注意的是，依据《刑法修正案（九）》的规定，此处的

---

① 参见浙江省高级人民法院刑事判决书（2014）浙刑再抗字第 1 号。
② 参见广东（2015）揭惠法刑初字第 318 号判决书和福建（2015）泰刑初字第 25 号判决书。
③ 参见莫洪宪、张昱：《酌定量刑情节在死刑案件中的适用及其完善》，载《刑法论丛》2014 年第 2 卷。

如实供述自己的罪行、真诚悔罪、积极退赃必须同时具备，即贪污受贿犯罪嫌疑人只有同时符合如实供述自己的罪行、真诚悔罪、积极退赃三个条件后，才可以作为法定从轻、减轻或者免除处罚条件进行考虑，这与司法实践中将上述三种情节分别考量的酌定量刑情节不同。① 如司法实践中，有的犯罪嫌疑人虽然如实供述自己的罪行，但是并未积极退赃，甚至将贪污受贿所得进行转移，这种行为表明其不具有真诚悔罪的表现，不符合从宽处理的条件。特别需要说明的是，此处的如实供述自己的罪行需要与自首相区别，正如学者所言，此处的如实供述必须是行为人被动到案，主要包括行为人被司法机关采取强制措施而归案、被司法机关传唤到案以及被群众扭送到案。② 如果是行为人主动到案则属于自首，不属于此处的从宽处理的规定。（2）真诚悔罪，通俗而言，就是承认并真诚追悔自己的罪行。真诚悔罪体现了犯罪分子的人身危险性的降低，因而是否真诚悔罪就成为贪污受贿量刑时的考量因素。最高人民法院2010年颁行的《关于贯彻宽严相济刑事政策的若干意见》第8条第2款也提到，对于职务犯罪和商业贿赂犯罪，如果行为人拒不认罪悔罪的，要坚决依法从严惩处。③ 由于行为人认罪悔罪在判断上具有一定的模糊性，特别是悔罪，因而不应过分强调其在量刑中的从宽作用，而应当结合其他情节加以综合考虑。认罪悔罪均是综合性的量刑情节，坦白、自首等法定情节以及积极退赃等酌定情节也可以体现行为人是否真诚悔罪，故而其很难具有独立的量刑评价意义，只能依据全案进行综合认定。（3）积极退赃，是指犯罪嫌疑人或者被告人在犯罪后至终审判决前，积极主动或委托亲属代为向公安、司法机关或者是被害人交出赃款赃物的行为。由于退赃减轻了犯罪行为的社会危害程度，特别是在财产性犯罪中，在降低了司法成本的同时，也有助于实现刑法惩治与教育的目的，因而将其作为从宽处罚的因素是具有法理基础的。需要注意的是，贪污受贿犯罪中退赃不是无条件从宽处罚的酌定量刑情节。如果行为人积极退赃，即使是全部退赃，但给国家或者人民利益造成重大损失的，也不一定能得到从宽处理。

（二）条件性免刑的对象条件

依据《刑法修正案（九）》的规定，并非任何贪污受贿行为均可以"免除处罚"。免除处罚针对的只能是贪污受贿"数额较大或者有其他较重情节的"行为，即符合贪污受贿犯罪法定刑第一档的犯罪情形。根据2016年4月18日最高人民法院、最高人民检察院颁行的《关于办理贪污贿赂刑事案件适用法律若干问题的解释》（以下简称"两高"《解释》）第1条的规定，"数额较大或者有其他较重情节的"行为，是指贪污受贿数额在3万元以上不满20万元的情形，或者是贪污受贿数

---

① 参见张旭：《也谈〈刑法修正案（九）〉关于贪污贿赂犯罪的修改》，载《当代法学》2016年第1期。

② 参见时延安、王烁、刘传稿：《〈中华人民共和国刑法修正案（九）〉解释与适用》，人民法院出版社2015年版，第352页。

③ 参见最高人民法院2010年颁行的《关于贯彻宽严相济刑事政策的若干意见》第8条。

额在 1 万元以上不满 3 万元，同时符合特定情节的情形。① 但是，对于贪污受贿犯罪法定刑第一档次之外的较为严重的犯罪情形，依据刑法的规定，即使行为人在提起公诉前如实供述自己的罪行、真诚悔罪、积极退赃，避免、减少损害结果的发生，也只能从轻处罚，不能免除处罚。故贪污受贿犯罪的条件性免刑机制只能适用于轻微的贪污受贿犯罪行为。

另外，犯罪嫌疑人或者被告人如实供述自己的罪行、真诚悔罪、积极退赃的行为必须发生在公诉之前。"提起公诉"是指人民检察院对于检察机关调查结束或者人民检察院自行侦查终结的腐败案件，认为应当起诉的案件，经全面审查，对事实清楚、证据确实充分的案件，提交人民法院进行审判。需要注意的是，犯罪嫌疑人在提起公诉前如实供述自己的罪行、真诚悔罪、积极退赃当然是作为一种法定条件性免刑情节进行处理。但是如果行为人在检察机关提起公诉之后才如实供述自己的罪行、真诚悔罪、积极退赃，此时虽不能作为法定条件性免刑情节进行处理，但是仍然可以作为酌定从宽情节进行考虑。这里存在的仅仅是酌定从宽情节和法定从宽情节的区分，影响的是从宽处理的适用空间。故贪污受贿犯罪的条件性免刑机制只能适用于犯罪嫌疑人或者被告人在检察机关提起公诉之前的如实供述自己的罪行、真诚悔罪、积极退赃的行为。

（三）条件性免刑的结果条件

在适用贪污受贿犯罪条件性免刑机制时，《刑法修正案（九）》中规定，行为人一定要避免、减少损害结果的发生。就此而言，贪污受贿行为所造成的危害结果是贪污受贿罪量刑中必须加以认真考量的重要量刑情节。

关于贪污受贿犯罪"损害结果"的类型化解读，笔者认为，可以参考罪质较为类似的渎职犯罪中认定"致使公共财产、国家和人民利益遭受重大损失"之标准，并对此进行明确。我国刑法对渎职犯采用的是"致使公共财产、国家和人民利益遭受重大损失"的结果犯表述方式。对于损失的认定，2006 年之前的关于渎职案件的立案标准主要是从物质性的损失方面进行认定的，2006 年最高人民检察院颁行的《关于渎职侵权犯罪案件立案标准的规定》中不仅对物质性损失作了较为具体的列举，也列举了非物质性损失的危害结果。2013 年最高人民法院、最高人民检察院施行的《关于办理渎职刑事案件适用法律若干问题的解释（一）》也将危害结果进一

---

① 依据 2016 年"两高"《解释》第 1 条的规定，贪污罪符合以下六项情节之一：(1) 贪污救灾、抢险、防汛、优抚、扶贫、移民、救济、防疫、社会捐助等特定款物的；(2) 曾因贪污、受贿、挪用公款受过党纪、行政处分的；(3) 曾因故意犯罪受过刑事追究的；(4) 赃款赃物用于非法活动的；(5) 拒不交待赃款赃物去向或者拒不配合追缴工作，致使无法追缴的；(6) 造成恶劣影响或者其他严重后果的。对受贿罪规定的严重情节分为两类：第一类仅适用于受贿罪第一档次的上述贪污罪第 2 项至第 6 项的 5 种情节。第二类同时适用于受贿罪三档的另外 3 种情节：(1) 多次索贿的；(2) 为他人谋取不正当利益，致使公共财产、国家和人民利益遭受损失的；(3) 为他人谋取职务提拔、调整的。

步明确到"造成恶劣社会影响的"等情形,区分物质性损失和非物质性损失。对于不能以货币计算其经济价值的非物质性损失,在司法实践中有时难以认定其损失大小。然而在大多数情况下,贪污受贿犯罪的行为所造成的物质性损失和非物质性损失并不能截然分开。如国家工作人员违反职务义务的行为,一般会导致国家和人民利益造成特别重大损失,此时造成重大的物质性损失的同时也会附随地产生非物质性的损失。①

具体到贪污受贿犯罪案件,物质性危害结果一般包括贪污受贿行为造成的物质财产损失和贪污受贿行为间接导致的人身损害等。如果行为人收受贿后违背职责要求为行为人谋取不正当利益,其造成的社会危害性当然较大。如美国量刑委员会的《量刑指南》就是将贿赂的价值、作为贿赂回报而获得的利益、将要获得的利益或由于犯罪使得政府蒙受损失作为量刑的重要依据。② 非物质性危害结果,一般是指因为受贿犯罪而导致的不良社会影响。至于社会影响等非物质因素,往往不是贪污受贿行为直接造成的,但是贿赂行为是该行为发生的重要原因。③ 最高人民法院2010年2月8日发布的《关于贯彻宽严相济刑事政策的若干意见》中也指出,对于贪污贿赂等案件,如果发生在特定领域导致了较为恶劣的社会影响,要依法从严惩处。因而,在适用《刑法修正案(九)》中关于贪污受贿行为条件性免刑机制时,行为人一定要避免、减少损害结果的发生。避免、减少损害结果的发生,也即达到国家、人民利益的损害没有发生或者减少损害的程度,此处的"损害结果",既包括物质性损失,也包括非物质性损失。需要注意的是,避免、减少损害结果的发生不是与如实供述自己的罪行、真诚悔罪、积极退赃行为并列,而是如实供述自己的罪行、真诚悔罪、积极退赃行为需要达到从宽处罚的效果要件。如果没有避免或者减少损害结果的发生,即使如实供述自己的罪行、真诚悔罪、积极退赃,也不能适用条件性免刑机制。

五、结语

在当前,我国对贪污受贿犯罪,无论是刑法立法还是刑事司法中,采取的是一种相对严厉的刑事政策,因而查处贪污受贿犯罪将是当前反腐的主要任务。但是,在宽严相济刑事政策的时代背景下,罪刑圈应依据社会客观情势变化,在出罪与入罪两个相反向度上作出相应调整。④ 故而我们也要看到,对于一些情节较轻的贪污受贿行为,也要注意区别对待,对其进行定罪免刑处理甚至予以出罪,这对于集中

---

① 参见赵远、商浩文:《论贪污受贿犯罪死刑适用标准的合理确定》,载《北京师范大学学报(社会科学版)》2016年第6期。
② 参见《美国量刑指南》,北大翻译组,北京大学出版社1995年版,第115页。
③ 参见赵远、商浩文:《论贪污受贿犯罪死刑适用标准的合理确定》,载《北京师范大学学报(社会科学版)》2016年第6期。
④ 参见刘沛谞:《出罪与入罪:宽严相济视阈下罪刑圈的标准设定——一个基于实证范例的考察》,载《中国刑事法杂志》2008年第1期。

有限的司法资源惩处一些严重的贪污受贿犯罪具有现实意义。① 就此而言,《刑法修正案(九)》中确立的条件性免刑机制对于贯彻宽严相济的刑事政策,促进刑罚效益的提高具有明显的作用。但是,我们还应当看到,在当前严峻的反腐形势之下,具体案件中的贪污受贿犯罪定罪量刑关涉到民众对国家惩治腐败犯罪的社会公信和社会公平,因而贪污受贿犯罪条件性免刑机制在司法实践中必须审慎适用,其只能适用于贪污受贿"数额较大或者有其他较重情节的"情形,严重的贪污受贿犯罪不能适用于条件性免刑机制。

---

① 参见商浩文:《终身监禁新规法理争议问题论要》,载《现代法学》2017年第4期。

中编 腐败犯罪的法律治理

论受贿罪量刑的价值平衡

贾长森*

据统计，2015 年全年我国各级检察机关共查办受贿犯罪 13210 人，其中原县处级以上干部 4568 人，原厅局级以上干部 769 人，原省部级以上干部 41 人。① 全国各级法院共审结贪污贿赂案件 3.4 万件 4.9 万人。被告人原厅局级以上 134 人。② 通过对上述数据的分析可知，我国司法机关运用刑事手段对以受贿犯罪为代表的职务犯罪严厉打击，特别是对高级别官员的犯罪行为保持了前所未有的高压态势，取得了较好的法律效果和社会效果。但同时也应看到，由于受贿罪的立法设计、司法裁量、刑罚执行等关键环节存在缺陷，致使一些案件的刑罚实际运用效果受到公众质疑。例如，虽然有关受贿罪的量刑标准出台，但在司法实践中过度看重受贿数额而忽略其他情节，导致在刑罚裁量中犯罪人的所承担罪责与其罪行不相适应。我们认为，之所以会出现这类问题，很重要的一个原因就是对刑罚的价值认识不清所致。刑罚是手段而不是目的，刑罚的强度应与受贿罪的危害和犯罪情节相适应，要关注刑罚的报应、预防和矫治等实际效用，而非陷入"为适用刑罚而适用刑罚"的困境。所以，通过对刑罚价值分析来掌控受贿罪量刑的标准无疑是优先选择的路径。

一、刑罚价值的内容与角色定位

法的价值的内容为何，这是研究法价值所无法回避的一个问题，也是起点性问题，所以有必要将对其研究放在首要位置。另一方面，刑罚价值与刑法价值是一个极易混淆的概念，有些学者甚至将之混用，我们认为两者存在着实质的差别，其价值构成、特征、作用等方面都存在很大不同，有必要加以区分，况且这种区分本身也是研究刑罚价值的一个关键性问题。

（一）刑罚的价值内容

目前在学界较为流行的观点认为："法的价值标志着法与人关系的一个范畴，

---

* 贾长森，扬州大学法学院讲师，硕士生导师，主要研究方向中国刑法学。
① 参见 2016 年《最高人民检察院工作报告》。
② 参见 2016 年《最高人民法院工作报告》。

反腐败国际合作与腐败的法律治理

这种关系就是法的存在及其属性对人类生存和发展的意义或积极作用、效用"。① 可见，法的价值具有两方面的特征：一方面是它作用的对象是人类社会，具有普遍意义，而非针对具体个案而言；另一方面它只包含对人类的积极意义，而排除消极作用。由于各个部门法的功用不同，必然造成各自强调的价值取向存在差异。但各部门法所包含的基本价值构造却有相诸多相通之处，"秩序、正义、自由和效率应作为法律的基本价值"，②"这些基本价值一般是人权、正义、自由、效率与秩序"，③"秩序、自由、效率和平等都成为当今社会备受重视的法律基本价值"。④ 刑罚作为刑法的构成要素——刑法价值的具体实现措施，其必然服务于刑法价值，"如果说二者之间有什么不同，那么仅仅是刑法价值更多地关注犯罪（crime），而刑罚价值更注意的是通过对犯罪的处罚（penalty）追求一种理性的社会价值"。⑤ 我们认为，刑罚基本价值的取舍在于其设立之目的，即设立刑罚要保护什么、实现什么。根据其作用之对象可具体分为以下几种情形：首先，刑罚是用来惩处犯罪人，也就是其作用对象是犯罪人及潜在的犯罪人，这时体现的是刑罚的报应和预防目的，"刑罚的本质是作为报应的害恶与痛苦，但其目的在于预防犯罪"。⑥ 就法的价值层面而言，是通过刑罚的实施对法所确立的秩序价值进行维护，故体现为秩序价值。其次，刑罚也具有是安抚被害人及社会公众的作用。这时体现的是刑罚的安抚功能，也就是通过对犯罪的人实施刑罚让被害人及社会公众看到正义得以实现，就其价值而言，体现为刑罚的正义价值。复次，如何让秩序价值、正义价值达到平衡，既不损害犯罪人的合法权益，又能使被害人以及社会公众渴求正义的诉求得以及时的实现，那么就要求刑罚发挥其效率价值。效率价值并不是一味的追究速度快、时间短，而是刑事诉讼程序的有序、有效实现。另外，效率价值也体现为司法资源的投入与产出的比例关系，有些国家的司法实践中逐步强化对这种比例关系的重视程度。例如，"近些年，在美国有的司法机关认为犯罪是'社会之债'，让罪犯在进行社区服务对社会的损失进行弥补，而不是花社会的钱对犯罪人进行监禁"。⑦ 最后，无论是秩序的维护、正义的实现还是效率的保证，最终所追求的是对自由的保障，这种自由是法规范范围内各方主体的自由。至于其他价值，虽然在刑罚实施中有所体现，但并不具有普遍性，故不宜作为基本价值。（各价值关系见图1）

---

① 严存生：《法的价值问题研究》法律出版社2011年版，第25页。
② 张文显：《法的概念》，法律出版社2011年版，第70页。
③ 李龙主编：《法理学》，武汉大学出版社2011年版，第414页。
④ 姚建宗主编：《法理学》，科学出版社2010年版，第211页。
⑤ 谢望原：《欧陆刑罚制度与刑罚价值原理》，中国检察出版社2004年版，第261页。
⑥ [日] 西田典之：《日本刑法总论（第2版）》，王昭武、刘明祥译，法律出版社2013年版，第16页。
⑦ [美] 阿诺德·H·洛伊：《刑法原理（第4版）》，法律出版社2004年版，第14页。

中编　腐败犯罪的法律治理

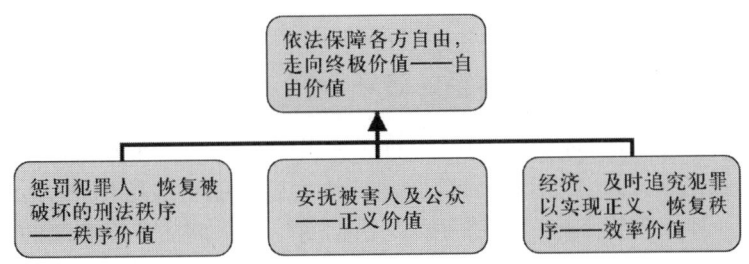

图1　刑罚各个价值的作用对象及位阶关系

故此，我们将刑罚的基本价值归纳为秩序、正义、效率和自由。就受贿罪而言，由于犯罪构成的因素不同，其对刑法所构建的价值体系所形成的冲击也存在差别，有必要具体进行分析，以便发挥刑罚之针对性效用，实现刑罚价值。

(二) 刑罚的价值定位——构建价值还是刑法价值实现手段

在对受贿罪刑罚价值实现的路径分析之前有必要对刑罚的性质进行分析，以便对刑罚及其功能有正确的认识。法的价值是"以法与人的关系作为基础的，法对于人所具有的意义，是法对于人的需要的满足，是人关于法的绝对超越指向"，[①] 可见，法体现为其对人的有用性，也就是法具有满足人们需要的特性。刑法被认为是最严厉的法，而这种严厉最重要体现在刑罚上，"违反刑法的后果是刑罚制裁，刑罚制裁的方法包括剥夺生命、自由、财产、资格等重要法益。这种法律后果的严厉性是其他法律如民法、行政法所无法比拟的"。[②] 那么，既然刑罚被认为是最严厉法——刑法实施的保障手段，那么其价值归属为何？

我们认为，刑罚发挥的是其工具价值，当犯罪行为对刑法所确立的价值体系造成破坏时，便需要借助刑罚手段来对受损的刑法价值进行补救，以保障刑法价值功能的完整性。刑法价值与刑罚价值是不同的，刑法价值是立法者通过立法程序，运用立法技术，以刑事法的形式构建的高效、正义和自由的社会秩序，其对人们正常生活具有保护和保障作用，即刑法本身是可以构建价值体系的。而对刑罚而言，无论从报应刑还是从目的刑的角度看，刑罚本身并不构建法的秩序，而只是恢复被破坏的刑法秩序，也就是说，它的作用是对刑法所确立的秩序价值进行维护，而不是通过实施刑罚来构建刑罚本身的价值体系。同样，对于刑法正义、自由、效率价值，刑罚的作用也是恢复和维护刑法所确立的价值。所以将刑罚体现的是间接价值，而非直接价值，与刑法价值存在着一定程度的差别，可称之为工具价值。例如，甲将乙非法拘禁，这便对刑法所确立的禁止侵犯他人人身自由的自由价值构成了破坏，司法机关通过对甲实施刑罚向甲及社会公众树立刑法的自由价值的不可侵犯性，进而对因甲的行为对自由价值构成的破坏进行了补救。刑罚在其中体现的是一种媒介

---

① 卓泽渊：《论法的价值》，载《中国法学》2000年第6期。
② 阮齐林：《刑法学》（第三版），中国政法大学出版社2011年版，第10页。

作用,是维护刑法秩序价值的手段。

二、受贿罪对刑法价值体系的破坏形态

刑罚的裁量要以犯罪行为作为基本的衡量因素,主要体现为对犯罪行为被动的应对(在实施犯罪行为之前动用刑罚通常被认为有违罪行法定原则),通俗的讲刑罚的裁量是一种"看锅下米"的程序,是根据受贿罪对刑法秩序破坏的程度和情形来对刑罚进行配置。从应然的角度而言,受贿罪的定罪和量刑势必受到多种因素制约,这些因素在定罪量刑过程中至关重要:一方面它们体现了刑法价值体系被破坏的程度;另一方面也决定刑罚适用的"质"(从性质上是否为罪)和"量"(从程度上是否要罚)。一个适当、公正的刑罚是对这些被破坏因素都能作出适度的反映,而不是顾此失彼。受贿罪的定罪量刑也受这些因素的制约,概莫能外。从实然性角度而言,我国的刑事立法和司法实践中却存在一定偏差,过度重视某些情节,而忽略另外一些情节,造成情节适用的不合理。我们认为,理论界、实务部门将判处刑罚轻重委之于社会危害性的大小,这点无可厚非,但却往往只强调犯罪数额以及个别情节上①,这势必导致对受贿罪危害认识不充分和刑罚适用上的实质不公正。我们认为可以从具体的犯罪形态来区分受贿罪对刑法价值体系的冲击样态,进而为受贿罪提供量刑依据。

(一)对受贿罪设定价值内冲击型

根据我国《刑法》383 条、第 385 条、第 386 条之规定可以看出,"本罪的客体是国家工作人员职务行为的廉洁性。"② 国家工作人员作为社会公务事务的管理者,其负有利用法律赋予自己的权利来服务社会公众,保证国家统治有序运行;反之,如果国家工作人员利用手中的职权以权谋私,进行钱权交易,那么势必会对国家管理秩序构成冲击,当危害行为符合刑法所预设的犯罪类型,就需要动用刑罚进行规制。从法益层面而言,法益有主法益和副法益(有的学者进一步区分为次要法益和附属法益③)之分,主法益是"揭示了某一具体犯罪所侵害的而为刑法所保护的诸多复合法益中的主导方面,因而决定了该具体犯罪的性质,是刑法分则对该具体犯罪进行分类的重要依据"。④ 受贿罪所要保护的是正常的社会管理秩序中的"国家机关职务行为的廉洁性",即"国家机关职务行为的廉洁性"是该罪所要保护的主法

---

① 根据我国《刑法》总则第 65-68 条、《刑法》第 383 条以及 2009 年 3 月 20 日由最高人民法院、最高人民检察院颁布的《关于办理职务犯罪案件认定自首、立功等量刑情节若干问题的意见》等相关规定可以看出,情节限于犯罪行为人是否构成自首、立功、坦白以及数额大小、是否积极退赃等,除此之外,还应包括同样重要的主观恶性、人身危险性等情节。故此,我们将之称为狭义情节。

② 马克昌主编:《刑法》,高等教育出版社 2007 年版,第 583 页。

③ 参见王彦强:《犯罪竞合中的法益同一性判断》,《法学家》2016 年第 2 期。

④ 参见马克昌主编:《犯罪通论》,武汉大学出版社 1999 年版,第 119 页。

益。当犯罪行为对法益造成了侵害，司法机关便需要通过刑罚来弥补因犯罪而在刑法秩序价值上留下的法益亏空。从犯罪的发展过程来看，受贿人的行为对刑法所确定的社会秩序价值构成的冲击，形成了反秩序样态，而通过实施刑罚对这种反秩序样态进行弥补，进而达到"收支平衡"。价值内冲击主要以刑事立法为依据，"行为违反法的命令或禁止的规范，具有根据法的见解不能允许的性质"。[①] 根据我国刑法及2016年4月18日由最高人民法院、最高人民检察院颁布实施了《关于办理贪污贿赂刑事案件适用法律若干问题的解释》（以下简称《解释》）规定可以看出，立法者所认为应作为衡量受贿罪刑罚的标准主要有数额和其他情节。《解释》中已经将数额进行了明确，理论上争议不大。除了考虑到数额情节之外，立法者也预设了一些情节作为定罪量刑的依据，主要可归纳为以下几类：其一、体现主观恶性、人身危险性的情节，包括索贿；受过党纪、行政、刑事处罚的；将赃款赃物用于非法活动的；违规提拔等。其二、物质性后果，包括造成损失情况；退赃情况等。其三、认罪表现，包括自首、立功、悔罪等。对于立法者设立的兜底性条款"造成恶劣影响或者其他严重后果的"，由于立法上没有对其内涵进行具体明确，故目前没有在司法实践中被作为普遍量刑标准而加以适用。（流程见图2）

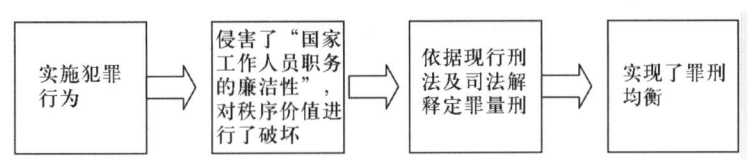

图2 受贿罪价值内冲击流程图

可以看出，上述情节是立法者从应然的角度出发，将这些情节作为衡量刑罚轻重的判断依据，这是立法者所预想的情节，并认为据此可以实现罪行均衡，可以实现对刑法价值破坏的弥补，可以将这类犯罪情形称之为受贿罪价值内冲击。例如，公职人员A收受B所送财物200万元，A为B谋取了非正当利益，那么这种情形是立法者和社会公众所认知的受贿常态，是刑法384条以及相关司法解释所规定的正常形态，属于价值内冲击。这种情形侵害的以立法者所预设的主法益为主，对刑法价值的破坏也主要限于秩序价值。也就是说，这种情形下，行为对主法益、主价值的破坏并没有超出立法者所预想的范围，可以依据法律规定进行处置。立法者认为这时所采用的刑罚量是能够实现罪行相适应，能够弥补刑法所受损害。

（二）对受贿罪设定价值外冲击型

从实然的角度来看，我国现阶段反腐的形势是大案、要案频发，无论官员级别、涉及财物的价值以及犯罪人数等等都远远超出立法者所预想的范围，往往造成刑法

---

① 马克昌主编：《外国刑法学总论（大陆法系）》，中国人民大学出版社2009年版，第164页。

多层价值受损。据统计,2015年我国检察系统依法"对令计划、苏荣、白恩培、朱明国、周本顺、杨栋梁、何家成等41名原省部级以上干部立案侦查,对周永康、蒋洁敏、李崇禧、李东生、申维辰等22名原省部级以上干部提起公诉"。[①] 这类受贿犯罪案件突出的特征就是一个"大",也就是官大、数额大、群体大、损失大、影响大等。在这类案件中往往出现一些作用较大的非法定情节,对这些情节应当如何认识、定位实践中存在诸多争议。从犯罪人的角度而言,其关注的是效率和自由价值,也就是快速的判处较轻或免除刑罚是他们所追求的目标。从被害人和社会公众的角度而言,其所关注的是如何通过刑罚的判处和执行来实现正义价值,进而实现法所禁止之外的自由不受侵犯和合法利益最大化。从司法机关而言,他们所追求的是刑法的秩序价值,通过惩罚犯罪人进而确立法秩序不可侵犯。各方所关注的价值不同,那么如何在各个价值中取得平衡,特别是当其他价值受到严重冲击甚至超过主价值的情况下。如果只追求刑法的某一价值,而忽略刑法的其他价值,判决的结果将难以为公众所接受,刑罚的适用也将难以取得预期的法律效果,刑法的价值也无法实现。(流程见图3)

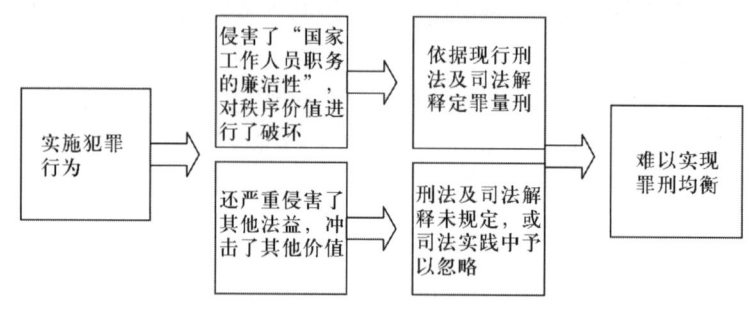

图3 受贿罪价值外冲击流程图

以原四川政协主席李崇禧受贿案为例,2007年3月至2012年2月,其为他人取得国有土地开发权、当选省政协常委、催要工程款等事项上提供帮助。并且其直接或通过其妻子李明玉(另案处理)非法收受财物折合人民币1070.34773万元、美元5万元,共计人民币1109.63213万元。依据审判时所确立的受贿罪量刑标准,从受贿数额上来看,李崇禧非法收受他人财物达1000多万元,高于当时刑法所明确规定的数额特别巨大10万元标准110倍,在自由刑范围内很难对其受贿数额作出合理评价。李崇禧受贿1000多万所处刑罚只有12年,多出数"额特别巨大"的标准将近110倍,而其刑期只比"10年以上有期徒刑"的最低标准多2年,这种数额所体现出来的对刑法秩序价值所构成的破坏与其刑罚的弥补存在严重不平衡。其行为已经突破了社会秩序价值的范畴,还严重冲击了刑法所确定的正义价值。从为他人谋利行为后果来看,其帮助他人获取土地开发权、当选官员的行为是对社会资源的合理配置进行了强制性干涉,影响他人公平参与,这破坏了刑法所确定的效率价值和

[①] 参见2016年《最高人民检察院工作报告》。

正义价值。值得注意的是，这些情节并不是法定量刑情节。从参与的人员来看，对其妻子等人虽然进行了另案处理，但这已经突破了单独犯的范畴，具有共同犯罪的特征，对刑法价值的破坏力更大，然而，不但立法上没有加重处罚的规定，司法上也没有进行考量。所以出于罪刑相适应的要求，为了弥补刑法价值的损失，对于这些受损的价值应当予以考虑，在刑罚中应得以体现。也就是说，对于受贿罪设定价值外冲击，需要动用刑罚的价值手段也要更多，更严厉。

三、受贿罪中刑法价值实现的路径——刑罚目的之选择

正如前述，刑罚体现的是工具价值。这种工具指向何方，对象为谁以及实施的强度，必然要受刑罚目的所支配，也就是说利用刑罚要达到什么样的目的，"唯刑罚本身并无存在之理由，其所以成为国家制度，乃为实现一定目的而被加以利用之故"。① 只有目的要正确才可能产生好的法律效果，进而危害刑法的价值，否则就会造成价值的偏离，产生有害于社会的后果。我们认为，在犯罪中之所以强调刑罚目的，一方面是因为刑罚的严厉性所致，另一方面是因为刑罚来自国家授权的行为，具有合法性和正当性，不当使用会形成严重的负面社会影响，所以要慎之又慎。基于长期的争论与演变，目前形成了两种刑罚正当化理论，即报应刑理论与目的刑理论，有必要以此为视角对受贿罪处刑的价值依据追求进行分析。

（一）以报应刑为视角

报应刑者认为，"刑罚之作用在对犯罪还报以恶害，国家科刑，再以恶害返诸其人之身，籍资报应，实为理所当然"，② "刑罚以对犯罪的报应为本质，以痛苦、害恶为其内容"。③ 在现代法律概念下，这里的报应既不是"原始复仇"，也不是"同态报复"，而是"国家的、法律的报应"。④ 从报应刑出发，受贿罪侵犯的主要是国家工作人员职务的廉洁性，那么国家司法机关便可以动用刑罚依法对其进行定罪处罚。刑罚的强度要以犯罪的危害程度为依据，刑罚的限度要以法律规定为限，不能突破最高刑的限制。受贿罪所造成的危害如果超越了刑法所预设的范围，法定刑将无法对犯罪所造成的损害充分弥补，那么就需要对刑罚进行调整。调整的路径无非两种：一种是提升法定刑刑种和刑度，由于我国目前受贿罪已经设立了死刑，在死刑罪名不断减少，死刑适用的标准不断提高的情况下，⑤ 这种做法显然没有多少可操作空间。死缓虽然可以一定程度从上线来弥补刑罚不足的问题，但由于死缓

---

① 陈子平：《刑法总论》，中国人民大学出版社2009年版，第687页。
② 韩忠谟：《刑法原理》，北京大学出版社2009年版，第18页。
③ 马克昌：《比较刑法原理——外国刑法学总论》，武汉大学出版社2012年版，第751-752页。
④ 曲伶俐主编：《刑罚学》，中国民主法制出版社2009年版，第15页。
⑤ 参见黄荣康、邬耀广：《关于毒品犯罪案件限制死刑适用的建议与设想》，收录于刘家琛主编：《当代刑罚价值研究》，法律出版社2003年版，第569页。

只是死刑的执行方式之一，要以犯罪人的犯罪行为适用死刑为条件，因此无论从当前我国的限制死刑的刑事政策，还是从国际社会逐步将死刑看作人权而非单纯的司法问题，① 我国都应摆脱死刑（包括死缓）所形成的累赘。另一种是降低危害程度较轻的受贿罪法定刑，也就是提高入罪门槛和量刑门槛，从目前的司法实际来看，这种做法具有可行性。目前我国提高受贿罪入罪门槛的理念和做法也验证了这种做法的可行性。

M·E·迈耶在"分配主义"理论提出，"刑罚的报应与预防通过立法者、法官、刑务官与各担当机关的顺次经历法定、量定、执行的过程而具体化，与各过程相适应，实现报应刑、法的确证、目的刑的意义"。② 可知，在立法阶段，立法者所追求的主要是对犯罪的报应，也就是立法者根据犯罪人对刑法所保护价值的破坏程度设定相应的"报复强度"，进而恢复被破坏的价值。例如，立法者预想当公职人员受贿 30 万时，对其适用 3 至 10 年有期徒刑足以做到罪行相适应，可以弥补受损的刑法价值。由于法具有较强的稳定性，一般情况下量刑标准一旦确立就不得随意变更，除非客观情况发生重大变化。例如，当刑罚与犯罪危害出现严重失衡时，报应的目的无法实现、受损的刑罚价值无法弥补时才会对立法进行调整，最近出台关于受贿罪新的量刑标准正是这种情况。报应刑对刑法价值的弥补主要从应然的角度出发，以刑事立法为依据，量刑的情节限于立法者界定的范围内。然而，这种立法者所认为的应然能否弥补实际受损的刑法价值尚需借助实然分析。

（二）以目的刑为视角

目的刑论者认为，刑罚应当是防卫社会，即"犯罪乃共同生活之侵害，刑罚之设，在保障共同生活之安全，亦即为预防犯罪防卫社会之必要手段"，③ "刑罚本身并没有什么意义，只有在为了实现一定目的即预防犯罪、保护法益的意义上才具有价值"。④ 通过刑罚的实施达到"教育、改善有社会危险性的人复归社会为目的（目的刑主义）"。⑤ 单纯的报应刑理念被摈弃，"应报理论不计代价追求绝对的等量刑罚，却不顾刑罚的社会任务与监狱的执行理念"。⑥ 虽然学界对目的刑主义存在着不同认识，但其自身的价值受到广泛的关注，并被实际运用到司法实践中，"如下的功绩也不能忽视，即由于认为以特别预防为中心改善犯人是刑罚最重要的使命，如何执行刑罚的问题就成为值得关心的重大事情"。⑦ 除了特殊预防之外，也不容忽视

---

① Salil Shetty. The Value of International Standards in the Campaign for Abolition of the Death Penalty. The Brown Journal of World Affairs (2014), p. 42.
② 马克昌：《近代西方刑法学说史略》，中国检察出版社 1996 年版，第 354 页。
③ 韩忠谟：《刑法原理》，北京大学出版社 2009 年版，第 18 页。
④ 曲伶俐主编：《刑罚学》，中国民主法制出版社 2009 年版，第 15 页。
⑤ 马克昌：《比较刑法原理——外国刑法学总论》，武汉大学出版社 2002 年版，第 41 页。
⑥ 林钰雄：《新刑法总则》，中国人民大学出版社 2009 年版，第 15 页。
⑦ 马克昌：《比较刑法原理——外国刑法学总论》，武汉大学出版社 2002 年版，第 42 页。

一般预防的目的,"唤醒和强化国民对法的忠诚、对法秩序的存在力与贯彻力的信赖,从而预防犯罪"。①

对于受贿罪而言,特别在犯罪中出现严重的非法定情节,并且这些情节对该罪设定主价值之外的价值构成严重冲突的情形,刑法所规定之刑罚显然无法满足弥补刑法受损价值的需要。然而,由于立法者没有将这些情节作为量刑因素,或者没有明确将之界定为法定因素,势必会抑制这些情节实际效能的发挥。我们认为,应根据预防犯罪的需要来调整这类犯罪的刑种和刑度。提高法定刑种和刑度主要基于以下三个依据:其一,这类犯罪对刑法价值的破坏比立法者所预设的价值要严重的多,正如上面所阐述的那样,其不但侵害的秩序价值,而且还严重侵害了刑法的其他基本价值,有些案件将处于次要地位的副价值提升到与主价值相同的地位,甚至超越主价值。在这种情形下,单靠刑法在制定受贿罪时所预设的刑罚(主要是针对主价值而设)来进行规制显然无法满足这种犯罪的"变异形态"的需要。所以,需要基于预防犯罪的需要而提升刑罚幅度便是必然选项。其二,从特别预防来看,"决定刑罚的应当是犯罪人的社会危险性",② 这类犯罪所体现的犯罪行为人人身危险性及其主观恶性都高于一般受贿犯罪行为人,也就是说,这类受贿犯罪所体现犯罪行为人的社会危险性更高,对其矫治的难度也更大,故此,所应适用的刑种更严厉,刑期也应当较更长,否则难以达到矫治的效果。其三,从一般预防来看,目前我国受贿犯罪的"暗数"依然较大,受贿犯罪并没有得到根本性的控制。如果不能将这些重大受贿犯罪与一般受贿犯罪区分开来,以至于单独受贿400万元与具有伙同多人实施、买官卖官、大肆索贿、进行权色交易、侵犯国计民生等情节而受贿400万元判处同样的刑罚,那么就会给这些潜在的犯罪人树立一个"应将自己手中权力运用到极致"、"创造附带价值"的负面动力。故此,从一般预防的角度出发,对这类犯罪在量刑上的加重要得到应有的体现,以震慑潜在的犯罪人,以促使其及时收手,避免危害结果的扩大。

四、受贿罪量刑之完善

当犯罪终结之后犯罪便宣告完成,接下来就是司法机关对犯罪人的行为进行定罪量刑,直至交付执行,可见刑罚的裁量具有承上启下的作用,其重要性不言而喻。事实上,案件定性相对而言比较客观,"法官对任何案件都应进行三段论式的逻辑推理。大前提是一般法律,小前提是行为是否符合法律,结论是自由或是刑罚"。③ 而根据现代刑罚理念,量刑时要受到多种因素的限制,"把与犯罪的结果和情节(违法与责任)相均衡的刑罚作为其上限,只有在此范围内,才能考虑一般预防与

---

① 张明楷:《刑法学》(第三版),法律出版社2007年版,第399页。
② [日]大谷实:《刑事政策学》,黎宏译,中国人民大学出版社2009年版,第108页。
③ [意]贝卡利亚:《论犯罪与刑罚》,黄风译,中国法制出版社2005年版,第15页。

特殊预防的需要"。① 也就是说，在量刑之时要考虑到刑罚的报应与预防作用，两者缺一不可。对受贿罪而言，司法实践中出现的量刑问题许多都是对刑罚的价值作用认识不清所致。故此，有必要借助刑罚的价值来认识和化解实践中出现的刑罚适用困境。具体可从以下几个方面着手：

（一）摈弃唯数额论

从上面的分析可以看出，受贿犯罪存在多种形态，有的只是对刑法中受贿罪所保护的主法益、主价值构成了破坏；有的不但冲击了受贿罪所保护的主法益、主价值，而且还对本应为副法益、副价值也造成了严重的破坏，有必要对法定刑进行调整才能弥补受损的刑法价值。受贿数额只是从一个方面体现了受贿罪对主法益，即国家工作人员职务的廉洁性造成了破坏，对刑法的秩序价值造成了冲击。但除了数额之外，尚有诸多情节需予以考虑，如主观恶性、犯罪动机、危害后果、社会影响等。而在我国司法实践中，立法和司法机关过分看重犯罪人的受贿数额，甚至出现"唯数额论"的现象。据统计，在《解释》实施之前，"在受贿数额在10-50万元的案件中，1万元犯罪数额对应的刑量约为0.5年有期徒刑，继而在50-100万元的案件中，每1万元犯罪数额对应的刑量衰减到0.2年，在100-200万元的案件中，再次衰减到0.1年，在200-500万元的案件中，减至0.06年；在500-1000万元的案件中减至0.03年，最终在所统计到的1000万元以上的案件中，每1万元犯罪数额对应的刑量更衰减到仅为0.01年"。② 基于此种认识，有的学者认为"贪污受贿犯罪尤其是受贿犯罪情节差别很大，情况复杂，如受贿数额相同，有无为他人谋取不正当利益、谋取了何种不正当利益、给国家和人民利益造成的损失会有巨大差异，若单纯考虑受贿数额，显然是无法全面、准确、客观地反映行为的社会危害程度的"。③

我们认为，数额是受贿罪的严重程度的一个衡量标准，没有数额难以认定犯罪成立。虽然数额是受贿罪的必备要素之一，但却不是唯一的要素。在衡量受贿罪的危害时，数额仅是一个衡量标准，就如同动机、主观恶性等一样，在犯罪中孰轻孰重要根据个案进行分析。例如，公职人员多次向强行孤寡老人索贿，虽然总体数额不大，因主观恶性较深，应作从重处罚。有的公职人员为了吸食毒品，而收受他人贿赂，虽然数额也不大，但因其动机违法，所以在处罚时也应作从重处罚。是故，从本质而言，受贿人刑罚的轻重要看其犯罪行为的危害，也就是对刑法价值的破坏程度和破坏的种类，进而决定刑罚的种类与强度，"唯数额论"显然是"顾此失彼"，难以做到罪刑相适应。虽然《解释》进行了一定程度的调整，但从目前司法

---

① ［日］西田典之：《日本刑法总论》，王昭武、刘明祥译，法律出版社2013年版，第16页。
② 林竹静：《受贿罪数额权重过高的实证分析》，载《中国刑事法杂志》2014年第1期。
③ 赵秉志：《贪污受贿犯罪定罪量刑标准问题研究》，载《中国法学》2015年第1期。

机关等待《解释》中具体数额标准的"急切心情"可以看出,在司法实践中短时间内扭转唯数额论很难做到。

(二) 重视罪前、罪中情节

根据1997年《刑法》第383条第（三）项规定,"个人贪污数额在五千元以上不满一万元,犯罪后有悔改表现、积极退赃的,可以减轻或者免除刑事处罚"。2009年3月20日由最高人民法院、最高人民检察院联合下发的《关于办理职务犯罪案件认定自首、立功等量刑情节若干问题的意见》第四条对从轻的情节进行了规定,即"赃款被追缴的""主动退赃、积极配合退赃的""挽回经济损失、减少损失的"可以考虑从轻处罚。可以看出,立法者所明确的从轻处罚情节都是罪后情节,而且都是基于经济因素考量的情节。《解释》虽然对一些罪前情节进行了规定,但可以看出依赖于传统的罪后情节没有得到根本性改变。① 台湾学者韩忠谟认为,"在相对法定主义下,刑法除规定高低相悬之刑度外,复设加重减免之条,审判者于科刑之际,自加重至于减轻或免除,均得为自由裁量之范围,故其权限颇广,于此广大之范围内,欲求用刑轻重得当",其列举了科刑裁量已经有11种之多。② 是故,通过对韩忠谟先生的论述分析可知,在犯罪中需要考量的情节很多,也绝非这11种所全部能予以容纳。但通过归类可以看出,这些情节根据犯罪的时间顺序可以分为罪前情节、罪中情节和罪后情节,这些情节在每个犯罪中的作用各不相同,要进行具体分析。就受贿罪而言,其主法益是"国家工作人员职务的廉洁性",而该法益具有不可收买性,也就是说这种职务廉洁性不允许拿来进行钱权交易,否则就是犯罪行为。同样道理,犯罪后所需判处的刑罚也是不能全部靠金钱来进行弥补。退赃、弥补损失固然是可以作为量刑的一个依据,但判处何种刑罚、多重的刑罚要综合考虑主要的犯罪情节后决定,而不能仅仅以退赃数额和造成的经济损失进行决定。

在我国的司法实践中对受贿犯罪人量刑时最看重的一个情节就是犯罪人是否退赃,退赃了就从轻判处,否则就判处较重的刑罚,给公众留下一个"钱刑交易"的印象,极大损害了刑罚的严肃性和客观性。事实上,法益被侵害的程度、刑法价值体系被破坏的程度主要取决于罪前、罪中情节,而非罪后情节。这是因为,一般而言,当犯罪停止或完成之时,法益的侵害程度,对刑法价值的冲击事实也已经宣告

---

① 我们归纳认为,新《解释》的考量罪前、罪中情节可以概括为:受过行政、刑事处罚的;索贿的;为他人谋取提拔、调整的。新《解释》在罪前、罪中较之前的规定并没有多少新的突破,量刑情节依然以罪后情节为主。

② 参见韩忠谟:《刑法原理》,北京大学出版社2009年版,第389页。韩忠谟先生所列11种科刑轻重之依据为:（1）犯罪之动机;（2）犯罪之目的;（3）犯罪时所受之刺激;（4）犯罪之手段（5）犯人之生活状况（6）犯人之品行（7）犯人之智识程度（8）犯人与被害人平日关系（9）犯罪所生之危险或损害（10）犯罪后之态度（11）犯罪应科罚金者、应审酌犯人之资力及因犯罪所得之利益。

完成，这时需要动用多严厉的刑罚就成为一个既成事实，不得进行任意改变。而罪后情节只是"决定是否处刑以及处刑从宽从严"，①也就是说，罪后情节起到的是调节作用。即当犯罪停止或完成之时，司法机关便可以根据其犯罪事实结合犯罪情节决定犯罪人的基本刑罚，只是由于法定刑可能无法满足罪行相适应的要求以及矫治的需要，而根据罪后情节再进行适度调整。从刑罚的本质来进行分析则更为清晰，那就是当犯罪停止或完成时，受贿犯罪对刑法所确立的价值构成的破坏已经完成，价值被破坏的严重程度便成了一个静止的状态，需要用利用刑罚的哪种工具价值及其强度进行弥补也就具有了确定性。这时事后情节本身并不能改变使用哪种工具价值，而只是进行力度的调节，也就是刑罚强度的加减。是故，我们认为，在受贿罪的量刑时应降低以"退赃、弥补损失"等事后情节在量刑中的作用，而应当强化罪前、罪中情节的作用。

（三）注重"无形情节"的作用

近代学派认为，"行为人独自的危险性、反社会的性格是处罚的根据"。②虽然近代学派有些观点受到批评，但其在量刑时关注犯罪人的个人因素现在已经为各国所普遍接受。"量刑时考虑犯罪人的个人情况，是刑罚个别化原则的内容和要求"，③我国在对受贿犯罪人定罪量刑时也应借鉴近代学派的观点，考虑犯罪人的个人因素，只有这样才能实现刑罚的适当性和精准度。这里之所以称为"无形情节"是相对于受贿数额、造成损失、退赃数额等可以直观可测的"有形情节"而言的。我国在对受贿罪的定罪量刑过程中，往往过于看重"有形情节"，如受贿、退赃数额等，可以说基本上依赖于此。而对"无形情节"，如主观恶性、人身危险性、社会危害性等重视不够，有许多案件甚至根本未予考虑，这也是为什么司法机关的判决结果不能为社会公众接受，司法公正性备受质疑的原因所在。例如，原江西省人大常委会副主任陈安众被称为"烟、酒、嫖、赌、毒"五毒俱全，其在任期间不但大肆收受贿赂达810余万元，与多名女性保持不正当关系，而且还利用手中职权帮他人在申请银行贷款、承揽工程、调整职务方面提供帮助。据报道，"陪他请客，其随便吃个夜宵就要吃掉两万元"，"在歌厅喝了酒，吸了毒，找一帮女孩子来嫖娼"等等。法院的判决中只认定他的受贿犯罪，量刑时以受贿数额为主要依据，对他判处了12年有期徒刑。正如这篇报道中所质疑的那样："他的'五毒'没有受到像样的追究，并可能很快被人淡忘，他作为反面教材原本可以发挥的教育警示价值，现在看来可能要大打折扣"。④ 这一案件的犯罪事实认定和刑罚的裁处极具有代表性，反映出了我国司法审判中"唯数额论"而忽略同样重要的犯罪人的主观恶性、人身危险性和

---

① 林竹静、徐鹏：《论罪后情节》，载《中国刑事法杂志》2004年第3期。
② 马克昌：《比较刑法原理——外国刑法学总论》，武汉大学出版社2012年版，第41页。
③ 高铭暄、赵秉志主编：《刑罚总论比较研究》，北京大学出版社2008年版，第150页。
④ 参见潘洪其：《对"五毒贪官"不能只有法律判决》，载《北京青年报》2015年6月20日A02版。

社会危害性为代表的"隐形情节"在量刑中的作用，进而导致罪刑不相适应，造成重罪轻判或轻罪重判的不公正后果。

从刑罚的作用来看，其不但有对过去犯罪的报应，也肩负着对犯罪人的矫治，使其不再危害社会，刑期的长短是根据矫治的难度来决定，如果犯罪人具有犯罪动机卑劣、主观恶性较深、人身危险性较大等抗拒矫治的个人因素存在，那么就应当判处较重的刑罚和较长的刑期。从刑罚对刑法价值实现的作用来看，当"无形情节"对刑法体系破坏的面越广，程度越深时，便需要更严厉的刑罚对之进行弥补，而非将之忽略，这是之所以重视"无形情节"的原因所在。

五、结语

在我国，专门对刑罚的价值进行研究的论著很少，以刑罚价值来分析受贿罪的量刑更是少之又少。然而，明确刑罚的价值是动用刑罚手段规制受贿罪的前提，也是检验刑罚效果的最重要的标准，盲目的动用刑罚，为适用刑罚而适用刑罚显然不是法治社会的特征。既然刑罚是实现、维护刑法价值的重要工具，对其价值的认识便是一个不容回避的问题。特别是在当前严峻的反腐态势下，如何借用刑罚价值对受贿罪进行有效的规制是一个值得学界深入研究的问题。故此，刑罚是什么，效用为何，发挥作用的方式等都是需要认真研究的问题，这也是本文试图明确的问题。而认识这些问题的关键是认清刑罚的价值，明确在受贿罪中设立刑罚的意义和目的，进而为完善受贿罪的刑罚体系，健全刑事司法量刑体系提供智力支持和理论依据。当然，惩处和预防受贿犯罪是一个复杂的社会工程，就如同它的产生一样，是多方面作用的结果，对其进行预防需要多方面的共同努力，但刑罚作用无疑是最为有效、最为直接的方式。

大陆法系与英美法系贿赂犯罪治理模式比较研究

王晓雪*

贿赂作为腐败犯罪的一种严重类型，历来对世界各国经济和社会的稳定发展都具有极大的破坏性。基于贿赂犯罪的巨大危害及其蔓延趋势，国际社会对贿赂犯罪的治理普遍表现出高度的关注与重视，并极力通过国际合作的方式增强对贿赂犯罪的打击力度。但在不同国家，由于文化传统、法律基础不同，对贿赂犯罪的治理模式存在巨大差异。比如在签订一项合同或中标之前或期间的各种形式的中介或服务现象在意大利的法律中被认定为非法（国际反腐层面也同样如此），但在另外一些国家中介现象被认为是达成交易的"惯例"，甚至是"必要的"；美国的"悔罪"能够免于处罚，而意大利有犯罪行为的即使有"道德发现"的举动也将对其进行不受追诉时效限制的制裁，必将对其提起刑事诉讼；① 在德国、日本等大部分发达国家对贿赂犯罪采取"零容忍"的严格立法（国际反腐败层面同样如此），即使贿赂数额极低，也是犯罪行为，但在中国，未达"3万元"则无法进入刑法治理范畴。在世界范围内，人们对于打击贿赂犯罪有着高度的共性认识，但类似以上在一个国家视为合法而另一个国家视为非法的情况时有发生，在反腐败的国际合作上可能会出现严重的法律冲突。所以，反腐败的国际合作需要建立一套共通而且协调的核心制度，特别是对于中国而言，《刑法修正案（九）》将贿赂犯罪具体数额标准改为"数额+情节"的弹性模式，表明立法者已经开始对受贿罪定罪量刑模式向淡化数额方向进行改革。但是，改革的目标在哪里？进程如何？距离科学的标准又有多远？这些问题的解决都有赖于了解当前两大法系在贿赂犯罪治理模式，特别是定罪量刑模式方面的差异，有助于我国在打击贿赂犯罪的具体实践中寻求更有质效的国际合作空间。正如比较法大师赛克尔（Seckel）所言："不知别国法律者，对本国法律便也一无所知。"② 不知别国法律者，对国际法律的制定和适用也将一无所知。

---

* 王晓雪，北京市顺义区人民检察院公诉部检察官助理，北京师范大学刑事法律科学研究院博士生。

① 参见［意］宝拉·赛维丽诺：《论国家反腐败与预防规则的协调》，吴沈括译，载《走向科学的刑事法学》，法律出版社2015年版，第1263-1265页。

② 转引自［日］大木雅夫：《比较法》，范愉译，法律出版社1999年版，第67页。

中编　腐败犯罪的法律治理

一、大陆法系受贿罪定罪量刑模式

（一）德国受贿罪定罪量刑模式

德国是典型的大陆法系国家，《德国刑法典》在"职务犯罪"一章中对受贿罪做出了具体规定。第331条第1款，基本受贿罪，凡是公务人员收受贿赂，不问数额大小和情节轻重均定罪处罚；第2款，法官仲裁员受贿罪，对法官和仲裁员收受贿赂从重处罚，且处罚未遂。第332条第1款，违反职务义务受贿罪，公务人员违反职务义务收受贿赂从重处罚，且处罚未遂；第2款，法官仲裁员违反职务义务受贿罪，法官或仲裁员违法裁判从重处罚；第3款，事前受贿罪，行为人在成为公务员之前表明要违反义务接受请托收受贿赂的，按照第1款处罚；将成为法官或仲裁员的行为人实施上述行为的，按照第2款处罚。第335条，情节特别严重的贿赂罪，行为人成为公务人员前收受贿赂并于成为公务人员后实施违反职务义务的行为，具有下列严重情况的，从重处罚：所涉利益巨大，行为人承诺以将来实施某一职务作为回报继续索要并接受利益，行为人以此职业或作为继续实施此等行为而成立的团伙成员为此行为的。①

受贿罪没有规定具体情节或数额作为定罪标准，对受贿行为采取零容忍的态度。只要公务人员收受贿赂，无论数额情节如何均定罪处罚。与此同时，对法官或仲裁员、违反职务义务、事前受贿、所涉利益重大、持续受贿等从重处罚。即以是否具有特殊主体身份、是否违反公职、受贿时间、受贿频率次数及涉及利益大小作为刑罚轻重的标准。可见德国受贿罪的定罪量刑模式为在定罪上不设标准，在量刑上采取"多元情节"量刑标准。

当然，"任何国家对犯罪的处理都有一个量的考虑"②。德国受贿罪的罪名相对全面，囊括受贿大部分情形，而且每种具体罪名都有独立的法定刑，法官在法定刑幅度内，参照《德国刑法典》第46条的量刑基本原则，在量刑时考虑行为人的"行为动机和目的、行为所表露的思想和行为时的意图、违反义务的程度、行为的方式和行为结果、行为人的履历、人身和经济情况及行为后的态度，尤其是行为人为了补救损害所做的努力"③ 等情况。该原则虽然抽象，但是德国具有完善的量刑评议④和量刑说理机制⑤，且对法官重视经验主义的培养，一般不会出现量刑失衡的

---

① 《德国刑法典》，徐久生、庄敬华译，中国方正出版社2003年版，第167-169页。
② 储槐植等：《刑法机制》，法律出版社2004年版，第20页。
③ 《德国刑法典》，徐久生、庄敬华译，中国方正出版社2003年版，第26页。
④ 其表决程序严格：在表决方面，先罪责问题后刑罚问题；在表决方法方面，罪责和刑罚问题都要2/3多数通过才能成立。
⑤ 其原理是通过量刑理由的宣示，再现法官自由心证的过程，从而限制法官自由裁量权滥用。在德国，判决理由宣示为强制性规定，判决理由必须包括所适用的刑法和对量刑起决定性作用的情节。

问题。

(二) 日本受贿罪定罪量刑模式

日本兼具大陆法系和英美法系的特点,但其对犯罪在立法上规定得非常具体,法典化程度高,所以归为大陆法系来探讨。《日本刑法典》第 197 条第 1 款,单纯受贿罪,凡公务人员收受贿赂,无论数额情节均定罪处罚,处 5 年以下惩役;受托受贿罪,是单纯受贿罪的加重类型,接受请托而实施与职务有关之行为,不论是否违反职务,处 7 年以下惩役;第 2 款,事前受贿罪,处 5 年以下惩役。第 197 条之 2,向第三者供贿罪,公务员让请托人向第三者提供贿赂,处 5 年以下惩役。第 197 条之 3,第 1 款,加重受贿罪,是单纯受贿罪、受托受贿罪、事前受贿罪以及向第三者供贿罪的加重类型,因犯前四种罪,而实施违反职务义务的行为,即受贿而枉法,处 1 年以上有期惩役;第 2 款,事后加重受贿罪,实施违反职务义务的行为后收受贿赂,或者让请托人向第三人提供贿赂,即枉法后受贿,处罚同上;第 3 款,事后受贿罪,公务员在职期间接受请托违反职务义务,在其不具有公务员身份后收受贿赂,处 5 年以下惩役;第 4 款,斡旋受贿,公务员针对其他公务员实施斡旋受贿行为,处 5 年以下惩役。①

受贿罪没有规定任何数额或者情节因素作为定罪的标准,对受贿行为采取零容忍。与此同时,以单纯受贿罪为基础,以是否受托、是否枉法、事前还是事后受贿等具体情节为标准,共设置法定刑幅度轻重不同的 7 种具体罪名。可见日本受贿罪的定罪量刑模式是"多元情节"定量标准。

可以看出,日本刑法对受贿罪的立法比较完善,几乎囊括所有受贿情形,法网严密,而且罪名划分清晰,每个罪名只有一个量刑幅度。法官在法定量刑幅度内,以《刑事诉讼法》第 248 条关于暂不起诉时应当考虑的标准,即"根据犯人的性格、年龄以及境遇、犯罪的轻重、情节以及犯罪后的情况为参照,具体的量刑标准由学说和裁判的实践加以充实"②,进行自由裁量。犯罪数额只是众多考量因素之一。

(三) 韩国受贿罪定罪量刑模式

韩国在立法方面不是大陆法系传统强国,但是几十年间韩国政府在反腐败方面做了很多努力,在修改刑法以及刑事特别法的同时,还专门增设了惩治腐败的特别法。其中规定了很多与犯罪数额有关的条款,很多具体做法值得我国借鉴学习。

《韩国刑法》第 129~132 条以单纯受贿罪为基础,根据具体情节的轻重,依次规定了事前受贿罪、向第三者提供贿赂罪、受贿后不正处事罪(单纯受贿罪的加重

---

① 参见 [日] 西田典之:《日本刑法各论》,刘明祥、王昭武译,中国人民大学出版社 2007 年版,第 378—386 页。
② [日] 野村稔:《刑法总论》,全理其、何力译,法律出版社 2001 年版,第 485 页。

构成要件)、事后受贿罪(单纯受贿罪的加重构成要件)、介绍受贿罪共 5 种具体的受贿罪罪名。以受贿时间、受贿是否枉法等情节作为量刑标准,设置相应的法定刑幅度,没有定罪标准的规定,更没有具体数额的规定。① 《关于特别犯罪加重处罚法》第 2 条针对收受贿赂达到特定数额的单纯受贿罪、事前受贿罪、向第三者提供贿赂罪、介绍贿赂罪规定了加重处罚的条款:"贿赂额为 1 亿②韩币以上的,判处无期或者 10 年以上惩役;贿赂额在 5000 万以上不满 1 亿韩币的,处 7 年以上的惩役;贿赂额在 3000 万以上未满 5000 万,处 5 年以上惩役。"③ 可见韩国将数额作为特定犯罪重要的量刑标准。此外,2015 年制定的《禁止非法请托及禁止收受财物等相关法》将贿赂犯罪惩治对象扩大到记者、私立学校管理人员及私立学校基金会理事长和理事。对于公职人员,只要根据非法请托执行职务的,就判处 2 年以下徒刑或 2000 万韩元以下罚金。无论以何种名义,一次收受 100 万韩元(每年度收受财物超过 300 万韩元)以上财物的,或者没有举报其配偶收受财物的,处 3 年以下徒刑或 3000 万韩元以下罚金;收受 100 万韩元以下财物,有职务关联性的情况下才能处以财物价值两倍到五倍的罚款。④ 可见,与德日受贿罪的量刑标准相比,韩国更重视受贿数额的影响。

韩国将具体情节与具体数额相结合,作为受贿罪量刑的标准,在坚持对受贿犯罪零容忍理念的同时,增加司法上的可操作性。

二、英美法系受贿罪定罪量刑模式

(一) 英国受贿罪定罪量刑模式

英国素以普通法著称于世,然其以制定法规制受贿犯罪也是源远流长,是世界上第一个制定反腐败法律的国家。⑤《2010 年反贿赂法》第 2 条规定,具有下列行为之一的,即可构成受贿罪:(1)索取、同意收受或接受金钱或者其他好处,意图使其本人或者第三人不当履行职责或者实施行为的;(2)索取、同意收受或者接受金钱或者其他好处,且其索取、同意收受或者接受行为本身构成不当履行职责或者实施行为的;(3)索取、同意收受或接受金钱或者其他好处,作为其本人或者第三人不当履行职责或者实施行为的报酬的;(4)作为索取、同意收受或接受金钱或者其

---

① 参见[韩]许一泰:《论韩国反腐对策》,载《第六届当代刑法国际论坛——"反腐败的国际经验与中国实践"学术研讨会文集》,第 64 页。
② 1 美元约合 1150 韩元。
③ 参见[韩]许一泰:《论韩国反腐对策》,载《第六届当代刑法国际论坛——"反腐败的国际经验与中国实践"学术研讨会文集》,第 65 页。
④ 参见[韩]许一泰:《论韩国反腐对策》,载《第六届当代刑法国际论坛——"反腐败的国际经验与中国实践"学术研讨会文集》,第 68 页。
⑤ 钱小平:《英国〈贿赂法〉立法创新及其评价》,赵秉志主编:《刑法论丛》(2012 年第 2 卷),法律出版社 2012 年版,第 388 页。

他好处的期待或者后果，由其本人或者经其要求、同意或者默许的第三人不当履行职责或者实施行为的。① 无论是否真正实施违反职务义务行为，无论是否实际获得贿赂，无论是否由本人直接实施，只要本人意图实施不当行为或者对不当行为明知，就构成受贿罪，无须考察受贿数额多少，在规范层面宣告对受贿行为的零容忍。

在量刑标准上，《2010 年反贿赂法》根据犯罪所适用的诉讼程序的差异，分别规定不同的刑罚，即"经简易程序定罪，处罚不超过 12 个月的监禁，或者不超过成文法上限的罚金，或者两者并处；经公诉定罪，处不超过 10 年的监禁，或者罚金，或者两者并处。"② 在具体量刑上，则以量刑指南为标准。英国量刑委员会 2013 发布的《欺诈、贿赂和洗钱罪量刑指南》对受贿犯罪的量刑做出详细规定。对于受贿犯罪的量刑共分为 8 个部分：(1) 决定犯罪类型；(2) 根据不同的犯罪类型，设置相应刑罚的起点和幅度，同时还列举其他与犯罪行为相关的事实因素，据此调整量刑起点；(3) 配合诉讼的给予减轻处罚；(4) 认罪的给予减轻处罚；(5) 犯数罪的，结合犯罪总体情况考虑总和刑期是否公正、适当；(6) 根据需要制作没收令、赔偿令和其他附属令；(7) 做出量刑解释；(8) 考虑保释的时间。③ 其中 (1) 和 (2) 是对量刑起关键作用的部分。该指南以主观罪过（culpability）和客观危害（harm）作为评判犯罪类型的依据：根据职权性质、职位高低、是否蓄意、是否涉及重大利益等情节将主观恶性划分为高、中、低三个等级；根据对他人、环境、政府等公共服务机构正常职能的影响程度，获得利益或给他人造成损失的大小等情节将客观危害分成 4 类（如表 1 所示）。每一级别、每一类都对可能影响受贿罪刑罚轻重的因素进行内容详细、层次分明的列举。第 (2) 部分则是由主观恶性和客观危害横纵交叉构成的量刑起点和量刑幅度的表格（如表 2 所示）。每一级别的主观恶性和每一类的客观危害相结合都有其对应的起刑点和量刑幅度，且随着主观恶性和客观危害性程度规律性递增或者递减。3 个级别的主观恶性和 4 类客观危害两两结合，一共构成 12 个量刑档次，其中每两个量刑档次是完全相同的，如被评价为中级主观恶性和第一类客观危害的行为的起刑点和量刑幅度与被评价为高级主观恶性和第二类客观危害的行为的起刑点和量刑幅度是相同的，以此类推，重视主观恶性和客观危害的量化关系，使量刑更加公正和均衡。指南第 (3) 部分将未列入第 (1) 部分但与犯罪行为有关的因素以非穷尽的方式列举出来，突出刑罚量刑的个别化原则。

---

① 转引自高铭暄、曹波：《中英受贿犯罪立法比较研究》，载《第六届当代刑法国际论坛——"反腐败的国际经验与中国实践"学术研讨会文集》，第 111 页。

② 《英国反贿赂法》，王君祥编译，中国方正出版社 2006 年版，第 37 页。

③ See *Fraud*, *Bribery and Money Laundering Offences Definitive Guideline*，http://www.sentencingcouncil.org.uk。

表1

主观罪过（culpability）	客观危害（harm）
A——高级别主观罪过	第一类
共同犯罪中起主要作用	对个人产生特别严重影响（如通过腐败行为提供不合格产品或服务）
通过施加压力和影响强迫他人	特别严重破坏环境
滥用权力、威信或责任重大的职权	特别严重损害政府、商业或公共服务机构的正常职能
履行公共职能的高级官员故意（直接或间接）腐败	获得特别巨大经济利益或者给他人带来特别巨大损害
司法官员故意（直接或间接）腐败	第二类
精心策划	对个人产生严重影响
长时间违法	严重破坏环境
受重大经济、商业或政治利益诱惑	严重损害政府、商业或公共服务机构的正常职能
B——中等级主观罪过	获得特别巨大经济利益或者给他人带来特别巨大损害
除表格A和表格B外的情节	具有发生第一类危害的风险
共同犯罪中起重要作用	第三类
C——低级别主观恶性	较重损害政府、商业或公共服务机构的正常职能
受到强迫、威胁或利用	具有发生第二类危害的风险
没有受个人利益的诱惑	第四类
在共同犯罪中起次要作用	具有发生第三类危害的风险
一次性未经策划	
对腐败行为缺乏认识	

表2

主观恶性 客观危害	A 高级	B 中级	C 低级
第一类	起刑点：7年监禁 幅度：5~8年监禁	起刑点：5年 幅度：3~6年监禁	起刑点：3年 幅度：18个月~4年监禁
第二类	起刑点：5年监禁 幅度：3~6年监禁	起刑点：3年监禁 幅度：18个月~4年监禁	起刑点：18个月监禁 幅度：26周~3年监禁

续表

客观危害＼主观恶性	A 高级	B 中级	C 低级
第三类	起刑点：3 年监禁 幅度：18 个月~4 年监禁	起刑点：18 个月监禁 幅度：26 周~3 年监禁	起刑点：26 周监禁 幅度：中级社区矫正~1 年监禁
第四类	起刑点：18 个月监禁 幅度：26 周~3 年监禁	起刑点：26 周监禁 幅度：中级社区矫正~1 年监禁	起刑点：中级社区矫正 幅度：B 档罚金~高级社区矫正

英国以实施、意图实施或者明知不当职务行为为立法基础，对所有符合该本质属性的受贿行为均纳入受贿犯罪定罪。没有对构成受贿罪设置定罪标准。在量刑方面，英国更注重情节对量刑的影响，在《欺诈、贿赂和洗钱罪量刑指南》中详细规定了受贿罪的各种量刑情节以及与该情节对应的刑罚幅度，在最大限度保证量刑均衡和公正的前提下，具有透明化、科学化、可操作的优点。

（二）美国受贿罪定罪量刑模式

美国是联邦制国家，联邦和州都有立法权，二者对受贿罪的规定有所不同。联邦的规定最具代表性，也起着不可替代的作用。"美国联邦贿赂法第十八编第二百零一条第 1 款将受贿主体规定为公务员、当选公务员及陪审员，以是否具有枉法意图将公务员受贿罪分为重型受贿罪和轻型受贿罪；第 2 款，重型受贿罪，现职公务员或当选公务员以下列行为为对价为本人或其他个人或团体，直接或间接不正当地要求、寻求、接受或同意接受任何有价之物的行为。包括：（1）使其职务行为受到影响；（2）受到影响而实施对美国的不正当行为，或对这种行为的实施予以协力、参与共谋、故意容忍或创造机会；（3）受到影响而违反其法律义务去实行或不实行某种行为；第 3 款，轻型受贿罪，现职公务员、原公务员、当选公务员，为了或因为已实行或将实行的职务行为，违反有关职务行为收费的法律规定，直接或间接要求、寻求、接受或同意接受任何有价之物。"[1] 重型贿赂的法定刑要重于轻型贿赂。美国对构成受贿罪没有设置限定标准[2]。

对于量刑，美国也重视情节对量刑轻重的影响，以具体情节为标准制定了《联邦量刑指南》。《联邦量刑指南》于 1987 年正式生效，并随着司法实践和理论的发展不断更新。美国量刑指南根据犯罪行为轻重及主观恶性大小（主要参照犯罪历史

---

[1] 陈国庆：《新型受贿犯罪的认定与处罚》，法律出版社 2007 年版，第 164-166 页。
[2] 美国参议院也曾于 1995 年通过一项议案，决定将接受 50 美元以上礼物的行为视为受贿。但数额标准很低，可以视为零容忍。

中编　腐败犯罪的法律治理

档案）将犯罪划分为不同的等级①，并制定一个包括43个等级的量刑等级表，不同的等级对应不同的量刑幅度。各个等级的幅度都与前一等级和后一等级规定的幅度相重叠。同时，等级表是按比例加重刑罚的，不管从哪一等级起算，大概每6级就增加一倍的刑罚。为了符合法律的要求，任何等级的最大值不能比最小值大25%或者多6个月。在此范围内，指南允许法院最大限度地行使刑罚裁量权。②但实际上，严格按照量刑指南的规定，法官的自由裁量权非常有限。

《2011年联邦量刑指南手册》第二章第三部分第一节对受贿犯罪量刑进行详细规定：索取或收受贿赂：1. 基本犯罪等级，（1）公务人员为14级③；（2）其他人员为12级。2. 特殊的犯罪特征，（1）如果犯罪涉及一个以上的贿赂，增加2级；（2）贿赂的价值、为他人谋取或将要谋取的利益、受贿所得利益或者由于犯罪使政府蒙受的损失，以其中数额最大一项为准，超过5000美元的，根据第二章第二部分第一节第1条（盗窃、财产损坏及欺诈）所列表的相应数额增加犯罪等级（如表3所示）；（3）贿赂行为影响具有高层次决策或敏感职位的当选官员或其他公务人员，增加4个犯罪等级，如果增加后的犯罪等级低于18级则增至18级；（4）公务人员实施下列行为，增加2个犯罪等级：1）帮助他人、交通工具或货物进入美国的；2）帮助他人获得护照或者与移民、公民身份、合法入境或居民身份相关的文件的；3）帮助他人取得政府身份证明文件的。④

表3

贿赂的价值、为他人谋取的利益、受贿所得利益或者使政府蒙受的损失（数额最大一项）	增加犯罪等级
5000美元以上	增加2级
10000美元以上	增加4级
30000美元以上	增加6级
70000美元以上	增加8级
120000美元以上	增加10级
200000美元以上	增加12级
400000美元以上	增加14级

---

① 参见储槐植：《美国刑法》（第二版），北京大学出版社1996年版，第329页。
② 李艳玲：《量刑方法论研究》，中国人民公安大学出版社2007年版，第247页。
③ 美国量刑指南对受贿和行贿罪都规定在这一节，所以这里的公务人员14级就是受贿罪基本犯的主体。
④ See United States Sentencing Commission, 2011 *Federal Sentencing Guidelines Manual*, http://www.sentencingcommission.org.us/.

续表

贿赂的价值、为他人谋取的利益、受贿所得利益或者使政府蒙受的损失（数额最大一项）	增加犯罪等级
1000000 美元以上	增加 16 级
2500000 美元以上	增加 18 级
7000000 美元以上	增加 20 级
20000000 美元以上	增加 22 级
50000000 美元以上	增加 24 级
100000000 美元以上	增加 26 级

可见，在对受贿罪的定罪上美国基本采取"零容忍"的态度。在量刑上，对受贿犯罪规定基本犯罪等级为 14 级，将贿赂次数、贿赂涉及金额、职权性质、职位高低以及其他特定情节量化成具体的犯罪等级。相较于英国的量刑指南，美国量刑情节更加具体、量刑层次更加细致，可操作性更强，量刑也更均衡。其中最具特色的有两个方面：一是第 2 款关于数额的规定，以受贿所得和为他人谋取利益多少中最大额为准，共设置 13 个数额等级，每超过一个数额等级则增加对应的犯罪等级，在数额和罪量之间建立层次分明、比例合理的联系。而且其数额不仅仅是受贿所得数额，而是取受贿所得和为他人谋取/将要谋取利益数额中的较大值，值得我国借鉴学习。二是针对美国非法移民严重的现象，对帮助他人非法进入美国或取得移民身份的受贿犯罪增加犯罪等级，该加重情节是根据美国国家特点设计的，具有相当的新颖性。美国量刑指南以简明、详尽、易操作而闻名，更为许多国家制定量刑指南所参照。但是量刑指南在最大限度确保量刑规范、量刑均衡的同时，也与法官的自由裁量权相冲突。因此，近年来，美国实施了近 30 年的强制性量刑指南规则也有所松动，逐步变成法官量刑时的参考指南，而非绝对按照指南裁量刑罚。

（三）澳大利亚受贿罪定罪量刑模式

澳大利亚历史上是一个英属殖民地国家，移植英国法律制度，属于英美法系国家，但由于昆士兰州、西澳大利亚州等地区 19 世纪中后期才被开发，受英美法传统影响较小，制定法已经取代普通法，特别是在刑法领域，对罪名的规定都很具体，与此同时又深受英美法系量刑指南制度的影响，在量刑上发展了独具特色的信息化量刑模式，值得研究。

《1995 年刑法典法令》是澳大利亚首部联邦刑法典，在第七章 7.6 部分对受贿犯罪作了规定。其第 141 条规定，作为一个联邦公职人员的行为构成犯罪，如果：（1）该公职人员不诚实地：1）为自己或他人索取某种利益；2）为自己或他人收受或获取某种利益；3）同意为自己或他人收受或获取某种利益；而且（2）该公职人员实施以上行为,意图:1)影响该联邦公职人员职责的履行;2)导致、助长或者确定某种信念,认为该联邦公职人员职责的履行将受到影响,处以10年监禁。第142条规定,一个联邦公职人员的行为构成犯罪,如果:(1)该公职人员不诚实地:1)为自己或他人索取某种利益;2)为自己或他人收受或获取某种利益;3)同意为自己或他人收受或获取某种利益;而且(2)收受该利益或期待收受该利益将在某一政府公职人员履行职责的过程中影响该政府公职人员,处以5年监禁。为了上述的目的,无论利益是否有报酬的性质皆不重要。① 联邦公职人员索取、收受或者同意收受某种利益且该行为对其公职的履行有影响,就构成受贿罪。可见对受贿罪在定性上采取"零容忍"的态度,而且是确定的法定刑,根据影响程度的不同,分别判处10年或5年的刑罚。

但这并不意味着所有受贿罪都被判处10年或5年的刑罚。定罪后,法官根据"量刑信息系统"提供的类似受贿案件最高和最低的量刑规定,从保证量刑一致性的角度裁量刑罚。每个州的信息化量刑指南系统都不尽相同。新南威尔士的量刑信息系统研发得比较好并且使用率最高。该系统给法官提供了法律、事实和有关量刑实践的统计数据,主要包括以下部分:(1)新南威尔士刑事上诉法院和澳大利亚高等法院的有关刑事判决的全文数据。判例可以通过案件名称等方式进行搜索。(2)新南威尔士刑事上诉法院判决的摘要(如果判决中有某一重要量刑原则,该系统会提供量刑原则数据库系统的网络链接)。(3)量刑原则数据库(包括对量刑原则的评论及与制定量刑原则的相应判决的内容)。(4)量刑统计数据系统。这部分是"量刑信息系统"中使用最早,也是使用最多的部分。新南威尔士的这种量刑统计数据系统提供了地方法院过去两年来的17万件案例和地区及最高法院过去6年来的2万件案例。信息以图表的形式表明对特定罪名使用的各种刑罚的范围及频率。法官同时还可以附带搜索有关犯罪行为和罪犯的信息(如罪犯的年龄、前科等)。(5)法律部分,包括新南威尔士和澳大利亚共同体的所有法律条文的电子版。② 澳大利亚的量刑指南没有对量刑标准作条文化和量化的规定,而是以判例为基础,提炼在受贿犯罪中起普遍作用的量刑情节和量刑幅度,在引导法官处刑一致的基础上,又为法官发挥自由裁量权留足空间。

三、两法系关于受贿罪定罪量刑模式的比较

综观两大法系,发现其对受贿罪都单独设立定罪量刑模式或者是与行贿罪共用标准,没有与贪污罪共用定罪量刑模式的情况;在受贿罪定罪上都没有设定数额或者其他限制标准,只要违反国家公职的廉洁性收受他人贿赂就按照受贿罪定罪处罚,体现对受贿行为"零容忍"的态度;在量刑上,都注重体现包括主体身份、是否违

---

① 参见《澳大利亚联邦刑法典》,张旭、李海滢、李綦通、蔡一军译,北京大学出版社2006年版,第110-112页。
② 杨志斌:《英美法系国家量刑指南制度的比较研究》,载《河北法学》2006年第8期。

反公职、是否涉及重大利益等情节对刑罚裁量上的重要作用。但由于两大法系在制度传承、理论基础、法律文化等方面的差异，二者在量刑标准的具体适用方面有很大差异。

大陆法系国家有悠久的成文法历史，对于受贿罪在立法上采用了"罪群立法"的模式，即以最常见的受贿犯罪行为作为基础，根据特定情节标准将受贿犯罪细化成各个与该基本受贿罪客体相同或相近的具体受贿罪罪名，并设置轻重有别的法定刑。在立法的时候已经将情节的量刑因素考虑进入，法定刑也是根据相应情节设置的，方便法官在不同受贿罪罪名之下的法定刑幅度内进一步裁量刑罚。此做法的优点在于建立了科学、合理、周密的受贿犯罪罪名体系，可以在更为具体的层面把握各种受贿罪的本质，实现对行为性质更为精准的评价，并据此配置轻重不等的法定刑，在法定刑幅度内给予法官相对大的自由裁量权，确保个案的公平公正。当然，该做法的缺点也很明显，由于缺乏更为详尽的量刑标准，法官自由裁量权的适当行使就成了确保量刑均衡的唯一工具，大陆法系的这种量刑方法在很大程度上依赖良好的法治传统和经验丰富的司法工作人员。

英美法系国家以判例法为基础，成文法对受贿犯罪的规定一般都是"一罪名"模式，即对受贿罪的基本行为方式和犯罪本质属性做宣示性规定，并设置幅度较大的法定刑。为了司法上便于操作和量刑的规范化，英美法系国家在量刑上普遍采用了制定量刑指南的方式。指南中对量刑情节进行细化，并划分与情节相对应的多档次法定刑。英美法系的量刑指南本质上都是对以往受贿罪判例的综合整理和抽象提取，体现的是判例的精神实质。但是每个国家的量刑指南又各不相同。英国量刑指南采用的是论理叙述方式，在提供量刑具体适用原理以及法官应该注意的一般性量刑情节的同时，更注重对具体犯罪根据情节划分类型和级别，再针对不同的类型和级别设置相应档次的法定刑。相较于美国的标准化、流水线式的量化程度，英国的量刑指南既保证了量刑均衡，又给法官提供了一定的自由裁量空间。美国则采用数量化的量刑指南，将主观恶性和客观危害都量化成具体的数字化的犯罪级别，并以数量表格的形式将犯罪级别与具体刑罚量相对应，在最大限度上保障了量刑的均衡和一致性，但其缺点也显而易见，即量刑个别化和个案公正被规范化的数字淹没了。澳大利亚的信息化量刑指南依托的是判例和电脑搜索技术，为法官量刑提供了丰富的参考因素。

此外，《联合国反腐败公约》对受贿犯罪同样采取"零容忍"的态度，坚持"从严治吏"的精神，只要索取或收受的不正当好处与其职务行为相关，就构成受贿罪。收受不正当好处的数量在所不论，而且"不正当好处"不限于财物或财产性利益，凡可能影响其履行职务或作出判断的礼品或其他惠赠都包括在内。

可以预见，伴随经济全球化、犯罪跨区域化的脚步，腐败犯罪会逐渐渗透到法律制度相对宽松的国家，并在那里扎根。为了承担国际反腐败的大国责任，更为了促进本国法律和经济体系的健康发展，必须将定罪模式的"零容忍"和量刑情节的"丰富化"作为我国贿赂犯罪改革的重点。

国有企业私分国有资产罪与贪污罪的区分

——以违规发放企业钱款为例

黄玲林[*]

前言

在司法实践中，一些国有企业出于个人或者小集体的利益，违反国家法律规定，以单位名义，采取发放包括奖金、提成在内的各种福利，以这种方式将国有资产发放给个人的情况比较常见，这种所谓发放"福利""奖金"的行为实际上很可能构成犯罪。国有企业负责人往往要面临刑事风险，应当引起足够的重视。司法实践中，对于这种以"奖金""过节费"的名义发放单位钱款的行为如何定性，存在一定争议，主要涉及贪污罪和私分国有资产罪这两个罪的区分问题。有的认为这种行为构成共同贪污罪，认为这种行为是采取侵吞、窃取、骗取或者以其他手段非法占有公共财物的行为，其行为具有秘密性和隐蔽性，因此构成共同贪污罪；另外一些人认为这种行为不构成贪污罪，而是构成私分国有资产罪，认为这种行为体现的是单位意志，应当视为单位行为，定私分国有资产罪更为合适。由于共同贪污罪和私分国有资产罪在外在表现形式上有很大的相似之处，导致在实际办案中往往难以区分，因此如何正确地区分，使犯罪分子罪责刑相适应，有着重要意义。

共同贪污罪与私分国有资产罪都表现为多人共同实施的行为，犯罪对象都可以是国有资产，构成要件有诸多相似之处，司法实践中很容易造成两罪的混淆。由于两罪在入罪、量刑方面的标准差别较大，所体现的社会危害性也不相同，准确区分二者的行为，关系到罪与非罪、此罪与彼罪、罪重与罪轻的问题。为此，笔者结合办案实践经验，试从犯罪行为本质方面对二罪进行辨析，以供借鉴。

一、共同贪污罪与私分国有资产罪的立法原意

根据《刑法》第 382 条第 1 款的规定，贪污罪是指国家工作人员利用职务上的便利，侵吞、窃取、骗取或者以其他手段非法占有公共财物的行为。根据《刑法》

---

[*] 黄玲林，北京师范大学刑事法律科学研究院刑法学博士，北京市人民检察院第四分院检察官。

第396条的规定，私分国有资产罪，是指国家机关、国有公司、企业、事业单位、人民团体，违反国家规定，以单位名义将国有资产集体私分给个人数额较大的行为。对于私分国有资产罪和贪污罪的区别，刑法学界有各种观点，这些观点往往从犯罪主体、主观方面、犯罪对象、客观行为表现、法律后果等方面进行概括性的总结，但由于私分国有资产脱胎于贪污罪，实践中两罪的客观行为表现并不是那么泾渭分明，在表现形式上存在许多界限模糊或竞合之处，特别是在多人非法侵占国有资产的情形下，是认定为共同贪污还是集体私分存在较大疑难。而由于共同贪污罪和私分国有资产罪的量刑差异非常大，实践中争议也非常大。要正确理解和区分私分国有资产罪与共同贪污罪，就必须从这两个罪名的立法原意出发，才能真正从本质上区分这两个罪名。

私分国有资产罪是从贪污罪中分离出来的新增罪名，要理解1997年《刑法》确立私分国有资产罪的目的，必须结合当时的立法背景。改革开放以来，实行社会主义市场经济，由于新旧体制过渡，管理环节不够严密，导致在国有企业改制过程中，国有资产严重流失，其中单位集体私分国有资产多有发生。而1979年《刑法》对私分国有资产行为却没有规定，导致司法实践中对私分国有资产行为处理不一致，有的只按违反财经纪律进行处理，处理畸轻；而有些则以贪污罪定罪量刑，处理畸重，而且打击面过宽。为了解决对私分国有资产行为处理畸轻畸重的问题，1997年《刑法》就设立了私分国有资产罪，其立法目的有两个：一是通过入罪打击私分国有资产行为，从而防止国有资产流失；二是防止以贪污罪定罪量刑导致的量刑畸重和打击面过宽的问题，从而达到既不放纵犯罪，又不过度打击的目标。因此，立法者给私分国有资产罪设定比贪污罪明显趋轻的法定刑，其立法原意就在于罪行相当原则。其主要依据则有两点：一是两种犯罪的行为人主观故意不同，由此导致主观恶性程度存在差异性；二是两种犯罪的行为表现不同，由此导致的社会危害性程度存在显著差异性。

二、共同贪污罪与私分国有资产罪的界限区分

根据上述立法原意的分析，笔者从主观故意和客观行为两个方面进行分析。

（一）主观故意不同导致的主观恶性程度的差异性

在行为人为国家工作人员，犯罪对象和客观表现行为出现竞合的情况下，主观故意是区别某一行为构成私分国有资产罪还是贪污罪的重要考量标准。

1. 行为目的差异，即"为了谁"不同

私分国有资产罪的特点是有权决定者利用职权便利非法为"大家"谋利益，即决策人主观上不仅仅是为了一己私利非法占有国有资产，同时还为了单位的利益或者单位多数人的利益实施私分行为，由此构成本罪的基本特点，就是少数人为多数人非法谋取利益。其主观恶性程度相对较轻；贪污罪的特点则是有权决定者利用职权便利完全为了自己谋利，并不涉及为其他人谋利的问题，由此显现出较深的主观

恶性程度。①

2. 单位意志与个人意志的差异，即"谁决定"不同

私分国有资产罪体现的是单位意志，是单位集体意志支配下的故意，因此在结果上，往往表现为有的人虽然未直接参与具体决策，但仍然分得了财物。贪污罪体现的是个人意志。在共同贪污的情况下，各共犯之间在犯意上相通，在行为上配合，实际上各共犯都具有非法占有国有资产的故意。

单位整体意志的明确表现是私分国有资产行为必须"以单位名义"实施。"以单位名义"指私分行为需要经过单位的研究决定。作为一种组织，每个单位都有自己的运行、决策方式和特点，或是全体成员协商、表决后实施；或是部分负责人商定后实施；而对于那些决策权平时就集中于一两个人手中的单位，由这一两个人研究决定私分，单位其他人并不参与决策的，也符合单位决定的条件。事实上，多数私分都是由单位领导班子或者有决定权的领导者个人决定，其他职工通常并不参与决策或了解私分内情。但不论参与决策的人员多少，只要私分体现的是单位意志，就符合"以单位名义"的条件。②

（二）客观行为表现不同导致的社会危害性程度的差异性

1. 行为人是否具有彼此利用、共同以权谋私的行为

共同贪污罪在客观行为上表现为各个共犯系彼此利用、相互配合、共同以权谋私；私分国有资产罪在客观行为上表现为就是少数人为多数人非法谋取利益，私分的决策者与获益者表现出不统一性。根据共犯理论，共同犯罪不仅需要共同的犯意联络，还需要有共同的犯罪行为，这也是共同犯罪行为人需要对整个犯罪行为承担刑事责任的基础。由于共同贪污犯罪是各个共犯系彼此利用、共同以权谋私，因而属于严重的职务犯罪类型。

2. 秘密性与公开性问题

由于贪污犯罪体现的利益范围较小，是在小范围秘密进行，所以它表现出非法占有的不公开，有隐蔽性，即所谓的"暗箱操作"，在实践中多表现为侵吞、骗取、盗取等非法手段。私分国有资产行为在本单位公开进行，采取的是发放奖金、补贴等"合法"形式，属于在集体意志之下的单位行为，其表现为将资产分配给单位全体人员、多数人员或一定层级的所有人员，即所谓"人人有份"，因此具有对内一定范围的公开性，这是与共同贪污显著的不同点。

至于分配行为的公开性或者隐蔽性，也是相对的概念。分配行为对于共同贪污者来讲，可谓是公开的；分配行为对于参与私分者之外的人来讲，则具有隐蔽性。

3. 关于"以单位名义"的理解

首先，私分国有资产"以单位名义"具有整体性的特点。私分国有资产行为体

---

① 参见黄祥青：《略论贪污罪与近似职务犯罪的界限》，载《政治与法律》2004年第1期。
② 参见张爱宁：《私分国有资产罪与贪污罪辨析》，载《法律适用》2008年第6期。

现的主要是单位的意志,所以受益主体一般较宽。这种整体性,首先,私分国有资产是由单位领导共同研究决定的,是他们利用职务上的便利,违背职责义务的结果。其次,私分国有资产以单位名义具有形式合法性的特点。私分的款物是以单位分配的形式分发给个人,从表面看来具有合法性。相反,贪污行为实现的方式基本是个人或几个人的自由意志,没有经过单位决策的过程。①

4. 关于"集体私分给个人"的理解

从立法上看,何谓"个人"?"个人"在单位中比例如何?条文本身并没有明确规定,也没有任何司法解释予以说明。因此,不能主观地认定"个人"必然是单位中的"大多数人",应结合有权决策人的主观动机综合分析。即使国有资产只在一部分人员中私分,但如果私分在有权决定者之外是公开的,体现的是单位的意志和集体利益,则不能否定私分国有资产行为的性质。②

结语

司法实践中国有企业违反国家法律规定,以单位名义,采取发奖金、提成等各种方式将国有资产发放给个人的情况屡见报端,一些国有企业负责人对此往往并不注意,认为这是一项正常合法的行为,实际上这种行为已经构成职务犯罪。这种行为可能构成贪污罪或者私分国有资产罪,由于这两个罪的构成要件有诸多相似之处,特别是私分国有资产和共同贪污无论是主观故意还是客观行为方式都存在诸多相似之处,因此司法实践中很容易造成两罪的混淆。由于两罪在入罪、量刑方面的标准差别较大,所体现的社会危害性也不相同,准确区分二者的行为,关系到罪与非罪、此罪与彼罪、罪重与罪轻的问题,因此有必要真正对两罪的区别予以界定。真正区别共同贪污与私分国有资产的本质标准,一是主观方面,私分国有资产是决策人不仅仅为了一己私利非法占有国有资产,同时还为了单位的利益或者单位多数人的利益实施私分行为,体现的是单位整体意志;共同贪污罪的特点则是有权决定者利用职权便利完全为了自己谋利,并不涉及为其他人谋利的问题,体现的是个人意志。二是客观方面,私分国有资产行为属于在集体意志之下的单位行为,其表现为将资产分配给单位全体人员、多数人员或一定层级的所有人员,即所谓"人人有份",因此具有对内一定范围的公开性;共同贪污是各个共犯系彼此利用、共同以权谋私,它表现出非法占有的不公开,有隐蔽性,即所谓的"暗箱操作"。在具体司法实践中,结合具体案情对案件的具体情况进行具体分析就可以避免混淆两者之间的界限。

---

① 黄家盈:《浅析贪污罪和私分国有资产罪的界定》,载《法制与经济》2011 年第 293 期。
② 张爱宁:《私分国有资产罪与贪污罪辨析》,载《法律适用》2008 年第 6 期。

缺席审判制度给刑事辩护律师带来的机遇和挑战
——以当前国际反腐形势为切入点

杨秋兰* 刘一凡**

2018年10月26日开始执行的新《刑事诉讼法》，在第五编特别程序中增加了"缺席审判程序"，是我国刑法一个前所未有的创举。缺席审判程序意味着我国刑法突破了"被告人出庭制度"这一观念的壁垒，在该程序得以适用的范围内更加突出"惩罚犯罪"这一刑事法律的题中应有之义，尤其是将在国际联合反腐中发挥不可替代的作用，也给刑事辩护律师带来了前所未有的机遇和挑战。

一、缺席审判制度的立法背景和进程

长期以来，我国公职人员因涉嫌贪污腐败违法犯罪问题，在被纪检监察机关采取措施前，很多选择出逃境外，并带走大量资产，以逃避国内法律的惩罚。特别是随着全球化的发展、科技和经济的快速增长，出国变得越发容易，而中国与世界各国间的司法制度衔接却未能跟上时代发展的脚步，导致出现了很多司法漏洞，如杨秀珠、赖昌星等人附不判处死刑条件的引渡或遣返等，给国内社会造成了恶劣的影响，似乎出逃就能免死；不出逃、接受国内法律审判的反而可能判刑更重，法律面前人人不平等。有鉴于此，一种平等追诉的制度亟须被建立起来。

2014年，中央反腐败协调小组会议提出了建立刑事缺席审判制度。2016年7月，全国人大常委会法工委提出了关于建立刑事缺席审判制度的研究报告。2018年10月，全国人大常委会第六次会议通过了修改刑事诉讼法的决定，从立法层面确立了缺席审判制度，在我国刑事诉讼制度改革中具有里程碑式的重大意义。全国人大常委会法工委刑法室主任王爱立回答《法制日报》记者提问时说："建立刑事缺席审判制度，对推动司法机关积极履职、丰富惩治犯罪的手段、促进反腐败国际追逃工作来讲，都有着积极的意义，可以使一些案件得到及时的处理和及时固定一些证据，避免因为时间过长，证据灭失情形的发生。同时，对外逃的犯罪分子及时作出

---

* 杨秋兰，山东诚公律师事务所主任。
** 刘一凡，山东诚公律师事务所律师。

法律上的否定评价,可以彰显法治权威,维护国家和社会公众利益。"① 此后,外逃贪官将不再拥有"法外之地",随着中国追赃追逃一系列手段的展开,最终在全世界都将难以立足。

同时,缺席审判制度并不是我国独有、独创的,在很多发达国家如德国、日本、法国、芬兰、奥地利、美国、意大利等国家的刑事诉讼法都规定了缺席审判制度且得到经常、广泛的应用。美国《联邦刑事诉讼规则》第 43 条规定了缺席审判适用于轻罪案件;日本《刑事诉讼法》规定了 50 万元以下罚金的案件被告人无须到场。当然,也有很多国家明确缺席审判适用于所有犯罪,在类型和刑罚上不作限制。例如,法国《刑事诉讼法》第二篇第 411 条规定,"被告人不论当处何种刑罚,均可向审判长寄送信件,请求在不出庭的情况下进行审判,并由其律师或依职权制定的律师代理其出庭。"同时,《联合国反腐败公约》第 35 条规定,各缔约国均应当根据本国法律的原则采取必要的措施,确保因腐败行为而受到损害的实体或者人员有权为获得赔偿而对该损害的责任者提起法律程序。同时,第 54 条规定:"考虑采取必要的措施,以便在因为犯罪人死亡、潜逃或者缺席而无法对其起诉的情形或者其他有关情形下,能够不经过刑事定罪而没收这类财产。"实际上,在我国签署《联合国反腐败公约》的背景下,构建刑事缺席审判制度已经是毫无争议的必选项。相较而言,我国的缺席审判制度在罪名、刑种适用上和被告人不出庭的原因上更为限缩,体现了该制度适用的严厉性。

二、缺席审判制度的法律解读

《刑事诉讼法》第五编第三章,从适用范围、送达方式、辩护权的行使、重新审理等方面专章规定了缺席审判制度。

1. 适用范围和审级。《刑事诉讼法》第 291 条第 1 款规定:"对于贪污贿赂犯罪案件,以及需要及时进行审判,经最高人民检察院核准的严重危害国家安全犯罪、恐怖活动犯罪案件,犯罪嫌疑人、被告人在境外,监察机关、公安机关移送起诉,人民检察院认为犯罪事实已经查清,证据确实、充分,依法应当追究刑事责任的,可以向人民法院提起公诉。人民法院进行审查后,对于起诉书中有明确的指控犯罪事实,符合缺席审判程序适用条件的,应当决定开庭审判。"将缺席审判制度限定在贪污贿赂犯罪、经最高人民检察院核准的危害国家安全犯罪和恐怖活动犯罪三种类型的案件中,且需犯罪嫌疑人、被告人在境外,犯罪事实已经查清、证据确实充分这两个条件。该条第 2 款规定:"前款案件,由犯罪地、被告人离境前居住地或者最高人民法院指定的中级人民法院组成合议庭进行审理。"将缺席审判的法院限定在中级人民法院。

2. 受送达和上诉的权利。《刑事诉讼法》第 292 条规定:"人民法院应当通过

---

① 参见朱宁宁:《缺席审判制度正式写入刑事诉讼法》,载《法制日报》2018 年 10 月 26 日。

有关国际条约规定的或者外交途径提出的司法协助方式,或者被告人所在地法律允许的其他方式,将传票和人民检察院的起诉书副本送达被告人……"即使被告人不在国内,也应将传票和起诉书副本送达,以使其有机会行使诉讼权利。第294条规定:"人民法院应当将判决书送达被告人及其近亲属、辩护人。被告人或者其近亲属不服判决的,有权向上一级人民法院上诉……"即使被告人不出庭,判决后也依然享有上诉权,且赋予其近亲属上诉权,比一般刑事诉讼中享有上诉权的人员范围更广。

3. 辩护权的行使。《刑事诉讼法》第293条规定:"人民法院缺席审判案件,被告人有权委托辩护人,被告人的近亲属可以代为委托辩护人。被告人及其近亲属没有委托辩护人的,人民法院应当通知法律援助机构指派律师为其提供辩护。"这是符合联合国《公民权利和政治权利国际公约》规定的,该公约第14条第3款规定:"在判定对他提出的任何刑事指控时,人人完全平等地有资格享受以下的最低限度的保证:(丁)出席受审并亲自替自己辩护或经由他自己所选择的法律援助进行辩护。"

4. 重新审理。《刑事诉讼法》第295条规定:"在审理过程中,被告人自动投案或者被抓获的,人民法院应当重新审理。罪犯在判决、裁定发生法律效力后到案的,人民法院应当将罪犯交付执行刑罚。交付执行刑罚前,人民法院应当告知罪犯有权对判决、裁定提出异议。罪犯对判决、裁定提出异议的,人民法院应当重新审理。"这是继被告人及其近亲属、辩护人拥有上诉权之后,在判决与执行间设置的一道屏障,再次保障被告人能行使其诉讼权利。

三、缺席审判在国际反腐中的积极作用

1. 根据"或引渡或执行"原则,已生效的中国法院判决可直接在被告人所在国家直接执行,或引渡回国执行。

目前,我国反腐败国际追逃的手段主要包括四种:引渡、非法移民遣返、异地追诉和劝返。在这四种追逃的手段中,引渡、非法移民遣返均需依据相关的法律文书。相比公安机关或者检察院的法律文书,法院定罪量刑的判决书建立在充分、确凿的证据基础之上,无疑是最为有力的请求刑事司法协助的依据。①

《联合国反腐败公约》第44条第13款规定了"或引渡或执行"的原则:"如果为执行判决而提出的引渡请求由于被请求引渡人为被请求缔约国的国民而遭到拒绝,被请求缔约国应当在其本国法律允许并且符合该法律的要求的情况下,根据请求缔约国的请求,考虑执行根据请求缔约国本国法律判处的刑罚或者尚未服满的刑期。"即我国法院根据缺席审判制度作出的判决,有权请求被告人所在国依《联合国反腐败公约》的规定执行判决确定的内容,或将被告人引渡回我国。这将对腐败犯罪分子产生极大的威慑力。

---

① 参见杨雄:《对外逃贪官的缺席审判研究》,载《中国刑事法杂志》2019年第1期。

除此之外，缺席审判制度的建立也能更好地与域外国家国内法的规定衔接，以保障引渡申请或谈判的顺利进行。比如马克昌教授提出，一些国家往往会根据其是否已被该逃出国依法定罪而不是因为所谓的"政治原因"受迫害而作决定，而若以缺席审判判决被告人有罪，被引渡者具备了罪犯身份，根据公约，一般情况下签约国就有义务支持引渡申请。①

当然，在允许依据缺席判决请求引渡或者遣返的国家中，对依据缺席判决的引渡或者遣返请求，也要像对出席判决一样审查该缺席判决是否符合最低人权标准、引渡国家国内法律规定、双边遣返条约等规定。②

2. 弥补违法所得没收程序的不足，使外逃人员在国外失去生存基础。

2012 年修改后的《刑事诉讼法》第 280 条规定了违法所得没收程序："对于贪污贿赂犯罪、恐怖活动犯罪等重大犯罪案件，犯罪嫌疑人、被告人逃匿，在通缉一年后不能到案，或者犯罪嫌疑人、被告人死亡，依照刑法规定应当追缴其违法所得及其他涉案财产的，人民检察院可以向人民法院提出没收违法所得的申请。"该规定自出台伊始就被寄予了过高的期望，但据最高人民法院的统计，截止到 2016 年底，全国法院共受理没收违法所得申请案件 38 件，其中大多数案件还处在公告、延长审理期限状态，难以向前推进。③究其原因，刑事诉讼法和刑事诉讼法司法解释都对此缺乏系统的操作性规定，导致该特殊程序未起到预期的惩罚犯罪作用。并且，其主要解决的是违法所得的没收问题，在解决被告人的刑事责任问题上力度远远不足。

而建立缺席审判制度后，中国法院作出的判决可根据《联合国反腐败公约》、与被告人所在国签订的双边或多边协定来得到执行。外逃贪官因其犯罪行为产生的恐惧心理、规避风险心理，很大程度上不会将所有资产放置在同一国家或地区，这就给我国法院判决的执行带来了便利条件，即使其人身所在国与我国无引渡协定，其资产所在国也存在与我国签订互相承认法院判决的国际条约的可能。没收其资产后，其在国外的流亡生活自然也就难以为继，增加其回国接受审判的可能。

四、缺席审判给刑事辩护带来挑战和机遇

在刑事诉讼中确立缺席审判制度，是我国法律的一个进步，既跟国际接轨，也是国内所需。对律师而言，缺席审判制度无疑带来了新的业务机会，是一片全新的刑辩领域。

1. 保护被告人的合法权益是刑事辩护律师的天职。按照现行法律规定，律师是独立的诉讼参与人，即对事实和法律负责，他不是被告人的代言人。但是，在缺席

---

① 参见陈卫东：《论中国特色刑事缺席审判制度》，载《中国刑事法杂志》2018 年第 3 期。
② 参见杨雄：《对外逃贪官的缺席审判研究》，载《中国刑事法杂志》2019 年第 1 期。
③ 参见裴显鼎、王晓东、刘晓虎：《违法所得没收程序重点疑难问题解读》，载《法律适用》2017 年第 13 期。

审判中,这个问题显得较为复杂。由于被告人不到庭,在法庭上,律师能不能代为传达被告人的意见?如果法律允许的话,辩护人在一定意义上又扮演了代理人的角色。律师还有可能扮演第三个角色。潜逃的犯罪嫌疑人、被告人往往不同程度上也想和公安司法机关等沟通,尤其在认罪认罚从宽制度背景下。但是,沟通的渠道非常有限。在此背景下,律师恰恰是有限渠道中最关键的一环。当然,在这几个角色中,律师要处理好几者之间的关系。最根本的是,律师应当要维护当事人的合法权益。

2. 缺席审判的案件对刑事辩护律师执业能力和职业道德要求更高。在该类案件中刑事辩护律师将面临如何在无法与当事人直接接触倾听其诉说案件经历与诉求的情况下,对当事人及其案情做到充分的了解。由于辩护人与当事人之间直接交流的缺失,会对律师的辩护工作产生负面影响,这就为刑事辩护律师的责任心和职业道德提出了更高要求。同时缺席审判制度也对辩护律师的知识结构提出了新的要求。缺席审判制度的显著特点在于涉外性质,当前我国对刑事辩护律师的外语能力尚无特殊需求,一方面,国内刑辩业务不常有涉外性质;另一方面,即便案件涉及外文材料也大可通过翻译公司解决。但是,缺席审判制度的引入会导致这类刑事案件的涉外因素大大增加,对刑辩律师的外语能力与知识水平提出了更高的要求。如果律师能直接查阅相关的国际条约、国外立法规定、司法协助的具体条约条文,或者能直接使用外语作为工作语言对外沟通,那么这样的律师在缺席审判的领域将获得先机。所以,缺席审判制度对律师、律所都提出了知识结构上的挑战。

3. 缺席审判制度将在审判模式、证据规则等多方面带来改变,对于控辩双方乃至审判机关来说都是全新的挑战。首先,缺席审判中的程序辩护将得到重视。案件是否属于缺席审判的范围,是否具备缺席审判的条件,除刑法及刑事诉讼法本身外,还涉及国际法知识、司法协助、国际条约、国外法律规定,辩护律师要论证案件是否具备缺席审判条件,否则缺席审判不应继续进行。其次,在缺席审判中,传统的辩护思维模式需要改变。以往的刑事辩护注重控辩双方的证据矛盾,在缺席审判中被告人不到案的情况下,实际上是削弱了被告一方在庭审中的话语权,证据矛盾难以呈现,这对辩护律师而言无疑是一个难题,需要律师发挥自身的作用予以平衡。这种平衡包括在庭前会议中,明晰控辩焦点;对非法证据的严格排除;庭审中,对于证人和鉴定人出庭义务加强的主张;法庭调查的细致以及法庭辩论的技巧,乃至整个程序中对程序争议的关注和辩护,更包括对刑事辩护律师自身会见权、阅卷权、收集证据权的保护。

五、律师办理缺席审判案件应注意执业风险

我国缺席审判的案件范围与国际经验基本相反,域外刑事缺席审判制度大多包含对轻罪的适用,甚至美国、我国台湾地区更是强调仅针对轻罪适用,因为缺席审判相对于出席审判的程序有所简化,而我们的缺席审判对应的基本是大案、要案。因此,辩护律师介入缺席审判案件的所有行为都更加需要严格遵守法律法规。比如,

与当事人见面方面,应避免串供的风险、联络转移资产的风险等问题;代为陈述方面,若辩护律师能代为陈述对被告人是有利的,那么如何证明转达陈述的真实性、出现后果有无责任等,都会产生律师执业风险。

结语

缺席审判制度在刑事诉讼中的引入,主要的出发点就是为了制裁逃往海外而无法到案的贪腐人员,顺应了司法的需求以及国家反腐的决心,在国内和国际层面均具有重要的意义。监察、检法等机关应当坚持把握严格的定罪标准,不因缺席审判而加重被告人人身刑或财产刑的处罚,不能为了打击而打击。在这一制度的实施过程中,同样应当注意保护犯罪嫌疑人的合法权益。刑辩律师的使命便是提供有效的辩护,即有理、有据、精准、及时的辩护工作,做到勇气与智慧并用,专业与素养并存,在个案中用言行践行法律人的不懈追求。

下编
反洗钱犯罪及企业合规

中资企业境外经营的合规风险与刑事法体系应对*

贾济东**

一、导论

中国于2013年正式提出"一带一路"合作倡议，截至2018年年底，已累计同122个国家、29个国际组织签署了170份政府间合作文件，遍布亚洲、非洲、欧洲、大洋洲、拉丁美洲，与"一带一路"沿线国家新签对外承包工程合同超过5000亿美元，对外投资超过800亿美元。① 中资企业积极参与"一带一路"建设，在大规模拓展境外业务的过程中，面临的刑事合规风险也在急剧攀升。以中兴事件和华为事件为标志，合规风险已成为中资企业面临的重要挑战。

2019年1月28日，美国司法部宣布了对华为公司、有关子公司及其副董事长、首席财务官孟晚舟的起诉书，孟被指控银行欺诈、电信欺诈以及共谋进行银行和电汇欺诈。② 华为事件可以说是掀起了一场刑事合规风暴。其中，"金融欺诈"罪名主要是因其被控违反美国出口管制法案，包括《出口管理条例》（简称EAR）、《国际紧急经济权力法案》（简称IEEPA）而引发。尽管起诉书中的指控并不意味着犯罪的成立，但该事件充分呈现了中资企业境外投资经营所面临的法律风险尤其是刑事法律风险，归根结底还是刑事合规风险的防控问题。大量中资企业在境外投资经营

---

* 本文系2016年国家社科基金后期资助项目"犯罪论争议问题研究"（立项批准号16FFX012）和2018年度北京师范大学青年教师基金项目"洗钱犯罪研究"（项目批准号：2018NTSS45）的阶段性研究成果，本课题的研究得到了中央高校基本科研业务费专项资金资助。在本文写作过程中，山东大学法学院的李本灿提出了宝贵的意见，德国慕尼黑大学法学院的何兰馨协助收集了大量外文资料，在此一并致谢。

** 贾济东，北京师范大学刑事法律科学研究院教授、博士生导师，G20反腐败追逃追赃研究中心研究员。

① 曹家宁：《数说"一带一路"成绩》，载 https://www.yidaiyilu.gov.cn/jcsj/dsjkydyl/79860.htm，最后访问时间：2019年2月23日。

② Chinese Telecommunications Conglomerate Huawei and Huawei CFO Wanzhou Meng Charged with Financial Fraud, available at: https://www.justice.gov/usao-edny/pr/chinese-telecommunications-conglomerate-huawei-and-huawei-cfo-wanzhou-meng-charged，最后访问时间：2019年2月23日。

的过程中,缺乏合规意识,忽视境外投资经营的国际环境和东道国的法律政策,在没有进行合规风险评估和防控的情况下,"毫无武装"地"走出去",结果"遍体鳞伤",遭受重大损失,有的甚至破产。中资企业想要更好地"走出去",就必须增强合规意识,强化合规管理,降低合规风险,以预防企业和员工违法犯罪。有鉴于此,本文将在考察世界主要经济体合规立法的基础上,对我国企业面临的紧迫的刑事合规风险进行类型化区分,为我国企业在"走出去"过程中规避风险提供指引,以实现降低企业刑事合规风险的目的(企业视角);随后,基于对合规风险形成原因的分析,从立法论的角度提出构建刑事合规制度、推动企业合规管理的建议,以降低企业在"走出去"过程中的刑事合规风险,同时,以合规模式有效补充国家在企业犯罪控制中的不足(国家视角)。

二、中资企业境外经营面临的合规风险

所谓合规,"是指企业及其员工的经营管理行为符合有关法律法规、国际条约、监管规定、行业准则、商业惯例、道德规范和企业依法制定的章程及规章制度等要求。"① 所谓合规风险,"是指企业或其员工因违规行为遭受法律制裁、监管处罚、重大财产损失或声誉损失以及其他负面影响的可能性。"② 因而,刑事合规风险是指企业或其员工因违规行为遭受刑事追究以及被追究刑事责任的可能性。这里的合规包括静态的内控制度和动态的治理流程,亦即合规性和有效性两个方面,即不仅要求企业具备完善的合规制度,还要求有效履行合规管理义务,有效防控合规风险。

2018年中资企业在境外遭遇合规风险事件总数达67例。从地域分布上来看,主要集中在欧洲和美洲。③ 从领域来看,主要是出口管制、数据保护以及反腐败、反洗钱、反垄断等方面合规风险。

(一)出口管制引发的合规风险

中兴被美国制裁、华为高管被控"金融欺诈"等罪名,皆因违反美国出口管制法案。美国的出口管制法案包括《出口管理条例》(EAR)、《国际军火交易条例》(ITAR)、《国际紧急经济权力法案》(IEEPA)等,规定任何公司向古巴、伊朗、叙利亚、朝鲜和苏丹五大禁运国直接或间接出口管制产品都必须申请出口许可证,并对违反管制法规的公司(包括外国公司)进行严厉的处罚。此外,根据《出口管理条例》规定,将受管制的高科技技术披露给位于美国境内的任一外国人,则被视为向该人国籍所属国的出口,披露方在披露之前有义务获得出口许可。2018年1月,美国司法部公布了该类案件的最新文件,列举了自2015年以来的96件违法出

---

① 参见2018年12月26日国家发展改革委印发的《企业境外经营合规管理指引》第3条。
② 参见2018年12月26日国家发展改革委印发的《企业境外经营合规管理指引》第22条。
③ 参见郭长林主编:《中资企业境外安全风险评估报告(2018)》,保合风险管理咨询(北京)有限公司,2019年1月,第6页。

口案,涉及伊朗的案件有27件。① 美国仅在2018年就依据出口管制法案对朝鲜、俄罗斯、伊朗、委内瑞拉等多个国家实施制裁。美国近期通过的《出口管制改革法案》"明确列出对生物技术、人工智能、定位导航、微处理器技术、量子计算等涉及国家安全和前沿科技关键领域的14类技术进行出口管制。目前,全球被列入美国商务部出口管制实体清单的主体数量已达1000多家。"② 加之美国的"长臂管辖",令企业暴露在前所未有的合规风险之下。受中美战略竞争加剧的影响,未来中企遭遇该风险的概率相当大。

(二) 涉及数据保护与个人隐私方面的合规风险

2018年5月,欧盟出台了史上最严厉的《通用数据保护条例》(GDPR),规定了严格的个人同意标准,严格限制数据处理,并实行严格的数据管理责任。"GDPR将大大增加银行和消费金融等行业的合规风险。如数据未经许可提供给第三方、数据外泄、数据安全保护不到位等行为都将面临重罚。"③ 根据该条例第3(2)条规定,该条例也适用于欧盟外的组织使用、监控欧盟内个人行为数据的行为,如果该行为与提供商品或服务有关,或被监控行为发生在欧盟内。因此,GDPR具有域外效力。这尤其提高了电子商务行业、互联网行业等的合规风险。"对以消费数据应用为主要业务的中国金融科技公司而言,GDPR执行力度趋严将使不少中资企业'中枪。'"④

相关案例表明,涉个人隐私保护的合规风险不容忽视。例如,2017年9月,联想集团被美国联邦贸易委员会指控在没有通知用户或征得用户同意的情况下预装软件,访问和使用用户隐私信息,侵害了用户隐私权,被罚款350万美元。⑤ "抖音"境外版也因违反《儿童在线隐私保护法案》,非法收集了大量13岁以下儿童的信息,被联邦贸易委员会罚款570万美元。⑥这充分暴露了中资企业在涉及数据保护与个人隐私方面的合规风险。

---

① OVERSEAS INVESTIGATIONS OF EXPORT CONTROL -- RELATED CASES, available at https://www.justice.gov/jm/criminal-resource-manual-2060-overseas-investigations-export-control-related-cases, 最后访问时间:2019年3月1日.

② 参见张凡:《中美战略竞争或影响中企海外经营》,载《中国贸易报》2019年1月17日。

③ 参见张凡:《中美战略竞争或影响中企海外经营》,载《中国贸易报》2019年1月17日。

④ 参见张凡:《中美战略竞争或影响中企海外经营》,载《中国贸易报》2019年1月17日。

⑤ FTC Gives Final Approval to Lenovo Settlement, available at https://www.ftc.gov/news-events/press-releases/2018/01/ftc-gives-final-approval-lenovo-settlement, 最后访问时间:2019年3月1日。

⑥ Video Social Networking App Musical.ly Agrees to Settle FTC Allegations That it Violated Children's Privacy Law, available at https://www.ftc.gov/news-events/press-releases/2019/02/video-social-networking-app-musically-agrees-settle-ftc, 最后访问时间:2019年3月1日。

（三）反腐败、反洗钱等方面的合规风险

根据《2017-2018中国年度合规蓝皮书》，"反腐败仍为中国企业遭受境外执法的首要原因，其次是反垄断和反洗钱。"① 2018年1月至7月，有38个中资企业和个人因腐败欺诈等行为被世界银行列入黑名单，总数升至88个。②

在反腐败方面，最为典型的法律是美国的《反海外腐败法》（FCPA）。其通过反贿赂条款和会计条款两种方式应对国际腐败问题，违反该法可能导致民事与刑事处罚、制裁及补救措施。以上条款都有严格的内控要求。就反贿赂条款而言，它适用于：（1）"发行人"及其管理人员、雇员、代理人和股东；（2）"国内人"及其管理员、董事、雇员、代理人和股东；（3）在发行人和国内人之外的在美国境内行事的部分人或实体。以上各条均包括外国公民或公司。③ 如果一个外国公民或公司协助及教唆、合谋或代理发行人或国内人，无论其自身在美国是否采取任何行动，它都可能根据FCPA承担法律责任。④ 美国《反海外腐败法》禁止企业和个人直接或间接向外国政党、官员、候选人支付金钱或任何有价值的物品；被控企业只要满足在美国注册、被控人持美国国籍、行贿过程在美国境内发生、使用美国金融体系汇款等其中任何一个条件，美国司法部就拥有管辖权。2018年12月5日，一名前香港官员因涉嫌协助中资能源公司贿赂非洲国家高级官员而遭美国司法部起诉，因其行贿是通过美国银行系统进行转账，故触犯了美国《反海外腐败法》。

英国2010年《反贿赂法案》规定，如果公司的"关联人"违反《反贿赂法案》构成犯罪，则该公司亦构成犯罪。"关联人"是指为公司提供服务的任何机构或个人，包括子公司、业务代理、合作伙伴以及联盟成员等。⑤ 该规定显著提高了我国"走出去"企业面临的刑事合规风险。

尤其应当重视的是，中资企业境外投资的项目多集中在基础设施建设领域。然而，在经济欠发达、经济整合度低、法律体系尚不完善的国家和地区，基础设施建设领域的腐败问题较为突出。根据经合组织2014年发布的对外国公职人员贿赂犯罪

---

① 参见辛红：《2017-2018中国年度合规蓝皮书显示企业遭遇境外反腐执法联动加强》，载《法制日报》2018年9月23日。

② 参见钱颜：《构建合规体系，风险识别与评估是关键》，载《中国贸易报》2019年1月24日。

③ A Resource Guide to the U.S. Foreign Corrupt Practices Act. The Criminal Division of the U.S. Department of Justice and the Enforcement Division of the U.S. Securities and Exchange Commission, available at https://www.justice.gov/criminal-fraud/fcpa-guidance，最后访问时间：2019年2月28日。

④ 参见何兰馨：《论我国企业犯罪防控中合规计划之构建》，华中科技大学2018年学士学位论文。

⑤ Thomas Man, Effective Compliance Program to Prevent Corporate Liability under FCPA and UK Bribery Act [R] International Symposium on Establishing Cooperation Mechanism regarding Persons Sought for Corruption and Asset Recovery, Beijing April 27, 2018.

分析报告的结论,约15%的外国贿赂案件发生在建设领域。① 中资企业在该领域面临的挑战不言而喻。

在反洗钱方面,国外的相关法律法规日趋完善。具体来说,主要包括美国的《监管规定适用于管理、交换和使用虚拟货币的说明》《虚拟货币监管法案》《客户身份识别程序指南》《金融机构客户尽职调查要求》等相关法律法规。这些法令均对企业在反洗钱方面的内部控制机制提出了要求。除此之外,在欧盟反洗钱3号令的基础上,欧盟反洗钱4号令(Directive 2015/849)的修订工作也在各成员国陆续展开,反洗钱法令相继颁布。尤其值得注意的是,该指令规定继续在企业中推广合规规定,而且该指令首次大规模地将博彩业涵盖进去。② 在完善立法的同时,处罚力度也得到显著提升。除此之外,还通过加大金融机构首席合规官(Chief Compliance Officer)的个人责任等方式,强化金融领域的反洗钱。③ 在金融全球化的今天,如何强化反洗钱合规的建构也是国内企业必须面对的问题。

此外,2018年中资企业在税收、环保、劳工方面的合规风险也很突出,特别是在西班牙和意大利,中资企业责任人经常因税收、环保等不合规而遭受重罚甚至被捕入狱。④ 2018年4月,意大利警方发起"黄色火焰"行动,出动100名税务警察,严查中资企业违法经营活动,重点查处假冒伪劣商品、非法雇佣、非法移民、偷税漏税等行为。⑤

三、刑事合规风险产生的现实根据

中资企业境外经营的刑事合规风险是在外部环境和内部因素的共同作用下凸显的。只有正确研判外部环境、深入剖析内部因素,才能找准症结所在,对症下药。

(一)外部环境

当前正值百年未有之大变局,大国战略竞争加剧,地缘战略风险骤升,大国围绕全球性、区域性战略问题,在政治、经济、军事、科技、文化等领域激烈博弈。在此背景下,美欧强化政策性立法,将政治问题司法化,形成了相对完善的合规立

---

① OECD. Publishing, Organisation for Economic Co-operation and Development. OECD Foreign Bribery Report-An Analysis of the Crime of Bribery of Foreign Public Officials[M]. OECD Publishing, 2014:pp. 8-9.

② [德]马克·恩格尔哈特:《欧盟领域中的刑事合规》,蔡仙译,载李本灿等编译:《合规与刑法:全球视野的考察》,中国政法大学出版社2018年版,第90页。

③ 参见唐宏飞:《国外反洗钱监管变革及启示》,载《西部金融》2018年第6期,第61-61页。

④ 参见钱颜:《构建合规体系,风险识别与评估是关键》,载《中国贸易报》2019年1月24日。

⑤ 参见郭长林主编:《中资企业境外安全风险评估报告(2018)》,保合风险管理咨询(北京)有限公司,2019年1月,第12页。

法,并实施"长臂管辖",这是中企境外经营将长期面临的外部环境。

一是有关国家将确保竞争优势的政策转化为法律制度,将政治问题司法化,提升了外部风险。例如,美国奉行美国优先、单边主义、保护主义,通过《出口管制改革法案》,对高科技领域进行封杀,并"已对朝鲜、叙利亚、俄罗斯、伊朗、委内瑞拉、古巴等多个国家实施制裁",出口管制事件不断增多且更趋复杂。"未来,企业的业务模式是否与制裁名单上的公司或人员有潜在联系、合同是否存在与制裁相关的任何条款等,均将成为中资企业重要的风险爆发点。"① 中兴事件、华为事件便是明证。

二是国际组织和美欧有关国家出台了相对完善的合规立法和指南,而中国仅于近期才颁布了《企业境外经营合规管理指引》和《中央企业合规管理指引(试行)》,差距甚大,中资企业显然准备不足,易因不熟悉、不遵循外部规定而身陷合规事件。例如,国际组织方面有《亚太经合组织自愿和有效的合规计划》《反贿赂合规国际标准 ISO37001》、国际标准组织 ISO19600《合规管理体系——指南》、经合组织《内控、道德与合规的操作指引》,美欧国家有美国的《反海外腐败法》《联邦组织量刑指南》《萨班斯法案》,英国的《反贿赂法案》,法国的《关于提高透明度、反腐败以及促进经济生活现代化的 2016-1691 号法案》(《萨宾Ⅱ法案》)。相比之下,"尽管我国企业合规建设已经出发且势头良好,但从法治体系上看,其依然处于起步阶段,亟待实现企业合规尤其是刑事合规法治的系统整合及有效实施"。②

三是美欧的"长臂管辖"令中资企业无处藏身。例如,美国《反海外腐败法》全球适用,中资能源公司案件即其适例;美国出口管制法案同样具有域外效力,中兴事件、华为事件便是明证;欧盟新实施的《通用数据保护条例》更是如此,"其约束对象不仅限于欧盟内部企业,也包括欧盟以外向欧盟提供商品或服务以及监控欧盟数据的企业。"③ 中资企业必须高度重视其域外效力,有效防范和及时化解刑事合规风险。

(二) 内部因素

内部因素既包括中资企业自身的风控意识和能力,也包括监管部门的要求和作为;既包括企业内部的合规制度,也包括国家层面的合规立法。无论是企业的合规意识及制度建设,监管部门的管理措施和要求,还是国家层面的立法规定,均与外部环境的合规要求相距甚远,致使中资企业境外经营时防控刑事合规风险的底气不足。

一是中资企业合规意识不强,内控制度有效性不足,对东道国的法律法规以及

---

① 参见张凡:《中美战略竞争或影响中企海外经营》,载《中国贸易报》2019 年 1 月 17 日。
② 参见赵赤:《企业刑事合规:全球趋势与中国路径》,载《检察日报》2018 年 8 月 22 日。
③ 参见张凡:《中美战略竞争或影响中企海外经营》,载《中国贸易报》2019 年 1 月 17 日。

通行的国际准则不熟悉,在防控刑事合规风险方面自身缺乏硬功。

首先是合规意识淡薄,对合规建设和风险评估未给予应有的重视。一方面,一些企业抱有侥幸心理,只顾追求利益最大化,不愿投入人力物力进行合规建设,而是选择通过不合规的行为去赚取潜在的、更大的利润,因而提高了被制裁的风险。另一方面,不少企业由于缺乏进行境外经营投资的实践经验,未注意境内外经营投资的差异性,将在境内的管理模式及风险应对策略照搬至境外,未重视对境外投资经营风险的全面评估包括所在国的腐败风险、第三方的风险评估等。

其次是合规制度不健全,合规管理不到位。例如,在防止企业腐败和员工贿赂行为方面,经常与客户以及供货商有直接联系的部门的内部控制措施显得尤其重要。然而,不少企业在与销售相关的价款支付方式、销售代理或其他顾问获取报酬的形式、执行和监督支付的职责分配等方面缺乏应有的内控制度。有的企业合规计划不规范,合规管理流程缺乏可操作性,从而在客观上形成诱人犯罪的情境,将本来就具有合理化辩解倾向的企业员工置于较大物质诱惑与获取不当得利机会较高的双重拉动之下,进而加速其犯罪动机的形成和促成犯罪行为外化。① 这无疑提升了刑事合规风险。

最后是对东道国和具有域外效力的他国法律以及国际准则缺乏了解和研究。一方面,我国企业对境外投资的所在国法律环境不够熟悉、条款研究不够深入、政策掌握不够准确,不同程度地存在相关风险把控不全面、文本条款描述不清晰、合同约定出现偏差等问题。② 另一方面,我国"走出去"企业的法律风险还来源于具有域外效力的他国法律。近年来各国企业刑法的管辖范围得到进一步扩张,特定管辖区域的刑法适用于任何在某个管辖区域内发行证券或只简单进行部分业务的企业,而不论其设立地、主要营业机构所在地或其犯罪行为发生地。③ 进行境外投资经营的企业业务活动范围广、业务关系错综复杂,进入他国相关法律管辖范围的可能性极高。例如,上述提及的美国《反海外腐败法》及一系列出口管制法案、英国2010年《反贿赂法案》、欧盟《通用数据保护条例》等。此外,联合国公约、决议以及国际组织的合规指南等也是中资企业必须熟悉并遵循的,否则极易引发合规风险。

二是监管部门的管理措施和要求不够全面具体,缺乏强制力。例如,当前关于公司企业内控制度的规定尚不完善且普及程度不高,内控义务仅限于金融机构及上市公司的董事,并未涵盖非上市公司,监管的可操作性和有效性也难以保障。此外,在中资企业成规模地进行境外投资经营的情况下,监管部门对"走出去"企业的合

---

① 参见操宏均:《民营企业家腐败犯罪生成中的情境分析》,载《净月学刊》2017年第5期。

② 参见王广钟:《中国企业海外项目面临的法律风险及其防控》,载G20反腐败追逃追赃研究中心主编:《构建反腐败追逃追赃合作机制国际研讨会论文集》,2018年4月27日,第182-185页。

③ Fenwick Mark. The New Corporate Criminal Law and Transnational Legal Risk[M]// Flexibility in Modern Business Law. Springer Japan, 2016:pp. 149-171.

规建设没有强制性的明确具体的门槛要求，缺乏防控风险的防火墙。"走出去"企业不仅代表其自身，还代表着整个中国企业的形象甚至是中国的形象，是"一带一路"的形象大使，其受制裁处罚的记录将对后续进行境外投资经营的企业造成不良影响。因此，应对境外投资企业建立强制性的合规建设标准，以提高"走出去"的质量。尽管2018年年底有关部委印发了《企业境外经营合规管理指引》和《中央企业合规管理指引（试行）》，但指引规定得过于原则，且仅"供企业参考"或"可以参照本指引"，缺乏强制力。对于违规行为，也只是建议采取纠正措施，或者强化违规问责，而没有上升到法律责任的高度。

三是国家层面的合规立法滞后。企业境外经营需要国家通过顶层设计为其推进合规建设提供政策依据和法律依据，企业参照相关法律法规，结合自身特点，在企业内部推动合规管理建设。近年来，美国、英国、法国等西方国家制定了一系列合规领域的政策立法，无论政府还是公司，对合规都高度重视。法国《萨宾Ⅱ法案》明确规定，建立合规制度是企业及其高管人员必须履行的义务。"如果企业未能建立符合要求的合规制度，法院有权对企业和自然人分别判处罚金，并对自然人判处2年以下监禁。"① 巴西也通过立法规定，与政府部门开展业务的公司均有义务实施合规计划，否则将被处以罚金。相比之下，我国的合规立法刚刚起步，既不全面也不完善。

综上所述，无论是外部环境，还是内部因素，根本的原因可以归结为两点：一是对外国的法律和国际规则不熟悉、不研究；二是企业合规制度不健全、国家合规立法不完善。从内部治理的角度而言，前者可谓"家教不足"，后者可谓"家规不足"。"家规不足"是根本原因，必须尽快颁布合规立法。

必须注意的是，在合规立法方面，企业合规计划在我国刑法中并未受到应有的重视。例如，一个投入大量人力、物力、财力进行合规管理的公司，与一个没有建立合规制度、没有进行合规管理的公司，在涉嫌犯罪考量刑事责任时毫无二致。尽管有关于金融机构、上市公司董事内控义务的规定，但由于相关规定位阶过低，尚未达到刑法评价的程度。可见，公司推行合规计划以防控员工违法犯罪的事前勤勉非但没有得到刑法的正向激励，反而由于推行合规计划投入大量成本，从而导致强化合规管理的公司与同类型未进行合规管理的公司相比，因成本增高而失去竞争优势，这极易助长企业违规违法经营的风气，进而提升刑事合规风险。因此，必须通过完善刑事立法，赋予企业在合规管理方面的压力和动力，充分发挥刑法预防犯罪和惩治犯罪的机能，倒逼企业强化合规管理，避免刑事合规风险。

当然，这里还涉及一个问题，为什么是通过刑事立法推动企业合规管理的展开。在前置性的公司法规尚未就合规做出明确规定的情况下，径直动用刑事法手段推动公司合规是否违背了刑法的最后手段性原则？这个问题的解决对于联结本部分与下

---

① 参见万方：《美国反贿赂合作机制及对我国反腐败机制发展的启示》，载《法学杂志》2018年第6期。

一部分具有至关重要的逻辑上的意义,因此,笔者在此做一简要阐述。

刑事合规的问题,即便是在制度发源地的美国,也一直存在质疑,主要原因是合规计划本身在犯罪治理中的无效性,并因为合规与刑罚的关联性,降低了代位责任的威慑效果,因此,应当从《联邦组织量刑指南》中剔除出去。① 同时,我国有学者也提出了刑事合规计划是否违背刑法的谦抑性的疑问,并从其他方面对这个问题得出了否定性的回答。② 然而,对于是否需要刑事合规制度,也就是刑事合规制度正当性的问题,还可以从刑事责任论与刑罚论的角度进行解读:传统的代位责任造成刑罚严苛,因此需要刑事合规制度来平衡刑罚严厉度;在规范进路的公司罪责模式中,合规与否是公司罪责的具体化标准,是其应有之意;无论是从传统的并合主义还是作为新的刑罚理念的积极的一般预防理论出发,都可以得出公司合规是影响公司责任刑或预防刑的重要考量因素。也就是说,通过刑法手段推动公司合规,可以在刑罚论与刑事责任论中找到正确的理论定位。③ 这也就为在立法上明确合规的刑事法意义提供了正当化注解。

四、防控合规风险的刑事法方案

企业合规计划的有效落实不能仰仗企业自身的自觉自愿。企业作为"经济人",首要的目标是逐利,其决策和行为模式的基石乃经济理性。企业的这种经济理性对社会无疑可能产生危害④。事实上,正是基于企业的这种终极目标和行为模式,才催生了经济监管措施的面世⑤。可见,对企业的合规意愿、道德感和经济理性不能抱有过多的幻想,而是要致力于配置相应的制度规范,完善监督手段、激励政策和惩罚措施⑥,尤其是完善刑法规定,强化合规管理。因此,应当赋予合规计划应有的刑事法地位,充分发挥刑法的预防和惩治机能,对履行合规义务的单位进行正向激励,亦即建立"积极的激励机制",对于拒不履行合规义务的,追究刑事责任,倒逼企业采取合规措施。据此,笔者认为,应当对刑法总则和分则进行修正,并对举证责任重新分配,充分体现宽严相济的政策精神和积极预防的刑法理念。

---

① [美]菲利普·韦勒:《有效的合规计划与企业刑事诉讼》,万方译,载《财经法学》2018年第3期。

② 参见李本灿:《企业犯罪预防中合规计划制度的借鉴》,载《中国法学》2015年第5期。

③ 该观点系与李本灿讨论刑事合规制度正当性基础时得到的启示,特此致谢。

④ Ralf Kölbel. Criminal Compliance – ein Missverständnis des Strafrechts?[J]. Zeitschrift Für Die Gesamte Strafrechtswissenschaft, 2014, 125(3).

⑤ Weber J, Wasieleski D M. Corporate Ethics and Compliance Programs: A Report, Analysis and Critique[J]. Journal of Business Ethics, 2013, 112(4).

⑥ Wolfgang Schulz, Thorsten Held. Regulierte Selbstregulierung als Form modernen Regierens[M] Hans-Bredow-Institut für Medienforschung an der Universität Hamburg Verlag. 2002,5: E6.

反腐败国际合作与腐败的法律治理

（一）修改刑法关于单位犯罪的规定，对履行合规义务的单位予以正向激励

国外已有在刑事领域考量合规建设的立法和实践。例如，美国的量刑指南十分重视合规计划的有效性，实践中缓起诉和免起诉的适用率极高。我国在企业合规建设方面应当立足中国的国情，考察借鉴域外经验，完善企业合规的制度体系。在规定合规义务的基础上，我国立法机关应当对刑法总则关于"单位犯罪"的规定进行适当调整和完善，以填补我国刑法在合规计划方面的空白。

具体而言，建议对刑法第 30 条进行修改，增加一款作为第 2 款："单位有效实施合规制度的，应当从轻、减轻或者免除处罚。"

上述修改使企业承担起一定的预防违法犯罪的任务，充分体现了刑法的激励机制和预防功能。以刑法的明确规定强调合规制度的有效实施，有助于避免"合规计划与企业核心业务活动脱钩的危险"①。

由于公司领导可能缺乏执行意愿，仅仅是在形式上建立合规制度，而不重视合规制度的实际有效运行和监督管理，甚至可能"以合规计划为名实施障眼法，企图通过'牺牲'部分员工的利益解脱公司对于已暴露的犯罪的责任"，因此，"一个战略是强化合规计划的各个要素，并对其进行适当的设置，这样即使领导成员不愿意执行，合规要素仍然发挥作用。这样的要素包括……举报制度（公司领导对此也无能为力），外部'守门员'（如审计员或律师）进行的控制，或者对犯了罪的公司进行强制管理的措施（在美国的公司刑法中就采取了这样的措施）。"② "西门子公司腐败案清楚地说明了这些问题以及解决方法。"③ 可见，唯有完善相关的配套机制，才能保证上述立法建议的有效运行。

"另一个战略……可以通过积极的激励机制实施，也可通过惩罚机制（可被感受的制裁以及较高的高发概率）实施。"④ 积极的激励机制如上文的立法建议："单位有效实施合规制度的，应当从轻、减轻或者免除处罚。"通过规定有益的后果对履行合规义务的企业进行正向激励。关于惩罚机制，本文主张在刑法分则规定特定的罪名，对不履行合规义务的行为予以制裁。

---

① Maclean T L, Behnam M. THE DANGERS OF DECOUPLING: THE RELATIONSHIP BETWEEN COMPLIANCE PROGRAMS, LEGITIMACY PERCEPTIONS, AND INSTITUTIONALIZED MISCONDUCT[J]. Social Science Electronic Publishing, 2010, 53(6).
② [德] 乌尔里希·齐白：《全球风险社会与信息社会中的刑法：二十一世纪刑法模式的转换》，周遵友、江溯等译，中国法制出版社 2012 年版，第 265-266 页。
③ [德] 乌尔里希·齐白：《全球风险社会与信息社会中的刑法：二十一世纪刑法模式的转换》，周遵友、江溯等译，中国法制出版社 2012 年版，第 266 页。
④ [德] 乌尔里希·齐白：《全球风险社会与信息社会中的刑法：二十一世纪刑法模式的转换》，周遵友、江溯等译，中国法制出版社 2012 年版，第 266 页。

（二）在刑法分则规定"拒不履行合规义务罪"，规定企业必须建立合规制度，强化合规管理措施，确保合规计划的有效性，以预防和监督企业内部的违法犯罪行为

境外经营的中资企业的不合规行为严重损害中国企业的整体形象，甚至会损害国家形象。在全球经济活力下降、多数国家和地区投资环境恶化的情况下，违规行为必然使中资企业的国际竞争力大打折扣，不利于境外业务拓展。近年来频发的中资企业境外违规行为屡遭刑事追诉的事实也反映出将合规管理纳入刑法调整范围的必要性、重要性和紧迫性。

通过刑法规定企业合规的强制义务是"法律家长主义"的一种体现，即法律为了当事人利益而不管、不顾其意志行事乃至限制其自由的一种干预模式。① 将父爱式法律正当化的原因之一是功效主义。其理由是它们通过对个人自治的干涉，可以保障或提高当事人的利益，亦即提升当事人的功效，并在总体上提高整个社会的功效，因而是正当的。对于某些干预性的规则而言，这种论证是成立的，比如对那些由于信息不对称和当事人的真实意志被遮蔽而做出的某种行为。② 具体而言，在企业合规管理成为全球化趋势、西方国家合规政策立法趋于完善的今天，我国在合规建设方面仍处于起步阶段，合规观念尚未深入人心。尤其是在"一带一路"倡议下，中资企业成规模地"走出去"，其中不少缺乏实践经验、信息不对称，以在国内的经营方式、风险应对模式在境外进行投资经营，面临着巨大的合规风险。国家在调动各种资源对合规计划进行充分研究的基础上，要求企业建立合规计划，是对企业利益的一种保护。一方面，我国规定建立合规制度的义务有益于降低我国企业特别是"走出去"企业被制裁的风险。因为有效的合规计划及其实施在英国2010年《反贿赂法案》中构成合法抗辩③；在意大利第231号法令中构成企业免责事由④；在美国法律中是缓起诉或免起诉以及公司缓刑的依据。⑤ 在法国《萨宾Ⅱ法案》中，建立合规制度是企业及其高管必须履行的积极义务，否则即使没有实施贿赂行为，企业或其高管也可能因此受到处罚。上述法律中大多具有域外效力，与我国企业的经营活动密切相关。另一方面，合规计划当中包含的风险评估要求，即区分企业所属的行业和实际运营地区，对企业的贿赂风险进行识别、分析和分级，并定期更新风险评估，并设定针对客户、直接或间接供应商的评估程序。这些具体要求将帮助企业对进行境外投资经营所在国，具有域外效力的他国法律、政策、经营

---

① 黄文艺：《作为一种法律干预模式的家长主义》，载《法学研究》2010年第5期。
② 郭春镇：《论法律父爱主义的正当性》，载《浙江社会科学》2013年第6期。
③ Bribery act 2010, Chapter 23, § 7-(2) and § 9-(1)(2).
④ Paludi A, Zecca M. Corporate Responsibility and Compliance Programs in Italian Case Law [M]// Preventing Corporate Corruption. Springer International Publishing, 2014:pp. 398-400.
⑤ Forti G, Manacorda S, Centonze F. Preventing Corporate Corruption. The Anti-Bribery Compliance Model[M]. Springer, 2014:pp. 373-381.

环境有更加深入的研究和掌握,从而从根本上降低潜在的经营风险。因此,在刑法中规定企业的合规义务符合企业的自身利益。

有学者指出:"《刑法修正案(九)》增加了拒不履行信息网络安全管理义务罪,意在通过管理监督责任的引入,促进网络服务提供者切实履行安全管理义务,保障网络安全和网络服务业的健康、有序发展。由此,刑事合规的所有要素均已得到满足,网络犯罪治理的合作治理模式得以确立。""它的设立体现了刑事合规的基本理念,网络犯罪治理由传统的'大棒模式'转向'大棒-胡萝卜模式'"。① 也就是说,我国刑法已有刑事合规意义上的立法,该罪即是例证。然而,刑法第286条之一规定的拒不履行信息网络安全管理义务罪仅仅是网络治理领域规制网络平台管理者的特殊规定,并不能解决其他领域的合规治理。如果对刑事合规的立法就此止步,则无疑是挂一漏万。因此,本文建议设置一个能够普遍适用的罪名,以彻底解决刑事合规立法问题。相比较而言,第286条之一是特别法条,适用时依照法律规定择一罪论处,法无明文规定时根据法条竞合的原则进行处理。

笔者提出以下具体立法建议:在刑法分则第169条之一后增加一条,作为第169条之二:

"【拒不履行合规义务罪】不履行法律、行政法规规定的合规义务,经监管部门责令采取改正措施而拒不改正,有下列情形之一的,处三年以下有期徒刑、拘役或者管制,并处或者单处罚金:(一)未建立合规制度的;(二)建立的合规制度未达标,经监管部门责令完善而拒不完善的;(三)建立的合规制度未有效运行,情节严重的;(四)有其他严重情节的。

单位犯前款罪的,对单位判处罚金,并对其直接负责的主管人员和直接责任人员,依照前款的规定处罚。

有前两款行为,同时构成其他犯罪的,依照处罚较重的规定定罪处罚。"

其中,"严重情节"的具体标准留待司法解释根据实践情况予以规定。该建议的目的在于以刑法的国家强制力倒逼企业采取措施强化合规管理,防控违法犯罪行为。这些措施包括:(1)对员工及监督人员的谨慎选任、指示以及监督管理;(2)定期调查并评估企业的违法犯罪风险;(3)发布指示并进行员工培训,旨在防止与业务活动有关的违法犯罪行为;(4)建立针对与业务活动有关的违法犯罪行为匿名举报程序;(5)查明与业务活动有关的违法犯罪嫌疑,并惩罚相应的不当行为。② 上述措施必须与企业的规模及其风险程度相适应。

需要说明的是,在传统的模式中,公司单纯没有合规机制是不构成犯罪的,只有发生了严重结果的时候才可能构成犯罪。上述建议的方案实际上仅仅是将没有履

---

① 李本灿:《拒不履行信息网络安全管理义务罪的两面性解读》,载《法学论坛》2017年第3期。

② Vgl. Der Unternehmensjuristen Bundesverband. Gesetzgebungsvorschlag für eine Änderung der §§ 30, 130 des Ordnungswidrigkeitengesetzes(OWiG)[J]. 2016.

行合理塑造公司结构义务的行为纳入刑法调整的范围。在这里，不法的核心是行为，而不是结果。这一刑法前置化的立法建议，主要是考虑到当前正处于全球风险社会之中，随着社会的变革，安全风险和安全思想也随之转变，面对全球刑事合规风险的新挑战，必须在刑事政策上寻求新的方案，这就必然导致刑法规范的改变。因此不能消极地等待危害结果出现之后才考虑如何惩罚，而应在预知风险之时就采取措施防范危害结果的实现，阻却危害结果实现的最好办法就是基于积极的一般预防的立场，使得刑法前置化，以立法威吓实现预防和减少犯罪的功利目的。这一方案与法国《萨宾Ⅱ法案》的立法旨趣正好不谋而合，亦可引为论据。当然，纯粹的功利论与报应论一样远非合理，"将刑罚的正当化根据停留在原始的报应层次或者一般预防和特殊预防的功利目标上，显然是不够的。"① 尤其是刑法前置化更须谨慎，必须厘清边界，审慎划定犯罪圈，防止过罪化。

这里还涉及一个问题：如果公司员工的行为造成了严重后果，那么，对公司是否可以进行归责？这里需要具体问题具体分析。如果公司制订了合规计划并履行了监督管理责任，仍然出现了员工的违法犯罪行为并造成了严重后果，应由员工承担责任，公司不构成拒不履行合规义务罪。如果公司领导涉嫌渎职，且系国有单位工作人员，当然可以按照刑法第397条或者第168条追究有关人员的渎职责任②；但如果是私营单位的领导，则因法无明文规定不为罪，不能构成过失犯罪。至于私营单位是否有必要增设一个类似于国有单位的渎职类犯罪，则因涉及平等保护理念的落实、刑法罪名体系的协调等问题，需考量诸多因素，本文暂不讨论。

（三）对举证责任进行适当分配

在举证责任方面，可对传统的国家公诉人举证制度进行改革，在国家与企业之间进行适当分配。意大利已有成熟的做法：当企业领导涉嫌犯罪时，举证责任分配给企业；当企业员工涉嫌犯罪时，举证责任分配给检察官。在企业领导涉嫌犯罪时，首先推定企业没有建立合规制度；即使建立了合规制度，也推定不具备有效性。这时企业就必须自己承担起证明自己履行了合规义务、不构成犯罪的举证责任。若是企业员工涉嫌犯罪，则举证责任不变，由检察官收集证据证明企业尚未建立合规制度，或者虽有合规制度但在监督管理方面缺乏有效性。③ 这是一种成熟的、合理的、行之有效的企业合规刑事案件举证责任分配制度，值得借鉴。因此，本文主张：当企业普通员工犯罪时，适用通常的证据制度，由作为控诉方的检察官举证；当企业高管犯罪时，则实行举证责任倒置，推定企业缺乏合规制度或者合规管理无效，由

---

① 参见贾济东：《外国刑法学原理（大陆法系）》，科学出版社2013年版，第473页。
② 有学者通过解读刑法第397条，对如何构建公共机构腐败治理合规路径进行了探讨。参见李本灿：《公共机构腐败治理合规路径的构建——以<刑法>第397条的解释为中心》，载《中国刑事法杂志》2019年第2期。
③ Jordi Gimeno Bevia. Compliance Programs as Evidence in Criminal Cases[M]. Regulating Corporate Criminal Liability. Springer International Publishing, 2014:pp.227-234.

企业自己举证证明有完善的合规制度,且尽到了勤勉的合规管理义务,否则将承担刑事责任。

五、刑事法方案的政策功能和理论意义

上述建议方案通过适度的刑法前置化积极预防未然之罪,依据不履行合规义务承担刑事责任、履行合规义务减免刑事责任的规定区别对待不同情形的已然之罪,并透过举证责任的适当分配在程序上予以保障落实,彰显了刑事政策上的功能。同时,建议方案明确了认定单位主观意志的客观标准,体现了刑法理论上的价值。

(一)建议方案的政策功能

一是通过刑罚激励实现了区别对待的政策精神。根据建议规定的"第169条之二",缺乏合规制度、合规管理无效的直接入刑;根据建议规定的"第30条第2款",合规制度完备、合规管理有效的,应当作为从轻、减轻或者免除处罚的事由。这种区别对待的立法体现了宽严相济的刑事政策。举证责任的适当分配也是宽严相济刑事政策在程序上的体现。对于已建立并实施有效合规制度,但仍发生了违法犯罪行为的企业,可以结合案件具体情况从轻、减轻或者免除处罚,"在'严'的现实中,通过司法努力,尽可能多地拓展'宽'的空间和份额"①。"'该重而轻'恰恰可以通过合规计划中的量刑激励措施得以体现,即本来应该判处较重的刑罚,但是因为企业合规的存在,积极举报犯罪行为(自首)以及事后的积极配合等,从而降低其刑罚量。"② 对于不履行合规义务且出现违规事件的企业,应当一律入刑从严惩处;对于出现不合规事件但坦白交代,真诚悔过,积极配合的,应当合理地从宽处理。通过双向激励,促使企业完善合规制度,强化管理措施,预防违法犯罪行为。

二是通过立法预告达到了政策性预防的功利目的。费尔巴哈认为,对于潜在的行为人而言,刑罚乃是一种心理强制;借助于用于威吓的刑法上的恶,而将他们维持在法律的轨道之内。③ 这种消极的一般预防论受到了质疑,如黑格尔认为:"如果以威吓为刑罚的根据,就好像对着狗举起杖来,这不是对人的尊严和自由予以应有的重视,而是像狗一样对待他。"④ 积极的一般预防论认为,人具有自律能力,根据法律通过刑罚的预告或者裁判的宣告,以表明"犯罪不是好事",进而维持或者强

---

① 储槐植、赵合理:《构建和谐社会与宽严相济刑事政策之实现》,载《法学杂志》2007年第1期。
② 李本灿:《企业犯罪预防中合规计划制度的借鉴》,载《中国法学》2015年第5期。
③ 参见[德]乌尔斯·金德霍伊泽尔:《刑法总论教科书》(第六版),蔡桂生译,北京大学出版社2015年版,第26页。
④ 参见[德]黑格尔:《法哲学原理》,范扬、张企泰译,商务印书馆1961年版,第102页。

化人们的自律的规范意识。① 回归到本文的立法建议上，无论是立法威吓论，还是立法预告论，刑法都会向企业家宣告：必须建立合规制度，强化有效管理，否则将追究刑事责任。企业家面对这种预告，自然在追求经济利益的同时会高度重视刑事合规风险，从而达到政策性预防的目的。可见，本文的立法建议是基于促进我国企业全面进行合规建设、积极预防违法犯罪行为而提出的，具有明显的预防刑法的性质。

（二）建议方案的理论价值

将合规制度纳入企业刑事责任认定之中，完善了单位主观意志认定的客观标准，有助于解决我国目前存在的个人与单位刑事责任边界模糊的问题。

关于单位犯罪的认定标准，聚焦于犯罪行为到底是单位意志的体现还是自然人自身意志的体现，我国刑法学界始终存在着不同的主张。如有观点认为，单位犯罪必须具备以单位名义实施和为本单位谋取利益或非法利益的目的两个特征。也有观点认为，还需具备"经单位决策机构或者负责人员决定"第三个特征。在刑法修订研拟过程中，立法工作机关主要使用"为单位谋取利益"和"经单位的决策机构或者负责人员决定"两个要素来界定单位犯罪。② 但是考虑到反对意见的合理性，刑法最终修订时取消了对单位犯罪特征的规定。不过在司法实践中，有关法院仍然是依据"为单位谋取利益"和"经单位的决策机构或者负责人员决定"两个要素予以认定的。③ 然而，在有关司法解释和座谈会纪要中，最高人民法院则是根据"以单位名义实施犯罪"和"违法所得归单位所有"两个要素认定单位犯罪的。例如，1999年6月25日最高人民法院《关于审理单位犯罪案件具体应用法律有关问题的解释》和2001年1月21日最高人民法院《关于全国法院审理金融犯罪案件工作座谈会纪要》分别从正反两个角度规定了"以单位名义实施犯罪"和"违法所得归单位所有"这两个认定单位犯罪的要素。④ 有学者对上述观点的不足进行了反思，并主张："在认定单位主观意思时，原则上，必须依据单位属于拟制人格主体的基本原理，将作为单位代表机构即单位领导的自然人的意思视为单位本身的意思；但是，在单位领导的意思完全背离单位的宗旨和目的，违反单位的相关制度等时，则不能

---

① 参见[日]松宫孝明：《刑法总论讲义》（第4版补正版），钱叶六译，王昭武审校，中国人民大学出版社2013年版，第5页。

② 参见高铭暄：《中华人民共和国刑法的孕育诞生和发展完善》，北京大学出版社2012年版，第212-213页。

③ 参见北京市宣武区人民法院刑事判决书（2006）宣刑初字第123号；张文玲、华肖：《于某某的行为属于单位犯罪还是自然人犯罪》，载《上海市政法管理干部学院学报》2000年第4期。

④ 1999年6月25日最高人民法院《关于审理单位犯罪案件具体应用法律有关问题的解释》第3条规定："盗用单位名义实施犯罪，违法所得由实施犯罪的个人私分的，依照刑法有关自然人犯罪的规定定罪处罚。" 2001年1月21日最高人民法院《关于全国法院审理金融犯罪案件工作座谈会纪要》规定，以单位名义实施犯罪，违法所得归单位所有的，是单位犯罪。

将其看作单位自身的意思,而只能看作单位领导自然人的意思。在认定单位主观意思时,不能仅考虑单位领导的个人意思,还必须考察单位自身的结构、政策、措施、习惯等。"① 这种将企业自身的结构、政策、措施、习惯等纳入考虑范围的主张,正好与本文关于合规计划在企业刑事责任认定中的地位和作用的观点不谋而合。当企业涉嫌违法犯罪时,如果该企业未建立合规制度,未履行预防违法犯罪行为发生的义务,企业内部存在鼓励、纵容或默认违法犯罪行为发生的组织缺陷或者企业文化,那么"企业的意志"是可以认定的。如此规定,无疑严密了刑事法网,减少了"漏网之鱼"。而且,合规制度是否存在、合规管理是否有效也成为了界分个人与单位刑事责任边界的客观标准。

六、余论

在"一带一路"倡议下,我国企业大规模"走出去"投资经营,既收获了胜利成果,也遭遇了合规风险。针对中资企业境外经营面临的主要刑事合规风险,上文提出并论证了我国刑事法体系应对的基本方案,在一定程度上解决了防控刑事合规"家规不足"和"家教不足"的问题,缩短了与国际组织以及外国合规立法的差距,初步解决了一些棘手问题。同时,仍然存在不少问题,需要高度重视,亟待深入研究。

合规计划是一种特殊的管理形式。国家运用法律手段要求企业进行自我监督管理,并分配相应的(刑事)执法任务,从而使国家对企业的管控充满刑法意义。② 在这种模式下,国家与企业之间的关系、国家刑事调查权与个人的合规调查权之间的权限范围都成为值得深思的问题。例如,企业合规义务在多大程度上可以委托给合规官?合规官是否具有防止企业内部违法犯罪行为的保证人地位?合规官在合规调查程序中能够拥有哪些国家保障的程序权限?这些措施之间的关系如何?等等,都需要进一步明确。正如有学者所担心的:内部调查是企业合规制度的必备要素之一,如果私人的调查活动以一种比国家刑事侦查措施强度更大的方式进行时,则超越了法治原则的界限。③ 此外,合规义务究竟包括哪些内容?在司法实践中,对合规义务如何具体化?在企业履行合规义务、采取必要的合规措施中,对"必要"如何认定?如何考量企业的经营规模、经营范围、所在行业、业务活动的危险性等具体因素与"必要"之间的联系?诸多此类问题,都有待今后作进一步的探讨。

---

① 参见黎宏:《单位犯罪中单位意思的界定》,载《法学》2013年第12期。
② Weber J, Wasieleski D M. Corporate Ethics and Compliance Programs: A Report, Analysis and Critique[J]. Journal of Business Ethics, 2013, 112(4).
③ Thomas Rotsch. Criminal Compliance in Theorie und Praxis des Wirtschaftsstrafrechts[J]. Criminal Compliance vor den Aufgaben der Zukunft 2013.

论非金融企业反洗钱刑事合规风险及其防控*

商浩文** 叶 威***

一、前言

企业是国民经济的细胞，企业的发展极大地促进了市场经济的发展。但经济全球化背景下企业面临的风险和挑战与日俱增，其中洗钱风险不容忽视。2019年1月28日，美国司法部针对华为等三家公司以及华为CFO孟晚舟提出23项联邦刑事指控，其中第十二节是涉嫌洗钱，美方指控华为和星通（SKYCOM）公司于2007-2014年在美国境内外通过电汇方式转移资金，意图进行特定非法活动。① 这也再次给我国企业尤其是大型跨国企业敲响了警钟。根据《2017-2018中国年度合规蓝皮书》，反腐败是中国企业遭受境外执法的首要原因，其次是反垄断和反洗钱。② 在风险社会背景下，如何加强企业的合规制度建设，防范企业存在的各类洗钱风险，从而促进企业更好地成长，成为理论界和实务界亟须研究的重要课题。

反洗钱国际组织——金融行动特别工作组（FATF）在其《40+9项建议》中明确要求各成员国应采取措施防止法人被洗钱分子非法利用，然而多年来我国一直将反洗钱的工作重心放在银行等金融机构上，随着我国金融行业反洗钱制度的不断完善，犯罪分子将目光更多地投向非金融行业。2017年9月，国务院公布《关于完善反洗钱、反恐怖融资、反逃税监管体制机制的意见》，首次提出"要逐步建立非金融领域反洗钱和反恐怖融资监管制度"，这表明非金融领域的反洗钱工作已经上升为国家战略，也给我国非金融企业反洗钱相关制度的构建指明了方向。非金融企业

---

* 本文系司法部法治理论研究项目"当代中国贪污贿赂犯罪死刑司法适用研究"以及中国法学会部级项目"行政处罚与刑事处罚衔接之实证研究"的阶段性成果。

** 商浩文，北京师范大学刑事法律科学研究院副教授暨G20反腐败追逃追赃研究中心专职研究员，法学博士、博士后。

*** 叶威，北京师范大学法学院硕士研究生。

① Chinese Telecommunications Conglomerate Huawei and Huawei CFO Wanzhou Meng Charged with Financial Fraud, available at : https://www.justice.gov/usao-edny/pr/chinese-telecommunications-conglomerate-huawei-and-huawei-cfo-wanzhou-meng-charged，访问时间：2019年3月13日。

② 参见辛红：《2017-2018年中国年度合规蓝皮书显示企业遭遇境外反腐执法联动加强》，载《法制日报》2018年9月23日。

是保护我们的社会和金融体系免受犯罪侵扰的一道重要防线,将反洗钱/反恐怖融资(AML/CFT)合规和风险管理纳入企业治理范围至关重要,非金融企业履行反洗钱义务体现了其作为独立的经济实体对社会责任的承担。

银行、证券、保险等金融企业在多年的反洗钱工作中,积累了诸多经验和教训,反洗钱体系不断完善。与金融企业相比,我国非金融企业反洗钱意识淡薄,制度缺失,其开展反洗钱工作,缺乏足够的成功模板。这需要我们探讨非金融企业洗钱的基本样态与风险来源,研究国内外金融机构的反洗钱体系,结合企业合规理论,构建我国非金融企业反洗钱的刑事合规制度。

二、非金融企业参与洗钱的基本样态与风险来源

现代意义上的洗钱(money laundering)作为法律概念,通常是指为了隐瞒、掩饰犯罪收益的真实来源和性质,通过各种手段使其在形式上合法化的行为。① 我国反洗钱体系日益完善,当前的反洗钱工作已经不再局限于金融企业,贵金属、律师、房地产、互联网等非金融行业的反洗钱态势也在逐步加强,这就会涉及企业如何加强合规制度建设来避免陷入洗钱风险的问题。

(一)非金融企业参与洗钱的基本样态

在理论研究中,一般将洗钱分为放置、离析和融合三个阶段,每个阶段各有其目的及运行方式,完整的洗钱过程如图1所示。洗钱手段具有多样性,并随着社会的发展变迁而不断升级。我国 2007 年实施的《反洗钱法》规定了提供资金账户、协助将财产转换为现金或者金融票据、协助将资金汇往境外等方式。2009 年通过的《最高人民法院关于审理洗钱等刑事案件具体应用法律若干问题的解释》中又增加了通过典当、租赁、买卖、投资等方式,协助转移、转换犯罪所得及其收益等六种具体情形,极大地丰富和完善了洗钱罪的行为方式。理论界关于洗钱形式的分类也并不统一,有人认为,传统型洗钱方式主要有利用现金交易洗钱、利用银行业洗钱、综合利用实业与银行业洗钱、以国际商品和资本流动为载体洗钱等,新型洗钱方法有地下钱庄跨境洗钱、预付卡洗钱、利用房地产洗钱等。② 有人认为,现实中洗钱的主要手段有:实业经营洗钱、藏匿现金和贵金属、通过拍卖公司洗钱、通过大额资产洗钱、利用地下钱庄洗钱、利用银行等金融机构洗钱、利用特定非金融机构洗钱、成立空壳公司等。③

---

① 参见杨道法、花象清主编:《反洗钱知识新编》,中国商业出版社 2017 年版,第 2 页。
② 参见杨阳:《宏观经济调控视野下的洗钱犯罪预控新模式研究》,武汉大学 2012 年博士学位论文。
③ 参见苗文龙主编:《洗钱风险管理导论》,经济科学出版社 2017 年版,第 5 页。

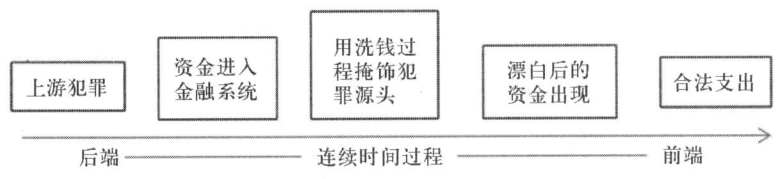

图 1 洗钱基本流程

结合我国法律、司法解释规定的几种方式，参考学者的观点以及中国人民银行每年发布的《中国人民银行反洗钱年度报告》的相关内容，笔者根据洗钱对象将洗钱的方式分为两类：一类是现金交易洗钱；另一类是非现金交易洗钱。其中根据依托媒介的不同，可分为金融机构洗钱和非金融机构洗钱。前者又可进一步分为利用银行洗钱和利用其他金融机构洗钱，详细分类如表1所示。

表 1 洗钱方式分类

非现金交易	金融机构	银行	提供资金账户、转账取现转换票据等
		非银行	通过微信、支付宝等购买股票、债券、理财产品等及其他方式
	非金融机构		买卖高价值商品；投资实业；通过赌博、网络游戏洗钱；通过地下钱庄洗钱；成立空壳公司；虚构交易（贸易）；民间借贷及其他方式
现金交易			与经营收入相混合、现金跨境走私、现金境内转移、分散存入大额现金

实践中洗钱的具体情况如何？对此笔者借助北大法宝司法案例库，输入关键词"洗钱罪"，截至 2019 年 1 月 1 日，进行全文检索，共找到刑事案例文书 153 篇，剔除无关案例，共得到有效案例 124 个。对全部案例进行了细致分析，这些案例在一定程度上反映了洗钱罪的实际状况，基本具备统计学上的"随机抽样"效果，可较为客观地揭示洗钱罪的裁判现状，主要分析结果如图 2 所示。

根据图 2 可以发现，在现实生活中，协助将资金转账取现等方式在所研究的案例中占比 33%，最为常见。另外，提供资金账户（19%）、买卖高价值商品（13%）、通过微信或支付宝转账（8%）、购买股票或债券（7%）、民间借贷（7%）等也占有一定比重。成立空壳公司、通过赌博、网游、地下钱庄、投资实业等方式分别占比 1%~4%，虽然较少，但由于其方式比较隐蔽也应引起我们的注意。需要说明的是，本次检索发现单位犯罪的案例较少，上述方式行为主体绝大多数是自然人。但不可否认的是，企业有可能成为洗钱犯罪分子的目标，企业的交易对象将企业作为转移赃款的工具，如投资、购买股票等方式通过企业转移赃款，或者诱惑、威逼企业提供资金账户等。另外，企业是由人来经营的，稍有不慎，企业相关人员

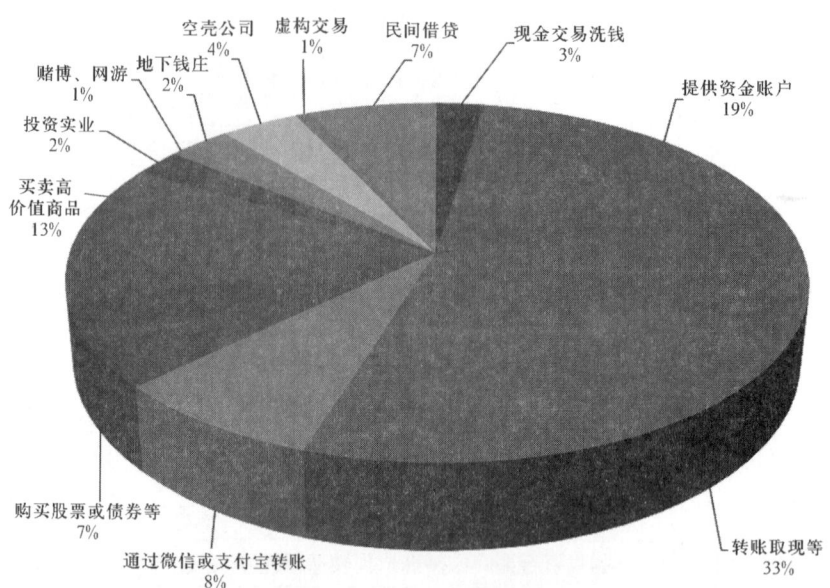

图 2 司法案例中呈现的洗钱手段统计

就会将公司带入洗钱的漩涡,企业不仅会面临制裁的刑事风险,还会对企业经营信誉产生极大的破坏性影响。因此对自然人实施的洗钱方式的研究并非毫无意义,上述高发领域(行业)与特定的洗钱方式,在我们研究企业如何反洗钱时同样要给予相同程度的关注。

(二)非金融企业洗钱的风险来源

"企业洗钱风险指的是企业由于从事、参与、纵容或便利洗钱活动而带来的法律风险和商誉损失,是企业信用风险、操作风险、系统风险的综合反映。"[①] 借鉴FATF对洗钱风险的分类,笔者认为,非金融企业的洗钱风险来自内外两个方面:内部风险主要是制度风险;外部风险包括业务风险、交易对象风险、地理风险。

1. 内部风险

内部洗钱风险主要来自内控制度,反洗钱内控制度的缺失和不完善,将给洗钱犯罪分子利用企业以可乘之机。对公司董事、监事、高级管理人员的行为监督缺位所滋生的白领犯罪,便是一种典型的企业内部洗钱风险。比如,媒体披露的湖北首例洗钱案中,在郑莹担任经贸公司法定代表人期间,在无正当理由的情况下,同意本公司财务人员将公司的银行账户提供给丈夫周某使用,用于清洗丈夫非法集资所得,最终法院认定被告人郑莹犯洗钱罪,判处有期徒刑 4 年,郑莹所在的公司虽然不构成洗钱罪,但却因此遭受了重大声誉损失,公司其他股东的利益也受损严重。[②]

---

① 参见王梦洁:《金融风险管理在企业中的分析》,载《现代经济信息》2016 年第 12 期。
② 参见胡新桥:《湖北首例非法洗钱案详情披露》,载《法制日报》2012 年 12 月 4 日。

2. 外部风险

非金融企业的洗钱外部风险包括业务风险、交易对象风险、地理风险。

（1）业务风险

业务风险主要存在于企业的各项活动之中，公司的股份募集、股票发行和转让、公司债券的发行和转让、公司合并分立、增资减资、解散清算、公司对外投资、招标投标、物资采购、产品或服务交易、融资借贷等环节均有产生洗钱犯罪的可能。比如，在股份筹集和股票发行阶段，股东资金来源的合法性和真实性难以确认，股东注入的资金很可能是上游犯罪所得。在交易环节，对方很可能是个空壳公司，其并无真实交易目的，只是利用合法企业的业务来掩盖其洗钱事实。合同相对方支付的汇票很可能是通过各种方式将犯罪所得存入银行，继而获得的银行承兑汇票。此外，企业的账户管理、金融结算等环节也是洗钱的频发领域，风险较大。在笔者分析的前述案例中，发现不少犯罪分子直接成立空壳公司用于洗钱，这些空壳公司制作假账，正常缴税，隐蔽性很强。相关的案例有林某甲洗钱案①、顾某青洗钱案②。另外，犯罪分子还会直接收购他人公司进行洗钱，如在曾某洗钱案③中，丁某与曾某合谋，丁某出资以曾某名义购买了冯某甲控制的湖南某交通科技有限公司。一旦合法企业与这些空壳公司从事交易，合法企业便很容易充当他人洗钱的帮凶，因此非金融企业在开展各项业务时不得不防范洗钱风险。

（2）交易对象风险

交易对象的风险，来自交易对象自身，主要由以下因素决定：交易相对人的性质、反洗钱体系建设水平、被其他洗钱者利用的可能性、风险控制能力等。不同的交易对象，其潜在的洗钱风险不同。离岸公司、发行无记名股票的股份公司、位于离岸金融中心的银行和企业；大量使用现金支付的企业，如超市、停车场、餐馆、零售店等，这些交易对象均存在巨大的洗钱风险。例如，在武某某、卢某某走私普通货物洗钱一案中，武某某与卢某某合谋，以武某某于2008年在香港设立的青岛某国际贸易有限公司和香港某国际贸易有限公司的名义，签订虚假合同，由青岛某专用车辆有限公司帮忙收取货款，逃税145万元④，本案中武某某开设离岸公司和离岸账户，便存在极高的洗钱风险。

（3）地理风险

"地理风险是洗钱风险的区位特征，它存在的逻辑是：如果某地的洗钱活动猖獗，那么该地的任何客户都是值得怀疑的。"⑤ 企业在不同的地区开展业务，其承担的洗钱风险自然不同，那些被联合国等国际组织列入洗钱黑名单的国家和地区，便存在巨大的地理风险。比如，FATF每年都会更新"高风险和其他受监控地区"名

---

① 广东省佛山市中级人民法院刑事判决书（2015）佛中法刑二初字第21号。
② 湖南省岳阳县人民法院刑事判决书（2016）湘0621刑初206号。
③ 湖南省华容县人民法院刑事判决书（2016）湘0623刑初114号。
④ 参见王延伟主编：《青岛反洗钱案例汇编》，中国金融出版社2013年版，第150页。
⑤ 高增安：《金融机构基于风险的反洗钱机制探讨》，载《证券市场导报》2007年第10期。

单,截至 2019 年 3 月,其黑名单上仍有伊朗、朝鲜、巴基斯坦、博茨瓦纳等 14 个国家,详细情况如图 3 所示。

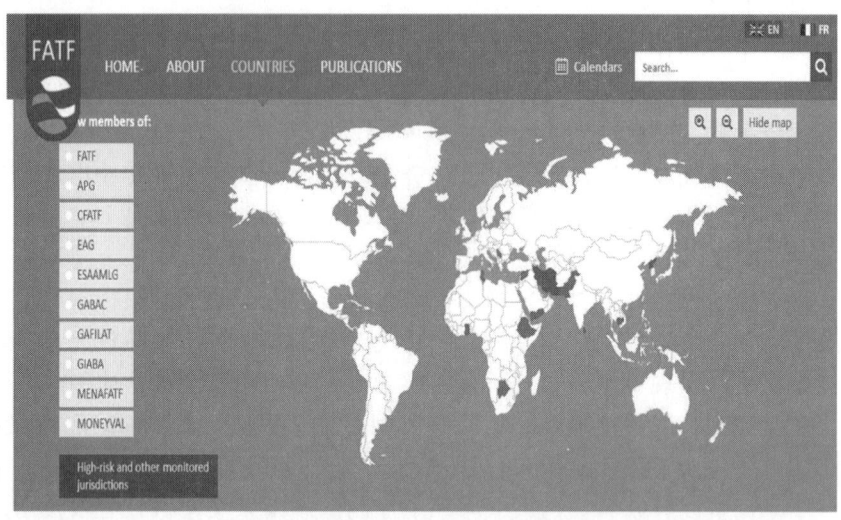

图 3　FATA 公布的最新"高风险和其他受监控地区
(High-risk and other monitored jurisdictions)"名单①

三、域外反洗钱体系下的刑事风险防控

反洗钱是国际社会的共识,从全球性组织到区域性组织的建立,一系列公约、声明、指令、决议的发布,不断将反洗钱工作推向纵深处。这些相关制度有助于非金融企业的合规建设,有必要予以吸收借鉴。

(一) 国际反洗钱的主要制度

1. 大额和可疑交易报告制度

大额和可疑交易报告制度要求金融机构应在其业务经营过程中,向反洗钱主管部门报告其经办的超过规定金额以上或者有洗钱嫌疑的金融交易信息。目前世界通行两种反洗钱交易报告制度:一是以美国、澳大利亚为代表的大额交易和可疑交易报告制度;二是以英国为代表的可疑交易报告制度。②

FATF 的《40+9 项建议》第 11 条规定,对于一切没有明显经济或合法目的的交易,无论是那些复杂且异常的大额交易,还是异乎寻常的交易方式,金融机构都应予以特别关注。金融机构应尽可能审查这些交易的背景和目的,并以书面形式记

---

①　参见 FATF 官方网站"Countries"项下的"High-risk and other monitored jurisdictions"栏目,http://www.fatf-gafi.org,访问时间:2019 年 3 月 8 日。

②　参见孟建华:《洗钱与银行业机构反洗钱》,福建人民出版社 2006 年版,第 81 页。

录审查结果,供主管部门及审计人员利用,以协助其工作。第 13 条规定,金融机构如怀疑或有理由怀疑资金是犯罪活动的收益,或与恐怖分子融资活动有关,必须直接依据法律或规定迅速报告金融情报机构。①

美国国会于 1970 年通过《银行保密法》(BSA),该法规定了两项措施:一是要求银行和其他金融机构对发生的金融交易细节保持足够的记录;二是要求金融机构、其他商业团体以及个人,汇报某些类型的金融交易。比如金融机构对于 1 万美元以上的现金交易必须报告。1972 年国会通过《阿农其奥——怀利反洗钱法》,增加了金融机构报告可疑交易的义务以及相应的免责规定。② 目前,美国大额交易和可疑交易报告种类有:现金交易报告(CTR)、赌场现金交易报告(CTRC)、可疑行为交易报告(SAR)、赌场可疑交易行为交易报告(SARC)、国际现金与货币工具运输报告(CMIR)、外国银行与金融账户报告(FBAR)。③

英国《1994 年控制洗钱规则》规定了可疑交易报告制度,要求金融机构的员工在处理各类金融交易时,应进行必要的审查,如果这些业务交易没有明显的合法理由,应检查这种业务的背景和目的,并及时向国家犯罪情报局经济犯罪部报告。④

2. 客户尽职调查制度

尽职调查制度是银行业机构抵制洗钱活动的基础工作,指的是金融机构与客户建立业务关系时,应当根据有效的证明文件或其他可靠的身份资料,确定客户的真实身份。该制度的要义是:"认识你的客户",最早来源于巴塞尔银行监管委员会。

FATF 的《40+9 项建议》第 5 条规定,金融机构不允许保留匿名账户或明显以假名开立的账户,在与客户建立业务关系、进行一次性交易、怀疑有人进行洗钱或者恐怖分子融资等情形下,应当识别客户身份,并使用可靠、独立的文件、数据或信息以核实客户身份,就法人及法律协议而言,金融机构应采取合理措施以便了解客户的股权及治理结构。⑤

巴塞尔银行监管委员会发布的《防止为洗钱目的而非法利用银行系统的规定》,也规定了客户身份识别的原则,该规定要求银行对所有提出建立交易申请的客户采取合理的措施,确认其真实身份,尤其是确认账户受益人和那些使用保险箱服务的客户的真实身份。除此之外,银行要采取完善的程序以确保能够获得客户的真实身

---

① 金融行动特别工作组(FATF)《40+9 项建议》,载 FATF 官方网站,https://www.fatf-gafi.org/media/fatf/documents/recommendations/pdfs/FATF%20Recommendations,访问时间:2019 年 3 月 16 日。

② John A. Reynolds. The new US anti-money laundering offensive: will it prove successful?. Cross Cultural Management: An International Journal, 2002 (9).

③ 参见孟建华:《洗钱与银行业机构反洗钱》,福建人民出版社 2006 年版,第 82 页。

④ 参见孟建华:《洗钱与银行业机构反洗钱》,福建人民出版社 2006 年版,第 93 页。

⑤ 金融行动特别工作组(FATF)《40+9 项建议》,载 FATF 官方网站,https://www.fatf-gafi.org/media/fatf/documents/recommendations/pdfs/FATF%20Recommendations,访问时间:2019 年 3 月 16 日。

份信息。①

沃尔夫斯堡集团《反洗钱原则：全球私人银行指南》，提出银行接受客户的一般原则：银行政策要防止其世界范围内的运作被用于犯罪目的。银行要尽力做到只受理那些财富和资金来源于合法渠道的客户。要求银行要采取合理措施建立客户的受益所有者的身份识别程序，只有在完成该程序后才能受理客户。②

英国在《1993年反洗钱规则》第7条和第9条规定，所有的银行在为客户开设账户或与客户发生业务关系时，都要取得令人满意的客户身份证明。银行或其他金融机构应该确信，它是与一个实实在在的人或组织进行交易。如果要存入或投资的资金是第三者提供的，那么该第三者的身份也要得到确认。③

3. 资料保存制度

该制度要求金融机构在一定年限内对客户资料和交易记录予以保存，以便协助主管机关成功发现、追踪并最终制裁洗钱犯罪活动。洗钱犯罪分子的目的是掩盖犯罪所得的性质和来源，所以还原犯罪所得的性质和来源是成功侦破和制裁洗钱犯罪分子的关键。

《联合国反腐败公约》第14条第1款规定，各缔约国均应在其职权范围内对银行和非银行金融机构以及在适当情况下对洗钱特别敏感的其他机构建立全面的国内监管和监督制度，以便遏制并监测各种形式的洗钱活动，该制度应强调客户身份识别，记录保存和可疑交易报告的要求。④

FATF的《40+9项建议》第10条规定，为求快捷地向主管部门提供其索取的资料，金融机构应保存国内或国际交易的全部必要记录至少5年以上。这些记录必须足以重现单笔交易（包括所涉及的金额和货币类别），以便在必要时提交，作为指控有关犯罪活动的证据。⑤

大多数国家都对资料保存制度有明确的要求，只是规定的保存年限稍有差异。比如澳大利亚在《金融交易报告法》中规定，应至少保存有关账户信息和文件的副本7年。韩国《金融交易报告法》规定，各类文件至少保存5年。斯洛文尼亚《预防洗钱法》规定，有关金融机构等企业和其他负有报告责任的实体和个人，都应该按照该法的规定在交易结束后、账户关闭后或合同终止后的10年内保存这些相关信

---

① 参见刘连舸、欧阳卫民主编：《金融运行中的反洗钱》，中国金融出版社2007年版，第192页。

② 参见孟建华：《洗钱与银行业机构反洗钱》，福建人民出版社2006年版，第40页。

③ 参见刘连舸、欧阳卫民主编：《金融运行中的反洗钱》，中国金融出版社2007年版，第79页。

④ 《联合国反腐败公约》，载联合国官方网站，http://www.un.org/chinese/documents/instruments/docs_ch.asp?type=conven，访问时间：2019年3月16日。

⑤ 金融行动特别工作组（FATF）《40+9项建议》，载FATF官方网站，https://www.fatf-gafi.org/media/fatf/documents/recommendations/pdfs/FATF%20Recommendations，访问时间：2019年3月16日。

息和资料。意大利对身份信息和交易信息,保存期限规定为 10 年。比利时规定的保存期限是 5 年。①

(二) 相关非金融企业反洗钱的风险防控措施

下面将关注的目光投向全球,大型企业是如何开展反洗钱工作的,有没有好的经验值得借鉴。笔者以美国知名商业杂志《财富》2018 年发布的世界 500 强企业排行榜中的前 50 家企业为样本,通过访问官网和查阅其他资料的方式,对其反洗钱工作部门大致做了一个初步考察,基本情况如表 2 所示。

表 2 部分世界 500 强企业及其反洗钱工作管理部门一览表

反洗钱工作部门	企业名称
反洗钱专门管理部门 (反洗钱委员会)	中国银行
合规与风险管理部门 (合规部)(风险管理部)	中国石油、三星电子、嘉能可国际公司(Glencore)、戴姆勒、通用汽车、福特汽车、中国工商银行、安盛公司(AXA)、平安保险、中国建设银行、康德乐健康(Cardinal Health)、中国农业银行、日本邮政控股公司
审计部门	埃克森美孚、美国电话电报公司(AT&T)、雪佛龙、威瑞森电信公司(Verizon)、沃尔格林博姿联合公司(Walgreens Boots Alliance)、房利美公司(Fannie Mae)、俄罗斯天然气工业股份公司(Gazprom)、保诚集团
法律事务部门	国家电网、中石化集团、英国石油集团公司(BP)、中国建筑集团有限公司、鸿海精密工业、道达尔公司(Total)、上汽集团(SAIC Motor)、通用电气公司(GE)

从统计结果看,中外大型企业十分重视反洗钱工作,不过重视程度存在差异:有的企业将其提升到很高的高度,直接成立反洗钱委员会或者小组,尤其是大型商业银行,有的纳入公司法律实务部或者合规部门管理,有的则纳入审计部门进行规制与管理。然而也有部分企业反洗钱工作并不突出,有待进一步强化和改进。

大多数企业的章程和规章中都有关于反洗钱的内容。GE 在其行为准则中有一节是专门关于反洗钱的,其明确指出 GE 致力于遵守适用的反洗钱、反腐败和反恐怖融资法律法规,只与从事合法活动的客户开展业务。坚持以风险为基础开展"了解你的客户"的尽职调查,对潜在客户,GE 有检测、调查和报告可疑活动的控制程序。另外,GE 还通过执行"监视列表"筛选等方式减少由第三方和业务伙伴引

---

① 参见刘连舸、欧阳卫民主编:《金融运行中的反洗钱》,中国金融出版社 2007 年版,第 59—85 页。

入的"反洗钱"风险。①

不少企业将反洗钱工作纳入企业合规管理。戴姆勒公司组建了一个董事会风险委员会,其要求被指定的执行董事至少每年向委员会提交一份关于公司战略、运营、合规和财务风险的报告。② 中国交通建设集团有限公司在集团、所属单位以及海外分公司、办事处均设立了合规官。合规官主要负责识别、评估、监测和报告合规风险,提出风险防范和应对方案,对第三方聘用、采购招投标、合同管理、业务招待、业务付款等审批事项中高风险环节进行合规审查。③

浙江杭州蚂蚁金融服务集团在反洗钱工作方面也比较突出,其将甄别到的风险进行分级管理,确保移交给政府的每一份报告中都有蚂蚁金服自身对风险的判断。公司反洗钱中心主任郭倩婷认为,蚂蚁金服"三反"工作之所以取得成绩,除了组建专业化的专家队伍、利用智能科技、监管部门的有效指导与支持外,还与蚂蚁金服企业高层对"三反"工作的高度重视有关,即根植于集团深厚的合规文化。④

四、我国非金融企业反洗钱合规制度的构建路径

合规管理,是指以有效防控合规风险为目标,以企业和员工经营管理行为为对象,开展的一系列有组织、有计划的管理活动,具体包括:制度制定、风险识别、合规审查、风险应对、责任追究、考核评价、合规培训等。2018 年 11 月 2 日,国资委发布《中央企业合规管理指引(试行)》,12 月 26 日,发改委等六个部门联合发布《企业境外经营合规管理指引》,这对我国非金融企业的风险防控具有重要的指导意义。"企业反洗钱制度的完善离不开企业合规理论的指导,从理论上讲,一旦将反洗钱风险管理纳入公司治理,则公司治理必将成为企业反洗钱工作质量提升的重要推动力,即公司治理越完善,反洗钱风险防控能力越高,洗钱风险就越低。"⑤

非金融企业的业务与金融企业的业务毕竟存在很大不同,因此不可完全照搬其经验。完善我国非金融企业反洗钱制度,在借鉴金融机构成功经验的基础上,还需运用企业合规理论,将反洗钱全面融入企业合规治理之中。

---

① 参见通用电气公司官网介绍,https://investor.gm.com/resources,访问时间:2019 年 3 月 9 日。
② 参见戴姆勒公司官网介绍,https://www.daimler.com/company/corporate-governance,访问时间:2019 年 3 月 8 日。
③ 参见本刊记者:《从"违规操作"到"合规经营"——中交集团打造海外业务合规风险管理体系案例》,载《现代国企研究》2013 年第 1 期。
④ 参见韩英彤:《蚂蚁金服"三反"升级战》,载《中国外汇》2018 年第 10 期。
⑤ 肖玲利:《公司治理、反洗钱风险管理与金融机构洗钱风险研究》,载《重庆与世界(学术版)》2015 年第 9 期。

(一) 建立完善的外部风险防范体系

1. 建立非金融企业反洗钱监管体制,正本清源

目前我国企业最主要的主管部门是市场监督管理局①,但它显然无法承担监督企业反洗钱的重任,而人民银行作为我国负责全国反洗钱监督管理工作的国务院反洗钱行政主管部门,由它来管理企业的反洗钱工作就具有充分的法律依据。因此,企业反洗钱工作的监管部门仍然应定位于人民银行。根据《反洗钱法》的规定,应当履行反洗钱义务的特定非金融机构的范围、其履行反洗钱义务和对其监督管理的具体办法,由国务院反洗钱行政主管部门会同国务院有关部门制定。因此,人民银行和市场监管总局需要互相配合,可以参照《金融机构反洗钱监督管理办法》,借鉴金融机构监管的有益制度,同时也要考虑非金融企业的实际情况,尽快出台非金融企业反洗钱相应的监督细则、指南等,给非金融企业反洗钱工作提供明确的指引。

实践中有个问题值得关注:反洗钱一般都由地方政府牵头组织,政府重视与否将影响反洗钱工作实效,在以招商引资作为考核官员政绩的体制下,地方官员往往不会因为可能是"黑钱"而拒绝一大笔巨额投资。地方政府和中央反洗钱制度之间的矛盾,阻碍了地方反洗钱协调合作机制的运行。对于这个问题,笔者认为,必须要明确地方党政一把手的反洗钱职责,在日益强化地方领导专项职责的今天,也要强化反洗钱监督问责,加强责任审计,坚决制止反洗钱行政不作为。

2. 建立交易对象甄别制度,防范业务和交易对象风险

"认识你的客户"是全球反洗钱的通用准则,更是我国金融机构长期积累的一项重要工作经验。对于企业而言,洗钱的业务风险,最终落脚点也在交易对象身上,因此对交易对象的识别尤为重要,交易对象甄别制度可谓是非金融企业反洗钱制度的核心。

如何判断企业交易对象的洗钱风险。从实践角度看,高风险的交易对象主要有:政治公共人物、收入与实际情况明显不符的人物、存在异常环境的客户、所有权结构复杂的企业、存在无记名股票或代理股东的企业、货币服务型企业、房地产经纪商、珠宝商、律师和会计师事务所、典当行、电话卡和借记卡公司、结算方式异常的交易对象等。② 反洗钱风险指标可以支持公共机构和私营实体的运营活动,决策者可以根据洗钱领域和部门的风险水平,更好地分配反洗钱资源和措施。③ 在"风险为本"理念的指导下,企业对上述风险指标进行一一分析后,要设计和实施与其确定的风险水平相当的管理和控制措施。具体而言,企业可以制定一个"交易对象

---

① 根据2018年3月第十三届全国人民代表大会第一次会议批准的国务院机构改革方案,原国家工商行政管理总局的职责整合合并,组建新的部门——国家市场监督管理总局。

② 参见 [英] 蒂姆·帕克曼:《精通反洗钱和反恐融资:合规性实践指南》,蔡真译,人民邮电出版社2014年版,第103页。

③ Joras Ferwerda, Edward R. Kleemans. Estimating Money Laundering Risks: An Application to Business Sectors in the Netherlands. European Journal on Criminal Policy and Research, 2018 (6).

洗钱风险类别指南",对每个新的交易对象必须严格按照指南确定的风险指标予以评判,对于原有的中低程度风险的交易对象也不能放松警惕,因为他们具有随时增加洗钱风险的可能,因此要进行不定期的复核。通过甄别交易对象,归纳风险类型,积累工作经验,可以逐步建立起自己的数据库,为企业其他制度的建立奠定基础。

实地考察是交易对象甄别制度中的重要举措,当通过甄别发现存在可疑客户,或者发现交易过程突然异常时,须实行加强的尽职调查,即通过实地调查的方式,确认该企业是否存在实体形式,联系地址是否真实,企业近几年的股权变动是否正常,企业的资金业务往来如何,以及当地居民对该企业的社会评价如何等。只有通过加强的调查,才能真正地将那些善于包装的交易对象分辨出来,从而避免业务风险。

3. 建立黑名单制度,防范地理风险

黑名单制度是识别洗钱高风险地区和对象的过滤器,能够较好地降低风险、保护企业。洗钱黑名单大致有四种类型:(1)国际组织发布的洗钱黑名单,如FATF发布的NCTT名单、联合国发布的恐怖组织名单;(2)外国政府部门编制的黑名单,如美国国务院观察名单、美国财政部"主要关注国家(地区)"名单等;(3)本国监管部门制定的黑名单;(4)企业根据实际情况自行确定的黑名单。①

对于国际组织和外国政府部门发布的黑名单,有的可以通过部门官网查询,有的则企业一般不容易获得,此时非金融企业可以购买商业查询服务或者选择与境外金融机构和大型跨国企业合作,进行信息共享。

非金融企业自建黑名单较为困难,因此建议由我国的反洗钱监管机构,主要是中国人民银行反洗钱中心建立相关的黑名单数据库,供非金融企业查询,这也是央行履行职责的应有之义。央行可借助大数据发布国内黑名单,反洗钱监测中心拥有大额数据库、可疑数据库以及辅助数据库,政府也拥有基础数据库,包含税收记录、公司成立记录、违法情况记录、移民和海关记录、交通工具注册记录、监管记录等。央行可将这些数据予以整合,发布洗钱地理黑名单,对金融机构和非金融机构作出风险预警提示。比如,我国福建、浙江、云南、新疆等省份以及深圳、珠海等城市因为诸如走私、毒品贸易、现金交易、外汇买卖等原因曾被央行和国家外汇局列为人民币和外汇可疑交易行政核查的重点区域。

4. 将成本收益机制融入非金融企业反洗钱机制

有人认为,金融机构反洗钱者的成本有:检查成本、失去客户的成本、减少存款和手续费的成本、档案管理成本等。反洗钱者的收益表现为:减少运营风险和名誉风险、免受主管部门处罚、从中央银行获得再贷款和贴现的好处等。将成本收益

---

① 参见高增安:《金融机构基于风险的反洗钱机制探讨》,载《证券市场导报》2007年第10期。

机制融入反洗钱机制，不仅要增加洗钱者的净成本，而且要增加反洗钱者的净收益。① 这一思路对非金融企业反洗钱制度的建立具有借鉴意义。

显然，非金融企业上述各项制度的建立，势必会加重企业的负担，也会给企业造成一定的利益损失，企业追求经济利润的目标和反洗钱义务的履行之间存在冲突。从经济学的角度看，在成本和收益不匹配时，必须减少成本，加大收益。对此，人民银行可以考虑设立反洗钱国家基金，或者可以协调税务机关，给予反洗钱工作表现出色的企业一定的税收减免优惠等。如此一来，降低了企业的反洗钱成本，提高了反洗钱收益，这将会极大地激发企业参与反洗钱工作的热情，提高非金融行业反洗钱实效，推动我国反洗钱体系进一步完善。

（二）构建科学的内控制度

企业组织是一个有机整体，如果说企业财务是"血液循环系统"，那么内控制度就是"免疫系统"，② "成功的企业，其秘诀是共同的；而失败的企业，尽管各有各的不幸，但有一点也是共同的，那就是内部控制失效"。③ 构建科学的内控制度，非金融企业需做好以下四个方面的工作：

1. 建立完善的合规管理组织

合规管理是企业治理的终极目标，反洗钱法是企业各项业务活动遵循的重要法律之一，但反洗钱工作又不能过于简单被动，必须从全局出发，加强顶层设计。

（1）明确董事会的反洗钱职责

公司治理结构的核心是董事会，企业章程必须明确董事会的最终反洗钱责任，规定董事会、监事会、高管层的各自职责，形成各负其责的反洗钱机制。完善考核和评价标准，将法人监管与基于公司治理的反洗钱风险管理有机结合，通过对法人机构以及董事人员的培训、指导、处罚等措施，将董事会、监事会、高管层的反洗钱责任予以细化、具体落实。④

（2）设立首席合规官，提升重视程度

世界500强大型企业大多成立了合规部，合规部主要审查规章制度制定、重大事项决策、重要合同签订、重大项目运营、重大交易达成等经营管理行为，合规部门的负责人一般称为合规官。欧美国家的商业银行一般均要求设立合规官，代表性的有渣打银行、富国银行、德商银行等国际大行。国内大型银行对合规部门的设置分为两类：一类由行长直接管理，合规部门直接向一把手负责，具代表性的有工商

---

① 参见李天德、马德功：《我国反洗钱机制中的问题及完善对策》，载《上海金融》2006年第4期。

② 参见关峰：《发挥免疫系统功能，强化内控审计》，载《会计之友》2010年第11期。

③ 林钟高、李帽帽：《企业内部控制缺陷及其修复对合规风险的影响——基于"免疫系统"理论的研究》，载《南京审计大学学报》2016年第3期。

④ 参见肖玲利：《公司治理、反洗钱风险管理与金融机构洗钱风险研究》，载《重庆与世界（学术版）》2015年第9期。

银行、中信银行等;另一类由同时兼任纪委书记的副行长管理,具代表性的有建设银行、招商银行等。① 借鉴上述经验,企业在董事会的组成中应考虑设立一名首席合规官,合规官的主要职责有:贯彻执行企业决策层对合规管理工作的各项要求;协调合规管理与企业各项业务之间的关系;领导合规管理部门,加强合规管理队伍建设,做好人员选聘培养等。由其牵头负责洗钱风险管理工作,对董事会负责。企业一定要认真采用"首席合规官"这一称谓,以彰显对合规管理的重视,有助于提升企业的反洗钱合规意识。

此外,企业应当授权合规官独立开展反洗钱工作,不受其他业务部门的干扰。确保首席合规官能够充分获取履职所需的权限和资源,避免产生可能影响其履职的利益冲突。

2. 引入利益激励机制

"约束与激励并重"也是一条重要的国际反洗钱经验,反洗钱激励机制是指反洗钱义务主体根据行为人的实际情况及其所参与的洗钱工作贡献情况,对其给予一定的物质或精神上的奖励。从实际状况来看,我国目前反洗钱工作主体参与积极性不强,非金融企业并没有建立有效的反洗钱激励机制。

党的十九大报告提及"全面实施绩效管理",绩效管理能够激发员工的积极性。在激励体制下,企业员工能够及时发现企业存在的各类风险,守好企业的每一道门,有效将洗钱风险防御于企业业务系统之外。因此,非金融企业应当将利益激励机制引入企业反洗钱制度中。具体而言,企业应当制定详细的奖励办法,发动全员从不同的业务领域开展反洗钱工作。对于工作突出者,给予奖励,并尽量做到专款专用。

3. 建立动态的内部审查机制

洗钱不仅是企业的风险,更是从业人员最大的执业风险,做好内部人员监督审查是内控制度的又一关键节点。要通过内部审计制度加强反洗钱合规考核评价,强化经济问责,明晰违规责任范围,细化惩处标准,使企业内部人员,上至董事高管,下至底层员工,无机可乘。

非金融企业在原有审计制度的基础上,要制定严格的反洗钱审计规定,将反洗钱工作开展情况、目标完成度等内容,纳入审计要求,并制定全面合理的反洗钱审计方案。该方案不能仅仅流于形式,要紧跟形势,确保包含 FATF 等国际组织、我国央行等监管部门的最新监管政策,并有一定的审计覆盖面。并且,这一内部审查机制并非是静态的,要根据企业目标、洗钱态势的发展而做出相应调整。

4. 重视合规文化与培训

企业搞好合规文化建设,优势明显:一是借助了道德的力量,将管理渗透到企业经营的各个环节,覆盖管理盲点;二是在经济利益上抑制违规操作,有效增加违规成本,减少合规风险产生;三是以软性的方式惩罚违规者,推广诚信、正直的价

---

① 参见蔡宁伟:《银行首席合规官设立的中外比较——基于重要性、必要性与可行性的分析》,载《西南金融》2017 年第 11 期。

值理念，提高全体员工的合规意识。

建立制度化、常态化的培训机制固然重要，不过笔者认为，合规文化应该从顶层开始。企业中的高级管理层拥有决定组织文化的权力，一般经验表明，人们在工作中遵守命令并且随大流的可能性很高。因此，如果高级管理层仅仅是光说不干的话，反洗钱文化将变得无比脆弱，管理层必须言出必行，以身示范，形成良好的示范效应。

另外，通过广泛的培训方法进行基本培训和专业培训，并非毫无章法，在资源有限的情况下，必须先要了解需求，做到有的放矢。具体而言，先要了解之前的培训内容，然后分析当前和未来的培训需求，最后填补未来培训内容的缺口并安排优先顺序。

五、结语

我国企业"走出去"，已经成为一种必然。当前我国"一带一路"国际项目建设正如火如荼，中美贸易战余烟未熄，西方国家时不时对我国企业百般刁难，面对日益增多的监管审查和日渐复杂的制裁要求，企业要想行稳致远、提高国际竞争力，必须重视企业合规制度建设。

为降低洗钱风险，我国非金融企业需做好充分的国别风险评估工作，深入研究投资所在国法律法规及相关国际规则，在开展业务过程中需做到"了解你的客户、了解你的业务"，全面梳理企业经营业务、投资项目涉及的洗钱高风险国家（地区）和客户，避免与高风险国家（地区）、实体或个人开展合作。重视自身的内控制度建设，健全海外合规经营的制度、体系、流程，重视开展项目的合规论证和尽职调查，定期排查梳理海外投资经营业务的风险状况，及时应对、妥善处理。

反洗钱追赃的刑事困境与出路

杨 猛*

一、问题的提出

贪腐犯罪的追赃问题本来就是世界性的难题,根据世界银行所属的"返还被盗资产倡议"的统计,从 1999~2014 年的 15 年间,全世界各国追讨回来的资产不足 50 亿美元。另据经合组织统计,2010~2012 年,经合组织成员国冻结的"被盗资产"约 14 亿美元,但被返还的只有大约 1/10。[①] 而赃款流失海外重要的原因就是腐败,近些年来,随着我国反腐败的不断深入,腐败犯罪已得到了很大程度上的遏制,但是相比一些发达国家,还有一定差距。我国反腐的最高峰从 2014 年开始至 2015 年,2014 年的"猎狐"专项行动、"猎狐"2015 年专项行动以及 2015 年的"红色通缉令"行动,都将我国反腐运动推向最高潮,同时成果显著。中央纪委最新数据显示,自 2014 年以来,我国已从 70 多个国家和地区追回外逃人员 2442 人,其中党员和国家工作人员 397 人,追赃金额 85.42 亿元人民币。

追赃是否成功,在于国际司法合作的紧密程度。但是就目前所掌握的数据来看,截止到 2014 年 11 月,中国与 38 个国家签署双边引渡条约,但主要集中在亚洲及发展中国家,美国、加拿大等官员外逃重灾区均不在此列。[②] 与美国、加拿大、法国、西班牙、葡萄牙、澳大利亚、新西兰、英国、比利时签订的仅仅是刑事司法协助条约,这种互助条约实质性帮助并不大,因为互助的前提是平等互惠,我国目前状况很难实现:第一,我国逃亡发达国家的贪官多,发达国家逃亡我国的贪官少,这在客观上造成了司法互助的不对等,影响发达国家互助积极情绪,即"不愿帮";第二,发达国家很多追赃的程序是依靠反洗钱制度完成,如加拿大、澳大利亚、英国等,但是这在我国的刑法和刑事诉讼法中并没有相关规定,程序上的短板造成反洗钱信息分享的瑕疵,无法与国外形成对接,影响发达国家追赃工作的开展,即"帮

---

* 杨猛,同济大学法学院助理教授,华东政法大学博士后。

① 严立新、祝亚雄、高增安:《国际反洗钱师 CAMS 资格认证教程》,复旦大学出版社 2011 年版,第 79 页。

② 《外逃贪官的海外生存》,http://www.infzm.com/content/109221,访问时间:2017 年 11 月 7 日。

不了";第三,虽然我国已经制定了多项反洗钱法律法规并设立了专门的反洗钱执法机构和情报监测机构,但是相关反洗钱调查机制与反洗钱刑事司法实践仍存在脱节现象。① 也就是说,我国反洗钱行政立法与刑事立法司法之间的关系还有待完善。所以通过以上分析,可以得出这样的结论,即在我国的刑事制度中并没有体现出金融机构反洗钱在追赃领域的地位和作用,这也是造成海外赃款流失的重要原因之一。所以不禁引发如下思考:金融机构反洗钱发挥其追赃作用的机理何在,其在运行过程中面临怎样的困境,如何通过刑事手段寻找解困之路径,这在下文将详细论述。

二、反洗钱追赃的前提:洗钱与反洗钱 KYC 技术的反向对冲

(一) 贪腐犯罪洗钱依赖金融机构

随着社会、经济、技术、全球化的不断深入和发展,洗钱的领域与手段也随之不断延伸和演进,金融机构成为洗钱案件的频发领域。各国加强对洗钱犯罪的打击与防控,这不仅是因为洗钱罪本罪造成的社会与经济领域的危害,更重要的是因为由洗钱滋生的各种上游犯罪能够造成更为严重的社会危害。在我们所熟知的七类上游犯罪中,毒品犯罪、恐怖主义犯罪、贪污犯罪,是由洗钱滋生的频发犯罪类型。洗钱是毒品犯罪和传统有组织犯罪的生命线。可见,毒品犯罪是洗钱初始存在的领域。据统计,20 世纪 90 年代,每年全球有接近上千亿的毒品犯罪收益被清洗和投资。随着洗钱犯罪的严重程度加深,其逐渐蔓延到腐败犯罪、有组织犯罪等重罪领域,尤其进入 21 世纪,在美国 "9·11" 事件之后,贪污渎职犯罪、恐怖主义犯罪更是洗钱的重灾区。与洗钱领域相辅相成的是洗钱犯罪的手段也不断"花样翻新",利用各种渠道进行洗钱是犯罪分子逃避监管的主要途径,表 1 为人民银行反洗钱报告中的相关数据。

表 1　涉嫌洗钱案件行业分布②

行业	百分比(%)
金融业	68.5
特定非金融行业	12.6
其他高风险行业	28

---

① 黄风:《建立境外追逃追赃长效机制的几个法律问题》,载《法学》2015 年第 3 期。
② 《中国人民银行年中国反洗钱报告(2014)》,载中国人民银行官网,http://www.pbc.gov.cn/fanxiqianju/135153/135282/index.html 中国反洗钱报告 2014.pdf,访问时间:2018 年 1 月 23 日。

续表

行业	百分比（%）
一般公司企业	13.7
其他行业	9
无法确定	6.2

从表1中可以看出，目前洗钱主要渠道有金融机构、特定非金融机构。其中金融机构是洗钱犯罪最主要的犯罪渠道，是贪污渎职犯罪等重大洗钱罪上游犯罪所依赖的典型中介。为了控制洗钱犯罪的蔓延，国际反洗钱组织FATF（反洗钱金融行动特别工作组织）要求各国将所有重罪作为洗钱犯罪的上游犯罪加以规制，并对金融机构提出更严苛的监管要求。

表2 2012年至2015年某省反洗钱可疑交易情报统计①

年份	应处理可疑报告数量（份）	向人民银行提交可疑交易报告数量（份）	人民银行向侦查机关移送情报线索数量（份）	司法机关定罪涉及犯罪类型			
				贪污	网络赌博	涉恐	其他
2012	20564	2987	378	78	21	3	14
2013	21879	1458	386	52	30	5	24
2014	38479	874	457	101	28	15	46
2015	39784	1689	351	239	41	7	56

通过表2中的数据可以看出，在各类案件中，贪腐类洗钱案件所占比重是最多的。在2012~2015年，通过金融机构反洗钱渠道获得贪腐案件证据并以此为线索破获贪污犯罪并结案的数量每年都在上升，从2012年的78例到2015年的239例，增加了3倍以上；与其他类犯罪相比，通过反洗钱打击堵截的犯罪中，贪污犯罪数量也是最高的，而且增长比例逐年增加，这也从侧面反映出贪腐犯罪主要就是通过金融系统实现赃款清洗的，可见贪腐犯罪对金融系统的依赖。

---

① 数据来源人民银行官网反洗钱年度分析报告，http://www.pbc.gov.cn/fanxiqianju/135153/135282/index.html，访问时间：2018年2月10日。

(二) 反洗钱 KYC 对贪污犯罪赃款的堵截与追缴

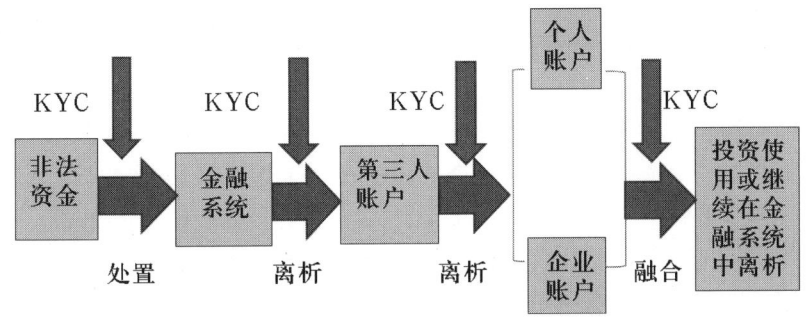

图 1

反洗钱通过反洗钱 KYC 技术在贪腐犯罪洗钱的三个阶段中都能发挥其堵截与追回赃款的作用。

首先，洗钱的三个阶段分为处置、离析与融合。结合图 1，第一，处置阶段亦称放置阶段，是指将犯罪所得投入清洗系统的过程，是最容易被发现的阶段。利用金融机构或特定非金融机构，将犯罪所得存入银行，或转换为银行票据、国债、信用证以及股票、保险单证或其他形式的资产。有的也将犯罪所得投入地下钱庄等非正规汇款体系转移到外国。第二，离析阶段，也叫培植阶段，即通过复杂的金融交易，将犯罪所得与其来源分开，并进行最大限度的分散。在不同国家间进行错综复杂的交易，或在国内通过不同金融工具逐步模糊犯罪所得的真实来源。第三，融合阶段，被形象地描述为"甩干"，即使非法变为合法，为犯罪得来的财务提供表面的合法掩藏，在犯罪收益披上了"合法"外衣后，犯罪收益人就能够自由地享用这些肮脏的收益，将清洗后的钱集中起来使用。

其次，随着反洗钱 KYC 技术的不断发展，使得反洗钱在图 1 中列明的洗钱的各个阶段中都能发挥其刑事辅助作用。反洗钱 KYC 是 Know Your Custom（了解你的客户）的英文缩写，是指利用反洗钱系统的甄别技术，对具有潜在洗钱风险的金融交易客户进行身份、交易信息的筛选、核实、追踪、甄别的过程。简言之，其是一个数据分析的过程。随着反洗钱 KYC 技术的发展，其主要分为两个发展阶段，即基础 KYC 技术阶段与区域链 KYC 技术阶段，故反洗钱技术呈现精细化发展趋势，但也对反洗钱甄别人员提出更高的尽职要求。首先，其基础技术基于对客户身份信息的核实，在反洗钱系统中会设置阈值，超过改阈值就会在反洗钱工作人员的用户池中体现，从而在反洗钱甄别界面中就会被发现。以我国为例，个人每日累计交易5万元或者法人累计交易200万元以上，就会进入甄别的用户池中。用户池中的每一笔交易都会点击打开，在展开的细节中会探测到其交易对方、交易时间、交易金额以及其名下的所有账户内的卡片与交易信息，再结合反洗钱系统中的高风险名单就会判断该笔交易项下的交易是否有洗钱风险、是否应该加以拦截。这就是基础的反洗钱技术。其实该基础技术也面临着很大的问题，也就是说，如果一个客户跨省、跨地区或者跨行进行交易；抑或开户行与交易行不一致，如在吉林省开户，但在辽宁省或者在海南省进行交易，这样的话，交易信息很难形成完整的链接。因为不同银行之间有利益诉求，不可能把自己的客户商业信息提供给另一个银行。同业之间的竞争性，导致反洗钱互助的可能性或者互助质量下降。为了解决此问题，区块链技术或者区域链技术提供了很多智力支持。区域链或者区块链技术通过物联网或者是互联网的形式把所有能够收集的信息全部集中在一个地区。这样交易信息就不再是平面化，而是立体化、多层次地呈现出来，因此会更有利于信息的甄别。区域链技术或者区域块技术的引用是反洗钱自营技术或者代理技术模式的延伸。所谓代理技术，就是目前的技术不足以满足反洗钱的要求，需要专业技术的支持，请专业的代理商专家研发，以此获取的反洗钱交易信息细致程度将会大幅提升，更有利于甄别。所以在这种新技术的引领下，我们针对图1可以看到每一个洗钱的阶段都会有反洗钱甄别动作的介入。这种动作的介入就会很明确地堵截赃款地流失，或者说预防赃款大范围的流动。一旦赃款已经通过洗钱渠道流失，我们可以通过反洗钱系统，反推出资金的来源去向，完整拼接出资金链条，将此作为侦破案件的突破点，将有利于反腐程序的推进。

三、反洗钱追赃的刑事困境检视

（一）立法困境

1. 前置行政立法不周延

没有犯罪收益追缴的独立立法，我国金融机构反洗钱无反洗钱追赃义务。首先，前置行政立法繁杂，重复立法、形式立法明显，没有对金融机构反洗钱追赃义务做出明确规定，更没有结合FATF的建议要求，设置犯罪收益追缴法。我国的反洗钱立法大量集中在2007年，这是为了加入FATF，迎合FATF的评估，其中不乏碎片性的重复立法与象征性的即时立法出现。笔者查询了FATF 2007年对中国进行首轮评估的原始文件，为了满足FATF对中国加入FATF组织的评估要求，我国在短时间内设立名目繁多的反洗钱行政前置立法，其中重复立法与象征性立法问题凸显，重复立法与象征性立法根本无法谈及与刑法对接的问题，只能造成前置行政立法无谓的堆积，浪费立法资源。以下为中国递交给FATF评估原始文件的立法名目：

1. AML Law（in force 1 January 2007）
2. AML Rules（in force 1 January 2007）
3. AML Rules（in force until 31 December 2006）
……
19. Law on Commercial Banks
20. Banking Supervision Law

下编　反洗钱犯罪及企业合规

21. Administration of Online Banking Services Tentative Procedures
……
25. Measures for Punishment of Illegal Financial Acts
……
253. Shanghai Convention on Combating Terrorism, Separatism and Extremism ①

以上所有条款都是我国向FATF递交的有关反洗钱立法的评估材料，共计253条目，涉及刑法、行政法、公司法、反洗钱法、银行法、保险法、证券法、信托法、刑事诉讼法、民事诉讼法等诸多法域的法律、法规、规章、规定条例等。但是貌似庞大缜密的反洗钱立法中，随便举例，不乏重复立法、象征立法的情况：其中第19条、第20条就是重复立法。第19条商业银行法的确存在，但是第20条的银行监管法，笔者在2007年之后至今并未在银行监管法领域见到过，有象征性立法之嫌。第25条的非法金融行为的惩罚处理办法，无法谈及与刑事立法衔接的问题。所以这些立法，在没有刑法强大的保障机制背景下纷纷出台，看似严密的法网，实际上并没有对金融机构市场准入标准严苛化，更没有对金融机构反洗钱渎职行为进行更严厉的处罚，至少在刑法衔接这一领域看不到刑法的介入，这就很难规范金融机构反洗钱的尽职行为，发生大额境外处罚也就在所难免。其次，行政处罚效果不佳。在经过上述的分析之后，刑法的介入也是必然趋势，但是要注意与行政法的有效衔接；对于金融机构反洗钱的前置行政法规制是必要的，但是同时要遵循适当与比例原则。有的学者称，要杜绝境外的大额处罚，最好的方法就是直接将之纳入刑法调控的视野，转换责任类型提高惩罚幅度。但是这未必可取，因为刑法的品格就是谦抑性和刑法的最后手段性，刑法的提前介入只能造成立法司法资源的浪费。面对欧美严苛的反洗钱制裁措施，首当其冲我们可以做的是将反洗钱前置行政立法严苛程度提高。通过上文的论述，我国对于金融机构反洗钱的行政处罚是相当廉价的，不论从过去的FATF《40项建议》的要求还是2017年11月FATF宣布重新修订40项建议的内容来看，都在逐年加大对金融机构反洗钱渎职行为的惩罚力度，②但是目前这在我国的行政处罚程度中无法体现出来，更不涉及刑事领域的制裁，所以在面对国际社会动辄天价罚单的情况下，我国反洗钱行政法与刑法的衔接是明显存在问题的。

2. 国际立法国内法化不充分

国际组织与其他国家基本都将反洗钱KYC失职入罪化处理，但是我国没有将反洗钱KYC失职入罪。美国刑法学家乔治·弗莱彻曾说："违法源于对法律的蔑视，

---

① 《FATF * GAFI First Mutual Evaluation report on Anti-Money Laundering and Combating the Financing of Terrorism》，载FATF官网，http：//www.fatf-gafi.org/countries/#China，访问时间：2017年2月21日。

② 《金融行动特别工作组FATF宣布修订〈新40项建议〉》，载FATF官网，http://www.fatf-gafi.org/media/fatf/documents/recommendations/pdfs/FATF%20Recommendations%202012.pdf，访问时间：2017年11月19日。

而这种蔑视源于对法律威慑力的不敬畏。"[①] 高风险领域行政法规的防控作用，必须要借力于刑事法律的保障，否则前置行政立法再多也是徒劳。欧美国家对此领域的规制就是基于以上逻辑。欧美国家对金融机构反洗钱渎职是有专门的刑法罪名设置的：英国的《2002 犯罪收益法》中的不申报罪和泄露罪；加拿大的《犯罪收益（洗钱）和恐怖融资法》：不履行记录保存义务罪；瑞士的《刑法典》：金融交易中不尽职调查罪等。正如在本文中除了上述形式化、象征性的立法之外，在 FTAF 评估阶段，我国是有实质性金融机构反洗钱前置行政立法文件的，但是查找这些实质性立法后，发现对金融机构反洗钱渎职行为的处罚幅度过低，同时无法准确定位其与刑法的衔接。比如，《中华人民共和国刑法修正案（六）》（2006 年）、《中华人民共和国反洗钱法》（2007 年）、《中华人民共和国中国人民银行法》（2003 年修正）、《金融机构反洗钱规定》（2006 年）、《金融机构大额交易和可疑交易报告管理办法》（2006 年）、《金融机构报告涉嫌恐怖融资的可疑交易管理办法》（2007 年）、《金融机构客户身份识别和客户身份资料及交易记录保存管理办法》（2007 年）。这些在 2007 年前后出台的立法，为我国加入 FATF、满足 FATF 对我国反洗钱法律的评估要求，起到了积极作用，但是仔细查询法条，都无法找到与刑法衔接的罪名，这种行政法与刑法衔接的问题，恰恰对金融机构反洗钱渎职行为的规制产生消极作用。以《金融机构大额交易和可疑交易报告管理办法》（2006 年）、《金融机构报告涉嫌恐怖融资的可疑交易管理办法》（2007 年）为例，两者均在责任条款中以《反洗钱法》的规定为最终责任依据："金融机构违反本办法的，由中国人民银行或者其地市中心支行以上分支机构按照《中华人民共和国反洗钱法》第三十一条、第三十二条的规定予以处罚。"而《中华人民共和国反洗钱法》第 31~32 条的规定中除了对直接责任人处以最高 50 万的罚款，对金融机构处以最高 500 万元的罚款，以及给予责任人最高免除职务处分、金融机构吊销营业执照之外，体现与刑法衔接的条款只有第 33 条即违反本法规定，构成犯罪的，依法追究刑事责任。至于构成何罪、如何处罚都没有下文。由此可见，这种立法模式，不仅造成了立法资源的浪费，还影响刑法对金融机构反洗钱渎职行为的评价。

(二) 司法困境

第一，由于缺乏对金融机构反洗钱追赃实质与程序性义务的专门规定，金融机构反洗钱刑事司法协助程序烦琐，其主要体现在以下两个方面：一是司法查询中，司法机关工作人员必须亲临金融机构现场查询，即使异地也必须要现场查询，而且要求是两名以上司法工作专业人员，因为在没有定罪前，客户的信息资料都是受保护的，不允许通过电子邮件等媒介进行传递，只能现场取证，这在无形中加大了调取反洗钱证据的难度，也增加了司法成本的支出。二是司法协查中，司法机关需要反洗钱监管机关作为中介向商业金融机构提取反洗钱第一手情报。这就必须依赖金

---

① [美] 乔治·弗莱彻：《反思刑法》，邓子滨译，华夏出版社 2008 年版，第 339 页。

融机构反洗钱人员的有效尽职才能完成，但是这种非直接的提取证据情报的司法程序严重影响到反洗钱情报信息的准确性，因为既要考量金融机构的商业秘密，又要考量人民银行的监管指标要求，还要兼顾司法机关的查询申请，集合这些因素，导致反洗钱情报信息在金融机构内部自下而上的审核过程中就会失去本应有的真实性。程序的复杂并不能实现实质的正义，只有有效的立法才是良策。三是跨地域司法查询有效性低。虽然是同一个银行系统内部，但是不同省份之间的反洗钱信息也是无法共享的，由于客户交易遍布全国乃至全球，往往需要其他省份的反洗钱协查，但是由于不是本地客户且监管不严密有时会出现推诿、敷衍甚至拒绝协助的情况，大大降低了金融机构反洗钱的事前预防作用的发挥。以上两方面的原因都在于反洗钱信息共享机制的不健全。

第二，由于缺乏对金融机构反洗钱失职的专门刑事评价，再加之金融机构反洗钱尽职人员缺乏刑事专业背景，造成反洗钱渎职严重。金融机构反洗钱问题的解决是一个综合性的问题，终极的手段是刑事立法的规制，但是金融机构的反洗钱尽职毕竟发生在经济领域，前置行政立法又复杂多样，其生成的环境又在金融环境之中，故需要综合技能才能胜任该岗位。目前我国的反洗钱从业人员，基本都是经济金融专业背景，法律知识较为匮乏，笔者调研的金融机构反洗钱工作人员对自己的免责条款倒是倒背如流（洗钱罪是故意犯罪，反洗钱工作人员只是尽职调查而已，他们没有洗钱的故意，所以不论如何也不会构成犯罪，这也是他们渎职的重要心理原因）。所以，我国目前亟须的是应该强化反洗钱专职人员法律背景，或设置法律实务专人负责该职位或者从其他机构借调专业人员辅助监管。

四、反洗钱追赃刑事困境的解决方案

（一）立法层面

完善前置立法，设立反洗钱失职专门罪名，实现反洗钱追赃"行刑"衔接。

1. 前置行政立法完善，明确金融机构反洗钱追赃义务

笔者认为为了明确金融机构反洗钱追赃的义务，可以参考欧美国家在反洗钱的前置行政立法当中将反洗钱追赃的义务明确化。可以在我国现有的反洗钱行政立法中明确规定金融机构的反洗钱行政义务，如果前置行政义务违反构成行政违法并造成很严重的后果，这种行政违法就可以转化为刑事犯罪，就需要在刑法当中规定与前置行政违法相衔接的罪名，而不必专门设置犯罪收益追缴法。这样一是节约立法成本；二是在反洗钱法中直接明确有利于法律体系与逻辑的一致性。那么金融机构反洗钱的行政前置立法当中有很多的行政法规如何选取呢？法规作为反洗钱追赃的立法的切入点，这也是一个很重要的问题。我国反洗钱行政立法其实从法律到规章意见，林林总总不在少数，并且仔细研究就会发现，几乎每一部反洗钱行政立法都有形式化的空白罪状，即"违反本法规定，构成犯罪的，依法追究刑事责任"。但是我们不能将每一部反洗钱行政立法的形式化空白罪状都与刑法进行实质对接，这

样只会造成犯罪圈的过度膨胀以及立法司法资源的的浪费。所以应该分析反洗钱行政立法的层级，选取立法层级较高的反洗钱行政立法作为对接的切入点，这样既可以辐射全部反洗钱行政立法，又避免了立法资源浪费。所以应该对金融机构反洗钱行政立法的形式化空白罪状进行简单梳理，寻找最优的实质化对接点。其中较为重要的三部相关立法为：《反洗钱法》的第六章第59条规定："违反本法规定，构成犯罪的，依法追究刑事责任。"《金融机构大额交易和可疑交易报告管理办法》第五章法律责任中第24条规定："金融机构违反本办法的，由中国人民银行或者其地市中心支行以上分支机构按照《中华人民共和国反洗钱法》第三十一条、第三十二条的规定予以处罚。"《金融机构报告涉嫌恐怖融资的可疑交易管理办法》第11条规定："金融机构违反本办法的，由中国人民银行按照《中华人民共和国反洗钱法》第三十一条、第三十二条的规定予以处罚。"（2016年该法被整体纳入《金融机构大额交易和可疑交易报告管理办法》当中，形成完整的可疑交易报告制度）。由此可见，我国的《反洗钱法》不仅在法律层级上较高，而且也是其他反洗钱行政立法必须考照的"母法"，同时也是其他反洗钱行政立法形式化空白罪状所指向的共同"靶法"。而《反洗钱法》形式化的空白罪状非常直接地指向刑事法域，那么按照这些反洗钱行政立法"母子"法之间的依赖与传递性，若将《反洗钱法》中有关金融机构反洗钱渎职行为作为空白罪状的行政前置立法内容的话，可谓事半功倍，牵一发而动全身。

2. 新设具体罪名——过失洗钱罪与反洗钱情报不申报罪

（1）新设过失洗钱罪

首先，主体方面、传统的洗钱犯罪故意犯不是过失犯，增加过失洗钱罪并不是从洗钱行为人的角度进行过失的主观归责，而是以笔者一直探究的金融机构反洗钱渎职行为为切入点，以金融机构反洗钱尽职行为的主体为过失洗钱罪的行为主体。该罪主体主要包括：金融机构反洗钱职能部门的一线工作人员以及管理人员，同时包括特殊主体即具有决策行为能力的法人单位。另外，不得不强调的是，该罪的主体具有普适性，因为需要履行反洗钱义务的主体不只有金融机构，根据新旧FATF 40项建议以及我国相关的反洗钱法律法规，反洗钱主体还包括且不限于地产行业、博彩行业、拍卖行业、律师行业以及会计行业等，这些被FATF统称为反洗钱的"守门人"，这些"守门人"理应也是过失洗钱罪的行为主体，只是目前还应以传统的金融机构反洗钱渎职行为主体为导向，有待进一步扩容过失洗钱罪主体。其次，主观方面。并不是所有金融机构反洗钱过失渎职都要入罪评价，那些轻微的过失，并不足以以过失洗钱罪定罪。那么何为轻微过失，何为重大过失。这在金融机构反洗钱领域可以建立明确的标准。因为目前全国的金融机构反洗钱职能部门每年都根据FATF公布的全球洗钱风险名单，对客户的风险等级进行分类。风险等级越高对客户的信息标注就越明确，如本·拉登是绝对的高风险客户，如果对其进行有瑕疵的尽职调查，那毫无疑问就是重大过失。所以对于低风险客户，因其信息不全造成过失尽职可能性较大，而危害结果较小，属于轻微过失不必入刑评价；对于高风险客户，因其信息详尽造成过失尽职可能性较小，危害结果严重，属于重大过失应该纳入过失洗钱罪的评价范围。最后，客体与客观方面。其一，客体方面，不论行为人的洗钱罪还是渎职人员的过失洗钱罪，侵害的客体都是金融秩序、金融安全、国家安全乃至全球安全，最后造成的结果都是洗钱既遂以及其上游犯罪堵截失控，全球蔓延。其二，客观方面，过失洗钱行为是金融机构反洗钱渎职行为的其中一种（还有针对金融监管机关的渎职行为即不申报反洗钱报告），主要表现为没有结合客户风险名单对潜在洗钱客户进行 KYC 尽职调查，最后导致洗钱行为发生的渎职行为。具体内容可以参照德国的立法例。《德国刑法典》第 261 条中不仅规定了故意洗钱罪，还规制了轻率洗钱即过失洗钱：行为人因出于轻率不知悉前款财物来源的，处 2 年以下监禁刑或者罚金。对于轻率的认定，德国最高法认为：轻率是指对于上游犯罪所得财物，出于漠不关心或者重大不注意，而使财物处于违法状态，却依然处理的心态。① 所以对于我国金融机构反洗钱渎职（不尽职 KYC 的过失行为）行为进行评价，可以借鉴德国立法例在洗钱罪做出分罪名进行分层次立法的做法。

（2）新设反洗钱情报不申报罪

该罪主体和客体都与上文重大过失洗钱罪相同，此处不再赘述。主要论述主观方面与客观方面与过失洗钱罪的不同之处：第一，主观方面一种是故意；另一种是过失。首先，故意方面：明知客户有洗钱风险，但是仍不上报的心理状态。其次，过失方面：虽然也表现为疏忽大意的过失和轻信能够避免的过失，但是过失内容与过失洗钱罪不同。对金融监管机关的不申报，是发生在 KYC 之后，虽然认为客户有洗钱风险，但是出于疏忽大意和轻信能够避免的心理，未将有潜在洗钱风险的客户报送给监管机关，最后导致洗钱以及上游犯罪发生。第二，行为方式上表现为不作为。与过失洗钱罪最大的不同在于不申报罪的行为方式为不作为。表现为不填写监管机关的大额与可疑交易报告、不反馈监管机关的反洗钱协查文件、不协助公检法机关的反洗钱司法查询，以及不配合反洗钱刑事司法协助（追赃）等。具体立法模式可以参照英国。在英国的《2002 年犯罪收益法》中从第 330~332 条明确规定了不申报罪：从受管理的行业到指定的人员，对其明知或者合理理由知道或者怀疑他人实施了洗钱，却没有在可行的情况下，以规定的方式，向行业指定人员或者指定机构进行申报，则构成犯罪。

3. 洗钱罪本罪的重新构建

根据以上对洗钱罪的内部调整以及增设的新罪名，我国将《刑法》第 191 条洗钱罪本罪进行分层次的重新构建，包括以下罪名：

第 191 条第 1 款洗钱罪：明知毒品犯罪、黑社会性质的组织犯罪、恐怖活动犯罪、走私犯罪、贪污贿赂犯罪、破坏金融管理秩序犯罪、金融诈骗犯罪的违法所得及其收益，为掩饰、隐瞒其来源和性质，而提供资金账户的，或者协助将财产转换

---

① See Vgl. BGHSt 43. 158（168）. 转引自王新：《反洗钱：概念与规范诠释》，中国法制出版社 2012 年版，第 141 页。

为现金、金融票据、有价证券的，或者通过转账或者其他支付结算方式协助资金转移的，或者协助将资金汇往境外的，或者以其他方法掩饰、隐瞒犯罪所得及其收益来源和性质的行为（注：洗钱罪上游犯罪仍需扩大化，这是学界达成的共识，笔者也认同这样的观点，但应逐步进行，宜先从重罪开始，通过修正案逐渐再扩容至一般犯罪乃至轻罪，这是法律稳定性的需要，故在本文中仍以七类上游犯罪为立法基准，不在此处详尽讨论）。

第191条第2款过失洗钱罪：金融机构反洗钱职能部门以及其工作人员，违反《反洗钱法》第15~22条之规定，出于重大过失未对高风险客户进行尽职调查，导致严重结果的，构成过失洗钱罪。

第191条第3款不履行申报义务罪：金融机构反洗钱职能部门以及其工作人员，违反《反洗钱法》第15~22条之规定，出于故意或者过失，不填写监管机关的大额与可疑交易报告、不反馈监管机关的反洗钱协查文件、不协助公检法机关的反洗钱司法查询等，导致严重结果的，构成反洗钱情报不申报罪。

（二）司法层面

1. 增设派驻机关简化司法协助程序

由于客户信息的商业机密性，属于纯私法领域的问题，很难通过刑事立法要求不同的金融机构之间共享反洗钱信息，实际上对金融机构之间强加这样的义务和责任也不符合市场规律。但实现这一目的的有效途径可以借鉴美国以及德国等国家的做法，二者国内都在统一的金融监管机构：美国的FinCEN（美国财政部所属的金融情报中心）和德国的BaFin（德国联邦金融监管局），① 二者都统一承担全国金融机构上报的反洗钱情报，并在其内部设置常年派驻的司法机关工作人员，参与及时针对反洗钱情报的沟通与分享，加强全国金融机构与司法机关之间的联动，以实现跨机构的刑事司法协助。那么，在我国统一的金融监管机构是人民银行，并在其内部设置反洗钱局与反洗钱情报分析与检测中心，掌控全国金融机构报送的反洗钱情报信息，所以可以考虑在其内部设置司法机关的派驻人员或机构，以强化金融机构协助司法机关的紧密程度。

2. 强化专业性尽职，实现可疑交易报告分类报送制度

金融机构反洗钱信息及时客观地传递给司法机关，司法机关司法目的能够在金融机构反洗钱运行过程中得到充分落实和贯彻，都需要专业的反洗钱尽职，否则严重影响反洗钱司法协助作用。比如，银行对于机密的保护不能公开；银行内部的渎职行为不想公开；银行审批程序上的烦琐很难公开等，这些都造成了反洗钱情报报告的滞后、不充分甚至不真实。这对反洗钱的协助作用发挥有很大的影响。首先，强调金融机构反洗钱专业尽职调查。这是一切反洗钱刑事法律法规实现的基础，其既是反洗钱情报信息的一手来源，又是对洗钱犯罪的一线堵截，对遏制洗钱犯罪及

---

① 姜威等：《反洗钱国际经验与借鉴》，中国金融出版社2010年版，第17、82页。

其上游犯罪有重要作用。尽职调查通过"了解你的客户实现"（KYC），这是信息收集与核查的过程：对客户的身份信息、资金的来源与去向进行收集，并结合洗钱名单对可疑客户进行核查，最大限度地排查高风险客户与金融交易。所以强化尽职调查意义重大。其次，金融机构反洗钱可疑交易报告分类报送制度。从反洗钱的操作来讲，报送的各种情报数据的标准是大致相同的，如频繁交易，多头开户等，这不利于反洗钱情报的区分，更不利于协助司法机关作用的发挥。建议实行反洗钱情报分类报送制度：对涉及一般上游犯罪类型的，准确标注报送；对可能涉及海外监管处罚的，及时分析，提前报送；对涉及反腐追赃的，谨慎分析，重点报送。

3. 引入反洗钱渎职分级处罚原则

对于反洗钱渎职的处罚，并不是一味地追求严惩。因为渎职轻重不同，造成法益侵害的结果也不尽相同。从结果无价值角度出发，进行反洗钱渎职的违法性评价，一定会得出分级处罚原则的结论。

首先，反洗钱渎职是结果犯而非行为犯。其造成损害结果的不同必然影响刑罚幅度的不同，即使是纯正的行为犯，在量刑时也不可能不考虑侵害法益的危险性，那么对于结果犯而言则更甚。其次，金融机构反洗钱渎职是过失犯。而且金融机构反洗钱渎职过失分为一般过失和重大过失，二者对于法益侵害的后果也不尽相同。一般过失是指对于一般反洗钱基本义务的违反，而重大过失是指对于列入黑名单的客户或者是列入黑名单的地区和国家，即使明确列于黑名单之中，但是仍视而不见不尽职的情况。对于重大过失而言，其造成的侵害是更加严重的，所以对于重大过失的反洗钱渎职行为相较于一般过失而言应该予以重罚。最后，金融机构反洗钱渎职源于法定犯。金融机构反洗钱渎职犯罪源于对行政规范的违法性评价，从而进入刑事调整的视野。所以从行政违法到行政犯罪的过渡，量刑上必然要经过由轻到重的过渡，不可徒增刑罚影响行政法与刑事立法之间的衔接与过渡。所以对其渎职犯罪的处罚应是一个循序渐进的过程，应分级处理。

以上论断以结果无价值论为评价标准，更有利于保障人权。保障人权的最佳体现就是在刑罚的处理上进行明确分级，针对法益侵害的程度层层递进。从另一个角度来说，如果不进行分级处罚，那么就会导致刑罚的目的冲突、不明显以及刑罚的不均衡和不协调。① 结果无价值论以结果为主要的实质评价标准，同时兼顾规范违反的形式评价，反洗钱渎职的刑事评价恰恰符合了这一论断，即以反洗钱渎职侵害结果为评价核心，并以行政规范的违反为辅助性评价。例如，法国刑法典中就有明确的规定，1996 年法国通过了第 96~392 号法律，修订了《法国刑法典》，设置了洗钱罪一章，并设立独立的两个罪名：一般洗钱罪与加重洗钱罪。一般洗钱处以 5 年以下监禁，并处 37 万欧元的罚金；加重洗钱是指行为人经常性的实施洗钱，或者

---

① 童德华：《外国刑法导论》，中国法制出版社 2010 年版，第 335 页。

利用职业便利洗钱，或者团伙洗钱，处以 10 年以下监禁，并处 75 万欧元罚金。①我国对反洗钱渎职分级惩罚也应该有一定的标准：一是应对渎职行为的严重程度实现量化，严重程度的层级划分标准可以以对象客户的风险等级为依据，针对高风险客户渎职调查的科以重罚，低风险客户科以轻罚；二是刑事惩罚手段多样性，罚金刑与自由刑相结合，根据渎职严重程度处以不同类型的刑罚。至于刑罚具体内容，罚金的大小与刑期的长短，应结合具体实践确定，不宜过重。毕竟反洗钱渎职多数是过失犯罪，且对法益的侵害具有间接性，目的是形成威慑强化尽职，而非重典治吏。

---

① See Law No. 96-392 of May 13, 1996, J. O. May 14, 1996, §1, Article 324. 转引自王新：《反洗钱：概念与规范诠释》，中国法制出版社 2012 年版，第 124 页。

论合规计划的概念和地位

何兰馨[*]

近年来，随着各国及国际层面有关合规政策立法的颁布和实施、全球化合规管理新趋势的形成，我国在合规建设方面的探索也步入了新的阶段：学术界就企业合规展开了热烈的讨论，国家层面相继出台了《中央企业合规管理指引》《企业境外经营合规管理指引》，通过顶层设计为央企、中资企业全面推进合规管理建设提供政策依据。尽管企业合规计划在各国政策、立法及司法实践中有所体现和运用，学术界也展开了广泛的讨论，但尚无统一的概念。在没有事先澄清企业合规的概念的情况下，对实际的或构想的具体合规问题的探索就不能有意义地进行。因此本文旨在明确企业合规的概念，并探讨其在不同国家法律中的地位。

一、合规计划的概念

合规计划（Compliance Program）起源于美国，又称为合规与道德计划（Compliance & Ethics Programs）。根据《美国量刑委员会指南手册（2016）》的定义，"合规与道德计划"是指为预防和发现违法犯罪行为而设计的计划。美国《联邦商业组织起诉规则》中的关于合规计划的解释："企业管理层建立合规计划，以防止和发现不当行为，并确保企业活动按照适用的刑事和民事法律、法规和规则进行。司法部门鼓励这种企业自我管理，包括自愿向政府披露企业自己发现的任何问题。但是，合规计划的存在本身，还不足以证明其公司因其高级职员、董事、雇员或代理人的犯罪行为而不受到指控。此外，某些罪行的性质，如违反反托拉斯法，可能会导致国家执法政策强制对公司进行起诉，尽管存在合规计划。"[①]

我国学者对合规计划的概念进行了探索。"企业适法计划是指'企业为预防、发现违法行为而主动实施的内部机制。基本的构成要素包括正式的行为规则、负责官员以及检举制度'。"[②] "所谓合规计划是指企业或者其他组织体在法定框架内，结合组织体自身的组织文化、组织性质以及组织规模等特殊因素，设立一套违法及犯罪行为的预防发现及报告机制，从而达到减轻免除责任甚至正当化的机制，而这种

---

[*] 何兰馨，慕尼黑大学法学院硕士研究生。
① Principles of Federal Prosecution of Business Organizations.
② 周振杰：《企业适法计划与企业犯罪预防》，载《法治研究》2012年第4期。

反腐败国际合作与腐败的法律治理

机制不仅仅是制度层面的,它应该被切实地贯彻和执行,形成组织体的守法文化。"①

结合以上不同学者、官方对合规计划的定义,本文将进行综合性的分析。首先,合规计划必须在法定框架之内,即必须符合法律,它只包括法律许可的行为,位于国家法律控制之下。这就是为什么德国学者将其称为"规制了的自制"。一方面,合规计划在很大程度上是由商业界自发组织的;另一方面,它们的目标是执行国家的法律,尤其是因为它们一般受到国家的鼓励。在这方面,合规体现了一个国家和企业的网络,在这个网络中,私人组织同时受到国家控制并且进行自我控制,因此也加强了对组织中成员的控制。②而所谓"国家的鼓励",就是指国家明确规定合规计划对企业责任的影响。于是,企业出于违法成本的考虑而与国家形成预防性的公私合作伙伴关系,并利用组织自身的手段实施结合企业自身具体情况预防违法犯罪。

其次,合规计划是现代化治理的一种形式。它描述了各种各样同时出现的"社会问题的集体管理形式:从制度化的公民社会自我管制,国家和私人行为者之间的各种形式的互动,到国家行为者的主权行动"。这里特别值得注意的是,国家层级调控和社会自我调节的新型交织的出现——合规运动是其中一种特征性类型。③

最后,合规计划的目的在于降低组织及其成员违反国内外法律的违法犯罪风险,并在违法犯罪行为发生后能够因合规计划的有效实施而积极影响制裁。

因此,本文对合规计划作出的定义是:组织在国家层级的调控下,结合组织自身的具体情况,制定系统的规范、机制和措施,以预防和发现组织违法及犯罪行为,降低被调查或制裁的风险,并在犯罪行为发生后能够达到通过减轻、免除责任甚至排除其作为犯罪的形式积极影响制裁目的。企业则包含在上述组织的概念当中,即企业合规计划是合规计划的子集。

二、合规计划与刑事合规

德国学界对刑事合规概念的探索如下:

托马斯·罗奇教授通过对不同合规概念的区分以及对合规与刑法之间关系的研究,通过具体化刑事合规目标和主题以及来源、对象和措施,对"刑事合规"进行了定义。他认为,"刑事合规性"现象不能单独和一维解释,而只能在多维方法的基础上加以理解。它的概念通常是累积的,相互制约,协同增强。对刑事合规而言,一个组织关系的成立是具有决定性的,它不限于公司,比如说大学当然也不排除合

---

① 李本灿:《合规计划的效度之维——逻辑与实证的双重展开》,载《南京大学法律评论》2014年春季卷,第229页。

② Ralf Kölbel. Criminal Compliance-ein Missverständnis des Strafrechts? [J]. Zeitschrift Für Die Gesamte Strafrechtswissenschaft, 2014, 125(3).

③ Ralf Kölbel. Criminal Compliance-ein Missverständnis des Strafrechts? [J]. Zeitschrift Für Die Gesamte Strafrechtswissenschaft, 2014, 125(3).

规制度；刑事合规必须而且只能与自己的刑法要求保持一致，并且日益全球化，以及商业活动尤其是大公司的商业活动日益国际化使得很有必要考虑到外国刑法的要求。他最后将刑事合规定义为，"刑事合规包括一个组织针对所有成员、合作伙伴、国家或公众为了达到以下目的制定的所有客观的事前必要的和事后为刑法所许可的规范、体制和技术措施：a）降低以下风险，即该组织或该组织成员违反国内或国外法律实施与组织有关的经济犯罪，或更确切地说出现与此相关的初步嫌疑；b）增加与执法机构达成共识，积极影响（广泛意义上的刑事）制裁的机会，最终提高企业价值。"①

而在上述刑事合规的概念理解上，埃里克·希尔根多夫教授有以下两个方面的不同观点。首先，在"是否只有（为避免刑罚或受刑罚的风险的）'必要的'措施才可视为合规性措施"的问题上，他认为人们很难在事前判断一个特定的措施是否为"必要"，因为在刑事可罚性或可罚性风险的问题上往往存在很多不同的观点。较为理想的做法或许是，将所有以避免刑事可罚性及其风险为目标的措施都纳入合规措施的范畴内。其次，在他看来，将合规措施限制在"可允许"的范围内是否有利是存在疑问的。为什么不能存在不被允许的合规性措施？或者换一种问法：为什么在定义上就将合规措施限制在允许的措施限度内呢？我们不能因为某项合规措施是不被允许或违法的，就认为它不具有作为预防犯罪措施的特征。埃里克·希尔根多夫教授和托马斯·罗奇教授对与刑事合规的概念理解的一致之处在于，将合规措施理解为一个"组织机构"内部，也就是在一个具有内部结构的长期存在的人的集合内部所采取的措施。也就是说，合规措施不限于企业内部，也能够在机关、高校、国家研究机构的研究和发展部门等领域探讨预防犯罪的措施。此外，根据埃里克·希尔根多夫教授的观点，应区分第一阶段和第二阶段的合规措施，即避免犯罪的合规措施以及在犯罪行为已经发生的情况下避免特定的犯罪后果的合规措施。②

拉尔夫·科隆教授则从规制理论出发，认为刑事合规是"对传统的等级规制方法的现代修改"，公司作为"第三方的参与仅限于上述核心要素的一部分——即规制执行部分，而不涉及规范制定部分：公司通过合规计划帮助执行刑法，从而实施国家规定的'私人执法'。因此，构成经济自主或至少在很大程度上是自我组织的不是实质性的规范，而只是程序和组织结构，借此企业——适应其自身情况和风险状况——通过自我监管来确保其符合规范"。"合规因此可以被视为一种特殊的规制形式，在这种规制中，国家试图利用法律手段在一定程度上利用公司来承担自我监督和其他（刑事）执法任务，从而纳入负有刑法意义的经济控制。"③

---

① Thomas Rotsch. Compliance und Strafrecht-Fragen, Bedeutung, Perspektiven [J]. Zeitschrift Für Die Gesamte Strafrechtswissenschaft，2014，125（3）.

② [德] 埃里克·希尔根多夫：《德国刑法学：从传统到现代》，江溯、黄笑岩等译，北京大学出版社2015年版。

③ Ralf Kölbel. Criminal Compliance-ein Missverständnis des Strafrechts? [J]. Zeitschrift Für Die Gesamte Strafrechtswissenschaft，2014，125(3).

结合上述学者的观点，刑事合规是指企业及其他组织体为降低刑事制裁风险，防止企业及其成员与业务活动有关的犯罪所采取的各种措施、建立的内部机制。而刑事合规制度，是指国家赋予上述企业所建立的企业犯罪预防机制以刑法意义，通过刑法手段，如规定企业刑事合规义务和量刑激励机制，促使企业积极进行刑事合规建设的制度。

如此看来，刑事合规是合规计划的子集。合规计划包含一切为了降低包括刑法在内的所有法律风险所采取的措施、机制，而刑事合规仅限于为了降低刑事法律制裁风险，防止犯罪行为的组织内部机制，并在得到国家刑法上认可的情况下，可以起到积极影响刑事制裁的作用。

三、合规计划的意义

明确了合规计划的概念，更有助于对其意义的分析。从国家的角度看，因为合规计划首先是在法律框架内，且必须符合刑法，企业通过合规计划帮助执行刑法（以及其他法律规范），从而实施国家法律规范的"私人执法"。尤其是当刑法规范的内容并不十分清晰或者不完全与社会道德相吻合的时候，合规计划的意义尤为凸显。因此，需要对这类规则进行翻译，要使一般民众有所了解。就此而言，合规计划中的各种措施，尤其是当聘用了专业的合规人员时，就有助于使得内容并不清晰或比较晦涩的刑法规范实现事实上的有效性。此外，国家往往没有时间和人力资源对企业犯罪进行多年的调查；另外，以公司内部调查为前提的技术诀窍也不少见。出于这个原因，合规计划符合国家的利益，因为它可以将原本属于主权国家的任务委托给财务状况良好、资质更好的私人个体。①

从企业的立场出发，最重要的在于对其刑事责任的影响。企业实施合规措施，以预防和发现组织违法及犯罪行为，降低被调查或制裁的风险，并在犯罪行为发生后能够达到通过减轻、免除责任甚至排除其作为犯罪的形式积极影响制裁目的。即使只在犯罪发生后才建立合规计划，在有些国家如奥地利仍然将其视为事后的积极态度而起到减轻刑罚的作用。也正是因为国家明确规定合规计划对企业刑事责任的影响，它才得以广泛且迅速地推广。

四、合规计划在不同国家的法律地位

（一）英美法系国家

1. 美国

《美国量刑委员会指南手册（2016）》中第八章为"组织量刑"，即《联邦组

---

① Thomas Rotsch. Compliance und Strafrecht – Fragen, Bedeutung, Perspektiven[J]. Zeitschrift Für Die Gesamte Strafrechtswissenschaft, 2014, 125(3).

织量刑指南》，规定有效的合规计划的存在是减轻组织最终处罚的因素之一，并阐述了为拥有一个有效的合规计划组织本身应尽的义务以及有效的合规计划至少应当满足的七个要求，回应了2002年萨班斯·奥克斯利法案（Sarbanes-Oxley Act）第805（a）（5）条。此外，在《反海外腐败法》（FCPA）下，有效的合规计划可作为一种积极性抗辩，帮助防止或减轻公司的责任。在适当情况下，司法部和证券交易委员可能会基于公司有效的合规计划而撤销对公司的指控，或者可能以其他方式试图奖励公司的计划，即使该计划不能防止特定的潜在FCPA的违法行为。[1]在程序法层面，司法部《联邦商业组织起诉原则》中的决定是否对一个公司提起公诉或协商认罪协议或其他协议的十个因素中有三个因素直接或间接与合规计划的设计和实施相关，包括公司内部不当行为的普遍性、公司是否有现成的合规计划及其有效性，以及公司的补救措施。由此看来，美国不仅依靠刑罚激励企业建立合规制度，还依靠了程序手段。

2. 澳大利亚

自2001年12月以来，澳大利亚联邦刑法典采用了企业刑事责任的组织模式，其中尽职调查、组织可责性、企业文化和通过有效的合规计划实施自我监管的概念具有重要意义。

组织为其代表人或雇员的行为负责的标准有所不同。联邦刑法典规定了两种企业刑事责任模式。在疏忽犯罪的情况下，归责模式是基于一种"组织缺陷"。这是基于这样一个事实，即被禁止的行为主要归因于"对一名或多名雇员，代理人或高级职员的行为进行的公司管理，控制或监督不充分"或"未能建立足够的制度将相关信息传达给企业内的相关人员"。在需要蓄意、明知或轻率（除疏忽之外的"犯意"）的犯罪情况下，归责模式则基于"企业文化"这一概念。当证明企业内存在"引导，鼓励，容忍或导致不遵守相关条款"的企业文化或者企业未能创建和维护须遵守法律的"企业文化"时，企业负有刑事责任。联邦刑法典将"企业文化"定义为任何"在企业内部普遍存在或者在相关活动发生的企业内部机构中存在的态度、政策、规则、行为或做法"。为了确定"企业文化"，法院可以考虑具体的承担内部纪律或预防性改进工作的企业政策和制度，以及/或企业不成文规则和雇用预期，如果它们与正式文件有出入的话。[2]

在澳大利亚刑法中，可以被考虑为排除企业刑事责任的抗辩。在其他违法行为中，如违反竞争法，合规计划更有可能作为减轻处罚的一个因素。

---

[1] "前摩根士丹利董事总经理因违反反海外腐败法所要求的内部控制而承担罪名"，拒绝对企业雇主提起刑事诉讼，该企业雇主"已经建立并维持了一套内部控制制度，合理保证其雇员不贿赂政府官员"。美国司法部新闻稿，2012年4月25日，https：//www.justice.gov/opa/pr/former-morgan-stanley-managing-director-pleads-guilty-role-evading-internal-controls-required，访问时间：2019年2月25日。

[2] Hill Jennifer. Corporate Criminal Liability in Australia: An Evolving Corporate Governance Technique [J]. Ssrn Electronic Journal, 2003, pp. 1-44.

3. 英国

英国《2010 反贿赂法案》整合了三种犯罪行为："积极的"贿赂,"消极的"贿赂以及外国公职人员的贿赂。当这些罪行由企业犯下时,则适用普通法原则中的等同原则。因此,代表公司"指导思想"的人必须拥有犯罪所必需的过错因素,并且同意或纵容该活动的董事或高级官员也将承担责任。[①] 合规计划在此未发挥相关的作用。然而,根据《2010 反贿赂法案》第 7 条规定,若商业组织中"关联人"为了获取或保留该组织业务,或者为获取或保留该组织在商业活动中的优势,而向他人行贿的,构成商业组织预防贿赂失职罪。但商业组织能够证明其已制定了"充分程序"以预防"关联人员"从事行贿行为的,则不构成本罪。[②] 在此,合规计划可以充分发挥作用,构成一种抗辩。

(二) 大陆法系国家

1. 德国

德国核心刑法中并无明确的有关合规计划的规定。德国《违反秩序法》(广义上的经济刑法)第 130 条被学者认为是刑事合规的中心规范。[③] 它规定,(1) 企业或公司业主因故意或过失未采取,为防止企业或公司内部的与业主有关的、受刑罚或罚款处罚的义务违反行为的必要的监督措施的,属于违反秩序的行为,当应采取的监督本可以防止或明显妨碍该义务违反行为时。必要的监督措施也包括对监督人员的委任,应谨慎选拔以及监督。(2) 公立企业也属于第 1 款意义上的企业或公司。(3) a. 当上述义务违反行为面临刑罚处罚时,(企业或公司业主的)违反秩序行为处以 100 万欧元的罚款。b. 当上述义务违反行为面临罚款处罚时,(企业或公司业主的)违反秩序行为的罚款金额最高值按照义务违反行为应处罚金的最高值确定。第 2 句同样适用于同时面临刑罚及罚款处罚的义务违反行为,第 2 句的规定罚款最高值高于第 1 句规定的最高值。

此外,根据《违反秩序法》第 30 条,当领导成员(包括法人管理机构、首席代表、代理人、全权代表及其他负责公司领导工作的人员)之一实施犯罪或者违反秩序行为,并由此违反了公司义务或致使公司获益或将会受益,则可以对公司科处罚款。领导层以作为或者不作为方式实施的犯罪行为或违反秩序行为的成立,通常指的是违反了该法第 130 条规定的监督义务。在适用时,关于该法第 30 条对公司施加的罚款,是依据自然人的违法行为,还是依据公司的独立的组织过错的问题,德国学界通说认为,既要考虑自然人的违法行为,也要考虑团体的具体情况,如缺乏

[①] Peter Yeoh. The UK Bribery Act 2010: contents and implications. Journal of Financial Crime, Vol. 19Iss 1, pp. 37-53.

[②] 张亚光、张远煌:《腐败犯罪防控的企业参与——英国腐败犯罪防控经验评述及借鉴》,载《南阳师范学院学报》2018 年第 5 期。

[③] Dennis Bock, Kiel: Strafrechtliche Aspekte der Compliance-Diskussion - § 130 OWiG als zentrale Norm der Criminal Compliance. ZIS 2/2009: pp. 68-81.

筛选、监管机制等其他组织缺陷，以及组织在犯罪发生前后采取的预防措施。按照这种说法，如果领导人员已经努力地采取了合规措施，还是犯下罪行或做出违反秩序行为，根据《刑事诉讼法典》第 153 条的思想公司制裁就可以被免除。①

2. 意大利

意大利第 231/2001 号法令规定了公司在涉及其高级职员、董事、经理或雇员犯罪方面的行政责任。当公司在犯罪行为发生前建立和有效实施了合规计划，可以排除公司的责任。此规定的具体适用取决于犯罪行为人的类型。当犯罪行为人是公司的代表人、董事、经理或高级经理，且公司可以证明以下情况时不负责任：(1) 在犯罪发生前，公司已采取并有效实施了适合防止已实际发生的这种犯罪的合规计划；(2) 已任命一个负责监督合规计划的运行和更新的监督机构；(3) 已发生的犯罪是通过欺诈性地规避合规计划得以实施的；该监督机构已妥善地开展工作。当犯罪是在高管理层管理下的雇员实施的，公司在以下情况下不负责任：(1) 在犯罪发生前，公司已采取并有效实施了适合防止已实际发生的这种犯罪的合规计划；(2) 该雇员未遵守这些规则。

如果在犯罪发生后采取并有效实施合规计划，公司仍负有责任，但是可以免除取消资格的处罚措施，并降低经济制裁。此外，如果公司在调查期间要求采用并有效实施适合于弥补组织缺陷的合规计划，则可以暂停对公司采取的预防措施（在判决前适用的防止违法行为再次发生等情况的措施，如预防性没收财产）。值得注意的是，合规计划的适当性的司法评估将根据合规计划的采用时间而有所不同。如前所述，合规计划可以在犯罪发生之前或之后采用。在后一种情况下，合规计划必须更加具体和务实，并且必须具体涉及已经确定的风险领域。公司必须消除被指控罪行的原因并解决组织内的相关缺陷，事后合规计划必须提出能够防止再犯同样罪行的具体措施。

2018 年 12 月 18 日，意大利议会批准了一项新的反贿赂法案，以打击公共部门的腐败行为，并强化对私人和企业向政党和基金会捐款的审查和透明度要求。有效的合规计划和道德守则的重要性也得以强化。根据第 231 号法令新引入的第二十五节第 5-2 条，如果违法企业积极配合取证调查，供述其他罪犯，以确保法院扣押被转移的资金/其他利益，并采用及实施有效的合规计划和道德守则，消除企业内滋生犯罪的因素，防止在初审判决之前发生此类犯罪，则针对企业的限制性制裁的最长期限将降至两年。②

---

① [德] 乌尔里希·齐白：《全球风险社会与信息社会中的刑法：二十一世纪刑法模式的转换》，周遵友、江溯等译，中国法制出版社 2012 年版，第 261 页。

② Vera Cherepanova. Italy adopts new "bribe destroyer" law. January 14, 2019, http://www.fcpablog.com/blog/2019/1/14/italy-adopts-new-bribe-destroyer-law.html，访问时间：2019 年 3 月 1 日。

3. 西班牙

在西班牙，企业在犯罪行为发生后所作出的反应也会被考虑为减轻因素。① 根据西班牙《刑法典》第32bis条第4（d）点，法人刑事责任的减轻情形只有在以下情况下才会被认为成立：如果在犯罪行为发生后该法人的法定代表人在听证之前建立了有效的措施以防止和发现未来可能发生的在法人的意志下或其掩盖下的犯罪。②

4. 法国

2016年12月8日，法国宪法委员会批准通过了《关于提高透明度、反腐败以及促进经济生活现代化的2016-1691号法案》，进一步加大了打击腐败、贿赂行为的执法力度。该法案被称为"Spain II"（《萨宾Ⅱ法案》）。为了督促企业主动采取措施预防、发现贿赂行为，《萨宾Ⅱ法案》明确规定建立合规制度是企业及其高管人员必须履行的积极义务，否则即使没有实施贿赂行为，企业或其高管也可能因此受到处罚。根据第17条，如果企业没有主动建立合规管理制度，AFA下设的处罚委员会有权对企业处以不超过100万欧元的罚款，并对高管个人处以不超过20万欧元的罚款。同时，处罚委员会还有权继续要求企业或高管在不超过3年的期限内，完成合规制度的建立。

《萨宾Ⅱ法案》修改了法国的刑法和刑事诉讼法。对于构成贿赂犯罪的企业，法国法院有权判令企业在规定期限内，按照《萨宾Ⅱ法案》第17条第2款的要求建立合规制度。法国反腐局负责监督、协助企业建立合规制度，并定期（至少每年）向检察机关报告企业建立并执行合规制度的情况。因此产生的费用由企业承担。如果企业未能建立符合要求的合规制度，法国法院有权对企业和相关自然人分别判处罚金，并对自然人判处2年以下监禁。③

（三）总结

在上述英美法系国家中，有效实施的合规计划或作为抗辩事由，从而否定犯罪的成立，排除企业的刑事责任；或作为减轻处罚的考量因素。在美国，有效实施的合规计划作为决定是否起诉组织，在定罪或辩诉协议情况下减轻处罚和罚金的考量因素；在《反海外腐败法》当中可作为排除或减轻公司责任的抗辩事由；在澳大利亚刑法中，作为排除企业刑事责任的抗辩；在英国《2010反贿赂法案》中亦构成除企业刑事责任的抗辩。值得一提的是，在英美刑法教科书中，一般将犯罪构成的两

---

① Antonio F. Corporate criminal liability and compliance programs. Volume i. Liability "ex crimine" of legal entities in member states [J]. International & Comparative Law Quarterly, 2011, 43 (3), pp. 493-520.

② Criminal Code of the Kingdom of Spain.

③ King & Wood Mallesons. Analysis of the Sapin II Law in France. December 19, 2017, https://www.chinalawinsight.com/2017/12/articles/dispute-resolution/analysis-of-the-sapin-ii-law-in-france/#more-16644, 访问时间：2019年3月1日。

个层次要件表述为"犯罪要件"(the elements of a crime)和"抗辩事由"(defenses)。① 因此,当有效实施的合规计划作为抗辩事由时,则从反面否定犯罪的成立和刑事责任的存在。

在上述大陆法系国家中,有效合规计划的实施多作为责任减轻事由,从而减轻处罚。在德国实践中,合规计划在制裁裁量中发挥了重要的作用,即任何有效的合规计划将被作为一个减轻情节在制裁裁量中进行考虑,而合规不仅仅是事前的,事后针对相关犯罪建立合规计划,预防类似犯罪行为的再次发生也会导致制裁量的减轻。② 在意大利第231/2001号法令规定下,公司在犯罪行为发生前建立和有效实施了合规计划,通过阻却公司的(行政)责任而免除处罚。如果在犯罪发生后采取并有效实施合规计划,公司仍负有责任,但是可以免除取消资格的处罚措施,并降低经济制裁。在西班牙,企业在犯罪行为发生后所作出的反应也会被考虑为减轻因素。而在法国,建立合规制度是企业及其高管人员必须履行的积极义务,否则即使没有实施贿赂行为,企业或其高管也可能因此受到处罚。

五、结语

合规计划"长期以来在预防犯罪的语境中占有重要地位,即使这个概念是崭新的……是跨学科认知和系统推动的预防工作的一种新形式"。③ 在我国合规建设刚步入初级阶段时,首先应当明晰合规计划的概念,研究其在各国法律中的地位,而后方能更好地在结合我国实践的基础上,推进合规建设工作的进行。本文将合规计划定义为组织在国家层级的调控下,结合组织自身的具体情况,制定系统的规范、机制和措施,以预防和发现组织违法及犯罪行为,降低被调查或制裁的风险,并在犯罪行为发生后能够达到通过减轻、免除责任甚至排除其作为犯罪的形式积极影响制裁目的,并阐明了合规计划与企业合规、刑事合规之间的关系,接着探究了两大法系个别国家中合规计划的地位,即对企业法律责任的影响。

---

① 王志祥:《美国犯罪构成论的基本问题》,载《法治研究》2018年第2期。

② 李本灿:《刑事合规理念的国内法表达——以"中兴通讯事件"为切入点》,载《法律科学(西北政法大学学报)》2018年第6期。

③ [德]埃里克·希尔根多夫:《德国刑法学:从传统到现代》,江溯、黄笑岩等译,北京大学出版社2015年版。